本书是教育部人文社会科学重点研究基地重大项目
“华侨华人与我国‘一带一路’战略的实施”
（项目批准号：16JJD810006）课题的阶段性成果

高校人文社科重点研究基地
Key Research Institute of Humanities and Social Sciences at Universities

暨南大学华侨华人研究院
Academy of Overseas Chinese Studies in Jinan University

“一带一路”相关地区与国家侨情观察

2019

张振江　吉伟伟　主编

暨南大学出版社
JINAN UNIVERSITY PRESS

中国·广州

图书在版编目（CIP）数据

“一带一路”相关地区与国家侨情观察.2019/张振江，吉伟伟主编.—广州：暨南大学出版社，2020.12

ISBN 978-7-5668-3089-0

Ⅰ.①一… Ⅱ.①张…②吉… Ⅲ.①华侨—研究报告—世界 Ⅳ.①D634.3

中国版本图书馆CIP数据核字（2020）第273277号

“一带一路”相关地区与国家侨情观察2019
“YIDAIYILU” XIANGGUAN DIQU YU GUOJIA QIAOQING GUANCHA 2019
主 编：张振江 吉伟伟

出 版 人：张晋升
策划编辑：黄圣英
责任编辑：颜 彦 詹建林
责任校对：刘舜怡 林 琼
责任印制：汤慧君 周一丹

出版发行：暨南大学出版社（510630）
电 话：总编室（8620）85221601
营销部（8620）85225284 85228291 85228292 85226712
传 真：（8620）85221583（办公室） 85223774（营销部）
网 址：http://www.jnupress.com
排 版：广州市天河星辰文化发展部照排中心
印 刷：佛山市浩文彩色印刷有限公司
开 本：787mm×1092mm 1/16
印 张：14.75
字 数：363千
版 次：2020年12月第1版
印 次：2020年12月第1次
定 价：68.00元

前 言

自习近平主席2013年下半年分别在哈萨克斯坦和印度尼西亚提出“丝绸之路经济带”和“21世纪海上丝绸之路”倡议以来，“一带一路”逐步成为中国新一轮改革开放的旗帜。对内来讲，它旨在实现海陆联通、东西互济的新发展格局；对外而言，它无疑是世界经济以及主权国家发展的一种新思路。中国政府低调地统称它是一种“倡议”，但这一倡议是来自中国几十年来取得举世瞩目发展成就的实实在在的经验，是中国回馈和反哺国际社会的善意和行动。

中国政府在推广和落实“一带一路”倡议方面取得了一系列成就：截至2019年底，中国政府已与136个国家和30个国际组织签署了195份政府间合作协议。在“一带一路”倡议下，围绕“六廊六路多国多港”主骨架，推动中老铁路、匈塞铁路、中泰铁路、雅万高铁、瓜达尔港、汉班托塔港、中俄原油管道、中缅油气管道等一系列标志性项目取得了实质性进展。2013年到2018年，中国与“一带一路”沿线国家货物贸易总额超过6万亿美元，中国企业对沿线国家直接投资额超过900亿美元。人民币国际支付、投资、交易、储备功能稳步提高，人民币跨境支付系统业务范围已覆盖60多个沿线国家和地区。2020年新冠肺炎疫情暴发，世界经济陷入低迷等因素给“一带一路”建设带来了一些影响，但是“一带一路”总体建设所获得的成果仍然丰硕。“一带一路”作为中国内外循环的连接点，有效地联通了中国与世界。中国向世界各国分享抗疫经验、提供抗疫物资，向国际社会提供力所能及的抗疫援助；通过对共建“一带一路”沿线国家不降反增的投资，为其战胜疫情、恢复发展经济提供强大助力。中国充分彰显了负责任大国的风范和责任担当，受到了国际社会的高度评价。

“一带一路”倡议将会是一个长期的国际合作工程，需要中国和世界各国政府、企业和社会各界力量的共同参与。华侨华人是中国国际化与世界近现代历史进程中逐渐形成的社会群体，他们既是近代以来中国与外部世界关系演变的独特现象，又具有全球化进程中越来越显著的跨国移民群体的普遍特征。无论是从庞大的人群数量和广泛的地理存在来看，还是从源远流长的中央政府的侨务治理和侨务政策来说，华侨华人都是一个极富中国特色同时又具世界意义的话题，如何发挥华侨华人在“一带一路”建设中的作用，不仅仅是一个重要的现实问题，也是一个值得精耕细作的学术话题。

暨南大学是中央统战部、教育部、广东省共建的国家“双一流”建设高校，一直把“侨”字当成自己的安身立命之本。从1906年清王朝为从爪哇岛来中国学习的第一批学员开设暨南学堂开始，“宏教泽而系侨情”就成为暨南学堂、国立暨南学校（1917年）、国立暨南大学（1927年）的使命。暨南大学历经清王朝和中华民国，到中华人民共和国成立后在广州重建，虽命运多舛，但培养侨生和从事涉侨研究之事业弦歌不辍。到今天为止，暨南大学仍然是中国内地（大陆）拥有港澳台侨学生人数最多的大学。在涉侨研究方面，1927年，暨南大学设立的"南洋文化事业部"可谓开启了近现代中国系统研究东南亚和华侨华人的先河，培养了一大批影响至今的中国涉侨研究专家。1980年，暨南大学又在全国率先成立"华侨研究所"，在著名学者朱杰勤的带领下从事华侨华人研究和培养学生。1996年，"华侨华人与中外关系"被列入暨南大学"211工程"建设项目。2000年，华侨华人研究院获批教育部人文社科重点研究基地。2011年，学校整合成立国际关系学院/华侨华人研究院，专门投入设立"华侨华人研究优势学科创新平台"。2015年，"华侨华人与国际问题研究"成为广东省高水平大学建设的学科组团。2016年，华侨华人研究院顺利通过教育部人文社科重点研究基地评估，在社会服务和决策咨询方面进入全国前30名。2016年，华侨华人研究院被列入南京大学和《光明日报》研发的"中国智库索引"（CTTI）首批来源单位。2017年，华侨华人研究院以专业性智库（高校智库A类）入选中国社会科学院中国社会科学评价研究院发布的"中国智库综合评价核心智库榜单"。2018年，学院获批教育部政治学一级学科博士授权点。简言之，暨南大学是中国华侨华人研究最重要的学术重镇。

本书是我们发挥暨南大学华侨华人研究力量来解答华侨华人与"一带一路"倡议关系的一个尝试。习近平主席在2017年5月"一带一路"国际合作高峰论坛开幕式演讲中指出，"'一带一路'建设是伟大的事业，需要伟大的实践"。华侨华人在未来"一带一路"建设中到底可以扮演什么样的角色、发挥什么样的作用、得到什么样的利益与发展，不是从事华侨华人研究的学者们可以进行主观界定的，而一定是广大华侨华人参与"一带一路""伟大的实践"的结果。作为专门从事华侨华人研究的学术机构，我们将如实跟踪、记录和总结这些成果。就此而言，本书是我们从事这项研究的一个阶段性小结。全书共收录"一带一路"相关地区侨情7篇，相关国家侨情16篇，主要基于本院学者的参与和共同努力而完成，此外我们邀请了海外优秀青年汉学家以及我校侨生参与了部分章节的撰写和资料的收集，并请专家学者层层把关。需要说明的是，该书在2019年就已完稿，但因各种原因至今日才出版，时效性大受折损。但随着"一带一路"被写入党章和宪法，世人皆知这项伟大事业的实践将会进入新的发展阶段。所以，探索华侨华人与"一带一路"建设的实践也算刚刚起步。我们将继续紧密跟踪华侨华人与"一带一路"建设的进展，陆续推出新的相关研究成果，以期助力"一带一路"的伟大事业，助力华侨华人建设"一带一路"的伟大实践！

张振江

2020年10月12日

目　录

地区篇

国别篇

地区篇

东南亚地区侨情

随着中国与东盟关系的快速发展，尤其近几年“一带一路”倡议在东南亚（SEA）地区的开展，当地华人商业社团表现活跃：一方面，新的华人商业组织陆续成立；另一方面，华人商会与中国以及东南亚商会之间的跨国互动日趋频繁和强化。华商在东南亚“一带一路”建设中扮演着重要的角色，成为该倡议的最早践行者、合作者和搭桥者。“一带一路”为东南亚华文教育的开放和交流提供了契机。中国与东南亚国家的教育交流合作进一步深入发展，推进“一带一路”教育共同体的构建。在这一背景下，当前东南亚华文教育日渐呈现出“职业化”“本土化”和“标准化”的发展趋势和特征。

一、东南亚地区概况

东南亚位于亚洲东南部，包括中南半岛和马来群岛两大部分，是地处亚洲与大洋洲、太平洋与印度洋之间的“十字路口”。该地区共有 11 个国家：越南、老挝、柬埔寨、泰国、缅甸、马来西亚、新加坡、印度尼西亚、文莱、菲律宾、东帝汶，面积约 457 万平方千米。其中，越南、老挝、缅甸与中国陆上接壤。东南亚人口稠密，人口总数达到 6.56 亿（2018 年）。东南亚各国都是多民族国家，全区有数千个民族，包括马来族、高棉族、越族、佬族、泰族和缅族等民族，也是世界上华侨华人最集中聚居的地区之一。（见表 1）

1967 年，“东南亚国家联盟”（简称“东盟”）成立，发展至今已有 10 个成员国。东南亚是当今世界经济发展最有活力和潜力的地区之一。2018 年国内生产总值达到 29 771 亿美元。东盟共同体建设持续推进，为该地区经济注入了新活力。2018 年，东南亚政治局势方面，除了部分东南亚国家政治生态发生了一些新变化，其他总体保持稳定。在外交方面，东南亚国家更加活跃、务实，大国外交和睦邻外交都有了积极进展。

表 1　东南亚地区概况

地区名称	东南亚。该地区共有 11 个国家：越南、老挝、柬埔寨、泰国、缅甸、马来西亚、新加坡、印度尼西亚、文莱、菲律宾、东帝汶
地理位置	位于亚洲东南部，包括中南半岛和马来群岛两大部分
气候	热带雨林气候、热带季风气候为主
领土面积	约 457 万平方千米
主要族群	有数千个民族，主要有马来族、高棉族、越族、佬族、泰族、缅族等民族
政体	主要包括人民代表制（越南、老挝）、议会共和制（新加坡、东帝汶）、总统共和制（印度尼西亚、菲律宾）、君主制（泰国、柬埔寨、马来西亚和文莱）、军政府（缅甸）

（续上表）

人口数量	6.56 亿（2018 年）①
华人数量	超过 4 000 万
华人所占比例	约占东南亚总人口的 6%
国内生产总值（GDP）	29 771 亿美元（2018 年）②
人均 GDP	4 538.3 美元（2018 年）③

二、双边关系

2018 年是中国—东盟建立战略合作伙伴关系 15 周年。15 年来，中国与东盟关系得到了飞速发展。

在经贸方面，中国和东盟的贸易额由 2003 年的 782 亿美元增长到 2017 年的 5 148 亿美元，是 2003 年的 6.6 倍，中国连续 9 年成为东盟第一大贸易伙伴，东盟连续 7 年成为中国第三大贸易伙伴。在投资方面，东盟是“一带一路”建设的投资重点。2017 年，中国对东盟十国直接投资存量为 883.6 亿美元，比 2016 年增长 23.5%。2018 年中国和东盟累计双向投资总额已超过 2 000 亿美元。中国企业投资领域已从制造业、采矿业、批发零售业等逐步拓展到电力、供水、电信等基础设施建设和更加丰富的服务业，尤其服务业增速较快，占中国对东盟直接投资额的 50% 以上。④ 中国对东盟直接投资企业超过 4 000 家，雇用当地员工 30 余万人。⑤

在合作平台上，为了降低企业“走出去”的风险与成本，近些年中国与马来西亚、印度尼西亚和柬埔寨等国投资兴建合作区，如马来西亚马中关丹产业园、柬埔寨西哈努克港经济特区、泰国泰中罗勇工业园、越南龙江工业园、老挝万象赛色塔综合开发区等。目前，这些产业园区形成了双赢效应，既有效地促进了中国企业“走出去”，又促进了当地经济的蓬勃发展。

在合作机制上，东盟博览会、中国—东盟商务与投资峰会已成为中国和东南亚之间颇具影响力的经贸合作平台。至 2018 年，在已举办的 14 届东博会、商务与投资峰会中，共有 67 位中外领导人、2 900 多位部长级政府官员出席，66 万多名客商参展参会，构建了更为紧密的中国—东盟命运共同体。⑥

2018 年是“中国—东盟创新年”。在科技创新方面，中国与东盟各国进一步对接创新

---

① Internet World Stats，https：//www. internetworldstats. com/stats3. htm.

② 根据国际货币基金组织（IMF）世界经济展望 2018 年 5 月数据计算所得，参见 International Monetary Fund World Economic Outlook（April，2018）。

③ 根据 IMF 世界经济展望 2018 年 5 月数据计算所得，参见 International Monetary Fund World Economic Outlook（April，2018）。

④ 中华人民共和国商务部亚洲司：《东盟正成为中国服务业“一带一路”投资重点》，http：//yzs. mofcom. gov. cn/article/u/201805/20180502750428. shtml。

⑤ 《第十五届中国—东盟博览会将突出“一带一路”和创新合作》，《光明日报》，2018 年 7 月 18 日。

⑥ 《第十五届中国—东盟博览会将突出“一带一路”和创新合作》，《光明日报》，2018 年 7 月 18 日。

发展战略。2018 年，围绕科技创新、智慧城市等主题，中国举办了中国—东盟青少年创新创业大赛、中国—东盟市长论坛、中国—东盟技术转移与创新合作大会、中国—东盟博览会等一系列活动，致力于实施“一带一路”科技创新行动计划和中国—东盟科技伙伴计划。如在中国—东盟技术转移中心与东博会秘书处主办的“2018 中国—柬埔寨技术对接会”中，重点合作项目现场签约数量达 6 个，意向合作金额 5 000 多万美元。[①]

中国的“一带一路”倡议与一些东南亚国家的战略规划，如印尼的“全球海洋支点”战略、越南的“两廊一圈”建议以及菲律宾的“大建特建”计划等不谋而合。近几年，“一带一路”倡议也得到多位地区国家领导人的肯定与大力支持，如 2018 年新加坡总理李显龙进一步强调：新加坡是最早支持中国“一带一路”倡议的国家之一，也是这项倡议的坚定支持者。“一带一路”建设不仅能让它们受益，也与维持开放和包容的区域和目标体系相符。[②] 2018 年马来西亚新任首相马哈蒂尔在访问中国之际，也明确表示对“一带一路”倡议非常看好，马来西亚作为海上丝绸之路的重要节点，确保航运开放符合中马双方的利益。“一带一路”倡议将给马来西亚带来更多的发展机会。[③] 尽管如此，“一带一路”建设在东南亚仍面临着巨大的挑战和不稳定的因素。首先，东盟作为东南亚与中国“一带一路”对接的重要整体组织，内部存在着经济发展高度不平衡、国家间政策不一致、东盟国家民族主义滋长等众多挑战。其次，当前东盟多数国家存在不同程度的政局不稳、族群冲突与宗教矛盾复杂等问题，使中国企业在参与东盟经济合作中存在着各种变数。如马来西亚是“一带一路”建设的重点合作对象国。在过去几年，中马两国签署了大量的合作项目合同与协议。但在 2018 年马哈蒂尔上台后，多宗中国承建工程被无限期搁置。此外，一些“走出去”的中国企业欠缺对当地国的经济、社会、民族、宗教文化和生活习惯的了解和风险评估，在中国企业经济利润和当地社会效益方面有失平衡，使“一带一路”项目的落地生根遇到阻力。

三、基本侨情变化

（一）华人社团

随着“一带一路”建设在东南亚地区的开展，当地华人商业社团表现活跃，一方面，近两年新的华人商业组织陆续成立；另一方面，东南亚华人商会与中国和东南亚商会之间以及跨区域互动日趋频繁和强化。

伴随东南亚“一带一路”建设所呈现的巨大商机，新的华人商业组织层出不穷。依据组织原则，新成立的商业组织可大致分为两种：

一种是地缘性或血缘性商会。它们或依托于传统的华人社团（以地缘、血缘、文缘等

① 中国—东盟博览会秘书处：《走进柬埔寨　促进中柬创新合作——2018 中国—柬埔寨技术对接推介洽谈会在金边举行》，http：//www. caexpo. org/html/2018/trends_0403/221835. html。

② 王恬、杨迅：《李显龙：新加坡是“一带一路”倡议的坚定支持者》，中国“一带一路”网，https：//www. yidaiyilu. gov. cn/xwzx/roll/51918. htm。

③ 《马哈蒂尔：“一带一路”倡议给马来西亚带来更多发展机遇》，人民网，http：//world. people. com. cn/GB/n1/2018/0820/c1002 - 30239853. html。

为纽带），或作为独立社团进行运作。前者如2015年菲律宾晋江总会成立的“菲律宾晋江商会”、菲华新联公会组建的“菲律宾中国新联总商会”、菲律宾厦门联谊会成立的“菲律宾厦门商会”，2016年菲律宾石狮市同乡总会成立的“菲律宾石狮商会”，2017年菲律宾华人校友联会成立的“菲律宾校友联总商会”，等等。此类商会与其相应的传统华人社团在人员构成上往往是相互重叠的，成立初衷主要在于加强与中国商业组织的来往与互动。后者如马来西亚山东商会（2013年成立）、马来西亚厦门总商会（2017年成立）、马来西亚深圳总商会（2018年成立）、马来西亚佛山总商会（2018年成立），等等，此类组织以中国某一地方省份或城市命名，旨在参与、配合和对接马来西亚与中国各地方的经贸发展项目。

另一种是综合性商会，以促进所在国与中国在“一带一路”建设中的项目对接为主要目的。这些组织从属于不同性质，有半官方性质的，如菲律宾丝绸之路国际商会（2016年成立）、马来西亚“一带一路”总商会（2017年成立）；有政党性质的，如马来西亚华人公会“一带一路”中心（2016年成立）；还有民间性质的，如马来西亚中国丝路商会（2016年成立）、马来西亚“‘一带一路’经济友好协会”（2016年成立），等等。与传统华商组织不同，在此类综合性商业组织中，一些商会在人员构成上虽以华人为主，但不局限于华人。以“菲律宾丝绸之路国际商会”为例。菲律宾丝绸之路国际商会是香港丝绸之路国际总商会的首个海外商会。该商会创会主席为前菲律宾工商总会主席蔡聪妙，成员主要由华人企业家构成，目前会员有70人以上，但其顾问团成员多为来自菲律宾工商总会这一政府机构的本土官员，并聘请菲律宾前总统阿罗约为永远荣誉主席。① 再如马来西亚“‘一带一路’经济友好协会”，其成立宗旨即在于配合中国政府提出的“一带一路”倡议，以经贸、文化、教育和旅游为“四大支柱”，打造跨种族、跨国家和跨界人才的对接平台。② 可见，在组织结构上，这些综合性商会多已突破了种族界限，并于近两年在参与和组织的活动方面更具有国际、区域和全球的视野。

华人商会的活跃性不仅体现在数量上的增加，还反映在社团的跨国网络的进一步强化与扩展。这一网络主要建构于两个跨国场域：

一是东南亚华人商会与中国之间的双向互动愈发密切。一方面，华人商会注重与中国官方和民间的商业组织建立制度化的联系，如马来西亚中华总商会（中总）先后与浙江省工商业联合会、上海市工商业联合会等组织签署谅解备忘录，目的在于汇集马中两地商会组织的资源，联手管理资讯互换和资料共享，提升双边商贸交往的制度化和效率化。③ 另一方面则表现为中国愈发重视华人社团在“一带一路”建设中的引领作用。2017年第二届世界华侨华人工商大会成立的“一带一路”华商组织协作网，涵纳了东南亚11个国家的89个华商组织，用于“汇集海内外最全华商信息，及时传递最新资讯，掌握热点华商

---

① 菲律宾丝绸之路国际商会：《菲律宾丝绸之路国际商会访华团团员手册（马尼拉—海南—北京—马尼拉）》，2018年4月9—14日。

② 《马来西亚成立“‘一带一路’经济友好协会”》，中国新闻网，http：//www. chinanews. com/gj/2016/02 - 26/7773854. shtml。

③ 《中总代表团拜访浙江省工商业联合会》，马来西亚中华总商会，http：//www. acccim. org. my/blog/topic/28/6/402/中总代表团拜访浙江省工商业联合会；《中总与上海市工商联签署合作谅解备忘录》，马来西亚中华总商会，http：//www. acccim. org. my/blog/topic/28/6/401/中总与上海市工商联签署合作谅解备忘录。

动向，为全球华商提供一个交流联络、洽谈业务、沟通商机的平台"①。此外，中国积极为海外华商举办各种华商研习班，如"海外华裔青年企业家中国经济研修班""海外社团中青年领袖研习班"等，各级政府部门也积极走出去，与东南亚各地华人商会加强交流与互动。

二是东南亚华人商会之间及其跨区域联系也在"一带一路"背景下得以扩展和加强。如菲律宾丝绸之路国际商会不仅与南京侨商联合会签署《友好合作协定》，也计划与马来西亚中国丝路商会结盟，共同推动建立"一带一路"多边合作关系。② 马来西亚中华总商会（简称"马中总"）在加强与泰国华人青年商会、印度尼西亚中华总商会、新加坡中华总商会等东盟国家华人商业社团联系的同时，③ 也注重建构整个区域的华商团体之间的网络联系，如 2018 年马来西亚中华总商会召开第七届青商大会，邀请东盟各国以及中国、日本、韩国、澳大利亚等 16 个国家和地区的青年企业家及青商团体参与，目的在于为增强各地青年企业家的交流和联系提供平台，建立商业网络，促进区域合作。④

（二）华商

随着"一带一路"倡议在东南亚的实施，越来越多的中国企业走进东南亚，也为当地华商提供了巨大的发展机遇。在这一过程中，华商扮演了重要的角色，成为"一带一路"建设在东南亚开展的最早践行者、合作者和搭桥者。

第一，华商，尤其新移民华商是"一带一路"中国企业走入东南亚的急先锋。根据最新的《世界移民报告 2018》，亚洲是当今世界接收移民数量最多的两个大洲之一，且亚洲境内的移民数量最为显著，中国是亚洲迁出移民数量最多的两个国家之一（另一个是印度）。⑤ 以菲律宾为例，自 20 世纪 70 年代开始，一批批中国新移民涌入菲律宾，目前人数应有 20 万以上，⑥ 他们已发展成为菲华社会的一股新生力量。当前新移民多数从事中菲跨国商业贸易，主要利用自己的文化背景和国内丰富的人脉和进货渠道，利用菲律宾的市场空间，从中国进货出关后在菲律宾入关和批发零售，通过比本地更加低廉的价格进行销售，从中赚取利润。可以说，新移民是带动中国企业产品"走出去"的最早实践者。

第二，华商是中国企业走进东南亚的合作者。对于中资企业而言，由于华人所具有同种同文的优势，当地华商往往成为中资企业进入东南亚的首选合作者。这一合作主要体现在两方面：一方面，华商成为中国企业最初进入东南亚市场的开辟者。如柬埔寨华商方侨

① "一带一路"华商组织协作网，http：//www. chinaqw. com/z/2017/ydylbusiness/index. html。

② 《菲律宾丝绸之路国际商会与南京侨商联合会签协议并与马来西亚中国丝路商会探讨结盟》，菲龙网，http：//www. flw. ph/forum. php？ mod = viewthread&tid = 422638&from = portal。

③ 《中总青商团与印尼青年企业家缔结友好、促进联系和交流》，马来西亚中华总商会，http：//www. acccim. org. my/blog/topic/26/6/419/中总青商团与印尼青年企业家缔结友好、促进联系和交流；《马来西亚中华总商会青商团与泰国华人青年商会缔更密切来往》，马来西亚中华总商会，http：//www. acccim. org. my/blog/topic/28/6/279/马来西亚中华总商会青商团与泰国华人青年商会缔更密切来往；《黄山忠：新马商家合作关系密切》，（新加坡）《联合早报》，2018 年 5 月 24 日。

④ 《2018 年中总第七届青商大会》，马来西亚中华总商会：《马来西亚中华总商会会讯》2018 年第 114 期，第 16 页。

⑤ 联合国国际移民组织（IOM）编，全球化智库译：《世界移民报告 2018》，2018 年。

⑥ 代帆：《近三十年中国人移民菲律宾原因探析》，《华侨华人历史研究》2010 年第 1 期，第 32 – 42 页。

生创建的加华银行与支付宝合作，不仅使中国游客在柬埔寨的消费和旅游更加方便快捷，而且帮助阿里巴巴在柬埔寨开辟了新的金融市场，助推人民币的国际化。① 中国东风汽车走进菲律宾，菲律宾华商成为菲律宾东风汽车销售公司的代理人。② 另一方面，华商成为中资企业在当地投资兴业的供应商。例如中国企业承建柬埔寨西哈努克港的高速公路，当地华人为中国企业提供各种物资与服务，不仅自身获益，同时也推动了柬埔寨经济的发展。③

第三，华商是中资企业进入东南亚的搭桥者。东南亚华商利用对于本地国情、法律和社会的了解，通过为中国企业在当地投资兴业提供咨询，成为中国企业进入所在国的天然桥梁。如菲律宾华商联总会理事长陈本显强调，为了加强菲律宾竞争力，改善菲律宾投资环境，“在创业、法律、规章、劳工、税务、海关改进生产及其他主题方面，菲律宾华商联总会为企业提供免费的研讨、座谈会”④。印尼中华总商会副总主席张锦雄在出席第二届世界华侨华人工商大会时也指出，中资企业应多听取当地华商及其组织的声音，对项目进行可行性研究，规划好前期的具体操作方案，这样才能更好地开展后期业务。⑤

总之，华商对于中国企业进入东南亚发挥了重要的建设和引领作用，积极影响和塑造了中国、东南亚和当地华商三方共赢的局面。

（三）华文教育

“一带一路”倡议为东南亚华文教育的开放和交流提供了契机。中国教育部自 2016 年发布《推进共建“一带一路”教育行动》后，中国与东南亚国家的教育交流合作进一步深入。当前东南亚华文教育呈现出以下几个特点：

首先，中国目前已是亚洲最大留学目的国，其中来自东南亚地区的留华学生增长趋势明显。根据中国教育部统计数据，东南亚国家来华留学生从 2010 年的约 5 万人增长到 2016 年的 8 万余人；2016 年来华留学人数按国别排序前 15 名中，东南亚的泰国 23 044 人、印度尼西亚 14 714 人、越南 16 390 人、老挝 9 907 人、马来西亚 6 880 人。2017 年在前十位生源国中，东南亚的泰国、印度尼西亚和老挝是三大主要来源国。东南亚学生来中国留学人数的日益增加，对东南亚华文教育的发展是一个强有力的推动。

其次，汉语热在“一带一路”经济效应的带动下近几年持续升温，推动华文教育向“职业化”方向发展。随着“一带一路”倡议的开展，越来越多中资企业到东南亚投资兴业，导致对当地华语人才的需求猛增。如在缅甸，懂汉语的人很抢手，不仅中资企业需要，许多缅甸企业在与中国人做生意的时候也需要。“缅甸现在会汉语的职员，工资要比不会汉语的至少高 1 倍，熟练掌握汉语的甚至高 2 ~ 3 倍，缅甸应届大学毕业生会说简单

① 《手记：柬埔寨华文人才需求旺盛　学汉语蔚然成风》，国务院侨务办公室网站，http：//www.gqb.gov.cn/news/2018/0507/44848.shtml。

② 《菲律宾东风汽车销售公司董事长访问东风》，东风汽车集团有限公司网站，http：//www.dfmc.com.cn/news/show.aspx？ID = 10027329。

③ 《手记：柬埔寨华文人才需求旺盛　学汉语蔚然成风》，国务院侨务办公室网站，http：//www.gqb.gov.cn/news/2018/0507/44848.shtml。

④ 周杰：《菲华商联总会可为中国企业提供投资咨询》，《国际商报》，2009 年 6 月 30 日。

⑤ 《华商组织助力“一带一路”：协作、引领、共赢》，中国新闻网，http：//www.chinanews.com/hr/2017/06-13/8249603.shtml。

汉语就可以找到月薪30万~50万缅币（约合人民币1 500元至2 500元）的工作。"① 在柬埔寨，中国已经上升为柬埔寨第一大旅游客源国，对当地华语导游需求量大增，进而激发了当地学生选修华文的积极性。"接受了华文教育的学生在就业方面具有许多优势，而且变得非常礼貌，学习也比较刻苦。越来越多的学生倾向于学习华文，接受华文补习的学生人数很有可能超越选修英文的学生的人数。"② 可以说，"一带一路"在东南亚的推进大大扩展和提升了华语的商业应用范围和经济效益，促进了华文教育的繁荣发展。

再次，华文教育对象出现本土化趋势。本土化趋势表现为随着华语经济价值的提升，越来越多的非华人士加入华文学习的行列。如在柬埔寨，"报读华文小学、中学的学生人数越来越多。入读华文学校、接受华文教育，不仅是华人的共识，而且还受到当地柬埔寨人的欢迎。不仅华人子弟踊跃选修华文，而且其他族裔也争相把子女送到华文学校报读华文课程。"③ 在泰国的华文学校，泰国学生比例不断提高。如在国光中学，泰国学生占比高达80%。中文已经成为许多泰国学生在学习外语时的最优先选项。④ 在马来西亚，随着中国与砂拉越经济关系的愈加密切，掌握中文成为一种优势，就连本地家长也将孩子送到中文学校学习。⑤ 此外，2017年底改组成立的印尼华文教育联合总会，作为一个全国性华文教育社团，其宗旨也在于"推动华文教育向全体国民扩展，并推动华文教育与职业教育同步发展"⑥。华人以外族群学习华文积极性的提升，加强了东南亚国家各族群对中国以及中华文化的理解，促进了东南亚与中国之间的文化交流与互动。

最后，华文教育向"标准化"发展。为了推进东南亚华文教育共同体的构建，中国侨务部门与相关教育机构大力推进华文教育的"标准化、正规化、专业化"建设，中国与东南亚华文教育机构的交流与互动进一步增强，一系列相关活动也在2018年相继开展。如由国务院侨办主办，四川省外事侨务办、马来西亚留华同学会共同承办的2018"华文教育·名师巡讲"活动分别在马来西亚吉隆坡和雪兰莪州、吉打州、槟城、霹雳州、马六甲州等地开展了五场讲学活动，对来自马来西亚1 020所华文中、小学校（包括6所师范院校）的2 100多名华文教师进行了培训。此外，华东师范大学为对接"一带一路"文化交流合作而创办的"马来西亚中学校长领导力提升研习班"；福建省侨联主办，闽江师范高等专科学校、福州市侨联承办，面向柬埔寨、马来西亚、新加坡、印度尼西亚等国的"东南亚华文师资培训班"，等等，这些活动提升了东南亚地区的华文教学水平和教育技能，推动华文教育迈向规范化、标准化的发展轨道。

总体上来看，当前东南亚华文教育在"一带一路"的带动下呈现出繁荣发展的态势，但前面的发展道路仍面临着诸多困难，如柬埔寨绝大部分华校依然无法实现收支平衡，马

---

① 《缅甸掀起"汉语热"：懂汉语人才很抢手》，《云南日报》，2018年5月25日。

② 《手记：柬埔寨华文人才需求旺盛　学汉语蔚然成风》，国务院侨务办公室网站，http：//www. gqb. gov. cn/news/2018/0507/44848. shtml。

③ 《手记：柬埔寨华文人才需求旺盛　学汉语蔚然成风》，国务院侨务办公室网站，http：//www. gqb. gov. cn/news/2018/0507/44848. shtml。

④ 《不畏艰难留根脉　泰国华文教育新生力量传薪火》，《人民日报（海外版）》，2018年3月5日。

⑤ 《大马砂州政府承认统考文凭　中文重要性与日俱增》，中国侨网，https：//www. chinaqw. com/hwjy/2018/03-26/183425. shtml。

⑥ 《印尼华教总会成立　向全国扩展华文教育》，（新加坡）联合早报网，http：//www. zaobao. com/news/sea/story20180531-863298。

来西亚一些乡区微型华小面临华裔生越来越少的处境,[①] 东南亚华文教育整体上仍以传统课堂面对面教学为主，缺乏对互联网、数字化资源的充分利用，等等，这些都将是东南亚华文教育目前所亟待解决的问题。

四、发展趋势

总体上看，在东南亚“一带一路”倡议推进的过程中，经贸合作将继续成为中国—东盟合作的主要推动力。根据《2018 年度“一带一路”国家基础设施发展指数报告》，凭借持续稳定而旺盛的市场需求，东南亚地区指数得分蝉联区域排行榜首位，继续领跑“一带一路”沿线基础设施建设。[②] 此外，人文交流将成为“一带一路”倡议的重要支柱。随着中国—东盟人文交流项目的增多，以及合作机制的不断成熟和完善，人文交流将构成实现“一带一路”民心相通的社会根基，推进中国与东盟战略伙伴关系进一步走向深化。

在中国与东南亚之间合作、互利、共赢理念的塑造过程中，经济实力雄厚、人口众多的东南亚华侨华人将继续扮演着重要的角色，华商不仅积极参与“一带一路”建设，同时在中国企业走入东南亚的过程中，将继续发挥着智力支撑、搭桥引路的重要作用。但值得注意的是，华人企业多为中小型企业，当前面临着自身转型升级的挑战。此外，随着老一代华商渐渐退出舞台，如何让土生土长的新一代华商更好地了解中国，切实地抓住“一带一路”建设的时代机遇，更好地实现与中国相关政策和项目的对接，这将是重中之重的问题。

（任　娜）

① 《大马乡区华小面临华裔生源危机，迁校难合并更难》，中国侨网，http://www.chinaqw.com/hwjy/2018/04-02/184429.shtml。

② 《2018 年度“一带一路”国家基础设施发展指数报告》，新华社，http://silkroad.news.cn/2018/0613/99626.shtml。

中亚地区侨情

中亚地处丝绸之路经济带，并与我国新疆维吾尔自治区相邻。近年来，中国与中亚国家关系从单一、个别领域已走向贸易往来、跨境人口管理、能源合作、水资源利用、安全合作、交通合作、共同反恐等全面合作发展之路，特别在共同应对和解决事关本地区的重大事务问题上，已建立起包括“上海合作组织”“亚信会议”在内的对话和协商机制。在此过程中，从中国西北省区向中亚地区人口流动的数量呈现逐年上升趋势，探亲、访友、贸易、留学、劳务、婚姻、定居等活动日渐频繁，中亚侨情呈现出新的变化和特点。

一、中亚地区概况

中亚地区概况如表 1 所示：

表 1　中亚地区概况

地区名称	一般指的中亚五国是：哈萨克斯坦、乌兹别克斯坦、吉尔吉斯斯坦、土库曼斯坦和塔吉克斯坦
地理位置	位于亚洲中部内陆地区
气候	温带大陆性气候
领土面积	400.34 万平方千米
政体	包括总统共和制、总统制、议会制等不同类型
主要宗教	伊斯兰教逊尼派
人口数量	7 400 万（2019 年）
华侨华人人口数量（含少数民族）	65 万左右
华侨华人所占总人口比例	0.88%
主要族群	哈萨克族、吉尔吉斯族（中国称柯尔克孜族）、塔吉克族、土库曼族、乌兹别克族（中国称乌孜别克族）
GDP	约 2 500 亿美元（2019 年统计）

（续上表）

人均 GDP	哈萨克斯坦：8480 美元 乌兹别克斯坦：1 532 美元 吉尔吉斯斯坦：1 281 美元 土库曼斯坦：6 967 美元 塔吉克斯坦：827 美元（2019 年）

资料来源：中华人民共和国外交部网站国家和地区相关介绍，https：//www. fmprc. gov. cn/web/gjhdq_676201/gj_676203/yz_676205/；亚洲开发银行网站，https：//www. adb. org/countries；中华人民共和国国务院侨务办公室网站，http：//qwgzyj. gqb. gov. cn/yjytt/155/1830. shtml.

二、中国与中亚五国交流现状

哈萨克斯坦、乌兹别克斯坦、吉尔吉斯斯坦、土库曼斯坦和塔吉克斯坦作为中亚地区五个重要国家，具有极为重要的战略位置并蕴藏有十分丰富的能源矿藏。“冷战”结束以来，随着中亚五国走向独立以及分别推动国内经济社会发展向平稳方向过渡，中国与中亚五国的关系也从单一、个别领域走向贸易往来、跨境人口管理、能源合作、水资源利用、安全合作、交通合作、共同反恐等全面合作发展之路，特别在共同应对和解决事关本地区的重大事务问题上，已建立起包括“上海合作组织”在内的对话和协商机制。中亚五国可以说在地理位置上是关系中国西北安全稳定的重要地区，在经贸关系领域则是中国推进“一带一路”倡议的重要合作伙伴。

“丝绸之路经济带”的提出使得中国与中亚国家的贸易额呈逐年扩大趋势，2017 年，中国与中亚五国贸易总额较 2016 年的 300. 47 亿美元大幅度提升，达 359. 81 亿美元。其中，中哈双边贸易额为 180 亿美元，中吉 54. 48 亿美元，中塔 13. 7 亿美元，中乌 42. 2 亿美元，中土 69. 43 亿美元。[①] 当前，中国已成为中亚国家最主要的贸易和投资合作伙伴之一，双方贸易总额从建交之初的 5 亿美元跃升至现在的每年约 300 亿美元，增长近 60 倍。中国企业积极赴中亚投资兴业，为当地创造就业和经济效益。中国和中亚国家结成近 50 对友好省州（市）关系，双方人员往来频繁，文化、教育、媒体、智库、青年领域合作蓬勃开展，传统友好深入人心。[②] 同时，国内的一些省市与中亚城市结成友好城市，积极推进城市外交，加强彼此的联系，为进一步合作共赢奠定了更加坚实的基础，如北京市与哈萨克斯坦的阿斯塔纳市，上海市与乌兹别克斯坦的塔什干市，陕西省与哈萨克斯坦的江布尔州等。[③]

在政治和经贸合作快速发展的同时，中国与中亚国家的文化交流活动也空前活跃。中国通过举办“中亚人文交流与合作国际论坛”“丝绸之路国际电影节”“丝绸之路国际旅游合作联盟”等，建立了上海合作组织大学、孔子学院、新丝绸之路大学联盟、中亚学院等平台，与中亚各国互办“旅游年”“文化年”“文化日”等，加强与中亚国家社会各领

① 《“通”中之重：“丝绸之路经济带”建设在中亚》，人民网，http：//world. people. com. cn/n1/2019/0226/c187656 -30903169. html，2019 年 2 月 26 日。

② 《齐聚扬州话合作　共建丝路谱华章》，人民网，http：//ydyl. people. com. cn/n1/2019/0226/c411837 -30902466. html，2019 年 2 月 26 日。

③ 马玉凤：《“一带一路”助推中国与中亚关系发展》，《中国社会科学报》，2018 年 8 月 6 日第 6 版。

域、各界别与各层次的交往与交流。2017 年，中共中央办公厅、国务院办公厅印发的《关于实施中华优秀文化传承发展工程的意见》中将推动中外文化交流互鉴作为一项重要任务，指出要加强"一带一路"沿线国家文化交流合作；党的十九大报告中也提出"推进国际传播能力建设，讲好中国故事，展现真实、立体、全面的中国"。[①] 2017 年 8 月，乌兹别克斯坦青年联盟主席库兰巴耶夫率团参加了在中国举办的上海合作组织青年交流营活动。[②] 2017 年 12 月，西北师范大学与吉尔吉斯斯坦国立民族大学在比什凯克共同主办了首届中国与中亚人文交流与合作国际论坛，并以此为契机，探索"一带一路"沿线国家人文交流合作的新途径。[③] 2018 年 9 月 7 日至 10 日，第二届中国与中亚人文交流与合作国际论坛在甘肃敦煌召开，该论坛是 2018 年丝绸之路（敦煌）国际文化博览会系列活动之一。吉尔吉斯斯坦国立民族大学校长卡纳特·萨迪科夫（Kanat Sadykov）表示，论坛以中国和中亚在人文领域的相互作用为主题，非常具有现实意义。专家们讨论的问题将为学习研究过去、现在和未来的中国与中亚关系注入新的动力。[④] 西北师范大学自 2013 年起连续五年招收东干族留学生 200 多人，在东干族人才培养及东干语言文化研究等方面引起国内学界关注。[⑤]

与双边合作发展和文化交流相伴随的是跨国人口流动的增长，特别是中国西北地区向中亚以及西亚、南亚等地人口流动的数量呈现逐年上升趋势，探亲、访友、贸易、留学、劳务、婚姻、定居等活动日渐频繁。当然这一现象与中亚地区和中国西北地区存在大量的同源跨境民族也有着重要关系。这类跨境民族按照人数及分布地区大概分两类：一类是在中国西北与中亚地区长期生存发展，且在民族国家边界确定后人口大多数主要在中亚地区的民族，如哈萨克族、吉尔吉斯族（我国称为柯尔克孜族）、塔吉克族、乌兹别克族（我国称为乌孜别克族）等，而另一类是在中国西北与中亚地区长期生存发展，且在民族国家边界确定后人口大多数主要在中国西北的民族，如维吾尔族、回族（中亚地区称为东干族）等。[⑥]

第二次世界大战之后，中亚地区就聚集了大量的华侨，这些华侨以中国的少数民族为主。其大部分来自新疆、陕西、甘肃和黑龙江，以民族成分而言，他们中有汉族、维吾尔族、回族、乌孜别克族、满族、蒙古族、塔吉克族……[⑦]而哈萨克族、乌兹别克族、吉尔吉斯族、塔吉克族又分别是哈萨克斯坦共和国、乌兹别克斯坦共和国、吉尔吉斯斯坦共和国和塔吉克斯坦共和国的主体民族。同源跨境民族之间不仅在宗教信仰、体形外貌、文化风俗、情感表达和生活方式上相类似，而且关系往来十分频繁。[⑧] 中亚东干族系自 18 世纪

---

① 马世年：《历史上中国与中亚的文化交流及其启示》，《中国社会科学报》，2018 年 1 月 2 日第 4 版。

② 《驻乌兹别克斯坦大使姜岩在乌〈人民言论报〉发表署名文章》，中国外交部网站，https://www.fmprc.gov.cn/web/dszlsjt_673036/ds_673038/t1576490.shtml。

③ 马世年：《历史上中国与中亚的文化交流及其启示》，《中国社会科学报》，2018 年 1 月 2 日第 4 版。

④ 《西北师大联合主办第二届中国与中亚人文交流与合作国际论坛》，新华网，http://www.gs.xinhuanet.com/news/2018-09/12/c_1123420175.htm，2018 年 9 月 12 日。

⑤ 马世年：《历史上中国与中亚的文化交流及其启示》，《中国社会科学报》，2018 年 1 月 2 日第 4 版。

⑥ 丁建伟：《中亚与我国西北边疆地区同源跨国民族问题》，《西北第二民族学院学报（哲学社会科学版）》2004 年第 1 期。

⑦ 《中亚的华人的前世与今生："小分散""大集中"》，中国侨网，http://www.chinaqw.com/hqhr/2016/12-01/115671.shtml，2016 年 12 月 1 日。

⑧ 丁建伟：《中亚与我国西北边疆地区同源跨国民族问题》，《西北第二民族学院学报（哲学社会科学版）》2004 年第 1 期。

70 年代起陆续迁居到中亚地区定居的中国西北地区回族后裔。百余年来，东干族顽强地保留了中国回族文化和传统农耕文化的精神内核，是中华文化顽强生命力和适应力的典型范例，被认为是人类移民史上的奇迹。东干族目前主要分布在吉尔吉斯斯坦、哈萨克斯坦和乌兹别克斯坦，初入中亚时仅有 6 000 多人，现今约有 17 万人。① 近几年，中亚国家的华人华侨联合会先后成立，目前已有哈萨克斯坦华人华侨联合会、吉尔吉斯斯坦华人华侨联合会、塔吉克斯坦华人华侨联合会、乌兹别克斯坦华人华侨联合会。②

三、中资企业在中亚投资不断获得发展

目前，各类中资企业纷纷乘着“一带一路”倡议的东风进入中亚地区投资，阿克纠宾项目是中国石油于 1997 年通过竞标从哈萨克斯坦政府获得的油气田开采运营权，也是其在中亚地区获得的第一个油气合作项目。截至 2017 年 5 月 11 日，中国石油哈萨克斯坦公司阿克纠宾项目运营 20 年累计生产原油 10 003 万吨，突破 1 亿吨大关。③ 2014 年，在“一带一路”倡议推动下，中国中泰集团、新疆生产建设兵团和塔方企业共同建设的中泰塔吉克斯坦农业纺织产业园项目正式启动。据纺织园介绍，此前塔吉克斯坦的棉花加工量仅占全国棉花产量的 10%，而现在其占比提升到了 40%。这些加工出来的纯棉纱线质量达到国际一流水准，90% 以上都销往海外市场，这也为塔吉克斯坦带来了实实在在的外汇收入。目前产业园已经成为塔吉克斯坦出口创汇第一大户，为经济持续发展提供了动力和保障，也促进了当地人的就业发展。④ 中哈霍尔果斯国际边境合作中心是中哈共建的跨境自由贸易区，总面积 5.28 平方千米，其中中方区域 3.43 平方千米，哈方区域 1.85 平方千米，两国公民及第三国公民，凭护照或出入境通行证等有效证件出入合作中心。如今，在合作中心经营的中外商户有 4 000 余家，从业人员 6 000 多人。据悉，合作中心自 2012 年封关运营以来，旅客人数呈快速增长态势。截至 2018 年 2 月，共监管进出该合作中心人员达 1 787 余万人次，贸易额 212 余亿元人民币，年均增长 88.1% 和 225.6%。⑤ 2018 年 10 月 19 日，宏绅“一带一路”战略投资高峰论坛暨宏绅国际转板纳斯达克（NASDAQ）项目研讨会在京召开。宏绅国际资源有限公司将正式进入吉尔吉斯斯坦，全资控股吉尔吉斯斯坦扎尔达列克霞石正长岩项目。⑥

截至 2018 年，中哈顺利推进“一带一路”和“光明之路”新经济政策对接；中国对哈累计投资逾 430 亿美元，双方在产能合作框架内商定的 51 个重点合作项目，总投资额

① 魏梓秋：《从文化孤岛到沟通桥梁》，《中国社会科学报》，2018 年 5 月 24 日。

② 《中亚的华人的前世与今生：“小分散”“大集中”》，中国侨网，http：//www.chinaqw.com/hqhr/2016/12－01/115671.shtml，2016 年 12 月 1 日。

③ 《中国石油中亚首个项目累计生产原油超亿吨》，中国新闻网，http：//www.chinanews.com/ny/2017/05－12/8222226.shtml，2017 年 5 月 12 日。

④ 《塔吉克斯坦：中塔纺织产业园“织就”丝路新生活》，环球网，http：//world.huanqiu.com/article/2018－06/12142273.html，2018 年 6 月 1 日。

⑤ 《中哈合作中心商业繁荣　吸引哈国青年入境打工》，中国侨网，http：//www.chinaqw.com/jjkj/2018/04－11/185593.shtml，2018 年 4 月 11 日。

⑥ 《中企加速“一带一路”布局　宏绅全资控股全球最大霞石正长岩矿》，环球网，http：//biz.huanqiu.com/pp/2018－10/13277715.html，2018 年 10 月 16 日。

近280亿美元；双方进行本币互换和结算，开设中哈产能合作基金，成立合资国际交易所；中欧货运班列去年过境哈逾1 800次，中亚班列中哈段发运货值达1.2亿美元；中方投建的农产品加工厂已为哈生产优质食用油2 300吨、面粉4 600吨。[①] 而且中国工商银行（阿拉木图）股份公司阿斯塔纳代表处在哈萨克斯坦首都阿斯塔纳的正式开业进一步完善了工商银行在哈萨克斯坦的服务网络，有助于提升工商银行对中哈经济金融合作的支持力度和对两国客户的服务效率，更好地促进"一带一路"倡议的落实。[②] 2019年2月19日，中亚互联（国际）孵化器与哈萨克斯坦阿拉套创新技术园经济特区在哈南部城市阿拉木图举行了签约仪式，双方建立全面战略合作伙伴关系。中亚互联（国际）孵化器成为该经济特区首家来自中国的全面战略合作伙伴。在中国驻阿拉木图总领事馆科教领事米桂雄的见证下，签约双方先后为中亚互联（国际）孵化器科技成果转化中心以及中哈电子信息联合研究中心揭牌。[③]

在纯民资背景的企业很难有渠道进口原油的情况下，宝塔石化早早布局中亚市场。2011年10月，宝塔化工装备制造厂一期投产，总投资3.72亿元的宝塔化工装备制造公司当时是宁夏唯一一家生产化工装备的专业制造厂；到2013年，宝塔化工装备制造厂搭乘"一带一路"发展快车，其设计制造的石油化工成套设备首次打入哈萨克斯坦，并在当地设立公司，陆续援建多个炼油项目，受到哈萨克斯坦的热烈欢迎。宝塔石化集团以为哈萨克斯坦提供石油化工深加工项目为契机，换取该国油气资源，先后投资4亿美元在哈萨克斯坦拿下了两个石油区块，有效地整合了宝塔石化集团在哈萨克斯坦的资源，同时完成哈萨克斯坦宝塔石化有限公司的注册。截至2017年4月，宝塔化工装备制造有限公司厂区总占地面积23万平方米，现有员工300余人，专业工程技术人员超过15%，设计年生产压力容器2万吨，产值3.8亿元。[④]

在"中哈产能与投资52个合作项目清单"中，由西安爱菊集团在哈萨克斯坦启动建设的粮油基地项目是唯一的农业项目。基地位于哈萨克斯坦北哈州，于2016年底投产。作为西安老字号粮油企业，爱菊集团积极与"一带一路"沿线国家开展产能合作，将产区和消费区对接起来，实现了互利共赢。[⑤]

乌兹别克斯坦是丝绸之路经济带上的重要国家。目前，中乌关系处于历史最好时期，政治互信、互利合作、战略协调全面推进，各领域务实合作不断取得丰硕成果。中国是乌第二大贸易伙伴国、第一大投资来源国、第一大棉花出口目的地国、第一大电信设备和土壤改良设备供应国。2017年在北京举行的"一带一路"国际合作高峰论坛期间，中国进出口银行与乌方签署了电网升级改装、燃煤电站、煤矿改造等项目贷款协议，丝路基金与

---

① 《全方位推动中哈共建"一带一路"（大使随笔）》，人民网，http://ydyl.people.com.cn/n1/2018/0907/c411837-30279088.html，2018年9月7日。

② 《工商银行阿斯塔纳代表处正式成立》，人民网，http://world.people.com.cn/n1/2018/0507/c1002-29969635.htm，2018年5月7日。

③ 《中国企业与哈萨克斯坦国家级创新技术园建立战略伙伴关系》，人民网，http://world.people.com.cn/n1/2019/0220/c1002-30808414.html，2019年2月20日。

④ 《宝塔石化集团：用装备制造技术开拓中亚市场》，丝路观察网，http://web.siluxgc.com/jejsst/kgStar/20170426/1984.html，2017年4月6日。

⑤ 《陕西企业借"一带一路"出海　"扎根"沿线国促协同发展》，中国侨网，http://www.chinaqw.com/qx/2019/01-15/213208.shtml，2019年1月15日。

乌对外经济银行签署了合作协议。随着中乌全面战略伙伴关系的确立，双方将一道把握历史机遇，推动两国各领域合作在共建丝绸之路经济带框架内向更高水平、更广空间迈进。中乌双边贸易额约 40 亿美元，比上年增长 15%，占乌兹别克斯坦外贸总额近五分之一。在投资方面，中国已连续多年蝉联乌兹别克斯坦第一大投资来源国，累计对乌各类投资总额超过 78 亿美元。①

中国连续多年成为土库曼斯坦第一大贸易伙伴国。2017 年，中土双边货物贸易额约 70 亿美元，保持较快速度增长。中土两国政府积极推动投资和项目合作，鼓励双方企业积极探讨能源、交通基础设施、通信、化工和纺织等领域的投资和经济技术合作。北京青年旅行社股份有限公司于 2018 年 11 月 26 日在北京"圆梦丝路"东欧中亚国家旅游推介会上也与土库曼斯坦国际友谊旅行社签署了汗血宝马培训项目的独家代理协议，将在汗血宝马高端游项目上组建自己的团队。②

四、华文教育获得发展

在华文教育方面，目前中亚地区有孔子学院 13 家，孔子课堂 22 个③，汉语在该地区高校乃至中小学课堂有着很高的受欢迎程度。中亚五国只有土库曼斯坦没有设立孔子学院和孔子课堂，但是土库曼斯坦已有三所大学开设了汉语课，分别是国立马赫图姆库里大学、阿扎季世界语言学院、土国外交部所属的国际关系学院。当地学生学习汉语热情很高，对中国文化、经济和国情很感兴趣，但汉语师资仍严重匮乏，已经不能满足当地需求。哈萨克斯坦有 5 家孔子学院，在两国领导人的关心和指导下，双方互设 5 所孔子学院和 5 个哈萨克斯坦语言文化中心，1.4 万多名哈青年在华留学。④ 吉尔吉斯斯坦有 4 家孔子学院以及 21 个孔子课堂，吉尔吉斯斯坦国家广播电台与吉尔吉斯斯坦国立民族大学孔子学院合作开办了"跟我学汉语"栏目，颇受当地汉语学习者们的青睐。乌兹别克斯坦有 2 家孔子学院，乌兹别克斯坦政府非常重视汉语推广和中乌文化交流，撒马尔罕外语学院、费尔干纳大学等地方院校也陆续开设了汉语课程。虽然乌兹别克斯坦的汉语学校数量不断增加，但仍难以满足乌国民众学习汉语的热切需求。⑤

与新疆师范大学合作的塔吉克斯坦第一所孔子学院是塔吉克斯坦国立民族大学孔子学院。该学院自 2009 年 3 月运行以来，积极面向幼儿、中小学、大学开展不同层次汉语教育，该院在塔国设有 12 个教学点，逐步形成了覆盖塔全国的汉语教学网络，成为塔汉语教学的核心机构。2011 年，该孔子学院注册学员近 2 000 人。2013 年注册学员 3 414 人。孔子学院充分利用中塔文化优势和特色，开展了不少大型文化交流活动，有效地提升了汉

---

① 《中亚国家经济搭上"一带一路"快车》，中国经济网，http：//www. ce. cn/xwzx/gnsz/gdxw/201805/16/t20180516_29150002. s，2018 年 5 月 16 日。

② 《土库曼斯坦驻华大使：我们的首要目标是吸引更多中国游客》，环球网，http：//finance. huanqiu. com/hqsl/2018 -05/12040975. html，2018 年 11 月 27 日。

③ 信息来源于国家汉办网站，http：//www. hanban. org/。

④ 《全方位推动中哈共建一带一路（大使随笔）》，人民网，http：//ydyl. people. com. cn/n1/2018/0907/c411837 -30279088. html，2018 年 9 月 7 日。

⑤ 《中亚多国兴起"汉语热"　孔子学院"遍地开花"》，中国新闻网，http：//www. chinanews. com/hwjy/2013/09 -18/5298370_2. shtml，2013 年 9 月 18 日。

语的吸引力和感召力，成为中塔文化交往和互相学习的重要平台。[①] 据悉，在塔吉克斯坦民族大学孔子学院学习汉语的学生数量由成立之初的 200 多人增至目前的近 4 000 人，其间共有 1 700 多名学生通过选拔考试获得"中国政府奖学金""孔子学院奖学金"等赴华留学深造。到中国留学的塔吉克斯坦学生数量近年来也在不断增长，中国已成为继俄罗斯后塔吉克斯坦人第二大留学目的地国。[②] 2014 年 9 月 13 日，在中国国家主席习近平和塔吉克斯坦总统拉赫蒙的共同见证下，孔子学院总部总干事、国家汉办主任许琳与塔吉克斯坦教育科学部部长萨义德共同签署了中国石油大学（华东）与塔吉克斯坦冶金学院合作设立孔子学院的协议。这也是塔国设立的第二家孔子学院。[③] 2018 年 1 月 13 日，塔吉克斯坦冶金学院孔子学院举办主题为"丝路连着你和我"的 2018 年中国春节庆祝活动暨塔中矿业有限公司在孔子学院冠名设立汉语奖学金签约仪式。[④]

2013 年 6 月，由新疆师范大学和吉尔吉斯斯坦奥什国立大学合作举办的孔子学院，在吉南部奥什国立大学举行揭牌仪式，这是继比什凯克人文大学孔子学院、吉尔吉斯斯坦国立民族大学孔子学院之后，中国新疆高校在吉尔吉斯斯坦举办的第三所孔子学院。作为目前全球唯一一所以汉语本科教学为起点的孔子学院，奥什国立大学孔子学院开设了中国学专业及汉语言翻译专业，共招收全日制本科生 102 名。孔子学院在中方支持下配有多媒体教室、电脑室、汉语图书阅览室和中国文化活动室数间，为吉南部学习汉语者提供了优越的学习环境。[⑤] 2015 年 12 月，奥什国立大学孔子学院获批为俄语区国家第一所"示范孔子学院"。[⑥] 为加强与中国高校合作、加快中吉教育文化交流，奥什国立大学申请加入"上海合作组织大学联盟""'一带一路'高校联盟"，并利用孔子学院平台多次出访中国，与新疆师范大学、新疆医科大学、北京语言大学、华东师范大学、清华大学、北京外国语大学等中国高校建立了良好的校级合作关系。[⑦] 再如，吉尔吉斯斯坦国立民族大学孔子学院自 2009 年建立以来每年都有大量教师和学生赴中国学习，很多学成归来的学生又成为汉语教学一线的骨干。而 2013 年 3 月吉尔吉斯国立民族大学孔子学院还在吉尔吉斯内务部高等警官学院开设了新的汉语教学点。[⑧] 因吉尔吉斯国立民族大学孔子学院为吉尔吉斯斯坦培养了大量的优秀人才，得到吉国肯定，2017 年 5 月 21 日，吉尔吉斯斯坦教育部副部长卡德巴

① 《塔吉克斯坦国立民族大学孔子学院》（2020 年 5 月），国家汉办孔子学院网站，http://www.hanban.org/confuciousinstitutes/node_6797.htm；《塔吉克斯坦民族大学孔子学院举行学期总结活动》，中国新闻网，http://www.chinanews.com/hwjy/2012/07-11/4024433.shtml，2012 年 7 月 11 日。

② 《杜尚别的中国"窗口"——走进塔吉克斯坦民族大学孔子学院》，中国新闻网，http://www.xinhuanet.com/world/2018-10/11/c_1123545988.htm，2018 年 10 月 18 日。

③ 《习近平和拉赫蒙共同见证塔吉克斯坦冶金学院孔子学院签约》，国家汉办网站，http://www.hanban.edu.cn/article/2014-09/15/content_551001.htm，2014 年 9 月 15 日。

④ 《塔吉克斯坦冶金学院孔子学院举办 2018 年中国春节庆祝活动》，中国石油大学新闻网，http://www.ruccess.com/info/1434/50872.htm，2018 年 1 月 16 日。

⑤ 《奥什国立大学校长访问该校孔子学院》，国家汉办网站，http://www.hanban.org/article/2017-06/07/content_688833.htm，2017 年 6 月 7 日。

⑥ 《奥什国立大学校长访问该校孔子学院》，国家汉办网站，http://www.hanban.org/article/2017-06/07/content_688833.htm，2017 年 6 月 7 日。

⑦ 《奥什国立大学校长：孔子学院是我的事业、情怀和生命》，丝路新观察网，http://www.siluxgc.com/jejsst/kgConfucius/20180119/11768.html，2018 年 1 月 19 日。

⑧ 《推进中吉友好关系不断深化》，《人民日报》，2013 年 9 月 10 日。

耶夫·撒李丁亲临吉尔吉斯国立民族大学孔子学院汉语水平考试（HSK）考试现场，与汉考国际工作人员共同巡考。此次考试共设57个考场，1 443名考生参加了考试。[①]

而乌兹别克斯坦的孔子学院建设十余年来也得到发展。2005年建立的乌兹别克斯坦塔什干孔子学院不仅是中亚地区第一所孔子学院，也是全球最早建立的孔子学院。塔什干国立东方学院开设了汉语系，而世界语言大学等高校以及很多中学都设立汉语课程；作为全球首个签约的孔子学院，10多年来塔什干孔子学院为乌兹别克斯坦累计培养了3 000多名热爱汉语和中华文化的学生。[②] 2014年11月，由乌兹别克斯坦撒马尔罕国立外国语学院和中国上海外国语大学合作创办的乌兹别克斯坦的第二所孔子学院——撒马尔罕孔子学院在撒马尔罕市正式揭牌成立。[③] 自撒马尔罕孔子学院成立以来，乌兹别克斯坦两所孔院一直互相扶助，互通有无，携手并肩，共同为推广汉语和中国文化、为推动中乌民心相通而努力奋斗。

五、发展趋势

面对复杂的国际形势，中亚地区侨众的生存发展需要得到进一步关注和重视。中国与中亚国家经过多年的不懈努力，在核心利益上相互支持，政治互信不断增强。然而，当前中亚国家内部对中国形象的认知存在着较大的分化，高层和精英对中国的态度总体较为积极，但公众对中国形象的负面评价较多，这一问题会产生潜在影响。海外侨胞的生存发展还要更多地立足于侨胞日常生活的环境，因此如何做到“民心相通”才是当前要关注的重点。为此中亚侨胞要积极融入当地社会，尊重当地风俗习惯和宗教信仰，做到入乡随俗，而各华商应适当地回馈社会，这样才能构建良好的个人、企业和国家形象，帮助自身更好地被当地社会接纳。

目前中亚各国华侨华人社团发展不均衡，新老接续工作存在一定困难。中亚地区相对成熟的侨团主要分布在哈萨克斯坦、吉尔吉斯斯坦、塔吉克斯坦等国。随着世情、国情、侨情的变化，近年来现有侨团组织陆续开始面临一些新问题，如一些社团的老一辈侨领年事已高，而年轻侨领尚缺乏侨团工作的经验和实力，还要不断适应侨团工作的新内容、新任务。这就要求驻外使领馆、相关侨务部门给予年轻侨领更多的关注、培养和帮助。此外，当地华文媒体的发展还需时日，华文学校的数量还有较大的提升空间，领事保护的力度也有待进一步加强，使领馆中懂少数民族语言的“侨务领事”岗位也应根据实际需要增加，等等。只有做好这些，才能更好地为中亚广大侨胞在当地生存发展奠定基础。

（张小欣　尹业丽）

---

① 《吉尔吉斯斯坦教育部副部长亲临HSK考试现场》，国家汉办网站，http：//www. hanban. org/article/2017－05/24/content_686896. htm，2017年5月24日。

② 《中国文化展在乌兹别克斯坦举行》，国家汉办网站，http：//www. hanban. org/article/2017－02/27/content_675210. htm，2017年2月27日。

③ 《乌兹别克斯坦第二所孔子学院在撒马尔罕成立》，新华网，http：//news. xinhuanet. com/world/2014－11/28/c_127259255_5. htm，2014年11月28日。

南亚地区侨情[①]

南亚是21世纪海上丝绸之路上的重要节点，2018年中国与南亚地区在"一带一路"倡议推动下，双边关系加速发展。华人移民南亚已有200多年历史，最初大多经由东南亚涉足南亚，目前整个南亚地区华侨华人人数较少，总共大约20万人，此外，还有几万中方企业及务工人员。南亚地区华侨华人是世界最少华侨华人的地区之一，不仅占比低，而且自20世纪50年代以来，华侨华人持续流失。此外，与其他地区不同，该地区的华侨华人除了汉族以外，还有藏族、维吾尔族及哈萨克族等少数民族华侨华人，他们构成了南亚华侨华人的主体。随着"一带一路"倡议在南亚地区的稳步推进，我国不仅要处理好南亚地缘政治风险，还要进一步做好南亚地区侨情调研。

一、南亚地区基本概况

南亚共有7个国家，分别是印度、巴基斯坦、尼泊尔、不丹、孟加拉国、斯里兰卡和马尔代夫。这块次大陆包含了世界23%的人口，是世界上人口最多和最密集的地域，同时也是继非洲之后全球最贫穷的地区之一，在发展中地区占有重要地位。南亚既是世界四大文明发源地之一，又是印度教、佛教、锡克教等宗教的发源地。该地区文化、意识形态与种族复杂多样，宗教、语言和风俗习惯也各不相同。由于政治及宗教上的差别，当地政局较为不稳。

南亚地区紧邻中国，人口数量庞大、经济快速发展，是一个具有巨大潜力的市场。根据世界银行的预计，2018年南亚整体GDP增速将达到6.9%，其中印度增速将达到7.3%；由于基础设施的相对改善，2019年南亚平均增速预计将达到7.1%，其中印度有望达到7.4%。[②] 在全球经济陷入长期增长缓慢的局面下，2018年全球经济增长幅度为3.7%，国际货币基金组织将2019年世界增速预期下调至3.5%。南亚将保持所有地区中最快的经济增长速度。新兴市场与发展中经济体GDP整体增长4.7%，中国增长6.2%，印度增长7.3%，俄罗斯增长1.8%，巴西增长2.4%，南非增长1.4%。印度GDP增长率从2017年的6.7%上升到2018年的7.3%，已成为新兴经济体中增速最快的国家，[③] 超过东亚1百分点，是全球名副其实经济增长最快的地区，2018年印度、孟加拉国的增速位居世界前列。2018年，在南亚7国当中，尼泊尔、巴基斯坦、马尔代夫和不丹4个国家先后举行了大选，并且全都实现了执政党的更替。南亚地区概况如表1所示：

---

① 本文为2016年度教育部人文社会科学重点研究基地重大项目"国家边疆安全视野下的沿边地区侨情调研"（项目批准号：16JJD810008）阶段性成果。

② 世界银行网站，https：//www.worldbank.org/en/region/sar/overview，2019年2月1日。

③ 姚枝仲：《2018—2019年世界经济形势分析与展望》，中国社科院世界经济与政治研究所网站，http：//www.iwep.org.cn/xscg/xscg_sp/201812/t20181229_4803914.shtml，2019年1月15日。

表1 南亚地区基本概况

地区名称	南亚。该地区共7个国家，尼泊尔、不丹为内陆国，印度、巴基斯坦、孟加拉国为临海国，斯里兰卡、马尔代夫为岛国
地理位置	介于东南亚与西南亚之间，纬度在0°N～40°N之间，经度在60°E～100°E之间。大体在喜马拉雅山脉和印度洋之间
气候	热带季风气候、热带雨林气候
领土面积	约430万平方千米
政体	尼泊尔（议会制共和制）、不丹（议会制君主立宪制）、印度（议会制共和制）、巴基斯坦（议会制共和制）、孟加拉国（议会制共和制）、斯里兰卡（总统制共和制）、马尔代夫（总统制共和制）
人口数量	17.88亿（2018年）①
华人数量	约20万
华人所占比例	约占南亚总人口的万分之一
主要宗教	印度教、伊斯兰教
GDP	32 950亿美元（2018年）②
人均GDP	4 538.3美元（2018年）③

二、双边关系

“一带一路”倡议是中国主动谋求与亚非欧国家建立利益共同体和命运共同体的重大举措。21世纪海上丝绸之路的重点方向是从中国经南海到印度洋并延伸至欧洲。其中，南亚地处“一带一路”倡议核心范围，马尔代夫、斯里兰卡位于中东和东亚之间的印度洋通道，是21世纪海上丝绸之路上的重要节点。

近年来中国与南亚地区关系在“一带一路”倡议推动下加速发展。2014年12月，商务部和斯里兰卡财政计划部签署了关于在中斯经贸联委会框架下共同推进21世纪海上丝绸之路和“马欣达愿景”建设的谅解备忘录。2016年10月，中孟两国签署了“一带一路”倡议下合作的谅解备忘录。2017年5月，在“一带一路”国际合作高峰论坛期间，巴基斯坦、尼泊尔与中国签署了“一带一路”合作谅解备忘录。2017年12月，马尔代夫总统亚明访华期间与中国签署了中马共同推进“一带一路”建设的谅解备忘录和两国自由贸易协定。南亚七国已有五国相继参与“一带一路”倡议。南亚地区印度和不丹尚未参与到“一带一路”倡议中。

① 世界银行网站，https：//data. worldbank. org. cn/? locations = 8S。

② 根据IMF世界经济展望2018年5月数据计算所得，参见International Monetary Fund World Economic Outlook（April，2018）。

③ 根据IMF世界经济展望2018年5月数据计算所得，参见International Monetary Fund World Economic Outlook（April，2018）。

在双边经贸方面，2018 年中国与南亚双边贸易达到 1 401.4 亿美元，与 2017 年同比增长了 10.5%，其中，中国对南亚国家出口 1 177.8 亿美元，同比增长 9.7%，从南亚进口 223.6 亿美元，同比增长 15.4%，贸易顺差为 954.2 亿美元。[①] 由此可见，中国目前已成为南亚国家主要的外资来源国，尽管双边贸易不平衡，但合作潜能巨大。[②] 2018 年 6 月 14 日至 20 日第 5 届"南博会"在昆明成功举办。本届"南博会"以"融入'一带一路'、促进合作共赢"为主题，秉持互利共赢原则，进一步扩大开放格局，进一步服务和融入"一带一路"建设。"南博会"签约项目 456 个，签约金额 8 079.37 亿元，其中，合同和正式协议项目 251 个，签约金额 5 443.74 亿元，意向和框架协议项目 205 个，签约金额2 635.63亿元。[③] 在"一带一路"倡议的推动下，中国与南亚以港口、路桥、产业园区、跨境经济合作区等为支撑的合作共建格局正在形成，这表明了中国和南亚经贸合作正在不断深入，这些发展也给各国人民带来实实在在的利益。

在政治层面，2018 年中国与南亚双边政治关系不断推进。印度作为南亚最大国家，是中国能否成功推动南亚"一带一路"倡议的关键一环。2017 年中印两国因边境摩擦，关系僵硬。2018 年中印两国高层互动频繁，通过武汉会晤、上合组织峰会、金砖国家峰会、G20 峰会等一系列机制会晤，增信释疑、扩大合作，中印关系企稳回升。[④] 2018 年 11 月 2 日，巴基斯坦新任总理伊姆兰·汗首次对中国进行正式访问，并出席了首届中国国际进口博览会。中巴两国领导人一致同意加强中巴全天候战略合作伙伴关系，继续推进中巴经济走廊建设，打造新时代更加紧密的中巴命运共同体。[⑤]

在"一带一路"倡议推动下，中巴经济走廊、孟中印缅经济走廊成为中国深化与南亚国家各领域合作的重要基础。

中巴经济走廊作为"一带一路"倡议的先行先试项目，2018 年在已确定的瓜达尔港、交通基础设施、能源和产业合作四大合作领域中，已有 10 个项目完工，12 个项目在建，取得了显著的早期成果。在中巴经济走廊带动下，中国已连续 3 年成为巴最大贸易伙伴国，连续 4 年成为巴最大投资来源国，2017 年双边贸易额首次突破 200 亿美元，人员往来近 20 万人次。[⑥]

孟中印缅经济走廊，从各国的态度看，除孟中缅三方持比较积极的态度外，印度由最初的抵制逐步改变，印度商界对比较为欢迎，学界也呼吁两国加强学术交流增进了解，但政界仍持怀疑态度。2018 年 4 月中印领导人在武汉举行会晤并表示同意在孟中印缅走廊框架下加快经济合作，这给孟中印缅经济走廊建设带来新的希望，当务之急是落实两国领导

① 《2018 年 1—12 月中国与亚洲司主管国别双边贸易统计》，商务部网站，http://yzs.mofcom.gov.cn/article/g/date/201901/20190102831181.shtml，2019 年 2 月 1 日。

② 《"一带一路"为南亚发展带来不竭动力》，南方网，http://silkroad.news.cn/2018/0622/100515.shtml，2019 年 1 月 16 日。

③ 《第 5 届南博会签约项目 456 个　签约金额 8 079.37 亿元》，新华网，http://www.yn.xinhuanet.com/original/2018-06/20/c_137268054.htm，2018 年 6 月 20 日。

④ 《2018，中印关系企稳向好》，人民网，http://world.people.com.cn/n1/2018/1231/c1002-30497174.html，2019 年 1 月 16 日。

⑤ 《中国和巴基斯坦联合声明：进一步加强全天候战略合作伙伴关系》，新华网，http://www.xinhuanet.com/world/2018-11/04/c_1123660432.htm，2019 年 1 月 17 日。

⑥ 《中国驻巴基斯坦大使：中巴经济走廊 10 个项目完工 12 个项目在建》，"一带一路"网，https://www.yidaiyilu.gov.cn/ghsl/gnzjgd/74828.htm，2019 年 1 月 17 日。

人共识，带动印度各界与各相关国家积极支持和助力经济走廊建设，从而找到走出困境的发展出路。①

在斯里兰卡，在中国21世纪海上丝绸之路框架下，科伦坡港口城、汉班托塔市的港口项目，被认定是“丝绸之路”计划的重要内容。许多不丹人对“一带一路”倡议持乐观其成的态度，希望能借此更好地发展其旅游业。②

三、南亚华侨华人概况

（一）南亚华侨华人来源及构成

目前在南亚各国的华侨华人主要可分为两类：一类是历史上到南亚地区经商和从事其他经济活动的人。他们在南亚各国定居下来，其后代已经取得当地国国籍，并融入所在国的社会生活中；另一类是中国实行改革开放以来，尤其是近年来前往南亚各国开展贸易、投资和工程承包等经贸活动的中国人，以及从事海外务工的熟练工人、技术人员和各类专业人员等。③ 南亚地区华人整体数量少，分布比较散落，且以少数民族华侨华人④为主。

其中，汉族华侨华人不到2万人，其余为藏族、维吾尔族等少数民族华侨华人。具体分布如下：目前在印度华侨华人为5 000～7 000人，⑤ 另有藏民11万人，维吾尔族和哈萨克族华侨华人近千人。汉族华侨华人中，广东梅县客家人占80%以上，湖北天门人约占10%，主要分布在加尔各答、金奈、孟买、德里等市区。孟政府高度重视旅游业发展，2016年，总理谢赫·哈西娜（Sheikh Hasina）表示孟加拉国旅游年期待接待100万中国游客，但2015年到孟中国游客仅1万人次。⑥ 孟加拉国目前具体有多少华人，并无精确统计，根据中国商务部发布的《对外投资合作国别（地区）指南——孟加拉国》，孟加拉仅有两个华社——孟加拉国中国商会和孟加拉国华侨华人联合会，另有近70家中资企业在孟国投资兴业。⑦ 2004年的数据显示，在孟大约有700位华侨华人，⑧ 随着中孟两国经贸往来增加，孟加拉国华侨华人数量目前在1 000人以上。据统计，尼泊尔的华人有3万多人，其中藏民有近3万人，约1万已获得尼泊尔公民身份，另有1万左右获得联合国难民

① 姚遥，贺先青：《孟中印缅经济走廊建设现状前景》，《现代国际关系》2018年第8期。

② 《不丹旅游服务业希望借“一带一路”迎来更大发展》，新华网，http：//www.xinhuanet.com/politics/2017－05/13/c_1120967108.htm，2019年1月17日。

③ 边明社、涂华忠：《发挥南亚侨胞优势，推动云南企业走向南亚》，《中国发展》2011年第11期。

④ 学术文章中正式使用“×族（人）华侨”或“×族华人”的称谓始于20世纪80年代，维吾尔族华侨华人的称谓由此被部分学者使用。李安山对少数民族华侨华人称谓和概念进行了界定，并整理了少数民族华侨华人的文献研究和数量统计。参见李安山：《少数民族华侨华人：迁移特点、辨识标准及人数统计》，《华侨华人历史研究》2003第3期，第1－18页。

⑤ 维基百科：https：//en.wikipedia.org/wiki/Chinese_community_in_India，2019年1月18日。

⑥ Bangladesh expects1million Chinese tourists next year：PM，http：//www.chinadaily.com.cn/business/2015－09/11/content_21843645.htm.

⑦ 《对外投资合作国别（地区）指南——孟加拉国》，中国商务部，http：//www.mofcom.gov.cn/dl/gbdqzn/upload/mengjiala.pdf，2019年1月18日。

⑧ 维基百科：https：//en.m.wikipedia.org/wiki/Chinese_people_in_Bangladesh，2019年1月18日。

署的"难民"身份，还有大约1万人没有任何合法居留身份。[①] 除了使馆和中资公司人员外，真正在尼泊尔生活的汉族华人只有1 000名左右，他们主要来自青海、山西及四川等内陆省份。如今有100多位华人在阿富汗生活，目前驻阿富汗中资企业有近10家，包括中石油、中冶、中铁、华为、中兴、新疆北新路桥等企业，中方员工约300人。不丹目前还未与我国建交，其境内的华侨华人主要以"藏人"为主，人数为1 200左右。在斯里兰卡的常驻华侨华人约1.2万人，其中据斯里兰卡移民局统计，持有工作签证的中国人不足1万人，70余家中资企业在斯里兰卡经营并进行投资、承建重大基建工程，近百家个体经营户分布在餐馆、旅游、小商品等行业。[②] 马尔代夫华人很少，据使馆统计不到100人。目前在马尔代夫境内的中国人，包括中国援建和承包工程项目的中资企业工人、酒店服务人员，以及少数经营渔业、诊所与饭店的人员。

（二）南亚华人经济

印巴两国华人的经济活动比较类似。在印度，加尔各答是全印汉族华侨华人最多的地方，约占华侨华人数量的60%，形成了有名的"唐人街"。他们大多聚集在市区繁华街内的"华人鞋城"经营鞋店，剩下部分聚集在郊区"塔坝中国城"开皮革加工厂。塔坝的工厂规模最大者有300个工人，最小者也有30～40人，均是家族式经营。加城以外的华侨华人职业因祖籍而异。湖北人大多开牙医诊所，广东梅县人中，丈夫大多经营中餐馆、妻子则开美容院。华人经济收入普遍高于当地中产阶级，总体处于中上游水平。华侨华人日常与印度社会接触有限，融入当地社会的程度较低，祖（籍）国文化习俗保存较好。[③]

在巴基斯坦，汉族华人多经营制革、制鞋、牙医、餐馆、服装、成衣与杂货等行业，整体经济处于中等水平。华人经营的制革厂有30多家，大中小均匀分布，巴国华人的制革业是印度客家人传统职业的延伸，他们的工厂多设于卡拉奇近郊，现已辟建为加工出口区供专业加工制造皮革，产品行销欧亚两洲。华人经营的制鞋厂有50余家，制鞋技术来自印度，以手工缝制，华人工厂散布于卡拉奇、拉合尔、白沙瓦以及金塔等城市地区。华人的餐馆多分布在伊斯兰堡及卡拉奇，有粤式和北方式的菜肴。巴国盛产棉花，纺织业发达，也有港台华商投资生产成衣，华人经营成衣10余家，分设于各大城市。[④] 维吾尔人和哈萨克人则以经营畜牧及贩卖日用品居多，港台及东南亚华商投资的行业则有制鞋机械业、医药用品业、加工业等。近年来有大批到此工作的中资公司员工，如今巴国华侨华人已有4万人之多，其中维吾尔族人2万人、汉族5 000人，在巴基斯坦，中国工作人员达到1.5万人，其中有8 112名工人以及7 000多名参与中巴经济走廊（CPEC）建设的专业人员。汉族华人多聚集在首都伊斯兰堡、拉合尔、卡拉奇等城市，华侨华人在吉尔吉特、伊斯兰堡、拉合尔、拉瓦尔品第均设有华侨华人协会。

---

① 郭焕：《海外"流亡藏人"调查》，《决策与信息》2009年第5期，第53－54页。

② 《对外投资合作国别（地区）指南——斯里兰卡（2018年版）》，中国商务部，http://www.mofcom.gov.cn/dl/gbdqzn/upload/sililanka.pdf，2019年1月16日。

③ Megha Mandavia，Why India remains a difficult terrain for 7 000 Chinese expatriates living in the country，https://economictimes.indiatimes.com/news/politics－and－nation/why-india-remains-a-difficult-terrain-for－7000－chinese-expatriates-living-in-the-country/articleshow/48703439.cms，2015－08－31.

④ 崔贵强：《有阳光的地方就有华人》，（新加坡）美都出版社，2010年。

斯里兰卡华人经济互动的领域主要集中在商业、制鞋业与服务业等。中餐馆约有20余家分散在科伦坡和坎迪。制鞋业为梅县客家人传统行业，总共10余家。牙医、诊所多为湖北天门人所经营，开设于科伦坡室内，执业者都有较高学历及专业资格。山东籍华人经营杂货业，零售与批发货品多是“中国制造”。江浙籍华人主要经营绸布业。

孟加拉国的华人置业多与印度、巴基斯坦相似，经营传统行业，包括制鞋厂、中餐馆、牙医诊所、零售店等。中国的建筑公司也到这里来发展，并承建了横跨首都达卡河流上的中孟友谊大桥，以及一些较高档住宅。在达卡市还有一座中国无偿援建的孟中友谊会议中心，规模庞大。近几年，因中孟经贸的发展，数以千计的中国商人和工作人员常驻孟加拉国，主要从事服装、医疗、美发和饮食业，但确切数量不得而知，大概1万~2万人。

尼泊尔当地华人主要从事贸易、餐饮、旅游、服装、中医、食品加工及建筑等行业，其中也包括那些在尼泊尔服务的华语教师、医师。跟当地人相比，华人的生活水平较高。在马尔代夫，他们多从事与旅游相关的行业，如开设商店，贩卖迎合游客的商品，经营中餐馆、旅行社与旅馆。

自2003年以来，通过贸易、项目、援助和投资，中国与南亚地区保持着紧密的联系，中国在南亚的影响力有了较大提升。① 尽管中国在南亚地区务工人数少，但根据世界银行发布的《2016年移民和汇款概况》统计，2014年中国派往南亚的2万名工人，从南亚到中国的侨汇达到1.07亿美元，平均每人获得5 000美金的收入。②

从当前来看，尽管南亚是“一带一路”倡议的重要组成部分，但是华人在进入南亚市场时仍会有许多瓶颈。一方面有华人投资专家分析，南亚市场容量小，购买力有限且多属于低端市场，对资本吸引力不足；另一方面，由于昂贵的运输成本、南亚国家保护主义政策以及地缘政治局势不明朗，南亚区域一体化程度低，在这些限制下，华人不敢尝试大规模投资。再者，同部分邻国尚未最终解决的边境争端，包括“藏独”“疆独”在内的三股势力的威胁，对于商业环境和其他领域的影响也是不可忽略的因素。③

（三）南亚华文教育

印度是南亚国家中华文教育唯一兴旺过的国家，但如今几近凋敝。印度第一所中文学校——建国学校，虽仍归华人所有，但已改用英文教学，学生以印度裔穆斯林孩子为主，几乎没有华人面孔。华人创办的圣心学校改由基督教会管理以英文教学，同样以印度裔学生为主。另外，由客家人创办的梅光学校，已于1989年关闭，校舍一直空置。坐落在塔坝城里的培梅学校，是如今全印度硕果仅存的中文学校，它由客家梅县人创办，取“培梅”之名，意在“培养客家梅县子弟”。学校全盛时近1 200人，设有小学、中学部，每个年级三个班。培梅学校已于2010年左右停办，但校舍仍归华人所有，学校会开设中文补习班，学生不足50人，而校长、华人老师总共3名。（见表2）

---

① Economics of Influence：China and India in South Asia，美国外交委员会，https：//www. cfr. org/expert – brief/economics – influence – china – and – india – south – asia，2016年12月16日。

② Migration and Remittances Factbook 2016，https：//openknowledge. worldbank. org/bitstream/handle/10986/23743/9781464803192. pdf.

③ 汪戎、万广华：《印度洋地区研究》，社会科学文献出版社，2013年。

表 2 加尔各答华人学校概况①

名称	创建时间	校址	办学层次	首任校长
梅光学校	1920 年 1 月	嘉应会馆	小学	熊明兴
培梅学校	1934 年 1 月	塔坝	初中	刘应炳
圣心学校②	1936 年 3 月	威斯敦街	小学	慕神父
建国学校	1943 年 7 月	中国街	小学	邝耀年
华侨中学	1944 年 1 月	南顺会馆	初中	保君健
兴华中学	1951 年 1 月	市区	初中	张敬
中国小学	1952 年 2 月	中国街	小学	彭威夏

如今 90% 以上的华人子弟，都在英校或教会学校接受教育，中文作为第二语言供选修，培梅学校和印华文化发展协会为英语学校的华裔学生补习中文。整体而言，目前汉语热潮并未在印度蔓延开来。加尔各答也曾诞生过两份华文报纸：一份是《印度日报》，创办于 1933 年 7 月 3 日，抗日战争中停版；一份是《印度商报》，创办于 1967 年 3 月，是目前印度唯一的华文报纸，20 世纪 70 年代最好的时候发行量有 500 多份，现为日报，每期对开四版，仅维持在 200 份左右。2016 年国务院侨办副主任谭天星考察《印度商报》时，要求中国新闻社在新闻信息提供和报纸版面制作等方面予以支持，鼓励《印度商报》继续提高办报质量，为旅印侨胞提供更多更好的新闻资讯服务。③

中国在南亚已经建立了 18 所孔子学院，进一步传播了华文教育，有益于开展人文交流合作。2013 年 1 月，随着安全形势好转，国家汉办决定恢复孔子学院在喀布尔的工作。近年来，喀布尔大学孔子学院举办过"我的中国梦"中文演讲比赛、"阿富汗青年看中国"摄影比赛、多场文化交流活动，以及端午节、学院成立 10 周年等庆祝活动。2015 年，孔子学院新教学楼正式启用。2016 年，孔子学院建立首个校外汉语教学点。④ 现在，孔子学院已经拥有完备的中文系，与喀布尔大学共同管理，并全面推进汉语教师本土化，大力培养本土骨干教师。

2016 年斯里兰卡华助中心成立，为广大在斯华侨华人提供了一个互帮互助平台。从 2017 年底开始，斯里兰卡中国文化中心与科伦坡华助中心开始联合举办中文学习班，为华侨华人子女提供华文教育。⑤ 2016 年 12 月 17 日尼泊尔"中国图书中心"成立揭幕仪式在

① 根据周南京主编的《世界华侨华人词典》整理，参见周南京、梁英明等：《世界华侨华人词典》，北京大学出版社，1993 年。

② 圣心学校为天主教会全日制学校，学生家长多为天主教徒，参见周南京主编：《华侨华人百科全书·教育科技卷》，北京大学出版社，1999 年，第 122 页。

③ 《谭天星考察印度华文报纸〈印度商报〉》，中国新闻网，http：//www.chinanews.com/hr/2016/11 - 26/8075541.shtml，2019 年 1 月 17 日。

④ 《战乱阻隔不了中阿两国友谊——记阿富汗喀布尔大学孔子学院中方院长赵京武》，新华网，http：//news.xinhuanet.com/world/2016 - 11/06/c_119859158.htm，2019 年 1 月 19 日。

⑤ 《斯里兰卡中国文化中心与科伦坡华助中心联合举行了第二期中文学习班开班仪式暨科伦坡华助中心中文学习班揭牌仪式》，中国文化网，http：//cn.chinaculture.org/pubinfo/200001003002001/20180326/405c14c268934fe080d674b99054be5d.html，2019 年 1 月 19 日。

尼泊尔中国研究中心举行，这是在南亚成立的首家中国图书中心。① 图书中心为尼泊尔民众了解中国、感知中国打开了一扇文化与文明之窗。尼泊尔有很多华侨华人同时掌握汉语、藏语、英语和尼泊尔语，随着尼泊尔参加“一带一路”建设，他们可以凭借语言优势，参与中尼各层面的交往，也可从中获得相当的发展空间。② 此外，为整合华侨华人资源，2017 年 4 月孟加拉国华侨华人联合会成立，2017 年 5 月全印华侨华人协会在新德里举行成立大会，掀开了印、孟两国华侨华人历史新篇章。

（四）南亚侨情特点

（1）南亚地区华侨华人总量少、占比低。

南亚地区华侨华人的数量不仅在全球华侨华人中占比低，在当地人口占比也很低。南亚地区 8 国华侨华人总数约为 18 万，约占世界华侨华人总数的 3‰；而南亚地区人口总数 17.88 亿，占世界总人口的 23%，华侨华人占该地区总人口的比例为万分之一。该地区华侨华人分布也不均匀。随着华人数量的减少，新一代华裔也渐渐融入当地社会，年轻一代华裔对中华文化传统的意识日趋淡薄。③

（2）藏族和新疆籍少数民族是南亚地区华侨华人的主体。

根据统计，南亚地区的藏族华侨华人有 11 万人，占当地华侨华人总数的 62%；新疆籍维吾尔族和哈萨克族有 5 万人，占当地华侨华人总数的 27%，两者合计占当地华侨华人总数的 89%。这是南亚地区华侨华人最显著的特点。

（3）汉族华侨华人存在再移民问题。

汉族华侨华人尽管移民南亚的历史有 200 多年，但几乎在所有国家都存在流失问题，这也是南亚汉族华侨华人一个突出的特点。1962 年中印冲突后，印度华人被逮捕、隔离、驱逐，境遇悲惨，生活条件长期无法改善。尽管 20 世纪 90 年代以后，中印关系有所改善，但是，印度的经济环境不像世界上一些新的移民地点那么具有吸引力。另外，印度在移民和吸引海外投资方面采取的是欢迎加限制的措施，这客观上影响了新移民的进入。斯里兰卡对华人规定甚严，华人如欲取得公民权，需父母都得在本地出生才能获得批准，因此近年来华裔青年陆续移居美、加等国，华人流动性较大。为了吸引外资，政府近年来逐渐放宽居留权条例，但是成效不大。至此，南亚华人社会急剧萎缩，始终没能重振。

四、发展趋势

南亚地区政治风险是华侨华人投资兴业的关键考虑因素。源于南亚独特且重要的地缘政治格局，中国以互联互通为契机参与南亚共商共建共享顺理成章，但地区内各主体间矛盾依然激烈、中国—南亚贸易不平衡现象显著以及中国—南亚有限的民间交流是中国推进

① 《南亚首家“中国图书中心”在尼泊尔成立》，中国网，http：//news.china.com.cn/txt/2016-12/17/content_39933953.htm，2019 年 1 月 17 日。

② 《国侨办副主任郭军走访在尼华侨华人》，中国新闻网，http：//www.chinanews.com/hr/2017/07-31/8291822.shtml，2019 年 1 月 18 日。

③ 李国泰、李涯：《“丝绸之路”印度洋上的客家人——以印度加尔各答的客家人为例》，《客家文博》2011 年第 2 期，第 97-102 页。

"一带一路"合作的短板。[①] 特别是由于印度的疑虑和南亚复杂的内部关系状况，"一带一路"建设在南亚面临着地缘政治风险，这对中国在南亚的整体外交提出了新的重大课题。

作为世界经济发展潜力最大的区域之一，南亚地区华人人数少，占比低，但是华人移民南亚也有两百多年历史，大多已落叶生根。同时，南亚华人资料可获得途径少：一是发表的研究成果少；二是所得资料较陈旧，更新不多。随着中国与该区域经贸快速增长，以及"一带一路"倡议、中巴经济走廊、孟中印缅经济走廊的推进，中国企业和中国务工人员到达这一区域的数量必然有增无减。因此很有必要做好该地区的侨情调研，助力"一带一路"建设和企业"走出去"。

（吉伟伟　王　聪）

① 徐菲、张春和、谢琨：《"一带一路"倡议下中国—南亚区域合作：发展、困境与转向》，《南亚研究季刊》2018 年第 1 期。

中东地区侨情

中东地区在“一带一路”建设当中占有举足轻重的地位，2017 年中东地区局势较不稳定，在经济上则受到油价低迷的打击。中国与中东各国经贸往来密切，中资企业在中东地区稳步推进，通过工程承包以及劳务合作等方式派驻中东地区的人员超过 7 万人，但由于局势不稳加上油价低迷带来的经济不景气，人数有所下降。中东地区还有数十万华商（民营企业家）及相关人员，其地域及行业分布都呈多元化发展态势，地域上从阿联酋迪拜向约旦、巴林、沙特阿拉伯等地拓展，行业上从商贸业向农业、制造业等行业拓展，华商在互联网行业的成绩尤其令人瞩目，在手机新闻、手机游戏、电子商务等领域均处于领先地位，在中东互联网产业中占有非常重要的位置。

一、地区概况

中东地区主要包括伊朗、叙利亚、伊拉克、阿联酋、沙特阿拉伯、卡塔尔、黎巴嫩、科威特、也门、约旦、以色列、巴勒斯坦、埃及、巴林、阿曼等国家和地区。土耳其在传统上被西方视为“近东”地区，但由于其在地理上与伊朗、伊拉克、叙利亚等国相连，地缘关系密切，又与中东各国（以色列、黎巴嫩除外）同属伊斯兰国家，因此本文也将土耳其列入考察范围。中东地区的人口超过 4 亿，土地面积达 742 万平方千米，在丝绸之路经济带和 21 世纪海上丝绸之路都占有举足轻重的地位。中东地区各国差异较大，土耳其、伊朗、伊拉克、沙特阿拉伯、埃及的经济总量、领土面积、人口规模都较大，是区内主要大国；以色列、阿联酋、科威特、卡塔尔属于人口和领土意义上的小国，但有着相当雄厚的经济实力，以色列的军事和科技实力更不容小觑。中东地区最重要的资源为石油、天然气资源，但在区内分布不平衡，集中分布在海湾地区的伊朗、伊拉克、阿联酋、沙特阿拉伯、卡塔尔、科威特。中东地区的失业率普遍较高，大多数国家的失业率超过 5%，土耳其、伊朗、叙利亚、也门、约旦、巴勒斯坦、埃及的失业率更是超过 10%，高失业率是数年前中东地区社会动荡的重要诱因。目前，很多中东国家仍处于不稳定状态，2017 年叙利亚、伊拉克、也门都有大量人口因战争死亡。（见表 1）

表 1　中东各国概况（2017 年）

国家	国内生产总值（亿美元）	总人口数（百万）	总失业率（%）	移动电话用户数（每百人）	战争相关死亡人数	石油探明储量（亿桶）	天然气探明储量（万亿立方米）
土耳其	8 511	80.7	11.26	96.35	387		
伊朗	4 395	81.2	12.52	107.32	27	1 572	33.2

（续上表）

国家	国内生产总值（亿美元）	总人口数（百万）	总失业率（%）	移动电话用户数（每百人）	战争相关死亡人数	石油探明储量（亿桶）	天然气探明储量（万亿立方米）
叙利亚	—	18.3	14.9	85.66	24 950		
伊拉克	1 977	38.3	8.16	87.1	10 211	1 488	3.5
阿联酋	3 826	9.4	1.67	210.91	—	978	5.9
沙特阿拉伯	6 838	32.9	5.52	122.08	3	2 662	8
卡塔尔	1 676	2.6	0.12	148.29	—	252	24.9
科威特	1 201	4.1	2.14	124.17	—	1 015	1.7
黎巴嫩	518	6.1	6.64	—	74		
也门	—	28.3	14.04	—	2 351	30	0.3
约旦	401	9.7	14.92	—	—		
以色列	3 509	8.7	4.22	126.66	—		0.5
巴勒斯坦	145	4.7	27.4	84.04	—		
埃及	2 354	97.6	12.08	105.54	497	33	1.8
巴林	353	1.5	1.2	158.42	—		0.2
阿曼	726	4.6	3.25	149.77	—	54	0.7

注："—"表示数据缺失。

资料来源：国务院发展研究中心信息网"'一带一路'研究与决策支撑平台"数据库（http://gdyl.drcnet.com.cn）2019年发布的数据。

中国与中东各国有着密切的经贸往来，2017年中国对中东各国的出口总额为1 262亿美元，进口总额为1 156亿美元，处于贸易顺差状态。除了巴林、巴勒斯坦等"袖珍"型经济体以及也门、叙利亚等战乱国家，中国对中东各国均有数量可观的出口，出口量在各国之间的分布相对平衡，反映出中东各国均对中国产品有较旺盛的需求，其中对阿联酋的出口额最高，这主要是因为阿联酋是中东地区的贸易及转运中心，中国商品到达阿联酋以后再配送到中东各地。中国从中东各国的进口则呈现出严重的不平衡状况，进口额高度集中在几个油气生产国，除此之外只有从科技发达的以色列进口较多，反映出中东地区在油气产业以外的产业欠缺发展。投资方面，2017年中东各国对中国的投资并不多，共计7 735万美元，除了油气资源丰富的科威特、沙特阿拉伯、阿联酋以及科技发达的以色列，战乱当中的叙利亚对中国的直接投资也有934万美元，可能反映出中国的资金避难所角色。然而总体而言，相对于中东产油国丰厚的资金储备以及以色列雄厚的科技实力，中东地区对中国的投资量显然偏小，有着较大潜力。至于中国对中东的直接投资，2017年中国对中东地区的直接投资存量达到206亿美元，主要分布在以色列以及几个产油国，但2017年中国对伊朗、伊拉克、卡塔尔、沙特阿拉伯的投资流量均为负值，反映出油价低迷抑制了中国的投资。（见表2）

表2　中国与中东各国的经贸往来（2017 年）

（单位：万美元）

国家	出口总额	进口总额	外商直接投资额	对外投资流量	对外直接投资存量
埃及	948 564	134 193	75	9 276	83 484
巴林	90 252	12 395	30	3 696	7 437
伊朗	1 858 482	1 855 369	0	-36 829	362 350
伊拉克	833 042	1 381 411	182	-881	41 437
以色列	891 847	420 624	773	14 737	414 869
约旦	280 361	27 919	19	1 516	6 440
科威特	311 277	893 495	1 474	17 508	93 623
黎巴嫩	201 061	2 304	19	0	201
阿曼	231 645	1 338 328	599	1 273	9 904
巴勒斯坦	6 906	12	73	0	4
卡塔尔	168 233	640 027	0	-2 663	110 549
沙特阿拉伯	1 837 501	3 176 187	1 493	-34 518	203 827
叙利亚	110 281	133	934	53	1 031
土耳其	1 812 151	378 343	674	19 091	130 135
阿联酋	2 872 397	1 231 116	1 357	66 123	537 283
也门	164 304	65 996	33	2 725	61 255
合计	12 618 304	11 557 852	7 735	61 107	2 063 829

资料来源：2018 年《中国统计年鉴》以及《2017 年度中国对外直接投资统计公报》。

中东地区的华侨华人主要有三种类型：一是大型中资企业的派出人员；二是自发到当地经商的华商；三是把中东作为永久居住地的少数民族华侨华人。第三种类型华侨华人的移民自民国时期甚至清末已经开始，笔者在以往的《海外侨情观察》中已对这一群体的概况有所叙述，由于这类华侨华人在当地往往已经是第二甚至第三、第四代，其本身又信奉伊斯兰教，已深度融入当地社会，其华侨华人标识已经比较模糊，很难搜集到这一群体最近一两年的信息，尤其是中文信息。因此本文未对这类华侨华人的情况进行论述，而主要论述中资企业派出人员以及华商的情况。

二、中资企业派出人员状况

2017—2018 年，总体而言中资企业在中东地区稳步推进，其市场份额和市场口碑都逐步上升，例如，到 2018 年中国石油在中东 5 个国家运营着 13 个投资项目，2017 年中国石油中东公司原油权益产量突破 4 200 万吨，相当于中国石油海外石油产量的一半，[①] 其中

① 《“中国人给了我们信心”——中国石油“一带一路”海外项目伊拉克调研记》，《经济日报》，2018 年 1 月 19 日第 8 版。

在伊拉克的成绩尤其显著。战后的伊拉克由于局势动荡、安全性差、政府提供的合同条款较为苛刻，各国石油公司多持观望或"试水"态度，不敢进行大规模投资建设，而中国石油以恪守诚信、踏实肯干的态度参与伊拉克第一大油田鲁迈拉油田的开发，使得其产量增加50%，增强了其他国家公司在伊拉克投资的信心。① 中国石油在海外最大的单体作业项目哈法亚项目更是做出了"中国速度"，创造了多项第一，并于2018年12月投产，年产能达到2 000万吨。在埃及，由国有企业天津泰达运营的中埃泰达苏伊士经贸合作区，是中埃两国建立全面战略伙伴关系的重要抓手，并于2017年4月正式成立管委会。泰达把中国在建设运营开发区方面的经验运用到埃及，到2018年底已引入企业77家，② 包括多家产量或出口量在全国甚至全球名列前茅的中国企业。而更为宏伟的项目则是埃及政府启动的新首都建设项目，新首都选址在现首都开罗以东60千米处，计划建设110万套住房、容纳500万人，首期工程预算450亿美元，核心项目为中央商务区（CBD）工程。该工程由中国建筑承建并已于2018年3月开工。在阿拉伯半岛的阿曼，中国—阿曼（杜库姆）产业园于2017年4月奠基，占地1 172公顷，是阿曼唯一、中东北非最大的经济特区，已有来自河北、宁夏等地的10家中资企业签约入园，涉及海水淡化、发电、石化、光伏组件、石油装备、汽车、酒店等行业，投资额32亿美元。③

中东地区的中资企业派出人员，从来源来看，主要是来自大型国有企业的派出人员；从业务来看，由于中东地区水源、劳动力以及其他自然资源的限制，制造业并不发达，到中东地区开拓业务的企业主要集中在工程承包领域而非制造业，因此中资企业派出人员主要属于工程承包派出人员，以及与工程承包相配套的劳务合作派出人员。根据最新的数据，2017年中国在中东地区的承包工程完成营业额高达221亿美元，当年的承包工程派出人员多达40 282人，而承包工程年末在外人数则达到56 908人，两者数字相差不远，由此可见当地的工程承包人员以短期逗留为主。从国别结构来看，2017年的承包工程派出人员当中，87.5%前往伊朗、伊拉克、科威特、沙特阿拉伯、卡塔尔、阿联酋这六个海湾地区的石油生产大国，毫无疑问，中国对中东地区的承包工程派出人员，主要是因为油气项目的驱动，以及受产油国在油气资源支持下对基础设施的需求所驱动的。而在叙利亚、黎巴嫩以及也门这三个处于战乱状态或受到战乱波及的国家，中国的承包工程派出人数为0，仅在也门有21名留守性质的承包工程人员。（见表3）

表3　中国在中东地区的承包工程及劳务合作状况（2017年）

国家	承包工程完成营业额（万美元）	承包工程派出人数	承包工程年末在外人数	劳务合作派出人数	劳务合作年末在外人数
埃及	154 179	1 744	1 849	0	1
巴林	2 198	118	2	0	2
伊朗	205 025	1 155	2 149	61	284

① 《"中国人给了我们信心"——中国石油"一带一路"海外项目伊拉克调研记》，《经济日报》，2018年1月19日第8版。

② 参见中埃泰达苏伊士经贸合作区官网介绍，http://www.setc-zone.com/system/2017/03/16/011258910.shtml。

③ 参见观察者网的报道，https://www.guancha.cn/Third-World/2017_04_20_404511.shtml。

（续上表）

国家	承包工程完成营业额（万美元）	承包工程派出人数	承包工程年末在外人数	劳务合作派出人数	劳务合作年末在外人数
伊拉克	273 809	6 218	9 100	248	339
以色列	113 073	426	511	549	712
约旦	66 940	378	343	0	106
科威特	196 352	7 444	6 903	466	887
黎巴嫩	6 371	0	0	0	0
阿曼	82 085	890	916	38	36
巴勒斯坦	542	15	2	11	9
卡塔尔	103 368	1 901	1 855	156	1 220
沙特阿拉伯	634 381	16 625	22 080	1 440	7 427
叙利亚	62	0	0	0	0
土耳其	120 443	1 468	6 330	430	443
阿联酋	249 594	1 900	4 847	941	3 886
也门	1 457	0	21	0	0
合计	2 209 879	40 282	56 908	4 340	15 352

资料来源：国家统计局主编：《中国统计年鉴》，2018 年。

从变化趋势来看，2017 年中国对中东地区的承包工程派出人数比 2016 年有所下降，下降幅度达到 36.8%，这主要是由于前往土耳其（下降幅度为 74.47%）、伊拉克（下降幅度为 48.78%）以及沙特阿拉伯（下降幅度为 39.59%）的承包工程派出人员大幅度下降。前往土耳其的承包工程派出人员减少与土耳其的政局动荡有密切关系，2016 年土耳其发生了针对总统埃尔多安的未遂政变，此后土耳其发生了针对军队、政府和教育系统的人员大清洗，其国内形势以及对外关系都骤然紧张，这可能是导致中资企业派出人员大幅度减少的重要原因。而派往伊拉克及沙特阿拉伯的人员减少则可能与油价低迷之下两国财力下降、基建需求减弱有关。与此同时，派往巴林、埃及两国的人员也有所下降，下降幅度分别为 32.18%、2.19%。这两国虽然不是主要的产油国，但巴林的经济与海湾产油国有极其重要的联系，在其经济中占有重要地位的伊斯兰金融依赖产油国的资金，进口原油的加工再出口则是巴林工业的支柱，旅游业同样依赖于海湾地区的游客；埃及本身也有数量可观的石油天然气出口，同时埃及作为人口大国，其重要的经济来源之一是派往海湾产油国务工人员的侨汇收入。随着油价低迷，埃及务工人员的收入也不可避免受到影响，从而导致本国财力和需求的下降。因此，油价的下跌可能间接导致了中国前往埃及和巴林承包工程派出人员的减少。

但另外，并不是每个主要产油国的承包工程派出人员都有所减少，前往科威特、卡塔尔、阿联酋的人员都有所增加，并且增长幅度分别高达 80.81%、55.44%、93.09%。比较可能的解释是，这几个国家都属于人口不超过一千万的小国，面积也相当小，但是在石油或天然气储量上却可以比肩伊朗、伊拉克、沙特阿拉伯等人口大国，几个小国的财力负担轻、财政盈余多，因此即便油价下滑也能维持一定的财力进行项目建设，并且油价的下滑、收入的收缩可能让这些国家将项目合同从报价较高的西方企业转移到报价合理的中资企业，导致中资企业承包工程派出人员不降反增。最后，前往伊朗的承包工程派出人员也有所增加，增长幅度为14.81%，这与伊朗被解除制裁以后的经济升温有关。

劳务合作派出人员的情况与承包工程派出人员情况基本一致，前往伊拉克、科威特、卡塔尔、沙特阿拉伯、阿联酋五个海湾产油国的人员占整个中东地区的74.9%；前往人口及领土规模相对大的伊拉克、沙特阿拉伯的人数分别下降了38.15%、24.33%；前往人口及领土规模都很小的科威特、卡塔尔的人数则分别上升了81.32%、30%；制裁被解除以后经济升温的伊朗，其人数从2016年的0人上升到2017年的61人；与海湾产油国有着密切经济联系的巴林和埃及，其人数则从2016年的2人和336人下降到2017年的0人，以上国家的状况都与承包工程派出人员状况一致。在2017年前往中东的劳务合作派出人员中，以色列和土耳其也占了较高比例，人数分别达到549人和430人，前往以色列的人员较多，这与以色列经济发达、经济结构较为先进，在工程项目建设以外需要大量的劳务人员有关；土耳其的情况较为特别，中国前往土耳其的劳务合作派出人员从2016年的1人增加到2017年的430人，与此同时前往土耳其的承包工程派出人员却下降了74.47%，结合前文的论述，这种"一升一降"的情况，反映的可能是中资企业在面对土耳其政局动荡时，通过改变工人派遣方式来降低自身风险。

三、中东华商状况

（一）商贸领域稳步发展

到中东开拓业务的中国商人（民营企业家），大多数分布在商贸行业，从事中国商品的进口、批发、零售，这些中东华商在很大程度上是中国商品出口的"衍生物"。从事商贸行业的华商最集中的国家为阿联酋，阿联酋华侨华人数量达到30万[①]，中国公司超过4 000家[②]，为中东地区最大的华人社会，其中大部分又集中在迪拜，因为迪拜本身就是中东地区的金融、商贸和航运中心。中国加入世贸组织以后，中国与阿联酋之间的贸易便进入高峰，阿联酋的华侨数量也迅速增加，以温州商人为代表的浙商较早地大规模进入迪拜商贸业，福建商人和广东潮汕商人也迅速跟进。这些商人秉承了其在国内的风格，"抱团"习惯浓厚，依照血缘和地缘关系建立商业联系，通过"人带人"、熟手员工自立门户的方式迅速扩大在迪拜的本籍商人数量，并以同乡关系为基础建立大量地域性商会，其中率先成立的是温州商会。目前阿联酋活跃的华商商会有二三十个，其中阿联酋华侨华人联合会于2009年成立。

阿联酋的中国商人分布，从早期的阿治曼中国产品交易中心、沙迦大地中国城逐渐转

① 参见陈琮渊、黄日涵编著:《搭桥引路:华侨华人与"一带一路"》，社会科学文献出版社，2016年。

② 见中国侨网所转载的阿联酋《海湾新闻报》报道，http://www.chinaqw.com/hqhr/2018/07-15/195925.shtml，2018年7月15日。

移到迪拜，先是集中在迪拜老城区德拉地区的木须巴扎市场（Murshid Bazar），后转移到专门的中国商品城，包括德拉地区的穆萨拉路（Al Musalla Rd）上的中国鞋城、轻工城和贸易城，后来还有手机城、服装城等中国商品城，2007 年开始则越来越多地集中在“龙城”。至今龙城仍是中国商品最重要的集散中心，有华人商铺近 2 000 家，年营业额以百亿美元计。以这些中国商品批发市场为中心，迪拜形成了包括中餐馆、药店、超市、理发店、报社、网吧、房产中介、文印店、IT（信息技术）服务、旅行社等在内的，以服务在迪拜商贸业从业者为主的小型华人社会，甚至连小肥羊等国内知名的餐饮企业也不远万里进入迪拜。从中国加入世贸组织到美国金融海啸爆发前，阿联酋华商的经营状况相当好，批发业的毛利率普遍在 100% 以上。但自金融海啸蔓延到中东以后至今，全球经济不景气，对石油的需求下降，中东国家经济普遍受到严重打击，传统华商处境每况愈下。近年来，在美国“页岩气革命”背景下石油价格低迷，同样导致中东地区的消费需求萎缩，使得阿联酋华商的营业额大幅度下滑，很多华商的营业额甚至下降九成。当然，经济的不景气也并非对华商完全没有益处，金融海啸导致迪拜房地产泡沫破裂，房价和房租价格大跌，减轻了华商的租金负担。但总体而言，迪拜华商的经营状况远不如前，2016 年开业的龙城二期项目生意相当冷淡，并因此引发中国商户与业主之间多次摩擦。

近年来随着中国经济的发展和中国消费者购买力的增强，迪拜也在商贸领域为中国人提供了新的机会。首先，迪拜日益成为中国游客的热门目的地，尤其是 2016 年阿联酋对中国游客实施免费落地签、2018 年更实行免签，前往迪拜的中国游客激增。奢侈品购物需求也呈现井喷式增长，当地奢侈品店大量招募中国导购。同时，面对中国强劲的高端消费需求，迪拜的自由港优势也充分得到体现，很多中国人利用奢侈品、化妆品、奶粉等商品在中国与迪拜之间的差价从事代购业务，还催生了一批华人物流公司和“人肉代购”从业者。①

伴随着迪拜传统的华人商贸业不景气的是，中国商品城从迪拜向其他中东国家扩展开来，两者互为因果。华人商贸业的一个扩展方向是与迪拜一样实施自由经济政策的海湾小国巴林，2015 年底巴林龙城正式开业并于 2016 年初成立了龙城商会，该商城位于首都麦纳麦国际机场附近的小岛上，拥有 787 个铺位，第一年即吸引了 500 家左右中国商户入驻②。龙城的主要模式是通过巴林这一仅有百万人口的小国在地理区位上的优势和自由经济政策优势辐射沙特阿拉伯以至科威特。约旦龙城于 2018 年 3 月开业，该商贸城共有 160 多个铺位和 2 个物流中心，属于中国的民间投资产物，为中东在海湾地区以外第一个也是地中海东岸第一个中国商品城。约旦的经济开放和自由度较高，按照美国传统基金会智库（Heritage Foundation）的排名，2019 年约旦的经济自由度在中东北非地区排名第四，因此约旦龙城立足约旦，同时辐射伊拉克和叙利亚等国。不难发现，华人商贸业的分布有规律可循，目前主要分布在政局较为稳定、经济自由度较高的小国，然后辐射周边经济管制较为严格、税收较高、局势及政策不确定性较强的国家，既包括沙特阿拉伯、伊拉克、科威特、伊朗等具有一定消费力的产油国，也包括以叙利亚为代表的动乱国家，这些中国商品城的客户往往是跨国的批发商。不过，2018 年，位于沙特阿拉伯第二大城市、最大港口城

① 本部分关于阿联酋华商的论述多整理自毛一鸣、李华飞所著《迪拜华人简史》，由中国侨网连载。

② 王素：《龙城模式》，《进出口经理人》，http：//www. tradetree. cn/content/6021/20. html，2019 年 2 月 1 日。

市吉达的中国城也基本完工，一期工程有商铺450间，面向迪拜、临沂、宁夏等地的华商招商，该项目与迪拜、巴林、约旦等地的龙城项目不同，并非以辐射周边国家为重要目标，而是立足于沙特阿拉伯的国内需求，目标客户群为该国零售商及消费者。中东地区的华人商贸业从迪拜一家独大到向巴林、约旦、沙特阿拉伯等地拓展的历程表明，华人商贸业经历着"渠道下沉"的过程。

（二）多元化经济势头迅猛

除了传统的商贸业以外，中东华商近年来也向制造业、农业、互联网产业等行业发展，形成多元化的华人经济。

中东地区由于水源、劳动力和油气以外的自然资源的制约，传统上民营企业家对这一区域制造业的投资较少。在中东地区，埃及是少有的水资源相对充裕的国家，尼罗河带来的充沛水源和肥沃土壤为埃及带来了丰富的劳动力和低廉的人力成本，这为制造业的发展提供了重要条件，随着中国"一带一路"倡议的推广和中国经济实力的增强，到埃及进行制造业投资的华商越来越多，天津泰达运营的中埃泰达苏伊士经贸合作区到2018年底引进的中资公司有七十多家。埃及华人企业家的杰出代表王虎，于20世纪90年代被中国伊斯兰教协会选派至埃及艾资哈尔大学留学，后投身实业，引进中国的先进技术和熟练技术工人，在埃及开办石材加工厂，并吸引更多的华商前来投资，目前埃及的石材加工业中中国人占比达六成。目前王虎的生意遍布钢铁生产、采矿、石材加工等行业，开设了6家大理石加工厂、2家钢铁生产企业，租赁运营1家埃及军方所有的钢铁企业，雇佣的中国人超过200人①。

由于水源的匮乏，农业更是中东地区产业的最弱项，然而近年来华商也出现了成功进军农业的例子。温州商人、迪拜温州超市集团董事长孙建省经营大型超市集团，向当地华侨华人供应他们迫切需要、当地极度匮乏的新鲜蔬菜。其投资了两千万元在纳兹瓦沙漠建设蔬菜农场，并从中国请来多名经验丰富的农民向当地员工传授经验。到2017年农场面积达130亩，建设了20个温控大棚，每天产蔬菜数吨，除供应当地华侨华人，还供应当地居民甚至阿联酋航空公司。温超集团在沙漠中创造了"农业奇迹"，成为中东华商开拓创新的典型，起到良好的示范作用，2017年，浙江省委书记夏宝龙、国务院侨办主任裘援平分别访问了温超集团。

互联网产业是中国近年来发展极为迅猛的产业，依托巨大的人口规模、优良的通信基础设施以及丰富的工程师资源，中国互联网产业在技术和运营经验方面都有着显著优势，并在中东市场取得不俗的成绩，在手机新闻、手机游戏、电子商务方面的成绩尤其显著。出生于新疆，毕业于北京大学，精通汉语、维吾尔语、哈萨克语等语言的艾地哈木·阿地力借鉴中国"今日头条"App的战略，借助来自腾讯、百度、搜狗等企业的技术团队，所开发的名为GüNDEM的App成为土耳其最热门的新闻App之一。华商在手机游戏市场上的表现更是令人瞩目，作为进军中东地区的中国手机游戏商龙头企业的福州龙腾简合，其推出的"苏丹的复仇"和"阿拉伯传奇"等游戏在中东地区大受欢迎，多次获得App

① 杨少旻：《深耕埃及市场二十年　为中埃友谊添砖加瓦——专访埃及华人企业家王虎》，中国网，http://news.china.com.cn/2018-07/12/content_56390848.htm，2018年7月12日。

Store 最畅销游戏、Google Play 最佳游戏的成绩，在多个国家登上 App 畅销榜榜首，该公司还登上 Facebook（脸书）与毕马威评选的“2018 中国出海品牌排行榜”50 强。总部在北京的 MENA Mobile 公司在迪拜和约旦开设了分公司，推广的“Invasion”游戏在中东地区注册用户达 500 万，并涉足社交、支付等业务，该公司为进入中东市场的中国互联网企业制订解决方案，包括产品定位、语言翻译、产品本地化咨询、市场推广、支付接口等。总体而言，中国手机游戏厂商在中东表现出色，2017 年在沙特阿拉伯收入最高的 50 家手机游戏厂商中中国商家占了 16 家，是最大的一个群体①。2018 年上半年，土耳其最畅销的 25 款游戏当中有 14 款来自中国②。

另一个华商取得很大成就的互联网行业是电子商务，中国企业大举进军中东地区尤其是消费力较强的海湾六国（阿联酋、阿曼、巴林、卡塔尔、科威特、沙特阿拉伯）的电子商务市场。按照 2018 年的数据，成立时间仅有一年的中国跨境电商 Fordeal 的 App 在海湾六国都位居免费购物 App 下载量第一名。该公司以中东为主要目标市场，采用与淘宝类似的模式经营电商平台，吸引上千家商家入驻。③ 此外 ClubFactory、JollyChic、SHEIN 等其他中国跨境电商也在中东电商市场占有相当大的份额，ClubFactory 直接从上百万家工厂或批发商进货，然后通过高精度的信息抓取技术转售给中东消费者；JollyChic 根据穆斯林妇女出门不便而青睐网购的特点，不采用淘宝的平台模式（即只是提供买卖双方交易的平台而不诱导供求双方对商品的选择），组建近百人的资深买手团队捕捉市场需求并组织工厂生产然后统一销售，还采用“电商 + 本地网红”的模式，合作网红超过 1 000 人④，用户超过 2 000 万⑤，在阿联酋、沙特阿拉伯建立了地区分部，在迪拜、利雅得、约旦等地建立了超过 500 人的团队；SHEIN 使用电子商务方式销售自有品牌女装，自主设计及生产，并充分利用社交媒体进行产品推广。

进入中东互联网市场的华商有几个共同特征：一是多数有着在国内互联网大企业工作的经历；二是集中在国内已经取得良好业绩、盈利模式明确的互联网行业；三是参照了国内行之有效的运营方式，包括“今日头条”的大数据算法以及通过网红来推销产品等。因此，华商向中东互联网市场的进军在一定程度上可以视为中国互联网技术及运营经验的输出。此外，在电子商务领域，华商的运营手法又与中国的淘宝有较大差异，ClubFactory、JollyChic、SHEIN 都不是主要提供平台供买卖双方自由交易，而是直接捕捉、引导市场需求，这意味着华商已经对当地消费习惯、文化特征、社会需求有着较为深刻的了解，深深扎根于中东市场。

（赵子乐）

---

① 《沙特年度收入 TOP15 看谁来挑战龙腾组合》，https：//www. baijingapp. com/article/14069，2018 年 1 月 5 日。

② 《攻略土耳其——畅销榜排名 TOP 25 有 14 款是国产游戏》，https：//www. baijingapp. com/article/18974，2018 年 1 月 5 日。

③ 《中国跨境电商 Fordeal 稳居海湾六国电商 App 排名榜首》，https：//www. cifnews. com/article/37190，2018 年 8 月 16 日。

④ 《罗振宇跨年演讲中的 Jollychic（执御）究竟凭什么做到中东第一?》，http：//www. siilu. com/20180105/260771. shtml，2018 年 1 月 5 日。

⑤ 《淘宝、亚马逊慌了！它跨境中东，年入 20 亿，用户高达 2 千万，做到中东第一！》https：//chuansong-me. com/n/2145914451236，2018 年 1 月 17 日。

欧洲地区侨情

欧洲华侨华人以新移民居多，总体实力和影响力不断提升。回顾2018年，欧洲经济继续保持小步增长复苏，部分华商企业抓住“一带一路”建设机遇，进行结构调整，获得新的增长；受地缘政治、难民问题及英国脱欧等影响，欧洲政治力量进一步分化，右翼民粹主义势力崛起，各类排斥移民政策与事件增加，部分地区社会安全持续堪忧，华侨华人生命财产屡遭侵犯；欧洲多国调整移民政策，严格控制低技术和非法移民，但华人投资移民、技术移民、创业移民机会有所增加。展望2019年，欧洲经济前景继续保持低速增长状态，中欧关系及中欧合作总体发展顺利，但各种挑战与竞争也将不断，华侨华人需要进一步把握新时代发展形势，了解新经济特征，发挥独特角色优势，推进跨境电商发展，进一步探索规范化发展路线。

一、中欧关系发展与欧洲侨情

欧洲地区整体经济科技发展水平较高。近年来中欧关系发展平稳，各领域互动频繁，合作密切。中国人移民欧洲历史较久，20世纪80年代以来，欧洲华侨华人社会发展迅速，群体规模和综合实力逐步壮大，在当地社会影响力不断提升。

（一）欧洲概况与中欧关系

欧洲基本概况如表1所示：

表1　欧洲基本概况

地区名称	欧洲，全称欧罗巴洲。该地区共有48个国家和地区，主要包括：爱沙尼亚、拉脱维亚、立陶宛、白俄罗斯、乌克兰、摩尔多瓦、俄罗斯、塞尔维亚、科索沃（单方面宣布独立，未获国际社会广泛承认）、黑山、克罗地亚、斯洛文尼亚、波斯尼亚和黑塞哥维那、马其顿、罗马尼亚、保加利亚、阿尔巴尼亚、希腊、意大利、梵蒂冈、圣马力诺、马耳他、西班牙、葡萄牙、安道尔、英国、爱尔兰、荷兰、比利时、卢森堡、法国、摩纳哥、冰岛、法罗群岛（丹）、丹麦、挪威、瑞典、芬兰、波兰、捷克、斯洛伐克、匈牙利、德国、奥地利、瑞士、列支敦士登
地理位置	位于东半球的西北部，北临北冰洋，西濒大西洋，南濒大西洋的属海地中海和黑海
气候	温带海洋性气候，温带大陆性气候，地中海气候
领土面积	1 018万平方千米

（续上表）

政体	主要包括君主立宪制（英国、挪威、瑞典、丹麦、荷兰、比利时、卢森堡、西班牙、安道尔、摩纳哥、列支敦士登），议会共和制［法国、意大利、德国、希腊、匈牙利、直布罗陀（英）、爱尔兰、爱沙尼亚、奥地利、罗马尼亚、阿尔巴尼亚、黑山、捷克、斯洛伐克、克罗地亚、保加利亚、冰岛、芬兰、拉脱维亚、斯洛文尼亚、塞尔维亚、立陶宛、马耳他、马其顿、波黑、摩尔多瓦、葡萄牙、圣马力诺］，总统共和制（俄罗斯、白俄罗斯、乌克兰、波兰、塞浦路斯），委员会制（瑞士）
人均国内生产总值（欧盟28国）	3.725万美元（2018年）
人口数量（欧盟28国）	约5.127亿（2018年）
华侨华人数量	250万～300万
华人所占比例	约占欧洲总人口的0.4%
主要族群	99%属欧罗巴人种（白种人）
国内生产总值（欧盟28国）	19.1万亿美元（2018年）

资料来源：根据欧盟网站（https：//ec. europa. eu/eurostat/publications/all－publications）公布的2018年相关资料等整理而成。

1. 欧洲基本概况

欧洲，全称欧罗巴洲。欧洲经济发展水平居各大洲之首，工业、交通运输、商业贸易、金融保险等在世界经济中占重要地位，在科学技术的若干领域内也处于世界较领先地位。绝大多数国家属于发达国家，其中北欧、西欧和中欧的一些国家经济发展水平最高，南欧一些国家经济水平相对较低。① 欧洲宗教主要有基督教、伊斯兰教、犹太教，其中基督教徒占91%，包括天主教、基督新教以及东正教，伊斯兰教徒占8%，犹太教徒少于1%，其他的宗教（如印度教、佛教等）也都仅有低于1%的信徒。②

欧洲联盟是欧洲乃至世界上具有重要影响的区域一体化组织。截至2018年12月，欧盟28国失业率为6.7%。③ 2018年欧盟28国CPI为1.9%。④ 欧盟的宗旨是“通过建立无内部边界的空间，加强经济、社会的协调发展和建立最终实行统一货币的经济货币联盟，促进成员国经济和社会的均衡发展”，“通过实行共同外交和安全政策，在国际舞台上弘扬

① https：//en. wikipedia. org/wiki/Europe，2016－02－05.

② Immigration in EU，http：//ec. europa. eu/dgs/home－affairs/e－library/docs/infographics/immigration/migration－in－eu－infographic_en. pdf，2019－01－25.

③ https：//ec. europa. eu/eurostat/tgm/table. do？tab＝table&language＝en&pcode＝teilm020&tableSelection＝1&plugin＝1，2019－01－28.

④ https：//ec. europa. eu/eurostat/tgm/table. do？tab＝table&language＝en&pcode＝tec00118&tableSelection＝1&footnotes＝yes&labeling＝labels&plugin＝1，2019－01－28.

联盟的个性”。目前，欧盟成员国当中有19个国家使用统一的货币——欧元。

2. 中国与欧洲关系发展

1975年5月6日，中国与欧洲经济共同体建立外交关系。1983年10月，中国与欧洲煤钢共同体和欧洲原子能共同体分别建立外交关系。1983年11月1日，中国与欧洲共同体正式宣布全面建交。1998年，中欧建立面向21世纪的长期稳定的建设性伙伴关系。2001年，双方建立全面伙伴关系。2003年，中欧建立全面战略伙伴关系。2014年，中欧提出打造和平、增长、改革、文明四大伙伴关系，中国发布第二份对欧盟政策文件。2015年6月，李克强总理在比利时布鲁塞尔与欧洲理事会主席图斯克、欧盟委员会主席容克举行第十七次中国—欧盟领导人会晤，双方发表了会晤联合声明和关于气候变化的联合声明，在科技、知识产权、区域政策、海关等领域签署多项合作文件，并就广泛议题达成共识。2018年，中国政府发布第三份对欧盟政策文件。双方迄今已建立近70个磋商和对话机制，涵盖政治、经贸、人文、科技、能源、环境等领域。①

自2004年以来，欧盟连续12年是中国第一大贸易伙伴。2017年，中欧贸易额6 169.2亿美元，同比上升12.7%；欧盟对华投资82.9亿美元，同比下降5.9%；中国对欧盟非金融类直接投资75.7亿美元，同比增长3.8%。② 此外，中国与欧盟在能源、科技、气候变化、城镇化、文教、青年、工业、农业、环保、社会保障等领域也开展了富有成效的对话与合作。

（二）欧洲基本侨情

中国人踏足欧洲可追溯至汉代，但真正意义上向欧洲移民是从17世纪开始的。早期欧洲华侨华人社会中占主导地位的是浙江人和广东人。浙江人最早进入欧洲时是在一些城市贩卖一种叫“青田石”的石雕制品。“二战”后，欧洲华侨华人增长幅度较快。他们主要是来自中国香港、澳门、台湾地区以及东南亚国家的华侨再移民。广东人因与香港人同属粤语方言群，移居欧洲较多。20世纪70年代中期，印支半岛国家发生动荡，东南亚华裔大量进入欧洲，由于他们来自所在国的殖民地，并且会讲多种语言，所以发展较快。1978年中国改革开放后，出入境政策逐步放开，大陆新移民开始进入欧洲，尤其是欧盟国家。90年代以后，欧洲华侨华人紧随中国的“国际化”进程和欧洲的“一体化”两个战略机遇，移民规模迅速扩大，形成了自中国人移民欧洲以来，人数最多、持续时间最长、分布最广泛的一次移民潮。这一阶段的中国大陆移民主要还是通过“移民链条”走向欧洲。传统侨乡浙江温州、青田地区有移民欧洲的历史传统。他们依靠亲缘、乡缘网络进入荷兰、比利时、德国和法国等国，开始打工赚钱，之后为寻找商机和进一步发展，再到欧洲境内的其他国家，如意大利、瑞士、奥地利、西班牙、东欧等国创业。福建新移民主要是因为福州、福清地区向东南亚移民已有100多年的历史，东南亚华裔向西欧的再移民对该地区也产生了影响，当地一些人通过这种“移民链”来到了欧洲。另外，因为部分地区

① 《中国同欧盟的关系》，中国外交部官网，https://www.fmprc.gov.cn/web/gjhdq_676201/gjhdqzz_681964/1206_679930/sbgx_679934/，2019年1月3日。

② 《中国同欧盟的关系》，中国外交部官网，https://www.fmprc.gov.cn/web/gjhdq_676201/gjhdqzz_681964/1206_679930/sbgx_679934/，2019年1月3日。

在改革开放中率先富了起来，许多人将子女送出国留学，成为改革开放后一种新的移民方式。[①]

欧洲华侨华人社会在经历了数百年历史和数十年快速发展后，在人口规模、经济实力、社会地位等方面有重大变化。据国务院侨办2014年统计，欧洲现有华侨华人约255万，另有短期游商、留学生、非法移民等中国人约43万；社团1 199个；中餐馆5万多家；华文媒体142家；华文学校455所。[②] 地理分布上，欧洲华侨华人与职业构成密切相关，基本特点是“小集中，大分散”，一方面绝大多数华人移民较多的国家，多存在华人移民工作、生活聚居的“唐人街”；另一方面，由于市场分散、同业竞争等原因，华人移民又分散至欧洲各地。相对而言，专业技术移民比较分散，较易融入当地社会。

总体而言，欧洲华侨华人发展呈现以下特点。

（1）华侨华人人数增多，整体规模不断壮大。欧洲华侨华人数量由20世纪50年代的1万，60年代的5万，70年代的50万，增长到目前的300万左右。在国家分布规模上，第一层次是法国和英国，大约60万人。第二层次是荷兰、德国、意大利、西班牙，分别在10万~30万人。其中，德国、荷兰的华人人数基本上相对稳定，在15万~20万，西班牙约有20万，意大利可能达到35万。[③] 其余为第三层次，在3万人以下。另外，俄罗斯华侨华人数量特殊，估算差异太大，目前一般估计在20万~45万人。[④]

（2）华侨华人经济实力增强，积极拓展新领域，部分行业间竞争激烈。早期华人多从事餐饮业、手工业及小商业。20世纪90年代以来，欧洲华人社会经济取得飞跃式发展。欧洲华商借助“中国制造”的强劲竞争力，纷纷投身于进出口和批发、零售业等行业。尤其是近十多年来在欧洲各主要国家异军突起的大型华人商城，已经取代了原先分散在欧洲各地的中餐馆、制衣厂、皮包店及零星商铺，并且因其具有的规模性、标志性及影响性，成为欧洲华人社会引人注目的新经济主体。[⑤] 但随着新移民人数不断增加，经济行业门类不断开拓，包括保险、金融、房地产、电脑、旅行社、会计、律师等，呈现出专业化、多元化、本土化趋势。[⑥] 近两年来，跨境电商及跨境物流也快步成为欧洲华商的重要进军领域。

（3）华人参政意识增强，不断取得新成绩，政治社会地位有所提升。欧洲华人在自身经济地位提高，社会交往增加，突破了经济能力和语言文化能力局限后，参政意识有不同程度的提升，成绩也已开始显现。20多年来，英国各地先后有约20位华人担任过地方议员，2015年，华裔Alan Mark成功当选英国第一位下院议员，改写英国华人参政历史。法国华人参政近年来也有明显进展。2008年初进行的法国市镇选举表中，陈文雄成功当选巴黎十三区副区长，2014年又成功当选巴黎首位华裔市议员。2017年6月，陈文雄在法国国民议会选举中胜选，成为法国本土历史上首位华人国会议员。

（4）华文媒体遍布欧洲，但多数影响力较小，亟待结合特色创新发展。目前，与华人

① 傅义强：《改革开放以来欧盟国家中的中国大陆新移民》，《世界民族》2009年第1期。
② 据2014年国务院侨务办公室海外侨胞概况及结构性分析调研报告。
③ 法国、意大利、西班牙、德国、荷兰华侨华人数量经笔者咨询当地社团侨领得出。
④ 世界侨情报告编委会编：《世界侨情报告（2011—2012）》，暨南大学出版社，2012年，第150页。
⑤ 丘进、李明欢：《欧洲华人商城经济研究》，《世界民族》2013年第3期。
⑥《浅析欧洲华侨华人经济现状、发展趋势》，http：//fass. net. cn/index. php/page－32－2748. html。

社会共生的华文媒体也已遍布欧洲主要国家，欧洲华文传媒协会有 60 余家会员，形式包括报纸、杂志、电视台、电台、网站、手机报、视频等在内的多种形态，其中有的还是中外文双语刊物，多由华侨华人创办经营。但由于经济、人才、机制等原因，欧洲华文媒体影响力较弱，主要局限于华人圈内，欧洲华文传媒的壮大还需各界力量付出长远的努力。欧洲华文媒体在服务华人、维护华人权益、帮助华人融入、反“独”促统、增进对华理解、增进中欧友谊等方面发挥了积极作用，已成为中欧沟通、交流、合作的一个重要平台。①

（5）部分华侨华人聚散多变，区域内流动性强，呈现跨国化发展方式。这一特征主要体现在新移民当中，尤其是新华商。很多新移民都是先到意大利、西班牙、法国等地打工生存下来，等到有一定实力后再去其他地方发展。另外，部分商界、学界等精英分子，还有部分想叶落归根、退休回国居住者和非法移民回国者也有这种趋向，表现在他们频繁来往于祖（籍）国、居住国或第三国之间。这是全球化时代跨国移民社会业已存在的一个倾向，即“跨国化策略”（transnational strategy）或“跨国社会空间”（transnational social space）在欧洲华人社会中的具体表现。②

二、欧洲经济、政治、社会发展变化对华侨华人的影响

首先，“一带一路”大背景下中欧关系发展书写新篇章，中欧高层互访频繁，中欧合作取得全面进展，华侨华人机遇不断，2018 年是中国与西班牙建交 45 周年，中国与欧盟建立全面战略伙伴关系 15 周年，中国—欧盟领导人会晤机制建立 20 周年，中欧关系迎来进一步发展的重要机遇，高层互动频密。

1 月，法国总统马克龙率领由 50 多家大企业领袖组成的商务团访华，走丝路起点、谈文化融合、挺创新经济、送法国骏马、敬“一战”华工、赞旅法华人，除支持“一带一路”倡议外，亦凸显了文化融合。此后，时任英国首相特雷莎·梅、北欧和波罗的海七国议长、荷兰王国国王威廉—亚历山大、奥地利总统范德贝伦等欧洲领导人也率团访华。德国总理默克尔 2018 年 5 月对中国作第 13 次访问，总统施泰因迈尔也在 12 月首次以总统身份访华。10 月，挪威国王哈拉尔五世率领史上最大挪威经济代表团访华，是时隔 10 年之后对中国的第 4 次访问，也是两国在 2016 年底宣布中挪关系正常化之后的一次“换挡提速”。

中欧高层间的密集互访，成果丰硕，加深中欧关系，不断推进中欧双方在经济、政治、文化、教育、科技等领域的项目合作，引发海内外关注。在旅欧侨胞看来，高层会面能“立竿见影”地使经贸往来更加密切，给华商创造新的机遇。另外，高层互访能促进当地政府、商会及相关机构与华侨华人的沟通，推动一些合作项目的发展，帮助当地华侨华人更好地融入欧洲社会。③

其次，欧洲经济复苏低速徘徊，增长率低于预期，经济环境面临英国脱欧等不确定

① 《欧洲华文传媒协会举办年会》，http://int.gmw.cn/2012-08/25/content_4891591.htm，2013 年 12 月 20 日。

② 李明欢：《欧洲华人社会剖析：人口、经济、地位与分化》，《世界民族》2009 年第 5 期。

③ 《2018 年，欧洲华侨华人这样走过》，中国新闻网，http://www.chinanews.com/huaren/?k=u0t3h，2018 年 12 月 28 日。

性；中欧经济关系相对稳定，部分华商抓住中国“一带一路”建设发展机遇，不断调整结构，找到新的增长点。受益于低失业率及工资上涨拉动消费以及宽松货币环境助力投资增长强劲，2018 年欧盟经济虽然有所放缓，但总体运行态势稳健，预计全年增速仍将继续保持在2%左右。欧盟主要成员国增长也有所回落，德国二季度同比增速为 1.9%，增速较上年同期下降0.3 百分点，并且2018 年全年增长率降至 1.5%[①]；法、意、西三季度同比增速为 1.5%、0.8%、2.5%，较上年同期分别回落 1.2、0.9、0.4 百分点。但同时，二季度数据显示欧盟实现全员普涨，其中希腊已连续六个季度保持正增长。英国前三季度实际 GDP 同比增速为 1.1%、1.2%、1.5%，呈现逐季加速态势。同时，欧盟劳动力市场延续向好态势，2018 年 9 月失业率6.7%，环比不变，同比下降 0.8 百分点，已创下历史最低失业率纪录。从国别看，欧盟各国失业率差异依然显著，9 月份失业率显示，捷克、德国等工业国失业率最低，分别仅为 2.3% 和 3.4%；希腊继续保持欧元区最高失业率，达 19%。此外，2018 年以来欧盟通胀水平总体维持高位，至 9 月份，基于调和物价指数（HICP）计算的年化通胀率增长至 2.2%，环比持平，同比增长 0.4 百分点。[②] 但由于国际领域贸易保护主义加剧、英国脱欧、欧意预算分歧等内外不稳定因素影响，欧洲经济发展受到明显掣肘，存在诸多不确定性。受美国单边主义等多重压力影响，中欧务实深化合作取得进一步发展。2016 年，中国在欧投资达到 350 亿欧元的总额，相比 2015 年增长了 77%，相比 2009 年增长了超过 17.5 倍。2018 年 6 月 25 日第七次中欧经贸高层对话会成功召开，7 月 16 日，李克强总理与欧委会主席容克及欧洲理事会主席图斯克在京举行第二十次中国欧盟领导人会晤。中欧双方均“呼吁和支持经济全球化”，有意进一步深化经贸多领域合作及加强政策协调，包括推进“一带一路”倡议与欧洲发展战略对接，加强数字经济、气候变化、金融业、农业和循环经济合作，争取在第 20 次中欧领导人会晤期间交换中欧投资协定清单出价，等等。[③] 中国与中东欧国家的“16 +1 合作”也取得进一步发展，成为中欧合作的重要组成部分以及有益补充。“16 +1 合作”机制启动 6 年来，不仅为中国与中东欧国家关系的发展注入了新动能，也成为深化中欧全面战略伙伴关系的新引擎。2017 年，中国与中东欧国家进出口贸易总额已经超过 680 亿美元，同比增长超过 15%。其中从中东欧国家进口 180 亿美元，同比增长 24%。双边投资也不断在提升，中国企业对十六国累计投资额，从 2014 年的 30 亿美元增资到现在的 100 亿美元，十六国对华投资也累计超过 14 亿美元。[④] 截至 2018 年 10 月，中欧班列累计开行超过 11 000 列，运行线路达到 65 条，通达欧洲 15 个国家的 44 个城市，累计运送货物 92 万标箱。[⑤]

自欧债危机以来，由于欧洲整体经济不景气，华侨华人经济受到较大冲击。但同时，部分华商抓住中欧发展机遇，调整发展策略，也迎来了新的增长点。一是加快跨境电子商务发展，包括在欧洲和国内设立平台，加强与国内电子商务平台京东、淘宝等之间的合

① https：//ec. europa. eu/eurostat/tgm/table. do? tab = table&init = 1&plugin = 1&language = en&pcode = tec00115，2018 -01 -28。

② 《欧盟经济 2018 年形势和 2019 年展望 》，http：//www. sohu. com/a/276464022_692693，2018 年 12 月 8 日。

③ 《欧盟经济 2018 年形势和 2019 年展望 》，http：//www. sohu. com/a/276464022_692693，2018 年 12 月 8 日。

④ 《中国正成为中东欧的重要出口市场》，http：//www. china -ceec. org/chn/zdogjhz/t1608189. htm，2018 年 10 月 30 日。

⑤ 《中欧班列运行线路已达 65 条》，http：//www. gov. cn/xinwen/2018 -10/16/content_5331348. htm? _zbs_baidu_bk，2018 年 10 月 16 日。

作；二是创立品牌，或自主创立，或收购当地品牌，尤其是法国、意大利、西班牙等华商凭借当地诸多传统品牌，取得较大发展；[①] 三是积极了解中国"一带一路"建设发展形势，结合自身独特优势，借助当地资源，发展壮大经济事业，尤其是在一些中东欧国家，由于过去与中国关系不太密切，许多方面需要华侨华人参与协作。2017 年，法国华侨华人会成立了"一带一路"法国华商合作委员会，积极推进与中国国内及"一带一路"沿线国家的落地对接活动，助力"一带一路"实施的同时发展华商事业；[②] 2018 年又设立了"海联驿站"，加强与浙江联系，助推"一带一路"建设。[③]

第三，华侨华人社会地位不断提升，华人参政再创佳绩、文化与历史贡献被主流认同，但各种辱华事件仍然时有发生，2018 年，整个英国都处在"脱欧"紧张气氛的笼罩下，政坛因"脱欧"分歧动荡不已。但在 5 月举办的地方选举中，华裔候选人竞选其中 26 个选区议席，有竞选连任的，也有第一次参选的，是历来华人参选人数最多的一届，并且取得了不俗的成绩。三大主流党派均有华人胜选当地议席，其中保守党 2 名（叶稳坚、林晖），工党 2 名（陈晋宝、卢永信），自民党 1 名（张嘉宜）。德国华人杨明参加法兰克福市长竞选，首在德国大城市市长选战中崭露头角。

匈牙利华族少数民族地位申办工作得到匈牙利华侨华人热情关注，经过一年运作，完成了法律条例对旅居匈牙利华侨华人公投签名比例人数。匈牙利政府参照其他少数民族族群的政策诉求，展开了对华族诉求的征询。

同时，在"一战"结束百年之际，欧洲以多种形式纪念"一战"华工。2018 年 11 月 11 日，巴黎凯旋门下，法国总统马克龙邀请 72 位国家元首共同参与"一战"胜利 100 周年纪念仪式。法国电视三台播出以"一战"华工为主题的纪录片；中法官方共祭"一战"华工，中国全国人大常委会副委员长吉炳轩向法国华工墓献上花圈；比利时、英国等国举行图片展，展示"一战"华工历史贡献。[④]

此外，旅欧华人学者在文化、教育、医疗、科技等方面取得巨大成就，2018 年 4 月 15 日，华裔教授兰玉彬、中国专家赵春华先后当选欧洲科学院院士。而中国企业家、慈善家温兆安也被该院授予"名誉院士"称号。9 月 18 日，6 位英国华人学者当选英国皇家工程院院士，彰显了华侨华人在欧洲影响力的不断提升。[⑤]

但尽管如此，近年来由于右翼排外主义思潮的影响，2018 年，欧洲抹黑华人群体事件仍然时有发生，多国影视作品、宣传视频以及产品广告等出现辱华内容。4 月，法国电视台重播一度深陷种族歧视旋涡的幽默剧《中国人》，该剧将法国社会对亚裔的固有偏见当作笑点，丑化中国人形象。9 月，中国游客曾先生一家因酒店入住事宜被瑞典警察强行带

① 《后危机时代的法国华商：抓住电商转型有道》，http：//www.oushinet.com/home/mainnews/20141230/177212_4.html，2018 年 2 月 9 日。

② 《经济融合、文化包容　旅法侨界首倡成立"一带一路"法国华商合作委员会!》，《法国侨报》，2017 年 7 月 6 日。

③ 《法国华侨华人会主席任俐敏：做"一带一路"建设生力军》，http：//www.chinanews.com/hr/2018/01-31/8437873.shtml，2018 年 1 月 31 日。

④ 《多家法媒刊文纪念一战华工：中国人的贡献多年获认可》，http：//www.oushinet.com/qj/qjnews/20181110/305537.html，2018 年 11 月 10 日。

⑤ 《〈欧洲时报〉评选出"2018 年欧洲华侨华人十大新闻"》，http：//www.oushinet.com/qj/qjnews/20181227/309747.html#，2018 年 12 月 27 日。

走并扔到郊外，引发巨大争议以及侨界抗议。同月，瑞典电视台“瑞典新闻”栏目中又播出了一段时长1分33秒的辱华视频。11月，意大利奢侈品牌杜嘉班纳（Dolce & Gabbana）宣传视频被质疑存在歧视中国传统文化的嫌疑，该品牌创始人兼设计师斯蒂芬诺·嘉班纳（Stefano Gabbana）在社交媒体发表极具侮辱性质的言论。

第四，周边地缘政治持续动荡，难民问题和恐怖主义威胁依旧存在；各种矛盾加剧欧洲政治力量分化，右翼民粹主义势力进一步崛起，欧洲社会右倾趋势明显，移民（华侨华人）生存与发展环境受挤压。2014年，欧洲遭遇了“二战”以来的最大难民潮，[①] 其中涌入欧洲难民人数2014年28万，2015年超过100万，[②] 之后2017年为17.23万，2018年为11.348 2万。[③] 虽然数字有所下降，但欧洲各国如今已不愿为难民打开大门，难民问题已成为“烫手山芋”，并将各成员国无一例外地卷入一场难民危机和移民政策的大论战。法国《视角》杂志称，目前难民危机已演变为各国间互不信任以及内部分歧明显、彼此拒绝共同应对的政治危机。首先，难民危机引发了欧盟超国家行为体之间的矛盾，加剧了成员国之间的分歧和欧洲内部凝聚力下滑。[④] 在2019年英、法、德三国领导人的新年致辞中，一个共同的关键词就是“团结”。时任英国首相特雷莎·梅因为脱欧困局，希望政府议会“搁置分歧、共同前进”。法国总统马克龙呼吁法国人保持“团结”，保持“希望”。德国总理默克尔指出2018年是一个“相当困难的政治年份”，同时也表达了德国政党间分歧加剧，她呼吁德国不仅内部要保持团结，也要加强与周边国家合作。其次，部分成员国对待难民的态度不同导致国内左、右翼力量的分化。在过去的2014年欧洲议会选举中，欧洲政治重新洗牌，一大批欧洲怀疑主义政党（eurosceptic party）出现。[⑤] 一是在“一等选举”国家大选中，极右翼政党在奥地利、荷兰、法国、德国等国取得重大突破。2016年5月，奥地利极右翼自由党候选人霍弗尔获得49.7%的选票。2017年3月荷兰大选，极右翼自由党获得19席，比上次大选增加4席；5月法国大选，国民阵线进入第二轮，并获得34.5%的选票；9月的德国大选中，极右翼德国选择党（AFD）获得13%的选票和94个议席，首次进入联邦议院并成为第三大党。2018年6月，意大利两个民粹主义政党组建联合政府，更是直接对欧洲政治带来深刻影响。二是在“次等选举”的欧洲选举和地方选举中，极右翼势力也斩获颇丰。2014年，参与欧洲议会选举的极右翼政党有26个，共获得议席135席，约占议会751席的18%。[⑥] 右翼民粹主义以反移民、反全球化、反多元文化主义为核心宗旨，并通过各种方式在不同层面影响社会政治和移民政策。从近年来层出不穷地曝出的各类人身财产侵害、华商经济打压、族群形象抹黑甚至官民对峙等事件来看，

---

① European Commission, *Addressing the Refugee Crisis in Europe: The Role of EU External Action*, Joint communicationto the European parliament and the council, Brussels, 2015-09-09 JOIN (2015) 40 final.

② 《2015年超百万难民涌入欧洲　明年6 000万人无家可归》，http://news.xinhuanet.com/gongyi/2015-12/24/c_128562439.htm，2018年2月6日。

③ 《难民问题持续困扰欧洲多国》，《人民日报》，2019年1月23日。

④ Elizabeth Collectt, *The development of EU Policy on Immigration and Asylum: Rethinking Coordination and Leadership*, 2015, p.2, https://www.migrationpolicy.org/research/development-eu-policy-immigration-and-asylum-rethinking-coordination-and-leadership.

⑤ Elizabeth Collectt, *Future EU Policy Development on Immigration and Asylum: Understanding the challenge*, 2014, https://www.migrationpolicy.org/research/future-eu-policy-development-immigration-and-asylum-understanding-challenge.

⑥ 贾文华：《“次等选举”的右倾化——欧洲议会选举中极右翼政党的崛起与影响》，《欧洲研究》2014年第5期。

其中也或多或少地隐喻着右翼民粹主义的影响。2018 年，西班牙政府进一步严控旅西华人的账户，预防和打击洗钱行为。从 8 月初开始，西班牙 BBVA 银行大规模冻结华人账户的消息就不断传出。据一些侨胞反映，被冻结的账户不仅有个人账户，还有个体户账户，以及公司账户。只要户头所有人是中国人的，几乎都被查封。①

第五，难民潮、恐怖主义威胁给欧洲社会安全带来持续压力，犯罪率持续上升，华侨华人受牵连，生命财产屡遭侵害。

这几年，欧洲接受大量难民留下的后遗症逐渐显现。部分难民甚至对接待条件不满意发生过各种程度的示威，而在他们衣食住行有了着落又无所事事之时，新的问题也是层出不穷。据英国简氏防务预算报告（*Jane's IHS Markit*）预计，2018 年欧洲恐怖袭击威胁上升，并且未来 5 年至 10 年内，欧洲国家将遭遇恐怖主义威胁升高的可能，因为近两年因支持"伊斯兰国"组织而被关押的很多人将在 2019 年至 2023 年出狱。而这些被判刑的伊斯兰极端分子、从战场返回的武装分子和其他被遣送回欧洲的人，与"伊斯兰国"有着直接联系，将成为恐怖袭击威胁的重要来源。② 2018 年 3 月 23 日，一名持有武器的恐怖分子在法国南部奥德省的卡尔卡松市和特雷布镇制造恐怖袭击，导致 3 人丧生，16 人受伤。极端组织"伊斯兰国"宣称制造了这起袭击，尽管之前法国内政部长还宣称 2018 年以来已经挫败了两起恐怖主义事件。9 月 28 日，荷兰警方也挫败了一起恐怖主义爆炸袭击事件。甚至在瑞典、比利时、奥地利、希腊、罗马尼亚等风险相对较低的国家也开始出现安全风险。

除了恐怖主义威胁外，近年来由于经济低迷和移民增多等因素，致使很多非法入境移民和难民无处安身，各类犯罪事件也随之日益增多。法国《费加罗报》称，2018 年上半年法国共发生 17.3 万起故意伤人行为，平均每天 956 起。法国国家犯罪与刑事处罚观察所（ONDRP）的专家分析，家庭管教缺失、教育体制危机、社群化现象加剧以及难民危机压力等，都是导致暴力伤人事件激增不可忽视的原因。③ 2018 年，意大利盗窃案达 119 万起，从而导致民众安全信心下降。而针对华人中餐馆、批发店铺现金交易较多的特点，盗窃抢劫案更加不在少数。近几年意大利由于经济低迷，非法移民多，失业率高，社会治安日趋恶化。针对华人的暴力抢劫和偷盗等犯罪活动日渐频繁，歹徒猖獗疯狂，犯罪手段令人发指，已严重威胁华侨华人正常生活，使华侨华人财产也蒙受巨大损失。④ 2014 年意大利普拉托平均每套华人住宅被盗次数约为 1.66 次。事实上，个别华人住宅被盗次数为两次、三次，甚至更多次。⑤ 法国巴黎治安形势一直严峻，2016 年 8 月 7 日，旅法侨胞张朝林在遭暴力抢劫重伤后不治身亡。2018 年华人被抢被盗事件依旧层出不穷，仅 2018 年的最后一天即 12 月 31 日，在巴黎就发生 3 起华人被抢事件。西班牙华人安全事件也是频繁出现，2018 年在 Sevilla、马德里 fuenlabrada 仓库区，先后发生多起针对华人的抢劫凶

---

① 《为啥 BBVA 银行大规模冻结华人账户?》，《欧华报》，2018 年 8 月 18 日。

② 《2018 年欧洲恐袭威胁恐上升 IS 系威胁来源》，https://baijiahao.baidu.com/s?id=1592375750022965939&wfr=spider&for=pc。

③ 《法国 2018 年暴力伤人事件激增　平均每天报案近千起》，《欧洲时报》，2018 年 8 月 27 日。

④ 《意普拉托侨界举行联合会议　商议应对华人治安环境恶化》，http://www.huarenjie.com/article-286490-1.html，2016 年 2 月 10 日。

⑤ 《普拉托治安恶化逼近华人容忍底线》，http://www.chinanews.com/hr/2015/02-05/7037315.shtml，2016 年 2 月 11 日。

杀案。

第六，多国移民政策进一步收紧，排斥非法移民和低技术移民力度加大；但投资移民和技术移民前景依旧较好，华侨华人群体结构将进一步发生渐变。受地缘政治、难民危机和恐怖主义影响，欧洲增加了边界管理的经费预算和人员编制，加强了边境控制。同时，各国还加大了对非法移民和人口贩运的打击力度。[①] 法国新的移民法案于2018年9月中旬正式实施，该法案将难民庇护的审核时间从此前的11个月降低到6个月，并将他们滞留关押时间由45天延长至90天，以便严格控制非法移民。官方数据显示，2017年法国政府驱逐了14 859名非法移民，同比增长14%，2018年增长率更是达到20%。[②] 而意大利民粹主义政府上台之后，新任内政部长马泰奥·萨尔维尼6月1日表示，民粹主义政府的首要任务之一是“派遣移民回国”，2018年遣返非法移民50万名，严格限制发展中国家移民进入意大利。之后还拒绝偷渡船靠岸，与法国在非法移民问题上相互指责。在此环境下，很多没有合法居留身份的中国移民也不断被曝光，甚至被遣返。

但另外，出于经济发展和人才需求的考虑，各国在吸引投资和高技术移民的政策方面相对稳定，但也有不同程度的调整。英国移民政策变化的主要集中点为英国政府打击洗钱以及团体金融犯罪行动。2018年12月6日，英国宣布暂时叫停Tier 1投资移民签证。过去十年内，获得Tier 1投资签证的申请者中60%为俄罗斯和中国公民。未来英国投资移民的资金来源审核将更加严苛，申请人需要对至少200万英镑（约1 800万人民币）的资金来源作出合理解释，并证明已经持有该资金至少2年以上。另外，英国政府不再允许申请人投资低风险的政府债券，转而要求投资移民申请人把资金投入风险相对更高的英国企业。

葡萄牙自2012年10月推出“黄金居留许可”计划以来，调查显示，通过“黄金签证”项目获得葡萄牙居留证的6 416名外国人中，只有11个人（0.2%）的投资创造了10人以上的就业机会，而95%的投资方式都是购置房产。外国投资对刺激葡萄牙经济的有效性不明显，葡萄牙移民政策收紧的可能性还是很大的。

2018年7月起，西班牙马德里政府开始对没有合法身份的移民免费发放“市民卡”（Tarjetade vecindad）。发放该卡的主要目的在于为没有居留证的非法移民“正身”，既保证他们可以“合法”的身份参与到市政公共项目中，同时有助于政府加强对非法移民的管控。非法移民可凭借此卡证明自己的身份，而法院如需遣送移民回国，也可通过此卡确定移民的身份和国籍。

2018年12月19日，德国通过新移民法案，包括《专业劳工移民法》和《就业容忍法》两个新法案，对专业学历限制和最低收入有所放宽，将进一步吸引非欧盟国家技术移民来德国工作。

法国则在加大排斥非法移民的同时，改革移民融入政策内容。6月5日，法国总理菲利普公布未来的移民融入政策改革主要措施是法语培训课程时数加倍，改革公民培训课程，提供就业培训与更佳的就业机会等，这些措施的宗旨是支持外国人融入当地社会。

---

① Management of the Refugee Crisis: Commission Shows the Way Forward, http://ec.europa.eu/news/2015/09/20150923_en.htm, 2016-02-12。

② 《法国2018年驱逐非法移民人数猛增　政府称仍将加强举措》，http://world.huanqiu.com/exclusive/2018-11/13486570.html。

意大利政府2018年10月4日在国家官方公报（Gazzetta Ufficiale）上颁布了113/2018号法令，"关于国际保护和移民、公共安全的紧急条款，内政部职能的措施以及没收有组织犯罪的资产的组织和运行工作"，其中提出了两种新型的意大利居留许可。其中一项为公民特殊贡献居留，该居留许可颁发给那些表现出"特殊勇气"，"在有意识的情况下自愿冒生命危险"做出以下行为的外国居民：拯救面临紧急和严重危险的他人；防止或减少可能造成的严重的公共或私人损害；在局势混乱时恢复公共秩序，并维护法律权威；逮捕或参与逮捕犯罪分子；促成科学的进步或为人类的利益作出贡献；维护国家的名誉和声望。该居留许可有效期为两年，且可续签，允许外国公民在意大利参与学习和从事劳动。该类居留还可以转换为自雇工作居留和被雇佣工作居留。

从以上主要国家移民政策看，未来非法移民的空间肯定越来越小，单一的投资移民门槛也越来越高，但技术移民和有贡献移民却可能成为中国移民新的增长点。这对于在欧中国留学生和部分没有取得合法居留的中国移民而言是重大利好。

三、欧洲侨情发展趋势

纵观当前欧洲发展形势，东部地缘政治动荡，难民问题持续发酵，恐怖主义威胁犹存。面对经济低迷，社会矛盾激化，右翼势力崛起，族群关系复杂的问题，欧盟及各成员国日子很不好过。华侨华人生存与发展在面临"一带一路"机遇之时，也承载着产业转型和经营模式调整的巨大压力，喜忧参半。

（一）欧洲经济增长乏力，中欧经贸合作角色地位凸显，华侨华人应该进一步充分发挥独特优势，结合跨国优势，重视品牌和平台建设，实现经济转型和规模发展

2019年，面对即将到来的欧洲议会选举、英国脱欧，全球环境不稳定等"内忧外患"，欧洲还没有快速的解决方案，这让投资者对欧洲2019年经济前景并不看好。据国际货币基金组织2018年10月预测，欧盟2019年的经济增长率预计为2.0%；欧元区2019年为1.9%。欧央行则于9月下调了未来两年欧盟经济增速预期，由此前的2.1%、1.9%下调至2.0%、1.8%。[①]

在多种内外因素不振的背景下，中欧务实合作也将得到进一步推进。2019年，中欧有望在推进"一带一路"建设的大背景下继续加强政策协调，积极推进中欧多层次、宽领域、全方位国际合作，全面落实《中欧合作2020战略规划》，继续深化和平、增长、改革、文明四大伙伴关系。同时，继续发挥高层对话在指导和促进中欧经贸关系中发挥的重要作用，不断加强双边贸易和投资领域的公平和互利合作，推动合作解决各自企业面临的市场准入问题。在贸易方面，以需求导向为基础，积极优化双边贸易结构，促进贸易平衡发展。此外，继续推动"一带一路"建设与欧洲投资计划以及扩大的泛欧运输网络合作对接，通过兼容的海陆空运输、能源和数字网络促进"硬联通"和"软联通"，并以此实现

① 《2018欧洲经济"反转"》，http：//finance.hsw.cn/system/2018/1228/279561.shtml？mobile=4fVGvVSv，2018年12月28日。

经济、社会、财政、金融和环境方面合作的持续深化。这些发展前景将对欧洲华侨华人的经济转型和结构调整等带来重要机遇。华侨华人群体不仅自身需要发挥熟悉两边环境之优势，积极主动融入中欧关系发展大潮当中，而国内相关部门、企业也需要借助欧洲当地的华人社团、侨企或者华侨华人等建立联络站，布局“一带一路”沿线国家，让有意向“走出去”的中国国内企业先行探路，在当地做好协商对接、筹建、签约等工作。

（二）欧洲各类社会问题进一步显现，右翼民粹主义影响进一步加剧，移民发展空间受到挤压，华侨华人规范化发展更是必由之路

中欧关系在不断推进的同时，双边经济关系也摩擦不断。当欧洲南部的欧盟成员国欢迎外国直接投资（Foreign Direct Investment，FDI）的同时，欧盟却对此保持更高的谨慎态度。2017 年 9 月 13 日，欧盟委员会通过了一项条例草案，以安全与公共秩序为基础，建立对进入欧盟的外国直接投资的审查框架。某些欧盟战略领域的准入受到限制甚至直接被排除，这对中国企业投资交易的复杂性与不确定性必然会提升，交易成本也将明显提高。欧盟委员会主席容克则说道，“我们不是天真的自由贸易者。欧洲必须始终捍卫自己的战略利益”。[①] 2019 年 1 月 19 日开始，欧盟对从中国进口的电动自行车征收 18.8% ~79.3% 的关税，理由是欧洲生产商认为这些中国产的电动自行车从不公平补贴中获益，以低廉的价格涌入欧洲市场。

与此同时，在欧洲国家内部，各类经济社会矛盾的尖锐化引发了极右翼排外主义势力的大幅回潮。在之前的几年，各种右翼民粹主义政党已经取得一席之地，预计 2019 年欧洲议会选举中，其席位可能进一步增加。而类似在法国持续数月的“黄马甲”运动，以及 2019 年 1 月以来又增加的“红马甲”运动等事件可能也会在其他国家出现。这种社会大环境的变化对华商经济的发展无疑会带来一定的冲击。但本质上，华侨华人经济主要面临的问题是生存与发展空间问题。部分华侨华人的不正当操作带来的快速膨胀无疑挤压了当地社会生存发展空间，破坏了已有的经济与社会生态。2018 年，在意大利、西班牙、英国等国仍然不断曝出华商被查事件，其原因为雇佣非法劳工、洗钱、销售假冒伪劣产品等。这些灰色手段无论在当地社会还是华人社会都已经受冷漠面对，甚至引发当地社会对华人的负面看法。值得庆幸的是，部分社团及侨领已经觉悟，通过社团联合自强，组织大家走规范化道路，并且倡导华侨华人主动回报当地社会，融入主流环境。

（文　峰）

---

① 《欧盟外资审查制度对中国投资的影响》，搜狐网，http：//www. sohu. com/a/237737488_436079，2018 年 6 月 25 日。

非洲地区侨情

随着21世纪以来中非关系密切而深入的发展，非洲国家和地区的华侨华人数量也极速增长，目前在非华侨华人人数已达百万。与此同时，中国在非洲影响力日益增长的过程中，华侨华人对于中非关系的发展也起着越来越重要的作用。特别是作为承接中国与非洲的重要纽带，非洲华侨华人在“一带一路”建设中发挥着不可替代的桥梁作用。

一、非洲地区概况

非洲现有54个独立国家，其中北部非洲7国、撒哈拉以南非洲47国。非洲面积约3 020万平方千米，约占世界陆地总面积的20.2%，仅次于亚洲，是世界第二大洲。目前非洲人口约12亿，主要是黑色人种、欧罗巴人种和介于这两者之间的埃塞俄比亚人以及属蒙古人种的马达加斯加人。非洲有1 500多个民族，其中主要有闪含语、苏丹语和班图语三大语系，还有属于印欧语系的布尔语、马达加斯加语和科伊桑语三个小语系。由于历史原因，英语、法语和葡萄牙语在非洲比较流行，分别成为许多国家的官方语言或通用语。主要信奉原始宗教、伊斯兰教和基督教。原始宗教种类繁杂，形式各异，主要流行在撒哈拉沙漠以南的非洲地区，一般都供奉祖先和信仰自然神。目前，非洲有包括非洲联盟、中非合作论坛、中部非洲经济与货币共同体、中部非洲国家经济共同体、西非经济货币联盟、西非国家经济共同体、南部非洲发展共同体、南部非洲关税同盟、东部和南部非洲共同市场、东非共同体等多边合作和地区组织。

2017年，非洲54个国家GDP总量为2.2万亿美元，占世界GDP的比重仅为2.7%。人均GDP方面，2017年非洲人均GDP为1 809美元，仅为世界人均水平10 700美元的17%。然而，非洲大地富饶美丽，充满生机，发展不可限量。中非友好合作前景广阔，中非全面战略合作伙伴关系发展大有可为。目前，中国和非洲的合作逐渐进入全面深化阶段，早已成为休戚与共的命运共同体，并且正在创造南南合作框架下的新型“发展合作”典范。

二、“一带一路”倡议、中非关系与华侨华人的作用

自2013年习近平主席提出共建“一带一路”倡议以来，众多国家积极响应。作为“一带一路”倡议的自然和历史延伸，非洲国家期望抓住机遇，与中国、与世界共同发展。在“一带一路”国际合作高峰论坛上，肯尼亚、埃塞俄比亚政府与中国政府签署经贸合作协议。基础设施融资合作协议、内陆集装箱港堆场项目贷款协议、能源领域合作备忘录等合作协议展示了中非携手发展的决心。目前，已有37个国家以及非洲联盟签署共建“一带一路”政府间谅解备忘录。其中，2018年中国与科特迪瓦签署了产能合作框架协议，

与埃及、南非、加纳等国签署了关于推动产能合作重点项目的谅解备忘录，共涉及 42 个产能合作供电项目；中方金融机构还与几内亚等国政府签署项目贷款协议，支持非洲国家改善基础设施条件。① 总之，非洲正成为“一带一路”优质项目汇集地，中非友谊也在“一带一路”框架下体现得更加务实。

中国始终高度重视同非洲地区国家发展友好关系，开展互利合作。自 2013 年以来，中国国家主席习近平多次访问非洲国家，为提升中国同非洲国家友好合作水平，推动构建更加紧密的中非命运共同体贡献了中国智慧和中国方案。2013 年 3 月，习近平开启“外交开局之旅”，在结束对俄罗斯的国事访问之后，随即飞往非洲大陆，对坦桑尼亚、南非、刚果共和国进行国事访问。2015 年 12 月，习近平主席又对津巴布韦、南非进行国事访问，并赴南非约翰内斯堡主持中非合作论坛峰会。2016 年 1 月，习近平主席对埃及进行了国事访问。2018 年 7 月，习近平主席对非洲国家塞内加尔、卢旺达和南非进行国事访问，同时过境毛里求斯并进行友好访问。特别是 2018 年 9 月，中非合作论坛北京峰会召开。这次峰会是中非合作论坛继 2006 年北京峰会、2015 年约翰内斯堡峰会后，中非友好大家庭的又一次大团圆。50 多位非洲国家领导人和非盟委员会主席率团齐聚北京，联合国秘书长作为特邀嘉宾、27 个国际和非洲地区组织作为观察员出席峰会有关活动。

近些年来，中国全面落实约翰内斯堡峰会上确定的中非“十大合作计划”：一大批铁路、公路、机场、港口等基础设施以及经贸合作区陆续建成或在建设之中，中非和平安全、科教文卫、减贫惠民、民间交往等合作深入推进，中国承诺提供的 600 亿美元资金支持都已兑现或做出安排。② 具体而言，最近三年内，中国企业在非洲已建成和在建的项目，将帮助非洲新增约 3 万千米公路里程、每年 8 500 万吨港口吞吐能力、每日超过 900 万吨清洁用水处理能力、近 2 万兆瓦发电能力和 3 万多千米输变电线路，此外还为非洲国家创造近 90 万个就业岗位。③ 例如，内罗毕和沿海城市蒙巴萨之间的新铁路线把 480 公里的路程所用时间由以前的 12 小时缩短为 4 小时。再如，尼日利亚和中国签署了修建拉各斯至卡拉巴尔之间长达 870 千米的沿海铁路线的协议。④

中国提出了同非洲各国打造责任共担、合作共赢、幸福共享、文化共兴、安全共筑、和谐共生的中非命运共同体，并且在推进中非“十大合作计划”的基础上，同非洲国家密切配合，重点实施“八大行动”。无论是约翰内斯堡峰会上提出的中非“十大合作计划”，还是北京峰会上提出的“八大行动”，华侨华人始终会在中非合作的过程中发挥重要作用，并可以作出自己独特而不可取代的贡献。实施产业促进行动、设施联通行动、贸易便利行动、绿色发展行动、能力建设行动、健康卫生行动、人文交流行动以及和平安全行动都离不开在非洲的海外华侨华人、华商、中国员工和志愿者等的参与。

与此同时，中非关系的全面提升也带来了双边民间交往的跨越式发展。越来越多的中

---

① 《中非合作论坛北京峰会成果丰硕：37 国签署共建“一带一路”备忘录》，中国新闻网，https：//www. chinanews. com/gn/2018/09 –08/8621904. shtml，2018 年 10 月 14 日。

② 《习近平在 2018 年中非合作论坛北京峰会开幕式上的主旨讲话》，人民网，http：//world. people. com. cn/n1/2018/0903/c1002 –30269452. html，2018 年 10 月 14 日。

③ 葛丰：《携手打造中非命运共同体》，《中国经济周刊》2018 年第 36 期。

④ 《超 25 万中国人在非洲工作　被视为快速高效代名词》，参考消息网，http：//www. cankaoxiaoxi. com/china/20180202/2254301. shtml，2018 年 10 月 16 日。

国人抓住中非友好合作的机遇，到非洲发展创业、留学深造，扎根非洲，奉献非洲。他们在非洲进行农业技术开发、授之以渔；进行基础设施建设，造福非洲民众；从事医疗卫生、环境生态保护等志愿活动，履行社会责任，为非洲的经济社会发展作出了重要贡献。

实现中非关系提升和发展，既需要中国与非洲国家政府间的交往与合作，同时更离不开中非社会与民间的交往与合作。而对于中非社会层面关系的发展，其核心在于人与人之间的和谐交往与相处，而在非洲的华侨华人在其中所起的作用则不容忽视。"非洲华侨华人在非洲国家的活动、表现及其与中国所存在的特殊情结、特殊联系会给中国外交带来可能是政府渠道不易控制或是忽视的沟通途径。"①

首先，对于中非合作的政府间或非政府类的合作项目，其具体落实的主体是人——在非的华侨华人。不论是中国在非洲的工程建设人员还是中国援非医生，他们在非洲虽然是短期居住，但与非洲当地民众直接接触、共同生活。因为中国的遥远与抽象，所以这些在非华侨华人的形象对于非洲普通人来说就是中国的形象。因此，非洲华侨华人需规范自身行为，树立自身良好形象。

其次，非洲华侨华人社会中作为公共领域的侨社和侨报，不仅可以起到联系华人社会内部感情，促进信息沟通的目的，同时它们还应该肩负着宣传中国在非洲形象的使命，让非洲民众更加了解真实的中国，使部分西方国家对中国的污蔑论调不攻自破。

最后，非洲华侨华人更应该主动而积极地融入非洲当地社会，并且承担其更多的社会责任。例如，2018 年 6 月，南非第一家由华人开办的运动学院——珍妮·吴运动学院（Jenny Wu Sports Academy）在约翰内斯堡成立，该学院旨在通过体育的形式，帮助当地单亲、贫困青少年远离毒品和犯罪，过上健康向上的生活，并成为社会栋梁。② 不论是作为个人的在非华侨华人，还是在非的华商企业，社会责任都是其融入当地社会的重要基础。华侨华人应该为非洲当地的社会经济多方面的发展作出更多的无私的奉献，以民间的身份和社会的力量更多地参与到非洲的环境保护、公共卫生等全球治理过程之中。非洲华侨华人作为社会力量，如果可以积极在非洲当地参与社会志愿活动、有效地为当地提供有价值的公共产品，那么中非之间的社会基础则会因华侨华人的贡献而更加夯实，同时这亦是中国作为负责任大国的社会表现。

三、非洲华侨华人概况

（一）非洲华侨华人的人口情况

目前关于非洲华侨华人的数量并没有确切的统计数字。由于一些非洲国家较宽松的移民政策，21 世纪以来大量中国人移民非洲；同时很多非洲国家存在严重的腐败现象，导致大规模的非法移民存在。部分西方媒体出于煽动当地反华情绪严重夸大了在非洲的中国新移民的数量，但仍然可以肯定，近十年来越来越多的中国人前往非洲。根据北京大学李

① 赵俊：《论非洲华侨华人与中国对非公共外交》，《非洲研究》2013 年第 1 卷，第 211 页。

② 《南非首家华人开办运动学院在约堡成立　助青少年成才》，中国侨网，http：//www. chinaqw. com/hqhr/2018/06 - 10/192506. shtml，2018 年 10 月 14 日。

安山教授的推算，2004 年至 2017 年间在非洲的华侨华人总数约 93 万。其中，南非华人人数最多，约有 40 万；尼日利亚华侨华人数量次之，约 10 万；苏丹、马达加斯加、安哥拉、毛里求斯再次之，分别为 7.4 万、6 万、4 万和 3 万。按照次区域的划分，以南非为主要聚居地的南部非洲国家华侨华人人数最多，约为 47 万；东非国家人数次之，约 17 万，并集中在马达加斯加、毛里求斯和留尼旺等岛国；西非国家约 15 万华侨华人，其中尼日利亚占三分之二；北非和中部非洲华侨华人数量较少，分别约有 10 万与 3 万不等。[①] 由此可见，和东南亚、北美与欧洲地区相比，非洲华侨华人数量上差距较大，虽然非洲近五十个国家几乎都有华侨华人的存在，但绝大多数华侨华人集中在某些国家，其中南非、尼日利亚、苏丹、马达加斯加、安哥拉和毛里求斯六国的华侨华人就占了在非洲华侨华人总人数的 75%。可以说，非洲华侨华人的分布呈现“大分散、小集中”的特点。[②]

非洲华侨华人中，越来越多中国沿海传统国际移民大省的居民通过朋友、家人、老乡等关系网络前往非洲。具体而言，主要存在以下几种类型：第一类是餐饮、娱乐、诊所、批发零售等行业的个体老板。这类新移民在非洲人数众多，且分布极广，不仅集中在一些较大的非洲城市，同时渗透到很多非洲边缘的村庄。在约翰内斯堡、卡萨布兰卡、阿克拉、杜阿拉、雅温得等大城市出现了较大型的中国批发市场。它们作为中国商品在非洲的主要集散地和一级市场，也成为在非洲的华人个体老板的网络中心。在非洲的中国商人从这些非洲中心城市的大型中国商城进货，将来自中国的货物一层层销售到非洲其他国家和一些边缘的省份和农村地区，进而初步构筑起一个覆盖整个非洲的华商贸易网络。第二类是在非洲投资办厂的中小型企业家。他们或是凭借在国内积累的资本来到非洲投资办厂，或是在非洲从事批发零售业获利而转型，留在非洲开厂创业。这类华人工厂和企业主要从事服装、制鞋、建筑材料、化工、食品加工和矿石冶炼等。而其他生活产品和零器件由于在非洲生产成本较高，则仍主要依靠从中国进口。第三类是在非洲大型中资企业的中方员工，他们主要从事采矿、水泥、电信、金融、媒体和工程建设等行业。其中，大部分劳工会在合同期满后回国，还有少量的管理人员或专业人员在合同结束后留在当地创业。第四类是通过政府项目来到非洲的援助者和志愿者。第五类是逾期居留在非洲的非正规身份的过境移民。他们大多在国内没有得到良好的教育，一开始以合法的旅游签证或商务签证来到非洲国家，寄希望于以非洲为跳板进入欧美。最后一类是在非洲留学的中国留学生，其数量目前并不多，且主要集中在南非。

从非洲华侨华人的代际构成上看，虽然近二十年以来来自中国大陆的新移民占据了目前非洲华侨华人的绝大多数，但是实际上中国人移民非洲的历史十分悠久，16 世纪就有华人移居非洲，19 世纪末成批华工移民到非洲。这批华人与后来 20 世纪 70 年代从港台地区移民到非洲的华人构成了所谓的老侨。老侨主要集中在毛里求斯、马达加斯加、南非等国家，他们主要来自广东省的顺德、梅县以及港台等地。而在改革开放后（主要是在 20 世纪 90 年代后）主要从中国大陆流向非洲的华侨华人构成了在非华人“新移民”。

在非洲的华人新移民的来源地更加多元：一些东南沿海省份，例如福建、广东、浙江

---

① 根据李安山教授的推算统计而得。参见李安山：《战后非洲中国移民人口状况的动态分析》，《国际政治研究》2017 年第 6 期，第 28 – 31 页。

② 参见李新烽：《试论非洲华侨华人数量》，http：/ /iwaas. cass. cn/dtxw/fzdt/2013—02 – 05/2513. Shtml；徐薇：《华侨华人在非洲的困境与前景展望》，《东南亚研究》2014 年第 1 期，第 85 – 86 页。

等仍是重要的华侨华人移民来源地；与此同时，其他一些内陆省份与北方省份，例如河南、山东、东北三省等，也成了一些非洲国家华侨华人的来源地。值得注意的是，不同非洲国家中国新移民的主要来源地并不相同。例如，在南非、博茨瓦纳和莱索托等南部非洲国家的新移民中数量最多的是福建人。[①] 而在津巴布韦的中国新移民则主要来自辽宁鞍山和沈阳（约为1 500 人），而黑龙江、甘肃、陕西、山西、江苏、浙江和山东等省，每个省份也有300～500 人，而福建仅有100 人左右。[②] 另外，不同于小规模的创业移民，近些年随着中非关系的日益紧密，一些大型中国国企纷纷在非洲国家投资设厂，而这些中国公司也带来了一些中资企业的管理人员和大量中国劳工，他们的来源地更加分散。

除了来自中国大陆的新移民外，在非洲来自第三国的中国移民人数也十分众多。例如，不少非洲华侨华人来自法国、西班牙、葡萄牙等欧洲国家，他们在欧洲生活多年后移居到法语或葡萄牙语的非洲国家。[③] 另外，目前出现了大量非洲大陆内部的华人移民现象，例如越来越多的南非华人移居到博茨瓦纳、赞比亚、纳米比亚等其他非洲国家，还有不少华人通过莱索托移民到南非。实际上，对于大多数在非洲的中国新移民来说，非洲或许不是他们最终的目的地，一些人将非洲视作自己事业发展的地点，最终还要落叶归根回到中国；一些人将非洲视作中转站，在中国、非洲不同国家和欧美国家之间迁徙。这些既是全球化时代下跨国主义图景的重要组成部分，同时也为中国新移民在非洲的融入带来了新的问题和困难。

（二）非洲华侨华人社团、华文媒体与华文教育

自19 世纪后期起，为了巩固华侨华人的力量，维护自身的权益，不同的华侨社团及组织在非洲应运而生。随着新移民的急剧增加，为了尽快适应非洲当地社会，新移民积极寻求加入或建立华人社团，积极参与华人社团活动，并通过华人社会网络积累社会资本，为自身发展创造有利条件。

由于非洲不同国家国内政治和经济发展情况不一，不同国家的华侨华人人数各不相同，人数最多的南非，华侨华人可能多达50 万～60 万人，而还有一些国家的华侨华人人口数量则不足2 万人。因此，非洲各国华侨华人社团的数目、形态也不尽相同。但总体的发展趋势是，华人社团过去是基于血缘与地缘纽带建立起来，在社团内部起到守望相助、平衡利益、共谋发展的作用。但由于社团之间历史、语言、文化等差异，往往各自为政，对外很难形成一个声音，发挥一致的力量。现在的华人社团已经发展成为跨血缘、跨地缘的华人共同体。为了在非洲生存和发展，华人社团积极沟通当地政府和社会各界人士，保障华人的合法权益。[④]

非洲华侨华人社团分布主要集中在几个人口较多的国家，例如南非、马达加斯加、尼日利亚等，其中数量最多的国家是南非，有华侨华人社团近百个，且其中60%集中在驻约翰内斯堡总领馆区内（豪登省、自由州），这些社团主要有：南非杜省中华公会、豪登省

① Terence McNamee, et al., Africa in Their Words: A Study of Chinese Traders in South Africa, Lesotho, Botswana, Zambia and Angola, *The Brenthurst Foundation*, *Discussion Paper*, 2012/2013, pp. 16－18.

② 沈晓雷：《试析中国新移民融入津巴布韦的困境》，《国际政治研究》2015 年第5 期，第133 页。

③ Ma Mung, Chinese Migration and China's Foreign Policy, *Journal of Chinese Overseas*, May 2008, pp. 94－100.

④ 《侨务工作研究》，http://qwgzyj.gqb.gov.cn/hwzh/155/1834.shtml#，2016 年12 月20 日。

台湾商会、南非杜省华侨联卫会所、南非粤港澳总商会、自由省台湾商会、约堡文化中心、自由省华人联合会。开普敦总领馆领区（西开普省、东开普省、北开普省）是第二大聚集地，有社团 17 个，主要包括西省中华会馆、东省中华会馆、伊丽莎白港梅侨公会、开普敦中华联谊基金会、南非之友等。①

除了南非之外，其他非洲国家亦存在着或多或少大小不一的华人社团组织，其形式多样、功能齐全，类型包括宗乡组织、商业协会、宗教团体、爱国组织、兴趣协会等。其中各国比较重要、人数较多的华人社团有：埃及华侨联谊会、贝宁华侨华人会、博茨瓦纳华人华侨总商会、博茨瓦纳中国和平统一促进会、加纳中华工商总会、加蓬华侨华人协会、津巴布韦华商联合会、喀麦隆华侨华人工商总会、喀麦隆华人联合会、科特迪瓦华人联合总会、肯尼亚华人华侨联合会、肯尼亚中国和平统一促进会、马达加斯加中华总会、马里华侨华人联合会、毛里求斯华人社团联合会、纳米比亚中国和平统一促进会、纳米比亚中华工商联合总会、尼日利亚中国商贸业协会、西非中国和平统一促进会、全非洲中国和平统一促进会等。②

在非洲存在着多家华文报刊，它们为当地的中国移民带来当地社会和中国两地的信息，为非洲中国移民在所在国和祖（籍）国之间搭建起桥梁，同时成为非洲华人社会沟通和维系感情的重要纽带。在南非，最有代表性的华文报刊主要有《非洲华侨周报》《华侨新闻报》《南非华人报》《非洲时报》等。创刊于 1994 年的《华侨新闻报》不接受官方补贴，不受任何政治力量左右，在报道中采取客观立场，全方位报道新闻，满足中国移民的需要，既是南非第一份民营报纸，也是非洲大陆发行及广告量最大的华文报纸。

创刊于 1999 年的《南非华人报》是一份由中国内地的新移民创办的华文报纸，该报宗旨是宣扬中华文化、服务南非华人，定位在“三华”：由华人办的、给华人看的、用的是华文，发行范围遍布非洲，在博茨瓦纳、莱索托、安哥拉、莫桑比克等国发行较广。③

2009 年在博茨瓦纳创刊的《非洲华侨周报》受到中国大使馆与侨团的大力支持，现已成为撒哈拉以南非洲地区重要的跨多国发行的华文报纸。该报报社拥有稳定的几十名员工，每周免费发行报纸 1 万余份，其主要版面涵盖报纸发行国的当地新闻、非洲新闻、国际新闻、中国新闻（含港澳台）等。2009 年起，《非洲华侨周报》与《人民日报（海外版）》合作出版非洲周刊，及时为旅非侨胞摘编《人民日报（海外版）》的权威资讯。2013 年 7 月，《非洲华侨周报》在赞比亚成立分部，并于 2014 年 1 月在坦桑尼亚正式发行。此外，报社还聘用当地的职业媒体人，创办了英文报纸《环球邮报》，向主流社会发出声音。目前，非洲华文传媒集团已涉猎报纸、电视、网络、华文学校等文化传播平台，建立了合作广播电台，并积极探索影视剧作品的有效落地。每天，报社微信公众账号都会准时推送非洲资讯，移动终端和大型网络阅读平台也已经上线。④

---

① 朱慧玲：《非洲侨情及其特点》，《八桂侨刊》2002 年第 1 期，第 42 页。

② 李安山：《非洲华人社团的传承与演变（1950—2016）》，《世界民族》2017 年第 5 期，第 84－85 页。

③ 付亮：《今日南非华人社会》，《八桂侨刊》2009 年第 1 期，第 28－29 页。

④《中非友谊之桥——非洲华侨华人点滴》，人民网，http：//world. people. com. cn/n/2015/1203/c1002－27886887. html，2018 年 3 月 10 日。

四、非洲华侨华人最新发展动态与趋势

（一）非洲华人文化生活日渐繁荣

2017—2018 年，非洲华人社区中日渐繁荣的文化活动向非洲民众展示了中国传统文化，从而增进非洲民众对中国的认识和了解，促进中非两国人民"民心相通"。2017 年 6 月 14 日，国务院侨办"华星艺术团"工作组在南非华文教育基金会教学大楼举办文化艺术辅导讲座，对南非约翰内斯堡华星艺术团的 30 多名骨干成员进行了声乐、舞蹈培训。[①] 2017 年 9 月 30 日，中国国务院侨办组派的"文化中国"中秋国庆艺术团在此间举行慰侨演出，中国驻南非大使林松添、驻约堡总领事阮平及南非华侨华人、当地民众 1 000 多人出席晚会并观看演出。[②] 2017 年 10 月 16 日，为期三天的首届中非国际电影节在南非开普敦盛大召开。来自中国、南非、博茨瓦纳、坦桑尼亚、加纳、纳米比亚及尼日利亚等国的知名电影人、业内人士以及各方嘉宾近 500 人齐聚一堂，展示中非电影产业发展成果，分享经验。本次电影节旨在宣传中国与非洲电影文化，加强中非之间电影艺术的互鉴互赏和交流学习，扩大中国电影和非洲电影在国际上的影响力。活动主办方计划将中非国际电影节打造成每年一届的电影节品牌，每年 10 月在南非开普敦举办，形成品牌效应，塑造中国电影在非洲的文化名片。[③] 2017 年 11 月，由成都市人民政府外事侨务办公室主办的"PANDA 成都"走进南非活动在开普敦举行，为开普敦中文国际学校的学生带来了书画、剪纸、中医、茶艺、武术、川剧绝活、民乐等特色教程，并在开普敦最繁华的维多利亚与艾伯特博水滨露天剧场举行"成都日"专场演出，以民族歌舞、杂技、变脸、唢呐、太极等多种形式表演了具有浓郁成都特色的节目，现场气氛热烈，观众达 800 余人。[④] 2017 年 11 月 26 日，中国丝绸之路艺术团在南非开普敦国际会议中心举行专场演出，600 多名华侨华人及当地居民欢聚一堂，共同欣赏这一富有浓郁东方特色的视听盛宴。[⑤] 2018 年 3 月 3 日，非洲最大唐人街——南非约堡唐人街举行大拜年活动，有近两万名华侨华人和当地民众以各种方式参加活动。拜年活动由约堡唐人街管委会主办，每年都吸引大量当地民众去家庭聚餐，观看舞龙舞狮、锣鼓、花车巡游和焰火等表演。[⑥]

① 《国侨办工作组赴南非为约堡华星艺术团培训才艺》，国务院侨务办公室官网，http：//www. gqb. gov. cn/news/2017/0615/42805. shtml，2018 年 10 月 14 日。

② 《国务院侨办中秋国庆艺术团为南非侨胞献上节日文化盛宴》，国务院侨务办公室官网，http：//www. gqb. gov. cn/news/2017/1001/43542. shtml，2018 年 10 月 14 日。

③ 《首届中非国际电影节开幕，点燃非洲中国电影热潮》，中国侨网，http：//www. chinaqw. com/zhwh/2017/10 - 17/164885. shtml，2018 年 10 月 14 日。

④ 《"PANDA 成都"走进南非活动在开普敦成功举行》，国务院侨务办公室官网，http：//www. gqb. gov. cn/news/2017/1115/43832. shtml，2018 年 10 月 14 日。

⑤ 《中国丝绸之路艺术团在南非献艺》，新华网，http：//www. xinhuanet. com//world/2017 - 11/27/c _ 1122017547. htm，2018 年 10 月 14 日。

⑥ 《非洲最大唐人街举行大拜年活动，引大量当地民众围观》，中国侨网，http：//www. chinaqw. com/hqhr/2018/03 - 04/180473. shtml，2018 年 10 月 16 日。

（二）非洲兴起华文教育热

非洲国家近年来从官方到民间，都掀起了一股汉语教学热。首先，整个非洲的孔子学院和孔子课堂遍地开花，目前32个非洲国家开办了46所孔子学院，14个非洲国家开办了23个孔子课堂。其中以南非华文教育的发展最为繁荣。2015年成立的南非华文教育基金会中文学校目前已成为南非华侨华人和中资企业子女接受华文教育的集聚地，并在南非约翰内斯堡、开普敦和德班设有多个分校区。一方面，南非华文教育基金会中文学校秉承传播中华优秀传统文化的使命，以中文教育为核心，同时开设书法、武术、中国传统水墨画、乒乓球、竹笛、二胡、围棋等近20门独具中国传统文化特色的课程；另一方面，南非华文教育基金会中文学校还满足了外派到南非的中资企业员工子女的教育问题，使其子女在南非的教育可以与中国国内教育体系接轨，从而为南非华侨华人子女提供了一个回国上学的通道。南非华文教育基金会中文学校与国内高校建立长期友好合作，被授予华侨大学、暨南大学、成都大学等多所高等学府在非洲地区的海外招生机构。[①] 同样是2015年，成立于比勒陀利亚的孔子课堂也已发展成为南非政府、首都民众以及豪登省中资机构和华人社区培训汉语人才的重要基地。目前，该孔子课堂已经有包括来自南非外交部、贸工部、旅游部、警察部等6个政府部门的官员，当地14所学校及华人社区的汉语学习者在内的近3 000人在此学习，并且在比勒陀利亚建立了22个汉语教学点，共设241个班次，教学时间超过了1万小时。值得注意的是，汉语教学从2016年开始正式进入南非中小学课堂，在比勒陀利亚已经有10多所中小学开设汉语课程，吸引近600名学生报名。[②] 其他非洲国家同样掀起了一股学习中文的热潮。越来越多的坦桑尼亚人成了孔子课堂的学员。而在达累斯萨拉姆大学孔子学院参加汉语水平考试的学生也由原来的几个人增加到几十人，2016年接近500人，2017年有1 100多人，到2018年上半年考生人数达到976人。[③] 总之，伴随着中国国力和影响力的发展，中国与非洲国家互动的不断增多，以及在非洲国家的中国人的增加，近些年非洲国家的华文教育发展迅速，不论是对于非洲本地人还是对于非洲华侨华人，学习中文的需求迅速提升，孔子学院和华文学校的实力也不断壮大，从而形成了当前非洲的“汉语热”现象。

（三）非洲各国社会治安问题日益加剧

2017—2018年，非洲华侨华人面临的安全问题依然严峻。第一，由于经济形势走低，失业率居高不下，大量人口生活在贫困线以下，导致非洲多国治安形势恶化。在南非、安哥拉、刚果（布）、津巴布韦、莱索托、中非等地针对中国公民的持枪抢劫等恶性治安案件频发，导致中国公民伤亡，大量钱财受损，并给旅非中国公民和法人的生命财产安全造成严重威胁，甚至在华人社区引发不安与恐慌。以南非为例，在2017—2018财政年度期间，南非共发生超过200万起严重犯罪案件，谋杀案比上一年增加了6.9%，其中犯罪率

---

① 贾平凡：《华文教育南非热起来（侨界关注）》，《人民日报（海外版）》，2018年8月20日第6版。

② 《南非掀起汉语热：汉语教学在官方民间广受欢迎》，环球网，http：//oversea. huanqiu. com/article/2018－03/11678612. html，2018年10月16日。

③ 《“学习中文让我们更好地了解中国”》，《人民日报》，2018年7月26日第21版。

最高的省份为豪登省和西开普省。①

第二，除了针对华人的治安问题外，近期非洲多国的政局不稳也导致了一系列的暴力骚乱。在骚乱中，华侨华人和华人社区、华商店铺往往最易受到冲击。例如，2018 年 1 月，突尼斯多地发生抗议示威活动，并引发暴力骚乱，其主要指向突尼斯最近的民生问题，直接原因是突尼斯生活成本居高不下，而政府颁布的 2018 年财政法导致物价继续上涨。② 又如，中国水电建设集团十五工程局有限公司承办的马里中部莫蒈提区杰内桥项目在 2016 年 3 月中标，但 2017 年马里恐怖活动从东部和北部向中部地区蔓延，导致该项目组不得不封闭工地并撤离人员。2018 年 3 月 8 日，该项目的工地及营地遭遇到近 30 名不明身份武装人员袭击。③ 再如，2018 年 4 月以来，南非发生全国性大罢工，多地民众举行抗议游行，一些暴民趁乱在各地打砸抢烧，因而也导致了安全形势的恶化。就此，中国驻事发所在国使馆已经提醒广大侨胞高度重视人身和财产安全，采取切实措施加强安全防范，保障自身安全。

第三，针对上述安全问题与严峻形势，非洲华人利用华人社团等组织，共同面对困难，解决问题。2018 年 3 月，南非玛菲肯市华人警民合作中心与南非玛菲肯侨商联谊会在玛菲肯市成立，成为南非第 13 家华人警民合作中心。而警民合作中心目前已经成为南非独具特色的维护侨胞权益、开展安全合作和公益事业的组织机制。其宗旨和目标在于：与当地政府和警方建立联系，进行预防犯罪警示宣传工作，引导侨胞自觉遵守南非的法律法规，尊重当地人民的风俗习惯，进而积极融入当地主流社会，努力推动当地公益事业的发展。④

首先，华人警民合作中心与当地政府（特别是警方）建立了合作关系，旨在维护社区治安与稳定。例如，纳尔逊・曼德拉湾华人警民合作中心与东开普敦省警察和社区警务论坛等相关政府部门建立了良好的合作关系和战略共识，共同打击和预防犯罪。⑤

其次，华人警民合作中心致力于联系侨领、团结华人社团，共同研讨应对地区安全问题。2018 年 2 月，华侨华人社团代表、中资机构代表、领保顾问及领保联络员、媒体代表 40 余人参加了南非华人警民合作中心举办的以"平安升级，始于融入"为主题的治安防范研讨会。研讨会围绕 2017 年约翰内斯堡及周边地区侨胞治安案件零死亡历史性突破总结经验，并提出了进一步防范思路。⑥

最后，在面临实际的突发安全问题时，华人警民合作中心为保护华侨华人生命和财产安全发挥了重要作用。2018 年以来，南非的西北省、北开普省、东开普省和西开普省各地

---

① 《南非公布上年度犯罪统计数据　谋杀案增加 6.9%》，中国侨网，http：//www. chinaqw. com/hqhr/2018/09－12/201647. shtml，2018 年 10 月 16 日。

② 《突尼斯多地爆发游行示威　至少 600 人被捕》，新华网，http：//www. xinhuanet. com/world/2018－01/12/c_1122250198. htm，2018 年 10 月 14 日。

③ 《马里中资公司项目受袭　中方人员已安全转移》，人民网，http：//world. people. com. cn/n1/2018/0310/c1002－29859511. html，2018 年 10 月 16 日。

④ 《南非玛菲肯市华人警民合作中心、侨商联谊会成立》，中国侨网，http：//www. chinaqw. com/huazhu/2018/03－20/182672. shtml，2018 年 10 月 16 日。

⑤ 《曼德拉湾华人警民合作中心开联谊会　力保华人权益》，中国侨网，http：//www. chinaqw. com/hqhr/2018/01－17/175597. shtml，2018 年 10 月 16 日。

⑥ 《南非华人警民合作中心在约堡举办治安防范研讨会》，中国侨网，http：//www. chinaqw. com/huazhu/2018/02－11/178660. shtml，2018 年 10 月 16 日。

接连发生多起涉中国侨胞的骚乱、武装抢劫、人质劫持案件，华商面临生命安全威胁和巨大的经济损失。华人警民合作中心与总领馆密切配合，在省 CPF 和省防暴警察的帮助下，营救被困侨胞，并帮助在骚乱地区的华商超市抢运货物以最大限度地减少损失。① 总而言之，可以说以南非华人警民合作中心的建立及其实践为代表，开创了一种通过华人社团自身组织与祖籍国使领馆保持密切沟通，并与所在国当地警方保持密切合作的领事保护新模式。

（赵思洋）

① 参见：《西北省勒斯滕堡市骚乱持续恶化　警民中心帮助20 余名侨胞撤离危险区域》，人民网，http：//sn. people. com. cn/GB/n2/2018/0112/c378286 -31136213. html，2018 年 10 月 14 日；《南非多地发生涉侨领保案　华人警民中心解救侨胞》，中国侨网，http：//www. chinaqw. com/hqhr/2018/04 -23/186981. shtml，2018 年 10 月 16 日；《南非金伯利骚乱蔓延　侨领助被困华商抢运商品》，中国新闻网，http：//interview. chinanews. com/hr/2018/07 -16/8568133. shtml，2018 年 10 月 16 日。

南太平洋地区侨情[①]

到2018年底，南太平洋地区[②]有8个岛国已同中国签署共建“一带一路”合作谅解备忘录，其中巴布亚新几内亚（简称“巴新”）、密克罗尼西亚、库克群岛、汤加于2018年相继同中国签署共建“一带一路”合作协议，“丝路热”在岛国持续升温。经过一个多世纪的发展，南太平洋岛国地区华人社会相对稳定，华侨华人数量呈现出持续增长的趋势，目前有9万~10万华侨华人。回顾华侨华人的发展历程，可以清晰地看到岛国与华侨华人发展的互动关系。华侨华人在岛国发展过程中具有多维定位，积极融入当地，发挥岛国经济的引领作用，积极参与岛国政治活动，随着“一带一路”在南太平洋地区的实践，华侨华人将担当起中国与岛国间的沟通纽带。

一、南太平洋地区概况

南太平洋地区岛屿星罗棋布，通常被划分为美拉尼西亚、密克罗尼西亚和波利尼西亚三大岛群，三大岛群陆地面积总计为56万多平方千米，人口约900万。亚洲开发银行从自然资源、经济发展和人口数量三方面将南太平洋14岛国分为三类[③]：①具有丰富自然资源、经济发展潜力与相对人口众多的国家，包括巴布亚新几内亚、瓦努阿图与所罗门群岛。②具有相对中等自然资源、发展潜力与人口数量的国家，包括斐济、萨摩亚、密克罗尼西亚、汤加与库克群岛。③缺乏自然资源且经济发展程度较低的珊瑚岛礁国家，包括马绍尔群岛、瑙鲁、图瓦卢与基里巴斯。南太平洋岛国概况如下表所示：

表1　南太平洋岛国概况[④]

国家	首都	面积（平方千米）	人口（人）	华侨华人（人）	国内生产总值（亿美元）	人均国民收入（美元）	独立时间
斐济	苏瓦	18 274	898 760	10 000~20 000	46.32	4 840	1970年10月10日
基里巴斯	塔拉瓦	811	114 395	50	1.66	2 380	1979年7月12日
马绍尔群岛	马朱罗	181	53 066	570	1.83	4 450	1979年5月1日

① 本文为2016年度教育部人文社会科学重点研究基地重大项目“国家边疆安全视野下的沿边地区侨情调研”（项目批准号：16JJD810008）阶段性成果。

② 本文所指的南太平洋地区不包含澳大利亚和新西兰。

③ 何登煌：《太平洋岛国风情与风云》，台湾商务印书馆股份有限公司，2013年，第4-5页。

④ 世界银行数据库，http：//data.worldbank.org/region/pacific-island-small-states，2019年1月12日；中国外交部网站，http：//www.fmprc.gov.cn/web/zwjg_674741/zwsg_674743/bmdyz_674755/，2019年1月4日。

（续上表）

国家	首都	面积（平方千米）	人口（人）	华侨华人（人）	国内生产总值（亿美元）	人均国民收入（美元）	独立时间
密克罗尼西亚联邦	帕利基尔	702	104 937	1 000	3.25	3 680	1986 年 11 月 3 日
瑙鲁	亚伦	21	9 591	1 000	1.02	10 750	1968 年 1 月 31 日
帕劳	梅莱凯奥克	459	21 503	2 500	2.93	12 450	1994 年 10 月 1 日
萨摩亚	阿皮亚	2 831	195 125	500	8.76	4 100	1962 年 1 月 1 日
所罗门群岛	霍尼亚拉	28 400	599 419	1 200 ~ 3 000	12.18	1 880	1978 年 7 月 7 日
汤加	努库阿洛法	748	107 112	2 000	3.95	4 020	1970 年 6 月 4 日
图瓦卢	富纳富提	26	11 097	50 <	0.34	5 090	1978 年 10 月 1 日
瓦努阿图	维拉港	12 190	270 402	600 ~ 700	7.73	5 620	1980 年 7 月 30 日
纽埃	阿洛菲	260	1 626	n/a	0.10	n/a	1974 年 10 月 19 日
库克群岛	阿瓦鲁阿	240	9 556	40	2.44	n/a	1965 年 8 月 4 日
巴布亚新几内亚	莫尔兹比港	462 840	6 791 317	20 000	192.20	2 160	1975 年 9 月 16 日

二、双边关系

中国目前与南太平洋 8 个岛国建立了外交关系。[①] 2014 年 11 月，习近平主席出访南太平洋地区，同 8 个建交岛国领导人举行了首次集体会晤，共同决定建立相互尊重、共同发展的战略伙伴关系，加强对岛国农林渔业、矿产、基础设施建设、旅游等领域的发展援助，[②] 开启了中国与南太平洋岛国间发展的快车道。2018 年 11 月 15 日至 18 日，习近平主席对巴新进行国事访问，同建交太平洋岛国领导人会晤，出席亚太经合组织（APEC）第二十六次领导人非正式会议[③]，并决定将中—南双方关系提升为相互尊重、共同发展的全面战略伙伴关系。

太平洋岛国处于 21 世纪海上丝绸之路南线延长带，“丝路热”在岛国持续升温。到

① 其中马绍尔群岛、瑙鲁、帕劳和图瓦卢等国与台湾当局保持着所谓的“外交”关系。

② 《习近平会见太平洋建交岛国领导人》，新华网：http：//www.xinhuanet.com//world/2014 - 11/22/c_1113361562.htm，2018 年 1 月 13 日。

③ 《习主席的巴新时间，南太吹来中国风》，新华网，http：//www.xinhuanet.com/world/2018 - 11/19/c_129996753.htm，2019 年 1 月 18 日。

2018 年底，南太地区 8 个岛国已同中国签署共建“一带一路”合作谅解备忘录，其中巴新于 2018 年上半年加入亚投行，并成为首个同中国签署共建“一带一路”合作协议的太平洋岛国，随后密克罗尼西亚、库克群岛、汤加也和中国签署了共建“一带一路”合作协议。“一带一路”倡议在南太平洋的实践有利于扩大南太平洋地区的经济增长和可持续发展，促进与岛国农业渔业、基础设施建设和安全等领域的合作。2019 年还将举办中国—太平洋岛国旅游年系列活动。

目前，双方在政治、经贸、文教、资源等方面的合作都取得了很大进展。太平洋岛国对华贸易及投资委员会 2016 年 8 月公布的数据显示，岛国已同中国建立了非常良好的经贸联系。2015 年度中国同太平洋岛国间的贸易额再创新高，达到 75 亿美元。其中，对华进口额达到 50 亿美元，出口额则由 2014 年度的 20 亿美元上升到 25 亿美元。[①] 据统计，2011 年有 43 000 名中国游客前往南太平洋岛屿，到 2015 年这一数字达到 140 000 名。[②] 由此，加强旅游合作，扩大旅游规模，是建设“一带一路”不可或缺的领域之一。斐济、汤加、大溪地、萨摩亚抓住契机，对中国公民免签，各方把开辟中国到南太平洋岛国“空中丝绸之路”提上议程。

21 世纪海上丝绸之路建设也大大拓展了中国企业“走出去”的纵深度，提升了中国与南太平洋岛国的合作高度。在斐济、瓦努阿图、所罗门群岛、汤加和萨摩亚，包括公路、桥梁、渔港码头等大型基建项目，大多由中国援建，中国企业在岛国投资积累了良好口碑。广东省是我国与南太平洋岛国开展合作时间较早、规模较大、层次较深、人员往来较频繁的重要省份，粤企在岛国有着更广泛的投资，不少企业已落地岛国并设立办事处，部分岛国还与广东的部分地市建立了友好关系。广东不仅为岛国地区提供发展援助，还“送戏下海”“送医上岛”，促进了与岛国的友好往来，为中国对接南太平洋岛国参与“一带一路”倡议奠定了基础。[③] 通过与中国合作，南太平洋岛国减少了进口依赖，提升了民众收入，增强了政府公共服务能力。

在发展援助方面，1989 年中国与太平洋岛国论坛建立了对话机制，并为岛国地区提供发展援助。据统计，2005 年以后，中国对南太平洋地区的发展援助呈增强趋势，并逐渐超过了美国、新西兰、欧盟、日本等国家和地区。2018 年，习近平访巴新期间和巴新总理奥尼尔在莫尔斯比港共同出席中国援建的独立大道移交启用仪式和中国—巴新友谊学校 · 布图卡学园启用仪式。在巴新，5 月 28 日，中国承建巴新国家电网一期项目开工，是中巴新第一个能源合作项目。6 月 21—26 日，巴新总理奥尼尔率领包括 19 名巴新官员和约 50 名在巴新中国企业家访华。两国同意将双边关系升级为全面战略伙伴关系，同意继续探讨建设中巴新自由贸易区。[④] 2018 年 9 月 14 日，巴新南高地省门迪机场升级改造项目举行开

---

① Pacific Islands Forum Secretariat：China – Pacific Islands trade grows amidst global downturn，http：//www. forumsec. org/pages. cfm/newsroom/press – statements/2016 – media – releases/china – pacific – islands – trade – grows – amidst – global – downturn. html，2019 – 01 – 12.

② 《南太平洋旅游组织携合作伙伴出席 COTTM 萨摩亚有望开通直飞中国航》，《旅游周刊》，2016 年 4 月 25 日，http：//www. travelweekly – china. com/45440，2019 年 1 月 13 日。

③ 《“中国—太平洋岛国论坛”系列报道：广东省外办主任傅朗谈广东与太平洋岛国友好往来》，http：//www. gdfao. gd. gov. cn/Item. aspx？ id = 19007，2019 年 1 月 13 日。

④ 《巴新总理率团访华》，中国驻巴新大使馆参赞处，http：//pg. mofcom. gov. cn/article/jmxw/201806/20180602757364. shtml，2019 年 1 月 16 日。

工仪式，该项目由亚洲开发银行和巴新政府共同出资。① 在斐济，2018 年 1 月 11 日，中国援建斐济斯丁森桥和瓦图瓦卡桥项目举行通车仪式，斯丁森桥和瓦图瓦卡桥的开通，将缓解苏瓦市区的交通堵塞状况，对苏瓦的经济发展和人民生活带来深远影响，并为瑙苏里—苏瓦—拉米经济走廊增添活力。在库克群岛，5 月 4 日中国援建的阿皮尼考学校成功交接。② 在瓦努阿图，2018 年 9 月 13 日，中国援助的马拉坡学校扩建项目也举行移交仪式。③

三、南太平洋岛国基本侨情

华侨华人有规模地流入南太平洋岛屿可追溯到 19 世纪，移民来源和方式各有差异。根据华侨华人出海的历史背景和主要目的之差异，可以把移民岛国的华侨华人分为出海谋生和出海谋利两个历史阶段。④ 19 世纪初到 20 世纪 40 年代是岛国华人社会形成的初创阶段，主要由出海的少数自由民以及规模化的华工组成，这个阶段的华侨华人以谋生为主要目的。20 世纪 60 年代至 90 年代（1962—1994），各岛国陆续取得独立或自治，岛国民族主义兴起推动了岛国的去殖民化进程，为华侨华人的生存与发展带来了危机。独立后的南太平洋诸岛国政府及时采取措施，稳定政局，重视招商引资，创造了移民的契机。来自中国台湾、香港以及东南亚的华侨华人相继涌入岛国，并进行渔业、林业、旅游业等商业投资，填补了离岛发展的华人经济，使华人经济力量得以发展。中国改革开放以后，来自中国大陆的华人移民不断增加，他们也开始建立华人社区并与中国大陆社会保持着比较密切的联系。（见表 2）

表 2　南太平洋地区法、德、英属等殖民地招用华工纪略

输送地	招募时间	招募口岸	宗主国	人数	从事职业
大溪地	1860—1931	广州、香港、澳门	法国	1 575	开采鸟粪磷肥工业
新喀尔多尼亚	1860—1931	广州、雷州	法国	1 000	开采铜、镍等矿产
斐济群岛	1880—1926	厦门、汕头、香港	英国	4 000	种植园、制糖工人
新几内亚	1880—1915	香港、汕头	德国	3 500	种植园工人
	1923—1924	澳大利亚、中国香港	澳大利亚	1 273	
瑙鲁岛	1906—1913	汕头	德国	3 000	开采磷酸盐
	1920—1935	香港	澳大利亚	921	

① 《门迪机场升级改造项目举行开工仪式》，中国商务部网站，http：//pg. mofcom. gov. cn/article/jmxw/201810/20181002792315. shtml，2019 年 1 月 16 日。

② 《驻新西兰大使吴玺出席中国援建库克群岛阿皮尼考学校移交仪式》，中国驻新西兰（库克群岛、纽埃）大使馆，http：//www. chinaembassy. org. nz/chn/zxgx/t1556948. htm，2019 年 1 月 16 日。

③ 《驻瓦努阿图大使周海成出席马拉坡学校扩建项目移交仪式》，中国外交部网站，https：//www. fmprc. gov. cn/web/zwbd_673032/wshd_673034/t1595088. shtml，2019 年 1 月 17 日。

④ 王聪、吉伟伟：《南太平洋岛国与华侨华人的互动发展研究》，《八桂侨刊》2018 年第 3 期。

（续上表）

输送地	招募时间	招募口岸	宗主国	人数	从事职业
西萨摩亚群岛	1903—1914	香港、汕头	德国	3 868	种植园工人
	1920—1934	汕头	新西兰	3 025	

注：根据《华工出国史料汇编》第八辑及暨南大学华侨华人文献库相关史料整理，总计22 162人次。以上仅是部分岛屿有记录人次，真实数据在此之上。参见陈翰笙：《华工出国史料汇编》第八辑，中华书局，1985年，第50－72页；王佩琏：《华工的足迹》，首都师范大学出版社，1994年，第189－195页。

岛国地区华侨华人数量整体呈现出持续增长的趋势，但规模仍然很小，仅占岛国地区人口约1%。其中可查的是，1963年南太平洋岛屿地区华侨华人数量为23 272，[①] 20世纪80年代中期，该地区华侨华人总数约为63 900，其中近1/3为客家人。[②] 21世纪以来，岛国华人移民数量不断增加，2007年南太平洋岛国常驻华人移民总数为8万左右。[③] 据杨建统计，到2011年岛国华侨华人数量为8万到10万人之间。[④]（见图1）2014年南太平洋地区成为21世纪海上丝绸之路的自然延伸，中国与南太平洋岛国的合作进入了快车道，岛国地区中国大陆籍华侨华人及劳务人员数量也随之增长，而中国台湾人和东南亚华侨华人增长略有放缓。据商务部统计，中国企业近年来承建岛国工程带来了大量务工人员，常驻岛国的中国劳务人员数量可观。截至2016年末，在南太平洋6岛国的劳务人员共计6 011人，其中在斐济的劳务人员2 032人，巴新1 069人，瓦努阿图861人，萨摩亚1 346人，汤加444人。[⑤] 中国还向巴新、瓦努阿图、斐济、汤加派遣医疗队及华语教师，一般每期2年。除此之外，岛国地区的非法移民和投资移民是一个不透明的数据。但据报道，瓦努阿图的护照生意非常抢手，从2011年到2013年就有1 400名中国人购买瓦努阿图护照，获得了永居签证。[⑥] 岛国地区华侨华人数据统计并不是很精确，但总体保持着上升的趋势。因此，笔者估算当前岛国地区的华侨华人总数在9万左右。

---

① Reid, Anthony ed., *The Chinese diaspora in the Pacific*, Aldershot and Burlington: Ashgate Publishing Company, 2008, p. 43.

② 罗英详：《漂洋过海的客家人》，河南大学出版社，2001年，第20－22页。

③ Paul D'arcy, China in the Pacific: Some Policy Considerations for Australia and New Zealand, *Discussion Paper*, State Society and Governance in Melanesia, July 2007.

④ Yang, Jian, China's World Wide Web: Overseas Chinese in the South Pacific, *The Pacific Islands in China's Grand Strategy*, Palgrave Macmillan US, 2011, p. 112.

⑤ 根据商务部2017年《对外投资合作国别（地区）指南》大洋洲部分整理，由于库克群岛和纽埃属于新西兰自由联系国未有数据统计，余下南太6国基里巴斯、马绍尔群岛、瑙鲁、帕劳、所罗门群岛和图瓦卢与台湾当局保持所谓"外交"联系，数据不详。

⑥《关注五万澳元"移民费"的移民制度提案》，https://www.auliving.com.au/201505/17242.html。

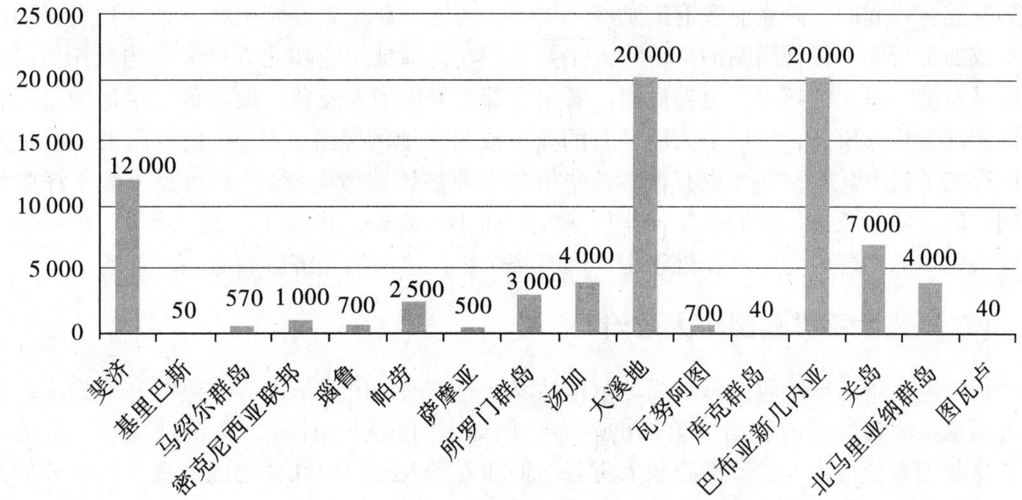

图 1　南太平洋地区华侨华人大致分布

（一）南太平洋岛国华人经济

南太平洋岛国的华裔群体被认为是“目前岛国上最大的投资者”，对部分岛国经济起着主导作用。[①] 华侨华人涉足的经济范围广泛，除了为当地提供商品和服务的土著小企业外，大多数经济领域都有华侨华人的踪迹。无论是早期开发的城市或是晚近新建立的都市，其都市化的过程都跟华人移民有关系，因为华人总是在不断地寻求机会来发展商业。[②] 各岛国华人在经济领域具有相似性，早期华人都经商，而放弃其他行业，这样的选择源于他们在殖民政权下的不安全感。到二十世纪五六十年代的本地化经营，华人已具备一定的经济地位。

20 世纪 60 年代至 80 年代，独立后的南太平洋诸岛国政府重视招商引资，创造了第二波移民的契机。来自中国台湾、香港，以及新加坡和马来西亚的华侨华人纷纷参与当地私人投资及商贸活动。此外，跨国公司和海外投资移民的到来也使华侨华人的经济角色更加多样化，并呈现出分散经营的特点。华人新移民受过一定的教育，也拥有一些资金，其中部分人还具备熟练的技术与企业管理经验，因此他们不仅仅在传统的餐饮业、种植业、面包杂货、小加工业继续保持优势，还涉足渔业生产、建筑装修、食品加工、塑料制品、精品百货、汽车修理、卡拉 OK、旅行社、报纸传媒以及进出口贸易等诸多行业。[③]

华侨华人经过几代的发展已经从以工匠、华工为主的人口转变为以商人为主的人口。在斐济，由于政治动乱，华人已基本填补了由于印度人撤离而留下的商业空白。巴新华人的搬迁和聚居，造就了不少新的商业发展中心，目前在巴新的华人共有 50 多个姓氏，其中以司徒、陈、周为大姓，人口最多，说明了早期华人移民巴新的方式跟几个主要的姓氏

① Ron Crocombe, *Asia in the Pacific Islands: Replacing the West*, IPS Publications, The University of the South Pacific, 2007, p. 123.

② 吴燕和：《巴布亚新几内亚华人百年史》，正中书局，1985，第 13 页。

③ 郭又新：《南太平洋岛国华侨华人的历史与现状初探》，《东南亚研究》2014 年第 6 期。

家族是连在一起的。萨摩亚政府鼓励经济发展，当地华裔主要经营餐馆、杂货批发、小型超市或加工行业。瓦努阿图的华侨华人主要集中在首都维拉港和北方最大岛屿桑托岛，在首都维拉港，最大的超市、电器商店、餐馆全部为华侨华人经营；桑托首府卢加维尔所有的商店都为华人所开，华侨华人所经营的业务成为当地的经济支柱。[①] 所罗门群岛的华人社区存在了近100年，如今也有很多新华侨华人前往该地做生意。[②] 瑙鲁是南太平洋中最小的岛国，实行免进口税的政策，华侨华人经商小有规模，形成了"唐人街"。华侨华人在经济领域的表现较为出色，处于中产和富裕阶级，他们的经济影响力不可忽视。

（二）南太平洋岛国华人政治

传统上，华人一般较少参加当地政治活动，一方面是由于华人参政热情并不稳定，另一方面也是因为参政面临诸多方面的阻力，例如人口比例、种族、文化以及心理上的障碍，这些因素使得华人参政面临较大劣势。但随着华人经济和社会地位的提升，部分华人也表现出积极参与政治活动的热情，改变了当地的政治结构，并取得了杰出的成绩。

1882年，华人方文清担任苏瓦镇公所所员开启了斐济华人参政的历史。20世纪60年代，黄润江成为斐济第一位华人市长，随后著名工程师、侨领余汉宏担任了多届斐济议员，华人何志美也曾任斐济工业和贸易部部长。2016年9月，斐济日报社社长、新侨联谊会会长刘枫在首席大法官的见证下，成为斐济全国近400名太平绅士中唯一的华人。在巴布亚新几内亚，陈仲民、拜伦陈父子可谓耀眼。陈仲民在20世纪80年代成为巴新首位华裔总理。拜伦陈是现任巴新矿业部部长，在该国政坛有较大影响力。陈克恩是新西兰华人华商圆桌议会创建人，2011年7月在萨摩亚一个部落被授予高级酋长的称号，成为南太平洋岛国上的首位华人酋长。另外，华人孩子受教育程度一代比一代高，很多后裔从国外学成归来，成为医生、会计和律师，把所有华人划归进狭窄的经济范围再也不可能。[③]

不过，近年来中国新移民的大量涌入也带来了新的问题，其中也有过渡性移民，包括通过合法移民程序获得岛国国籍的投资移民和以个人身份进入岛国但"未经许可"的移民，"过客"性质比较明显。[④] 他们将岛国作为进一步移民到富裕国家如澳大利亚、欧洲或者美国的中间站，因此岛国成了一个再移民的跳板。这些过渡性移民也催生了汤加、瓦努阿图等国的护照生意，汤加于1989年开始售卖"汤加国民护照"，吸引了不少台湾人。[⑤] 瓦努阿图从2011年开始出售永居签证，瓦国承认双重国籍，不影响中国国籍，申请者只需在中国香港或者新加坡开户即可。

在维护华侨华人海外利益方面，2016年12月，斐济首个华侨华人互助中心（简称"华助中心"）在苏瓦正式成立。华助中心把斐济侨团汇聚成共享人力、物力和财力的统一民间非营利性机构，向侨胞免费提供生活指南、医疗义诊、翻译等服务，反映侨社在治

---

① 徐明远：《南太平洋岛国和地区》，世界知识出版社，2003年，第275页。

② Willmott, Bill, Varieties of Chinese Experience in the Pacific, *Centre for the Study of the Chinese Southern Diaspora (CSCSD) Occasional Papers* 1, 2007, pp. 35 – 42.

③ Willmott, Bill, The Overseas Chinese Experience in the Pacific, *China in Oceania: Shaping the Pacific*, 2010, pp. 93 – 103.

④ 费晟：《南太平洋岛国华人社会的发展：历史与现实的认知》，《太平洋学报》2014年第11期。

⑤ Fossen, Anthony Van, Passport Sales: How Island Microstates Use Strategic Management to Organise the New Economic Citizenship Industry, *Island Studies Journal*, 2017, pp. 1 – 16.

安、税务、劳工事务等方面诉求，同时与斐济政府建立友好关系，维护同胞权益，为侨护航。

（三）南太平洋岛国华人社团

华侨华人数量的增加和经济、政治地位的提高离不开华社的功劳。华社是华侨华人在外的社会支撑点，有利于保留文化传统，维护华侨华人在当地的经济利益和政治权利。早期华社是以血缘和地缘关系组织起来的，其初衷主要是团结华侨华人和融入当地，华社在解决各种困难，如协助办理就业、入籍、回乡等事宜方面作用突出。大溪地中国文化保留较好，1921 年便开办了华文学校，当时创办的中华会馆，目前依然是该地区最大的一家华人社团。1920 年初期创办的萨摩亚华裔公会在传承中华文化、增进中萨传统友谊、推动萨摩亚经济社会发展等方面作出了积极的贡献。巴新在 20 世纪 30 年代创办了华人联合会后，改名华人协会，并办有养正学校和华侨学校，教授中文课程。

新移民的到来促进了华社的发展和转型。据斐华网统计①，目前 20 多个斐济华社中超过一半都是在 1990 年以后成立的。在当地华侨华人的积极努力下，巴布亚新几内亚先后成立了巴布亚新几内亚中华总会，以及中国—巴布亚新几内亚友好联合会，目的在于把老华人和新华人联系起来。此外，不少社团经常组织新移民回国寻根问祖，探亲、观光、旅游和投资置业。

中国和平统一促进会资料显示，目前该会在斐济、汤加、瓦努阿图共有四个分会，分别是斐济中国和平统一促进会（成立于 2003 年 12 月，会长袁炳棠）、汤加中国和平统一促进会（成立于 2004 年 1 月，会长俞珠华）、瓦努阿图中国和平统一促进会（成立于 2004 年 3 月，会长梁达祺）、瓦努阿图桑托中国和平统一促进会（成立于 2005 年 4 月 10 日，会长梁威麟）。② 中国和平统一促进会在三国华人社团中具有特殊的地位，具有领导和团结华社的目标。但和平统一促进会也不再只是关注和平统一事业，该会经常联合其他华社组织庆祝中国的传统节日、欢迎中国使团等。华社越来越具有包容性，非会员也可以参加它们组织的活动，加深了与当地各民族的交往和融合。

（四）南太平洋岛国华文教育和传媒

南太平洋各岛的华文教育并不出色，首先是师资的缺乏，早期到达各岛的华侨华人大多没有受过什么教育；其次是殖民当局的压制，影响华侨华人的活动范围。尽管如此，南太平洋部分岛国在早期还是开展了华文教育。比如在巴新，20 世纪 30 年代，依托华人联合会办有养正学校和华侨学校，教授中文课程。1937 年成立的斐济华人教育协会，当时的职能是领导和管理华人社团举办的业余华文学校和华文学习班。后来为了给华人子弟学习中华文化创造良好条件，成立逸仙小学与中学，汉语教学历经 70 余年，教学规模不断扩大，教学层次不断提高。逸仙学校和中华学校都是多种族充分融合的学校，在当地很有影响力。

---

① 在斐济，95%的华侨华人原籍广东，因此斐济华社成立了很多地区性的社团，比如斐济开平、中山、恩平、东莞等同乡会。关于斐济社团成立时间、社团宗旨等详细介绍可查阅斐华网，http：//www. fijichinese. com/chinese_society/chn_society_index. htm，2019 年 1 月 16 日。

② 《中国和平统一促进会（大洋洲）》，http：//www. zhongguotongcuhui. org. cn/hnwtch/dyz/，2019 年 1 月 16 日。

就当前而言，岛国华文教育状况已有较大提升。斐济华文传媒集团成立于2014年，是目前覆盖多个南太平洋岛国的跨国区域性大众文化传媒公司。集团旗下包含《斐济日报》、斐济网、Fi–Na杂志。《斐济日报》发行点覆盖斐济全国各大城市及主要乡镇、旅游区，是斐济及其他岛国重要的华文资讯平台。另外，中国中央电视台英语新闻频道、中国国际广播电台分别于2005年和2007年在瓦努阿图落地，促进了当地的华文交流与传播。此外，中国也在积极支持岛国华文教育的发展。南太平洋大学是一所位于南太平洋诸岛国的区域性大学，本部设在斐济，在汤加、萨摩亚等11个岛国设有分校区，从1997年起开设中华文化课。2012年，孔子学院在斐济正式设立，将汉语教学纳入学校课程体系，同时可以很好地在整个南太平洋地区推广中文教育和中国文化。不仅斐济政府官员、企业高管和专家学者，外国驻斐济使馆的外交人员、中资企业的外方员工也参与到汉语的学习中来。目前，瓦努阿图、库克群岛等国家也设立了孔子课堂，今后也会有更多岛国开设中文教学点。

四、发展趋势

华侨华人作为一个外来社群，在谋生与谋利的过程中，不断地适应南太平洋岛国属性，与岛国互动发展形成了多元的华人社会。在一个多世纪的发展历程中，华侨华人明确了在岛国社会中的多维定位。在经济领域，经过长期本土化经营，华人群体实现了从华工为主的人口到以商人为主的转变，成为岛国经济领域中的引领者；在政治领域，华人和华裔积极参与岛国政治活动，保障了华人的合法权益，是政治生活中积极的参与者；新形势下，华侨华人连接"一带一路"中国和岛国的合作，可以发挥在两者之间的纽带作用，是岛国与中国之间的重要纽带。

南太平洋岛国拥有较丰富的海洋、森林、矿产和旅游等资源，中国拥有市场、资金、技术等优势，中国与岛国之间的合作空间极大，中国与南太平洋岛国关系的良好发展对于南太平洋岛国华侨华人来说无疑是利大的好消息。华侨华人几代以来在这一地区长期生存发展，拥有广泛的人脉关系，并积累了相当的实力基础，不仅是中国与岛国地区的桥梁和纽带，而且可以亲身参与到项目建设中去，华商、技术人才、华文教育者、华文媒体都大有可为。同时"一带一路"也可以看作是华侨华人产业转型、创新发展的重大机遇。餐饮、贸易、低档产品加工是华侨华人的传统支柱行业，依托中国在岛国间的投资，有利于拓展自己的事业，涉足其他新兴行业。

（吉伟伟　王　聪）

国别篇

印度尼西亚侨情①

2018 年是印度尼西亚 2019 年大选前的预热年，印尼国内政坛围绕着大选热闹非凡，两大总统候选人佐科和普拉博沃在印尼普选委员会的主持下和平竞选，有序进行辩论，地方首长选举也平稳地完成，成为 2019 年大选的前奏。为了更好地提高执政效率，维护执政联盟的团结，佐科总统两次小规模调整内阁成员，印尼政局基本保持稳定。印尼国内经济保持持续增长，温和通胀，印尼贫困率进一步降低，但由于受美国加息和中美贸易摩擦的影响，印尼盾汇率暴跌，经常账户出现逆差。2018 年，印尼发生三次大的自然灾害，加上狮航客机失事和泗水恐怖袭击，天灾人祸为印尼人民带来巨大的生命和财产损失。印尼华人积极参政，参与选举和印尼国内经济建设，并积极投身到赈灾救灾中，与印尼各族人民攻坚克难，体现了印尼华人充分融入印尼社会中，受到了印尼政府的重视和认可。

一、印尼基本国情及中国—印尼关系

1. 印尼基本国情

印度尼西亚共和国，简称印尼，由太平洋和印度洋之间 17 508 个大小岛屿组成，又被称作“千岛之国”。无论是面积，还是人口、经济总量，印尼都是东南亚最大的国家。印尼实行宪政体制下总统内阁制，政府行政长官和议会议员都是由民主选举产生，所以印尼又被认为是仅次于美国和印度的世界第三大民主国家。关于印尼基本国情如下表所示：

表 1　印尼基本国情

国家全名	印度尼西亚共和国
地理位置	北纬 6 度 ~ 南纬 11 度；东经 95 ~ 141 度。位于亚洲东南部，地处赤道线上，以“千岛之国”闻名于世，由太平洋和印度洋之间 17 508 个大小岛屿组成，其中约 6 000 个有人居住，是世界上岛屿最多、面积最大的群岛之国
领土面积	全国陆地面积 190.4 万平方千米，居世界第九位，相当于中国的 1/5。海洋面积 790 万平方千米（包括专属经济区），海岸线长 54 716 千米，领海宽度 12 海里，专属经济区 200 海里
首都	雅加达
官方语言	印尼语

① 本文是教育部人文社会科学重点研究基地重大项目“侨务工作在我国新型外战略中的作用与地位研究”（项目批准号：16JJD810007）和广东省哲学社会科学“十三五”规划特别委托项目“二战后东南亚粤籍华人经济变迁研究”（项目批准号：GD18TW18 - 12）阶段性成果。

（续上表）

主要民族	爪哇族（41.65%）、巽他族（15.41%）、马都拉族（3.37%）等
政体	宪政体制下总统内阁制
执政党及主要反对党	由斗争民主党领导的执政联盟，包括民心党、民族民主党、民族复兴党、团结公正党等
现任总统	佐科·维多多（Joko Widodo），又称佐科维（Jokowi）
人口数量	2.55亿（印尼中央统计局2017年数据）
华侨华人人口数量	241万～3 000万（基于2000年和2010年印尼人口普查数据，各方估算）
华侨华人占总人口比例	1.5%～12%（基于2000年和2010年印尼人口普查数据，各方估算）
CPI	3.13%（印尼中央统计局2018年数据）
失业率	5.34%（印尼中央统计局2018年8月数据）
GDP增长率	5.17%（印尼中央统计局2018年数据）
GDP	148.4万兆盾（8 365.9亿美元，印尼中央统计局2018年数据）
人均GDP	5 600万盾（3 927美元，印尼中央统计局2018年数据）

2. 中国—印尼关系的新发展

2018年是中国改革开放40周年，是中国—东盟建立战略伙伴关系15周年，是中国“一带一路”倡议提出5周年，是中国—印尼建立全面战略伙伴关系5周年。中国与印尼高层往来十分频繁，政治互信不断加深。自2013年以来，印尼佐科总统先后5次访华，习近平主席2次访问印尼，两国元首先后举行6次会晤，双方通过电话的交谈也达到5次以上。这种沟通创造了历史的高度，增进了两国对中印尼全面战略伙伴关系重要共识，推动了两国全面战略伙伴关系向更深层次、更广领域发展。2018年，习近平主席对印尼国内发生的恐怖袭击、狮航客机失事、龙目岛地震、中苏拉威西省强烈地震和海啸灾害、巽他海峡海啸灾害，先后5次向印尼总统佐科致慰问电，表达了中国政府和人民对印尼的深切关心。

2018年5月6—8日，李克强总理对印尼进行了正式访问，这是中国新一届政府组成后中国国务院总理的首访，也是李克强总理时隔10年、中国国务院总理时隔7年再次访问印尼，充分体现了中国对中印尼关系的高度重视，意义重大，备受瞩目。此次访问具有历史意义，取得圆满成功，为两国关系发展注入强劲动力。访问期间，双方发表了《中华人民共和国政府和印度尼西亚共和国政府联合声明》，称双方一致同意在全面战略伙伴关系框架下加强双边、地区及国际层面三个支柱合作，即共建“一带一路”、推动区域一体化进程、构建新型国际关系三大支柱。① 李克强总理还在中国—印尼工商峰会上的主旨演

① 《中华人民共和国政府和印度尼西亚共和国政府联合声明》，中国外交部网站，https://www.fmprc.gov.cn/ce/ceindo/chn/zgyyn/t1558024.htm。

讲中表示，双方尽快签署"一带一路"倡议与"全球海洋支点"构想合作备忘录，打造一批示范性项目，推动纺织、汽车、电子、化工、食品饮料等领域的合作提质升级。[①] 2018 年 8 月 18 日，孙春兰副总理作为习近平主席特使出席在印尼举行的第 18 届亚运会，体现了中国政府对亚洲体育事业的重视和印尼办会的支持。[②]

中国—印尼经济合作继续保持良好发展。中国连续 7 年成为印尼最大贸易伙伴。2017 年，中印尼贸易额达 633 亿美元，同比增长 18.3%。根据印尼投资协调局的统计数据，2017 年，中国在印尼直接投资额达到 55 亿美元，超过了日本在印尼的投资，成为印尼第二大投资来源国，仅次于新加坡。包括雅万高铁在内的一系列重要合作项目正稳步推进，基础设施、产能、数字经济等两国合作新动能不断涌现。

总体上，2018 年，中国—印尼双边关系继续保持良性发展，双方高层政治交流频繁，经济往来密切，两国的人文交流和合作在不断深入发展。这种良好的发展势头无疑为印尼华侨华人的生存与发展提供了良好的宏观环境。

二、印尼华侨华人简况

（一）印尼华侨华人的基本构成

印尼是一个多元民族国家，在全国 134 个民族中，华人属于少数民族。由于印尼国内特殊的排华和强制同化历史，部分华人不敢、不愿承认或不认同自己为华人或华裔，所以印尼国内华人的人口数据用估算数据。2010 年印尼官方进行的人口普查所得数据认为华人人口仅有 283.25 万人，占印尼总人口的 1.2%，这被认为低估了华人实际数量，学术界认为印尼华人人口为 790 万 ~3 000 万，占印尼总人口的 1.5% ~12%，是东南亚地区华人人口最多的国家。[③]

印尼华人的祖籍多是福建省，其次为广东省，还有少数来自海南、广西、江苏、浙江、山东、湖北等地，目前 90% 以上都已入籍印尼。印尼华人分布于印尼全国各地，超过一半居住在爪哇岛，其次为西加里曼丹省、廖内省、邦加—勿里洞群岛、廖内群岛、北苏门答腊省等地。[④] 人数占比最高的福建籍移民在 19 世纪中期大量移民印尼，主要分布在印尼东部、爪哇中部和东部以及苏门答腊西部海岸。广东潮州籍华人主要分布在苏门答腊的东部海岸、廖内群岛和婆罗洲西部，广东客家华人多于 18 世纪中期移民至印尼的西婆罗洲和邦加岛的采矿中心，在 19 世纪末期又移居至巴达维亚（雅加达）和西爪哇省。

在宗教信仰方面，根据印尼建国五项原则，每个国民必须要有宗教信仰，所以印尼华人基本都有宗教信仰。印尼华人有近 90% 的人信仰佛教和天主教、基督教，与印尼 88%

---

① 《李克强在中国—印尼工商峰会上的主旨演讲（全文）》，中国外交部网站，https：//www.fmprc.gov.cn/ce/ceindo/chn/zgyyn/t1558028.htm，2018 年 5 月 9 日。

② 《国家主席习近平特使孙春兰出席第 18 届亚运会开幕式》，http：//id.china - embassy.org/chn/zgyyn/t1586835.htm，2018 年 8 月 20 日。

③ 李皖南、胡安琪：《印尼侨情》，《世界侨情报告 2013—2014 年》，暨南大学出版社，2014 年。

④ Ananta，Aris，Arifin，Evi Nurvidya and Bakhtiar，Chinese Indonesians in Indonesia and the Province of Riau Archipelago：A Demographic Analysis，in Suryadinata，Leo，*Ethnic Chinese in Contemporary Indonesia*，Institute of Southeast Asian Studies，2008，p. 27.

的国民信仰伊斯兰教的整体信仰情况有明显不同①。

随着中国—印尼全面战略伙伴关系的深入发展，中国、印度尼西亚两国政治互信不断加强，民间交流日益增多，中国前往印尼旅游、投资、务工、留学甚至是移民的人员日益增加，尤其体现在中国前往印尼旅游、投资和务工的人数直线上升。在旅游方面，印尼通过免签措施、加大对华旅游宣传、开通更多游轮和航班直航航线，并改善旅游基础设施，吸引中国游客前往印尼。中国现已连续两年成为印尼第一大国际游客来源地，在 2016 年和 2017 年赴印尼旅游的中国内地游客人数达 142.9 万人次和 205.9 万人次，年均增长率超过 10%。② 在投资方面，中国是印尼第一大投资国，目前在印尼有超过 1 400 家中国企业，分布在不同地区不同行业。随着企业的投资入驻，中国前往印尼的务工人员也大量增加。2018 年，中国在印尼的务工人员居印尼外籍务工人员的首位，约 23 000 人。③ 近年来，中国对印尼矿业投资开发、对印尼基础建设的支援，以及印尼自中国进口大量机器设备后续相关劳务服务，使得相当一部分务工人员服务于工业领域，包括劳工和技术人员，而贸易及服务业领域多为经理、顾问、主管、技术人员等。而留学生方面，前往印尼的中国留学生多集中在雅加达、日惹、万隆、泗水等大中城市，多以学习语言文化、工商类专业为主，每年约 100 名。随着人员往来的增加，一些商人、务工人员甚至留学生选择在印尼当地成家立业或置业定居，虽然人数不多，但也逐步成为新的一批华侨。

（二）印尼华人参政情况

自 1999 年民主化改革以来，华人社会政治地位得到提升。印尼华人改变了以往对政治疏远的态度，参政意识增强，印尼政坛也越来越多出现华人的身影。经济统筹部前部长郭建义、创意与旅游经济部前部长冯慧兰、雅加达首都特区前省长钟万学（Basuki Tjahaja Purnama）都是优秀的华人政治家。近年来参政的印尼华裔精英大多是土生土长的侨生一代，多数不通晓华文、融入印尼主流社群。如今印尼华人参政不再是单打独斗或自立山头，而是加入主流政党，多年积极投入党务工作，他们也不再局限于代表华人族群利益，而是为广大的印尼社群服务。

据统计，印尼进入民主改革时期后的四次民主选举中，当选的国会和地方华裔议员，平均每一届当选人数在 17 人左右，平均年龄 49 岁，受教育程度以本科学历居多，部分具有硕士、博士研究生学历，都能流利地使用印尼语、英语，较少通晓中文，多数具企业家背景，宗教信仰以基督教最多，其次是天主教和佛教。华裔议员所在的政党也呈多元化，最多的是斗争民主党，其次是民主党和从业阶层党。从当选地区来看，华人较为集中的几个省份，如中爪哇、邦加—勿里洞、西加里曼丹、雅加达、西爪哇、东爪哇等地当选的华裔议员较多，但其他华人比例较少的省份也有华裔议员当选，说明他们不完全依赖华人的

① 2000 年人口普查数据显示印尼全国信奉伊斯兰教的占 88.22%，信奉基督教和天主教的占 8.92%，佛教 0.84%，印度教 1.81%，其他 0.2%。参见：Ananta，Aris，Arifin，Evi Nurvidya and Bakhtiar，Chinese Indonesians in Indonesia and the Province of Riau Archipelago：A Demographic Analysis，in Suryadinata，Leo，*Ethnic Chinese in Contemporary Indonesia*，Institute of Southeast Asian Studies，2008，p. 30.

② 印尼中央统计局网站，https：//www. bps. go. id/subject/16/pariwisata. html#subjekViewTab3，2018 年 9 月 3 日。

③ Di Depan Ulama，Jokowi Luruskan soal Jumlah TKA China di Indonesia，DetikNews，https：//news. detik. com/berita/4155682/di - depan - ulama - jokowi - luruskan - soal - jumlah - tka - china - di - indonesia，2018 - 08 - 08.

支持选票，更多的是获得了当地主流社会的认可和选民的支持。①

2019 年，印尼将迎来新一届大选。而此前于 2016—2017 年发生的"反钟万学事件"又将印尼华人参政问题推向争议热点。钟万学，华裔基督徒，昵称为"阿学"（Ahok），是印尼 1945 年建国以来首位担任印尼首都省长一职的印尼华人，为人正直，勤政廉洁，任职期间其民意支持度高。在其争取连任雅加达特区首长的过程中，于 2016 年底在印尼首都雅加达爆发了"反阿学"的大型游行示威。缘由主要是 2016 年 9 月 27 日，钟万学访问千岛群岛发表的竞选演讲中，提及一句可兰经文——《可兰经·宴席章》第 51 节②，劝请听众不要被某些人利用。但该言论视频遭人剪辑并配上误导性评论后放上媒体网络，看起来就变成钟万学在批评《可兰经》，引起以"伊斯兰捍卫阵线"（Front Pembela Islam）为首的强硬派穆斯林组织的抗议，并在雅加达等地发动了多次大型示威游行，要求被指亵渎伊斯兰教的钟万学下台。受该事件影响，钟万学在竞选中败选，而后被判"亵渎宗教"罪监禁 2 年。

印尼"反阿学"示威不单纯是宗教性的，而是夹杂着浓烈的政治和种族气息。"反阿学"示威让印尼华人社会绷紧了神经，不少华人担心再次出现 1998 年的排华暴动，一些华人甚至指责钟万学的行为有损族群和谐，忧虑华裔精英参政议政的意愿会受到打击。印尼《国际日报》根据印尼大选委员会公布的国会和地方代表议会的议员候选人名表，罗列出已知的国会华裔议员候选人至少有 23 人、地方代表理事会议员有 5 人（见表 2 和表 3）。③ 参政的华人基本都是接受印尼本土教育成长起来的华裔新生代，他们受教育水平高，参党组团、参政议政的积极性高，较好地融入印尼主流社会，不存在语言和思想上的障碍，并受到主流社会的认可。因此，与往届相比，当前印尼华裔参政的意愿，并未受"反阿学"事件影响而大幅减弱，印尼华人参政的脚步没有因此事件而被阻挡。

表 2 2019 年印尼大选中印尼国会华裔议员候选人名单

序号	人名	中文名	政党	选区	说明
1	Sofyan Tan	陈金杨	斗争民主党	北苏门答腊	2014—2019 年国会议员
2	Sudin	蔡瑞龙	斗争民主党	楠榜	2014—2019 年国会议员
3	Rudianto Tjen	曾昭真	斗争民主党	邦加—勿里洞	2014—2019 年国会议员
4	Ichsan Sulistio		斗争民主党	万丹	2014—2019 年国会议员
5	Darmadi Durianto	林德俊	斗争民主党	雅加达	2014—2019 年国会议员
6	Charles Honoris	何震康	斗争民主党	雅加达	2014—2019 年国会议员
7	Hendrawan Supratikno	黄正德	斗争民主党	中爪哇	2014—2019 年国会议员
8	Indah Kurniawati		斗争民主党	东爪哇	2014—2019 年国会议员

① 参见崔一生：《言论：改革时期的华裔国会和 DPD 议员》，（印尼）《国际日报》，http：//www.guojiribao.com/shtml/gjrb/20181112/1252623.shtml，2018 年 11 月 12 日。

② 《可兰经·宴席章》第 51 节内容："信道的人们啊！你们不要以犹太教徒和基督教徒为盟友。他们各为其同教的盟友。你们中谁以他们为盟友，谁是他们的同教。真主必定不引导不义的民众。"

③ 《2019 年大选国会和 DPD 的华裔议员候选人》，（印尼）《国际日报》，2018 年 11 月 15 日第 A5 版。

（续上表）

序号	人名	中文名	政党	选区	说明
9	Henky Kumiadi	游经善	斗争民主党	东爪哇	2014—2019 年国会议员
10	Herman Herry		斗争民主党	东努沙登加拉	2014—2019 年国会议员
11	Eko Wijaya	刘顺严	民主党	西加里曼丹	2014—2019 年国会议员
12	Tan Tjun Hwa	陈春华	民主党	西加里曼丹	
13	Daniel Johan	张育浩	民族复兴党	西加里曼丹	2014—2019 年国会议员
14	Andy Susanto	黄富灏	民族复兴党	万丹	
15	Albertus Soegeng	康文灿	民族复兴党	邦加—勿里洞	
16	Bambang Pati Jaya		从业阶层党	邦加—勿里洞	
17	Cen Sei Lan	陈春兰	从业阶层党	廖内群岛	
18	Hermnato Pheng		印尼统一党	邦加—勿里洞	
19	The Jenny		印尼统一党	北苏门答腊	
20	Herman Karman	黄少凡	民族民主党	西加里曼丹	前山口洋市长
21	Yudi Frianto		民族民主党	万丹	2014 年国会议员候选人
22	Tellie Gozalie	李敏东	民心党	邦加—勿里洞	2014—2019 年地方代表理事会（DPD）议员
23	Edi Kusuma	伍瑞章	大印尼运动党	北苏门答腊	2014 年国会议员候选人

资料来源：《2019 年大选国会和 DPD 的华裔议员候选人》，（印尼）《国际日报》，2018 年 11 月 15 日第 A5 版。

表 3　2019 年印尼大选中地方代表理事会（DPD）议员华裔候选人

序号	人名	中文名	选区	说明
1	Bahar Buasan（Bong Tjhai Bun）	黄财文	邦加—勿里洞	2009—2014 年地方代表议会议员
2	Heripto Tanuwijaya	陈涵平	廖内群岛	2014—2019 年地方代表议会议员
3	Christiandy Sanjaya	黄汉山	西加里曼丹	西加里曼丹省副省长
4	Abraham Liyanto	李树宝	东努沙登加拉	2014—2019 年地方代表议会议员
5	Yorris Rawayei		巴布亚	2009—2014 年国会议员

资料来源：《2019 年大选国会和 DPD 的华裔议员候选人》，（印尼）《国际日报》，2018 年 11 月 15 日第 A5 版。

（三）印尼华人经济情况

在印尼，华人在当地传统内销市场上扮演重要角色，几乎各行各业都有华人的身影，尤其在制造、行销、进出口贸易、百货超市、房地产和建筑业等领域更是居主导地位。长期以来，华人经济是印尼民族经济的重要组成部分，为印尼社会与经济的发展作出了不可磨灭的贡献。现今的印尼华人企业多往多元化发展，涉足行业多，可以说是一专多能。许多华商经营的综合性集团大多是各行业遍地开花，业务涉足地产、金融、医疗、零售、矿业和媒体等多个领域，能够有效地避免风险，保障自身稳健发展。另外，印尼华人集团之间的合作联系紧密。由于华人数量相对少，所以华商更多地通过华商网络进行合作，团结起来发展，以保障自身的经济活动。

2018 年 12 月，《福布斯》评选出 2018 年印尼富豪榜，在前十大印尼富豪中，笔者估计，华人富豪占了八成，祖籍以广东、福建居多。其中，黄惠忠和黄惠祥兄弟连续十年独占鳌头成为印尼首富，资产达 350 亿美元（见表 4）。在《福布斯》公布的 2018 年全球富豪榜中，来自 78 个国家和地区的超过 2 000 位富豪榜上有名，其中印尼入围的富豪有 20 人，通过姓名和照片来估计，印尼华裔富豪逾八成，约有 16 人。① 而根据《2018 胡润全球富豪榜》，在来自 68 个国家 2 694 位十亿美金富豪中，印尼上榜的富豪有 23 位，华裔富豪占多数，与《福布斯》的统计相近。②

表 4　2018 年印尼最富裕华人富豪前十位排名

序号	印尼富豪排名	姓名	年龄	净资产（亿美元）	行业
1	1	黄惠忠/黄惠祥兄弟 R. Budi & Michael Hartono	78/79	350	银行、烟草
2	2	蔡道平 Susilo Wonowidjojo	62	92	烟草
3	3	黄奕聪 Eka Tjipta Widjaja	95	86	棕榈油
4	5	林逢生 Anthoni Salim	69	53	多元化经营
5	6	翁俊民 Tahir	66	45	多元化经营
6	8	许立文 Boenjamin Setiawan	85	32	药业
7	9	约吉·亨德拉·阿特马贾 Jogi Hendra Atmadja	72	31	消费品
8	10	彭云鹏 Prajogo Pangestu	74	30	石化

① Indonesia's 50 Richest，《福布斯网站》，https：//www. forbes. com/indonesia-billionaires/list/2/#tab：overall，2018 年 12 月 20 日。

② 《胡润研究院发布〈2018 胡润全球富豪榜〉》，胡润百富网，http：//www. hurun. net/CN/Article/Details? num = 231B882FAE38，2018 年 2 月 28 日。

（续上表）

序号	印尼富豪排名	姓名	年龄	净资产（亿美元）	行业
9	11	刘德光 Low Tuck Kwong	70	25	煤炭
10	12	李文正 Mochtar Riady	89	23	多元化经营

资料来源：Indonesia's 50 Richest，《福布斯》网站，https：//www. forbes. com/indonesia－billionaires/list/2/#tab：overall，2018 年 12 月 20 日。

虽说印尼富豪中华商占比较高，但是不意味着印尼华人都很富有。实际上，印尼华人富豪只占印尼华人很小比重，华人中的贫富两极分化很严重。印尼著名学者索菲安·瓦南迪认为，印尼华人中 56% 为下层平民，20% 为专业技术人员，20% 为中产阶级，财团老板只占 4%。[①] 华人富商多集中在印尼爪哇岛地区，而在一些偏远、发展相对落后的外岛地区，如加里曼丹岛，则有不少华人经济收入低下，受教育水平低。为此，对于印尼华人的经济状况，应该更客观、全面地看待，以免以偏概全，造成误解。

（四）印尼华人文化进一步融入当地社会

随着印尼进入民主改革时期，印尼政府逐步消除对华人的各项歧视政策，印尼华人的社会地位得到很大的提升，华人社会三大支柱——华人社团、华文媒体和华文教育都获得了很大的发展。融入主流社会是华人社会发展的必然趋势，获得印尼社会的接纳与认同，有助于华人在当地的生存与发展。

在华人社团（简称“华社”）方面，目前印尼华社约有 400 个[②]，华社类型多元，包括有传统宗亲会和同乡会、宗教社团、教育社团、联谊型学缘社团、文娱类社团、行业性社团、青年组织和综合型社团等。印尼华社中的综合型社团和宗教社团更多地关注民生，注重族群和谐，如印尼孔教理事会、华裔总会、百家姓协会、建国基金会等，除了关注并争取印尼少数族群权利，还积极参与组织救灾、赈灾、义诊等活动，增进与主流族群的互动和交流，注重开放和多元发展，与时俱进，服务社会。

华文媒体方面，目前印尼较有影响力的全国性华文报纸有《国际日报》《印度尼西亚商报》《印尼星洲日报》《千岛日报》《印华日报》等，地方华文报纸有《坤甸日报》《泗水晨报》《巴厘风采》等，全国性的华语电视节目有美都电视台（Metro TV）的“美都新闻”。印尼华文报刊多与中国等地的华语媒体平台合作，以专版形式刊登中国的中文新闻，并且全国性发行的华文报纸基本实现电子化。除了电子化，近年来一些华文媒体步入双语化阶段，以扩大受众面，并且使主流社会更好地了解华人社会、中华文化和中国的现状。

---

① 《印尼华侨华人概况》，中国侨网，http：//www. chinaqw. com/news/2006/0630/68/34591. shtml，2006 年 6 月 30 日。

② 《印度尼西亚民主空间是华族提高作为的机会》，《印尼星洲日报》，http：//indonesia. sinchew. com. my/node/47332？tid＝6，2014 年 4 月 15 日。

如《印华日报》不单有中文报刊，还开辟了印尼语版网页以及《印华卫视》视频节目，报道有关印尼、中国和亚洲新闻及印尼华社、中华文化等方面的新闻资讯。

华文教学方面，世纪交替之际中文培训班在印尼各地涌现，中文课进入了印尼中小学课堂，印尼各地纷纷设立中、英、印三语教学的三语中小学，一些高等院校也开设了中文专业和选修课程。在这十几年来，印尼的华文教学发展取得了一定的成效。与 20 世纪的华文教育有所不同，现今的印尼华文教学是在印尼教育体系框架下进行的，为印尼培养中文人才，服务印尼。为此，可以看到不少非华裔参与其中，不但作为学生，甚至作为教师教授中文和中华文化，使得主流社会了解华人社会和中华文化。

此外，还有许多学者和华人致力于让主流社会了解华人社会，他们通过著书、翻译华文文学作品，举办研讨会、艺术展、艺术节、摄影展等各种形式，让华人社会和中华文化更多地呈现在印尼社会中，让印尼主流社会可以更为客观、多元地了解和认同印尼华人群体，减少族群间的隔阂与误解。

三、2018—2019 年印尼政治经济形势变化对华侨华人影响

（一）2018 年印尼政治局势

2019 年 4 月 17 日，印尼三级议会选举和总统大选首次同时举行，这被认为是印尼民主化发展史上的又一个里程碑。根据印尼选举委员会数字，将有 8 000 名候选人角逐人民代表会议，即国会下院 560 个议席；800 余名候选人将角逐地方代表理事会，即国会上院 132 个议席，16 个政党将参加国会选举。2018 年是印尼大选前的预热年，印尼政坛围绕着 2019 年的大选热闹非凡。

第一，确立两组总统副总统候选人，激烈竞选。经过较长时间的选择和较量，印尼确立了 2019 年总统大选候选人为两组，即现任总统佐科和大印尼运动党总主席普拉博沃（Prabowo Subianto）参加 2019 年大选，这是自直选以来，首次有两组候选人参加选举，体现了印尼民主的进步。2018 年 8 月 10 日，佐科宣布其竞选搭档即副总统候选人是印尼教士理事会主席马鲁夫·阿敏（Maruf Amin），普拉博沃宣布其竞选搭档是大印尼运动党咨询委员会副主席、雅加达副省长善迪亚卡（Sandiaga Uno）。佐科—马鲁夫组合为 1 号组合，受到执政联盟的 6 个政党（斗争民主党、从业党、民族复兴党、民族民主党、民心党和团结建设党）支持，普拉博沃—善迪亚卡组合为 2 号组合，受到 4 个政党（公正福利党、使命党、民主党和大印尼运动党）支持。9 月 23 日，两组候选人在摩纳斯广场举行的和平竞选宣告会上放飞和平鸽并在竞选碑文上签名，承诺将遵循现行法规开展和平竞选，向选民介绍愿景和使命，宣告了竞选开始，竞选时间是 2018 年 9 月 23 日至 2019 年 4 月 13 日。[①] 根据选举委员会的安排，两组候选人在选举前完成五场辩论：第一场辩论的主题是关于法律、人权、腐败和恐怖主义问题；第二场辩论关于能源和食品、自然资源和环境、基础设施；第三场辩论关于教育、健康、就业、社会和文化；第四场辩论关于意识形

① 《2019 年大选竞选拉开帷幕，候选人承诺将遵循现行法规开展和平竞选》，（印尼）《国际日报》，2018 年 9 月 24 日。

态、政府、国防、国际关系；第五场辩论关于经济和社会福利、金融和投资、贸易和工业。①

第二，小规模改组内阁。2018 年，为了更好地提高执政效率和巩固执政联盟，佐科总统两次对内阁进行小规模的改组调整。第一次是 2018 年 1 月 17 日，调整了社会部长、总统府幕僚长、空军参谋长和总统顾问团成员的人选，并任命新的人选；第二次调整是 2018 年 8 月 15 日，调整国家机构改革部长，解雇原任（2014—2019 年）国家机构改革部长阿斯曼（Asman Abnur），并任命夏弗鲁丁继任国家机构改革部长，直到 2019 年任期结束为止。② 这两次改组都是为了 2019 年的大选需要，以增强执政联盟的团结。

第三，地方首长选举有序同步进行。2018 年 6 月 27 日，印尼有 17 省 39 市 115 县的 171 个正副省长、市长、县长选举同步进行，共约 1.52 亿选民参加投票，选出 17 对省长副省长、39 对市长副市长和 115 对县长副县长。为保证选举顺利平安进行，佐科总统签署总统令，宣布 6 月 27 日为全国公休日③，政法安全统筹部长维兰托提醒警方、军方和国家公务员在选举中保持中立。④。这是 2015 年印尼国会通过第 8 号《地方政府首长同步选举法》对地方选举的时间进行统一规定后⑤，又一大规模地方同步选举。此次全国性地方选举，可谓是明年总统大选的一次预演，选举结果是决定明年总统大选胜负的一个关键因素，其中斗争民主党在 6 个省（中爪省、巴厘省、南苏省、马鲁古省、北马鲁古省和巴布亚省）和 91 个县/市的选举中胜出。⑥

东爪哇泗水等发生恐怖爆炸事件，国内安全受威胁。2018 年 5 月 13—14 日，印尼第二大城市泗水市发生多起恐怖爆炸事件，行凶者均以家庭为单位。13 日，一对夫妻和 4 个子女对泗水市 3 座教堂实施了自杀式爆炸袭击，造成 8 名民众死亡，40 人受伤，袭击者全家殒命。13 日晚，一名疑似恐怖分子在所住的公寓内处理炸弹时发生爆炸，将其妻子和 17 岁女儿炸死。14 日上午，一家 5 口分乘两辆摩托车在泗水市警察局入口处引爆炸弹，4 名家庭成员死亡，并造成 6 名警察和 4 名平民受伤。⑦ 印尼总统亲临现场，谴责东爪哇恐怖袭击，强调严厉打击恐怖主义，直至斩草除根为止，印尼社会各界要求国会尽快立法让警方更有效打击恐怖主义。⑧ 联合国安理会也强烈谴责这一系列恐怖袭击事件。印尼国防部长利亚米扎 5 月 14 日在雅加达向新闻界发表声明时表示，激进的“伊斯兰国”（ISIS）正在努力将其在东南亚的基地从菲律宾的马拉维迁移到印度尼西亚。⑨ 这说明印尼成为极端组织发展新成员的目标，印尼的安全也日渐受到威胁。

---

① 《选委会制定总统候选人辩论时间表》，（印尼）《国际日报》，2018 年 12 月 27 日。

② 《总统主持新部长就职典礼，夏弗鲁丁取代阿斯曼出任国家机构改革部长》，（印尼）《国际日报》，2018 年 8 月 16 日。

③ 《佐科维签署总统令　2018 年 6 月 27 日被定为公休日》，（印尼）《国际日报》，2018 年 6 月 26 日。

④ 《维兰托呼吁军警和公务员保持中立，确保地方首长同步选举成功举行》，（印尼）《国际日报》，2018 年 6 月 26 日。

⑤ 《印尼举行地方选举》，（印尼）《国际日报》，2015 年 12 月 10 日。

⑥ 《牛头党在 6 省 91 县市赢得地方首长选举》，（印尼）《国际日报》，2018 年 6 月 29 日。

⑦ 《印尼泗水发生多起恐怖爆炸事件》，http：//news. sina. com. cn/o/2018 - 05 - 17/doc - iharvfhu3648676. shtml，2018 年 5 月 17 日。

⑧ 《总统再谴责东爪所发生一连串恐怖袭击》，（印尼）《国际日报》，2018 年 5 月 15 日。

⑨ 《防长称 ISIS 正把在马拉维的基地迁移到印尼》，（印尼）《国际日报》，2018 年 5 月 15 日。

（二）2018年印尼经济形势

2018年，受主要经济体宏观经济政策调整溢出效应的影响，如美国的减税和短期刺激政策继续扩大，美国经济增长势头强劲，一些新兴市场和发展中经济体因石油等大宗商品价格上涨，经济也保持着良好发展，因此2018年世界经济总体上延续增长态势。根据国际货币基金组织2019年1月发布的《世界经济展望报告》，2018年全球经济增长3.7%，其中，发达经济体增长2.3%，新兴市场和发展中经济体增长4.6%，东盟五国（印度尼西亚、马来西亚、菲律宾、泰国和越南）平均增长5.2%。但是2018年的经济增长基础并不稳固，美国与全球多个国家和地区产生贸易摩擦，影响企业经营环境和金融市场信心，对世界经济贸易发展造成威胁。

受外围经济刺激的影响，2018年印尼GDP为148.4万兆盾（约合8 365.9亿美元），比2017年增长5.17%，人均GDP为5 600万盾（约合3 927美元）。在各产业中，增长最快的是商业服务业、信息通信业、交通运输业和建筑业。印尼经济增长的动力仍然来自国内消费，2018年私人消费对经济的贡献为56%，而固定资产投资支出对经济的贡献为32%。从全国各个区域来看，经济发展仍然主要集中在爪哇岛，对经济增长的贡献占65%，其次是苏门答腊岛，对经济增长贡献占19%。

印尼政府将减贫作为重要目标，自2014年佐科总统上任以来持续推动一系列的扶贫纲领，其中在2015年将贫穷人数减少为2 859万人或贫穷人口比率降低为11.22%，2018年3月底又将贫穷人数减少为2 595万人或贫穷人口比率降低为9.82%。佐科总统说："发展经济建设，减少贫穷人数或缩短贫富差距的工作，需要稳定的治安局势，以及温和的市场通胀率"。[①] 根据印尼中央统计局数据，2018年印尼国内通货膨胀率为3.13%，处于温和水平，失业率为5.34%。

2018年受美国加息和收紧货币政策影响，一些新兴经济体股市汇市全线下跌，印尼盾汇率也急剧下跌波动，对外经济指标处于恶化中。2018年3月，美联储在年内首次上调存款利率，盾值便滑落至1美元兑13 800盾；美联储第二次调升存款利率之时，盾值跌破1美元兑14 000盾水平[②]；2018年9月26日，美联储年内第三次加息，宣布将联邦基金利率目标区间上调25个基点至2%～2.25%，这是2015年12月美联储启动加息以来的第八次加息，印尼盾出现暴跌态势；2018年10月3日，印尼盾兑美元一度跌至15 048印尼盾/美元，是自1998年亚洲金融危机后首次跌破15 000印尼盾/美元。[③] 印尼中央银行通过持续上调利率来应对盾币下跌。佐科总统在2018年国情咨文和2019年国家收支预算草案的解释中表示，2019年的盾币兑美元汇率控制在1美元兑换14 400盾，这样才能保证经济稳定增长。[④] 受中美贸易摩擦及美国提升关税的影响，印尼政府2018年也提升了1 147种进口商品的税率，2018年，印尼对外进出口总额3 689.28亿美元，其中出口1 802.15亿美元，比上年增长6.48%；进口1 887.11亿美元，比上年增长12.04%，贸易

① 《总统：经济发展需稳定安全局面》，（印尼）《国际日报》，2018年8月18日。

② 《专家称政府和央行挽救了盾值》，（印尼）《国际日报》，2018年12月28日。

③ 《印尼盾兑美元再创历史新低》，东方财富网，http://finance.eastmoney.com/news/1347，20181003955537010.html。

④ 《总统：明年盾币兑美元汇率14 400盾》，（印尼）《国际日报》，2018年8月18日。

逆差84.96亿美元。[①] 2013年后，印尼一直保持着经常账户贸易顺差，这是印尼外汇收入的重要来源，而2018年的贸易逆差，则成为印尼政府需要解决的紧迫经济问题之一。

（三）2018年印尼国内政治经济形势对华侨华人的影响

1. 印尼华人积极参加大选，参政议政热情高

2019年，印尼总统大选和三级议会选举即国会、人协、地方代表理事会同时进行选举，印尼华人也积极参与选举，如前文所述，根据印尼大选委员会公布的国会和地方代表议会的议员候选人名表，国会华裔议员候选人至少有23人、地方代表理事会议员华裔候选人有5人。而在2014年印尼国会大选中，印尼有13位华人竞选成为国会华人议员，本次竞选中，华裔候选人人数增加，说明华人参政的热情高涨，“钟万学事件”带来的负面影响较小。

2019年的印尼大选中，有16个政党参加选举，其中印度尼西亚团结党（PSI）是最年轻的政党，成立于2014年，其党主席由华裔女子伍小惠（Grace Natalie）担任。伍小惠饱学知识、朝气蓬勃、年轻有为，有理想，有政治见地，带领印度尼西亚团结党迅猛地在全国各省、市、县建立了组织体系，成功晋升为合法的有权参加2019年普选竞选的政党，成为印尼政坛上的新型政党。[②] 2018年8月9日，伍小惠拜访印尼华裔总会，认为印尼华裔族群还没有充分发挥能力，应该为争取更好的印尼而奋斗。[③] 这说明印尼华人不论是在参政意识上，还是在参政能力上，都有了很大的提高。

2. 印尼国内自然灾害频发，印尼华人积极参与救灾

2018年是印尼多灾多难的一年，自然灾害频发，先后有三次大的灾难，包括2018年8月19日发生在西努省龙目岛和松巴哇岛的连续地震，9月28日发生在中苏拉威西的地震和海啸，以及12月22日巽达海峡海底滑坡和海啸，造成巨大的生命和财产损失。从受灾人数及造成的经济损失来看，2018年最大的灾难是中苏拉威西的地震和海啸，这次灾难造成2 101人死亡，1 373人失踪，4 438人受伤，22.15万人流离失所，6.85万间房屋受损，经济损失高达18.47万亿盾。其次是龙目岛和松巴哇岛连续地震，这次灾害造成553人死亡，1 886人受伤，1.2万人流离失所，15万所房屋受损，经济损失达到17.13万亿盾。2018年第三大灾难是克拉卡陶子火山喷发引起的巽达海峡海底滑坡和海啸，这次灾害导致430人丧生，1 497人受伤，159人受伤，2.2万人流离失所。[④]

“天灾无情，人间有爱。”印尼华人社团纷纷行动起来，用实际行动援助灾区。印尼华裔总会、印尼百家姓协会、中华总商会、福建社团联谊会、宗亲会、同乡会、华人宗教团体、校友会、合唱团、晨运队、中医团体、企业家、工人和学生，本着“一方有难，八方支援”的人道主义精神，不约而同地或亲临灾区，或慷慨解囊，出钱出力，出谋献策，为赈济灾民，重建灾区奉献爱心。[⑤] 尤其是印尼华裔总会，在灾情爆发的第一时间内向华人

---

① 据印尼中央统计局统计。

② 《我们需要新型的政党和领袖》，（印尼）《国际日报》，2018年12月22日。

③ 《INTI接待印尼团结党总主席伍小惠的拜访》，（印尼）《国际日报》，2018年8月10日。

④ 《我国今年发生三次特大灾害》，（印尼）《国际日报》，2018年12月27日。

⑤ 《印尼华裔总会赈灾呼吁书》，（印尼）《国际日报》，2018年12月26日。

发出赈灾呼吁书，并和印尼参与救灾的军警合作，将救灾物资发放给灾民，体现了印尼华族与印尼各族人民同呼吸、共命运，也说明了印尼华人已充分融入印尼社会中。

3. 印尼华商积极参与印尼经济建设，并获得官方肯定认可

印尼作为新兴的发展中国家，正在向“海洋强国”迈进，印尼政府也励精图治，先后制定《2015 年—2019 年中期改革日程和经济发展规划》，出台 16 套经济政策，大兴基础设施，发展海洋经济和民生经济。根据 2019 年国家收支预算草案，2019 年预算开支总额为 2 439. 7 万亿盾，比 2018 年预算开支总额提升了 10%。增加的预算开支主要是在提高公务员工薪开支、基础设施建设开支、教育建设开支、人民卫生保健开支和乡村经济建设开支等方面。[①] 2019 年，政府完成各地发展必备的基建目标，兴建新国家公路 667 公里，高速公路 905 公里，水库 48 座，水利灌溉系统 16. 2 万公顷。政府采取了一些突破性措施，激励私企参与。[②]

在印尼经济发展过程中，印尼华人企业也面临着很多的机遇，并积极参与其中，每年公布的印尼富豪榜中，印尼华人企业家占大多数，他们为印尼国内就业、税收、产业链发展等作出了很大的贡献，也获得了印尼政府的认可。2018 年 8 月 15 日，在印尼 73 周年国庆前夕，佐科总统亲自举行仪式，向 8 位对国家和民族有功人士颁发勋章。其中，印尼国信集团董事长翁俊民博士荣获国家英雄儿女勋章[③]，这是印尼建国 73 年以来首位获此殊荣的华裔企业家，华社各界知名人士纷纷登报向翁俊民博士表示祝贺。此外，2018 年 12 月 5 日，佐科总统在独立宫总统府接见了由总主席黄德新率领的印尼华裔总会中央理事会代表团，佐科总统向华裔总会成员介绍了近 4 年来印尼基础设施建设的发展情况，并鼓励华裔总会理事们致力提高在印尼国内的投资。[④] 这说明印尼华人企业家受到印尼政府的重视和认可。

（李皖南　胡安琪）

---

① 《总统发表国情咨文和明年预算草案》，（印尼）《国际日报》，2018 年 8 月 18 日。

② 《坚持改革 继续建设》，（印尼）《国际日报》，2018 年 8 月 20 日。

③ 《佐科维总统国庆前夕颁发勋章，翁俊民等八位有功人士荣获国家勋章》，（印尼）《国际日报》，2018 年 8 月 16 日。

④ 《佐科总统接见印尼华裔总会代表团》，（印尼）《国际日报》，2018 年 12 月 6 日。

马来西亚侨情

中马两国关系密切，我国提出“一带一路”倡议以来，两国在政治、经贸，以及人文交流等方面的合作持续开展，成效显著。2018 年，马来西亚华人参政出现了重大变局，当年大选后希望联盟取代国民阵线上台执政，原来长期执政的马华公会等华人政党，随着国民阵线的落败而成了反对党，华人反对党——民主行动党，则作为希望联盟的主要成员，上台成了执政党。2018 年 5 月马来西亚发生政权交替后，中马关系曾受到一定的冲击，但因两国关系发展符合彼此的利益，中马关系发展的前景依然令人乐观，拥有各种资源的马来西亚华人，在中马关系的发展中，仍将继续发挥积极作用。

一、马来西亚基本国情

马来西亚全称马来西亚联邦，位于亚洲大陆中南半岛南端，地处亚、澳两大陆与太平洋、印度洋的交汇处，国土面积 32.97 万平方千米。国土被南中国海分隔成东、西两部分。由原马来半岛的马来亚和婆罗洲的沙巴、砂拉越组成。西马位于马来半岛南部，北与泰国接壤，南与新加坡隔柔佛海峡相望，东临南中国海，西濒马六甲海峡。东马位于加里曼丹岛北部，与印度尼西亚、菲律宾、文莱相邻。全国海岸线总长 4 192 千米。属热带雨林气候。内地山区年均气温 22～28℃，沿海平原为 25～30℃。全国人口 3 200 万。其中马来人 69.1%，华人 23%，印度人 6.9%，其他种族 1.0%。华人是马来西亚的第二大族群。马来西亚也是中国境外仅次于新加坡，华人占人口比例最高的国家。马来语为官方语言，通用英语，华语使用较广泛。伊斯兰教为国教，其他宗教有佛教、印度教和基督教等。

马来西亚实行君主立宪联邦制。巫统、马华公会和印度人国大党等政党组成国民阵线曾长期执政。2018 年大选后，由人民公正党、民主行动党、国家诚信党和土著团结党组成的希望联盟取代国民阵线上台执政，马哈蒂尔出任总理。2020 年 3 月，土著团结党、巫统、伊斯兰教党等临时组成国民联盟，取代希望联盟上台执政，土著团结党主席穆希丁宣誓就任第 8 任总理。(见表 1)

马来西亚自然资源丰富。橡胶、棕油和胡椒的产量和出口量居世界前列，曾是世界产锡大国。马来西亚石油储量丰富，此外还有铁、金、钨、煤、铝土、锰等矿产。盛产热带硬木。20 世纪 70 年代前，马来西亚经济以农业为主，依赖初级产品出口。70 年代以来不断调整产业结构，大力推行出口导向型经济，电子业、制造业、建筑业和服务业发展迅速。1987 年起，经济连续多年保持 8% 以上的高速增长。1998 年亚洲金融危机和 2008 年国际金融危机，曾对马来西亚经济发展造成很大的冲击，近年已逐渐恢复并保持中速增长。

表1　马来西亚基本国情

国家名	马来西亚
地理位置	东南亚
气候	热带雨林气候
领土面积	330 257 平方千米
政体	君主立宪联邦制
国内生产总值增长率	2017 年经济增长率 5.9%，2018 年上半年 4.85%
执政党及现任/总理	希望联盟/马哈蒂尔（2018 年）　国民联盟/穆希丁（2020 年）
官方语言	马来语
首都	吉隆坡
人口数量	3 200 万
华人数量	742 万
华人占总人口比例	23.2%
主要族群	马来人、华人、印度人
GDP	2017 年 13 525 亿林吉特
人均 GDP	41 093 林吉特
GDP 增长率	5.9%（2017），4.85%（2018 年上半年）
失业率	3.4（2018 年 8 月）
通胀（同比）	0.3%（2018 年 9 月）

资料来源：《马来西亚国家概况》，中国外交部网站，https：//www.fmprc.gov.cn/；National Accounts，Department of statistics Malaysia，official Portal，https：//www.dosm.gov.my/，2018 年 10 月 28 日。

二、中马双边关系

马来西亚是东盟建立后第一个与中国建交的东盟国家，多年来中马两国人员交流不断增多，高层往来频繁，政治关系密切，经贸合作迅速发展，长期保持"关系非常密切，合作不断拓展"的基本态势。我国提出"一带一路"倡议以来，中马关系发展更上一层楼，传统的友谊与合作得到巩固，随着"一带一路"建设的深入，中马两国双边政治、经贸关系，以及人文交流的合作持续开展，颇有成效。

1. 政治关系

中马两国于 1974 年 5 月 31 日正式建立外交关系，建交后两国高层互访和接触频繁，两国关系发展顺利。1999 年，两国签署关于未来双边合作框架的联合声明。2004 年，两国领导人就发展中马战略性合作达成共识。

我国提出"一带一路"倡议以来，两国关系有了更进一步的发展。特别是 2013 年 10 月 3 日至 5 日，中国国家主席习近平对马来西亚进行国事访问，对中马关系发展和促进中马在"一带一路"建设中的合作，具有重大的意义。习近平主席是次访马，成果丰厚。中马双方一致同意将中马战略性合作关系提升为全面战略伙伴关系，双方在贸易、投资、旅游、教育、金融服务业、基础设施建设和防务等各领域合作迈上新台阶。习近平主席访马期间签署的《中华人民共和国政府与马来西亚政府经贸合作五年规划》(2013—2017 年)明确了双边贸易发展路线图。双方当时还将 2014 年确定为“中马友好交流年”，中国和马来西亚分别庆祝两国建交 40 周年，举行青年交流、文艺团体互访等一系列庆祝活动，进一步促进两国教育、文化、旅游等领域交流与合作。①

2015 年 11 月，应马来西亚总理纳吉布的邀请，中国总理李克强于 2015 年 11 月 20 日至 23 日赴马来西亚出席东亚合作领导人系列会议时，对马来西亚进行正式访问。访问期间，李克强总理同纳吉布总理举行会谈。双方回顾了近年来中马关系发展成就，特别是对 2014 年 5 月两国领导人在北京签署联合公报后中马全面战略伙伴关系发展取得的成果表示欢迎。双方重申致力于在相互尊重的基础上发展积极、全方位的中马伙伴关系，推进两国政治、经济、人文、安全等领域合作，进一步提升中马全面战略伙伴关系水平，服务于两国人民的利益和福祉。② 两国关系再向前推进了一步。

2013 年中国提出的“一带一路”倡议，以及倡导创设亚洲基础设施投资银行（简称“亚投行”），均得到马来西亚方面的大力支持与积极参与。马来西亚总理纳吉布在不同场合，多次表达对亚投行的信心。2014 年 10 月 24 日，亚投行正式在北京筹建，马来西亚是首批 21 个意向创始成员国之一，当天在北京签署《筹建亚投行备忘录》的国家中，包括马来西亚、文莱、柬埔寨、老挝、缅甸、菲律宾、新加坡、泰国、越南 9 个东南亚国家。2015 年 8 月 21 日，马来西亚驻华大使扎伊努丁作为政府全权代表在北京签署《亚洲基础设施投资银行协定》。2017 年 5 月，中马两国签署了《关于通过中方“丝绸之路经济带”和“21 世纪海上丝绸之路”倡议推动双方经济发展的谅解备忘录》《中国商务部同马来西亚交通部关于基础设施建设领域合作谅解备忘录》，马来西亚是最早与我国签署类似备忘录的国家之一。

2017 年 5 月 13 日，国家主席习近平在人民大会堂会见来华出席“一带一路”国际合作高峰论坛的马来西亚总理纳吉布时指出，马来西亚是古代海上丝绸之路上的重要国家，也是最早响应“一带一路”倡议的沿线国家，更是共建“一带一路”早期收获最丰硕的国家之一。中马两国是隔海相望的近邻，更是相互信赖、相互尊重、合作共赢的好朋友、好伙伴。当前，中马关系处于历史最好时期。③

2. 经贸关系

双边贸易一直是中马两国经贸合作的重要内容之一，中国已连续多年是马来西亚最大的贸易伙伴和第二大出口市场。2013 年中国提出“一带一路”倡议以来，中马双边贸易持续迅速发展。据中方统计，2017 年中马双边贸易额 960. 3 亿美元，同比上升 10. 5%，占中国与东盟贸易额的 18. 7%；其中中方出口 417 亿美元，同比增长 10. 8%，进口 543 亿美元，同比增长 10. 2%。中国连续 9 年成为马来西亚最大的贸易伙伴。中国自马来西亚进

① 《中华人民共和国和马来西亚联合新闻稿》，http：//news. xinhuanet. com/world/2013 - 10/05/c_ 17600290. htm，2013 年 10 月 5 日。

② 《中华人民共和国和马来西亚联合声明》，http：//www. fmprc. gov. cn/web/zyxw/t1317730. shtml，2015 年 11 月 24 日。

③ 《习近平会见马来西亚总理纳吉布》，http：//www. fmprc. gov. cn/web/gjhdq_676201/gj_676203/yz_676205/1206_676716/xgxw_676722/t1461286. shtml，2017 年 5 月 13 日。

口的主要商品有集成电路、计算机及其零部件、棕油和塑料制品等；中国向马来西亚出口的主要商品有计算机及其零部件、集成电路、服装和纺织品等。[①] 2018 年，中马贸易保持发展态势，马来西亚统计局公布的数据显示，1—6 月马来西亚与中国双边货物进出口额为 379.0 亿美元，增长 19.3%。其中，马来西亚对中国出口 164.1 亿美元，增长 20.4%；从中国进口 214.9 亿美元，增长 18.5%。马来西亚对中国的主要出口产品为机电产品、矿产品和塑料橡胶，1—6 月出口额分别为 73.2 亿美元、27.2 亿美元、17.7 亿美元，占马来西亚对中国出口总额的 44.6%、16.6% 和 10.8%，机电产品增长 24.6%，矿产品下降 10.5%，塑料橡胶增长 12.9%。在马来西亚的十大类进口商品中，自中国进口的机电产品、贱金属及制品和化工产品在马来西亚市场中占据优势地位，1—6 月进口额分别为 102.6 亿美元、24.7 亿美元和 16.3 亿美元，分别增长 15.0%、27.5% 和 31.7%。[②]

中马两国相互投资数额曾经比较悬殊。据统计，截至 2012 年 4 月底，马来西亚实际对华投资 62.3 亿美元，中国在马来西亚投资 5.26 亿美元。[③] 马来西亚政商各界，特别是较多参与双边投资的华人商家，对此一直颇有微词，强烈要求中国增加对马来西亚的投资。2013 年我国提出"一带一路"倡议以来，中马合作不断拓展，双边投资持续上升，中国对马来西亚直接投资大幅增加。截至 2017 年底，马来西亚实际对华投资累计达 75.75 亿美元，中国对马来西亚累计直接投资 50.97 亿美元，[④] 2017 年中国对马来西亚的累计直接投资额，比 2012 年大幅增长了 8 倍多。此外，中马两国还进行多项基础设施建设合作，包括吉隆坡到新加坡的高铁计划、东海岸铁路工程以及地下输油管等大型工程。其中全长 688 公里的东海岸铁路工程计划，合同造价高达 550 亿林吉特，东铁由财政部属下政联公司马来西亚铁路衔接有限公司（MRL、马铁）拥有，并由中国交通建设公司（CCCC、中国交建）承建，[⑤] 2017 年 8 月正式开工，当时中国国务委员王勇还专门到马来西亚出席东海岸铁路项目开工仪式。

在资金融通方面，两国合作成效显著。2000 年，中国银行和马来亚银行分别在吉隆坡和上海互设分行。2009 年 2 月，中国人民银行与马来西亚国家银行签署了双边货币互换协议。2010 年 4 月，中国工商银行马来西亚分行在吉隆坡开业。同年 8 月，中马两国批准在各自银行间外汇市场开办人民币兑林吉特即期交易业务。2012 年 2 月，中国人民银行与马来西亚国家银行续签双边货币互换协议。同年 4 月，中国人民银行与马来西亚国家银行签署了关于马来西亚国家银行在华设立代表处的协议。2013 年中国提出"一带一路"倡议以来，中马两国的金融合作进一步开展。2013 年 10 月，马来西亚国家银行在北京设立代表处。2014 年 11 月，中马两国央行就在吉隆坡建立人民币清算安排签署合作谅解备忘录。2015 年 4 月，中国银行吉隆坡人民币清算行正式启动，同年 11 月，中国向马来西亚提供

① 《中国同马来西亚的关系（最近更新时间：2018 年 7 月）》，https://www.fmprc.gov.cn/web/gjhdq_676201/gj_676203/yz_676205/，2018 年 10 月 26 日。

② 《2018 年 1—6 月马来西亚货物贸易及中马双边贸易概况》，https://countryreport.mofcom.gov.cn/record/qikan110209，2018 年 10 月 23 日。

③ 《马来西亚国家概况》，http://www.fmprc.gov.cn/，2013 年 12 月 20 日。

④ 《中国同马来西亚的关系（最近更新时间：2018 年 7 月）》，https://www.fmprc.gov.cn/web/gjhdq_676201/gj_676203/yz_676205/，2018 年 10 月 26 日。

⑤ 《马国政府下令暂停东铁计划工程　但未说明停工原因》，http://beltandroad.zaobao.com/beltandroad/news/story20180705-872552，2018 年 7 月 5 日。

500 亿元人民币合格境外机构投资者投资额度。2016 年 11 月，马来西亚国家银行向中国建设银行马来西亚子行颁发营业执照。2017 年 1 月，建行马来西亚子行正式营业。至此，中国的四大国有银行中，已有三家（中国银行、工商银行、建设银行）在马来西亚设立分行营业，为中马两国在“一带一路”建设中的合作提供更多的金融服务。

3. 人文交流

中马建交以来，两国在科技、教育、文化等领域的交流与合作顺利发展，签署了不少相关合作协议，如 1992 年签署《科技合作协定》，成立科技联委会，同年双方还签署了《广播电视节目合作和交流协定》；1993 年签署《促进中马体育交流、提高体育水平的谅解备忘录》；1997 年签署《教育交流谅解备忘录》；1999 年签署《文化合作协定》；2004 年签署《在外交和国际关系教育领域合作谅解备忘录》；2005 年签署《卫生合作谅解备忘录》，同年续签《教育合作谅解备忘录》；2009 年签署《高等教育合作谅解备忘录》；2011 年签署《关于高等教育学位学历互认协议》，等等。

2013 年中国提出“一带一路”倡议以来，中马两国的人文交流与合作进一步加强。2015 年，两国签署《在马来西亚设立中国文化中心的谅解备忘录》，2016 年，两国续签《教育合作谅解备忘录》。① 此外，新华社、中新社先后在吉隆坡设立分社，中央电视台在马来西亚设立记者站，央视 4 套和 9 套节目在马来西亚落地，《人民日报（海外版）》在马来西亚出版发行。马来西亚国家新闻社在北京设立分社，《星报》在华设立办事处。

其中，厦门大学在马来西亚设立分校，无疑是中马双方教育合作的亮点之一。厦门大学在 2013 年接获大马政府的正式邀请在大马设立分校，同年 2 月，厦大和马来西亚 Sunsuria发展私人有限公司签署合作协议，共同发展厦大大马分校，2014 年 7 月厦大分校首期工程正式动工，2015 年已正式招生。目前厦门大学马来西亚分校已成为马来西亚乃至东南亚地区华裔，以及非华裔升学深造的重要选择之一。

多年以来，中马两国都是彼此重要的旅游目的国，2013 年中国提出“一带一路”倡议以来，中马两国都非常重视双边旅游合作，为促进双边旅游采取了各种措施，2016 年还签署《旅游合作谅解备忘录》。2017 年，中马两国双边往来人数 388. 2 万，其中我国到马来西亚旅游为 265 万人次，马来西亚来华为 123. 2 万人次。中国已连续 5 年是马来西亚最大游客来源国。②

除了双边旅游外，通过婚姻关系入境定居马来西亚的中国籍配偶，中国留学生、中国公司员工，以及参与“第二家园计划”的中国公民，也有不少。例如，近年，通过马来西亚“第二家园计划”定居马来西亚的中国公民逐渐增多。“第二家园计划”是马来西亚政府推广的官方计划，申请者只需在马来西亚境内存有不少于人民币 30 万元的存款或提供收入证明，即可获得马来西亚十年居留权（包括配偶以及未成年子女）。持第二家园长期签证的外国公民，可以在马来西亚居住、工作、开办公司、就学或享受退休生活，还可以在马来西亚购买两处房产。马来西亚“第二家园计划”自 2002 年推介以来，到 2012 年，

① 《中国同马来西亚的关系（最近更新时间：2018 年 7 月）》，https：//www. fmprc. gov. cn/web/gjhdq_676201/gj_676203/yz_676205/，2018 年 10 月 26 日。

② 《中国同马来西亚的关系（最近更新时间：2018 年 7 月）》，https：//www. fmprc. gov. cn/web/gjhdq_676201/gj_676203/yz_676205/，2018 年 10 月 26 日。

已有19 488人获批，分别来自120个国家，其中来自中国的最多，为3 332人。① 申请者主要居住在吉隆坡，其他居住地依序为雪州、槟城、柔佛及霹雳。此后，中国一直排在马来西亚“第二家园计划”项目十大来源地之首，2017年累计获准定居的已达4 111人，申请者主要来自沿海省份和东北三省气候比较寒冷的地区。紧随中国后面的是孟加拉国、英国、日本、新加坡等国家和地区。②

总的来说，我国提出“一带一路”倡议以来，中马两国在政治领域、经贸领域，以及人文交流方面的合作持续开展，成效显著。

然而，受马来西亚激烈的政党政治斗争的影响，“中国因素”一度成为马来西亚反对党抨击政府的话题之一。2018年5月9日，马来西亚举行第十四届大选，出现建国61年以来的首次政权交替，由人民公正党、民主行动党、国家诚信党和土著团结党组成的希望联盟，赢得国会下议院超过半数的议席，取代由巫统、马华公会和印度人国大党等组成的国民阵线上台执政。5月10日晚，马哈蒂尔宣誓就任第七任总理，不久，新政府叫停包括东海岸铁路工程等多项中马合作的大型项目。

二、基本侨情变化

2018年，马来西亚最大的侨情变化是华人参政。巫统、马华公会和印度人国大党等政党组成国民阵线曾长期执政。当年5月大选后，由希望联盟取代国民阵线上台执政。随着首次政权交替，马来西亚政治格局发生了很大的变化，华人参政也随之出现了前所未有的变局，即长期执政的马华公会等华人执政党，随着国民阵线的落败，成了在野的反对党，而华人反对党——民主行动党，则作为希望联盟的主要成员之一，赢得选举，成了执政党。

1. 主要的华人政党

马来西亚华人很早开始参政。第二次世界大战前，少数海峡殖民地的土生华人已开始参政议政。“二战”后，随着马来亚的宪政改革和独立运动的发展，广大华侨华人开始参与马来西亚本地政治，他们成立了各种政党政团，1949年初还成立了单一族群的华人政党——马华公会。

马华公会开始只是一个福利性质的机构，通过卖彩票获取盈利来协助当地政府安置华人新村居民，同时积极争取平等公民权条件。马华公会和巫统的地方支部在1952年吉隆坡市政局选举中偶然联合获胜后，两党随即进行全面合作，不久再与印度人国大党正式组成联盟党。联盟党在1955年大选获胜，马华公会也随之成为执政党。从此，马华公会一直是马来西亚的执政党之一，无论是在早期的三党同盟中，还是在多党的国民阵线，马华公会均是仅次于巫统的第二大执政党。

华人为主的民政党和砂拉越人民联合党，也曾通过加入国民阵线成为执政党。民政党成立于1968年，全称马来西亚民政运动，由马华公会前主席林苍佑创立。该党原为反对党，1969年大选在槟榔屿州立法议会获得多数席位，组建反对党政府。后来参加国民阵线

---

① 《3 332名中国人参与马来西亚“第二家园计划”》，http：//news. ifeng. com/gundong/detail_2012_11/09/18993226_0. shtml，2012年11月9日。

② 《马来西亚第二家园》，https：//baike. baidu. com/item/，2018年10月28日。

成为执政党，并长期在槟城执政，它的影响主要在槟城。砂拉越人民联合党，成立于1959年，是东马砂拉越的政党。成员有华人，也有其他土著民族，因华人占多数，一般认为它是一个华人政党。该党曾是反对党，后来加入国民阵线，成为执政党，它的影响力主要在东马砂拉越。

华人反对党主要是民主行动党。民主行动党，原名马来西亚人民行动党，原来是新加坡人民行动党在马来西亚发展的分支组织。1965年新加坡退出马来西亚后，因不允许再用人民行动党这一名称，该党遂以民主行动党名义提出申请注册，1966年3月获准成立。党员以城市工人、职员为主，由于华人党员占多数，且主要得到华人的支持，一般认为它是华人政党。民主行动党提出“马来西亚人的马来西亚”等非种族性口号，主张建立马来西亚人的马来西亚，为所有马来西亚人争取一个更公平合理的多元种族的马来西亚。由于马来西亚宪法规定马来人享有特权，政府实施的多项政策不能公平对待各族公民，不少华人对马来人政党主导的政府颇为不满，抗争维权一直不断，民主行动党由此得到不少华人选民的支持。该党长期作为马来西亚国会中最大的反对党，在马来西亚政治上发挥重要作用。

2. 2008年前的选举情况

根据1957年7月2日正式宣布的《马来亚联合邦宪法》，规定联合邦为议会君主立宪制国家，由下议院和上议院组成国会，下院由多数党领袖出任首相，组织政府；各州设立州政府和州议会，州首脑是苏丹或州长（槟榔屿和马六甲），各州由州务大臣或首席部长管理行政，州务大臣或首席部长由州议会多数党领袖担任；两次大选间隔不得超过5年。1963年马来西亚联邦成立后，沿用了联合邦宪法中代议选举的基本原则。宪法的有关规定奠定了马来西亚政治发展的基础，从此，朝野政党在5年一度全国大选中的角逐，构成了马来西亚政治发展的主线。

马来亚独立后，以及1963年马来西亚成立后，马来西亚于1959年、1964年、1969年、1974年、1978年、1982年、1986年、1990年、1995年、1999年和2004年举行了十一届大选。华人政党积极参加历届大选，朝野华人政党的选举成绩，据社会、经济、政治，乃至外交的不同形势而起落不定，华人执政党在1964年、1974年、1982年、1995年，以及2004年大选中获得比较理想的战绩，华人反对党则在1959年、1969年、1990年和1999年取得较好的选举成绩。华人朝野政党，在马来西亚华人政治发展乃至马来西亚政治发展中，一直扮演着重要的角色。

3. 近年三届大选及各党战绩

2008年开始，马来西亚朝野华人政党的影响与地位发生了重大的变化。2008年3月8日马来西亚举行的第十二届全国大选，被称为“308政治海啸”，反对党联盟首次打破执政联盟一直保持的多数国会议席的强势地位，取得史无前例的巨大胜利。因为马来西亚在没有严重经济衰退或极度社会动荡的情况下，突然出现了政局突变，选举结果出乎意料，因而被当地评论称为“308政治海啸”。华人执政党和国民阵线一起遭遇挫败，马华公会竞选40个国会和90个州议会席位，只赢得15个国会和31个州议席；因而民政党竞选12个国会和31个州议席，只赢得2个国会和4个州议席。此消彼长，华人反对党——民主行动党，则与在野的民联一起，多有收获，取得7个国会和19个州议席，并首次取代民政党，在槟城执政。[①]

大选结果显示，国民阵线所得席位继续减少，国民阵线的得票率甚至低于在野的民联。由于大部分华人选民支持反对党，大选结束后，国民阵线认为发生了"华人政治海啸"。是届大选，马华公会和民政党两个华人执政党，继续遭受重大挫败。马华公会竞选37个国会和90个州议席，只赢得7个国会和11个州议席。民政党竞选11个国会及31个州议席，只赢得1个国会和3个州议席。而民主行动党，在华人选民一边倒地支持下，则大获全胜，是届大选成功赢得38个国会和95个州议席，分别比2008年大幅增加了31个国会和76个州议席，并继续拥有槟城执政权。[②]

2018年5月9日马来西亚举行的第14届全国大选，不仅华人选民支持反对党，马来人选民也一边倒地支持反对党，大选由此被称为"马来人政治海啸"。是届大选，随着执政联盟国民阵线的全面溃败，当时的华人执政党"战绩"更是惨不忍睹，马华公会仅获得1个国会和1个州议席，民政党则一无所获。反之，民主行动党再度成为大赢家，在2018年大选中，不仅牢牢控制槟城执政权，还赢得42个国会议席，并随着希望联盟上台执政，成为马来西亚第二大执政党。[③]

马华、民政两党惨败的重要原因，按董总文告之前所指出的，是它们在国民阵线政治架构内，无法发挥相应的作用，为华裔族群的政经文教等领域争取基本权益，导致人民，特别是华裔选民的强烈不满，最终被选民唾弃。[④]

4. 其他侨情

马来西亚其他侨情变化不大。2018年7月更新的资料显示，马来西亚全国人口为3 200万。其中马来人69.1%，华人23.2%，印度人6.9%，其他种族1.0%。[⑤] 马来西亚华人人口约742万，依然是马来西亚第二大族群，在马来西亚社会发展中占有重要地位。

经济上，马来西亚华人继续活跃在马来西亚的各个经济领域。商业依然是华人经营的传统行业，华人经营的零售店，以及大大小小的超市，遍布马来西亚的城镇乡村，出售日用杂品、食品油料、服装百货等。餐饮业也是华人传统经营的重要行业，华人经营的酒楼、各种中餐馆，以及无数的小食店，在马来西亚大小城镇比比皆是。华人投入大量资金到制造业，分别投资日用消费品、原材料加工、电子电器、化学产品、石油产品、非金属产品、机械工业、食品工业、纺织产品，以及网络资讯等资本技术更集中的行业。华人对建筑业和房地产的投资也不少，参与了不少大型基建工程，有名的住宅区、商业区建设。华人在金融业也非常活跃，华资控制或华资为主要股东的银行不少。华人对各种服务业，如旅游、保险、法律服务、专业服务等行业的经营和参与都在不断增加。随着华人经济的发展，华人经济实力不断增强，资金雄厚的华人企业集团有数十个，华人企业家郭鹤年历年名列马来西亚十大富豪之首。

马来西亚华人的社团活动和文化活动一直比较活跃。马来西亚始终是海外国家中发行

① 《马来西亚第12届全国大选投票结果》，http：//www.zaobao.com/pages/my2008elect080310p.shtml，2008年3月10日。

② 《成绩总览》，http：//www65.sinchew.com.my/election2013/result/=all，2013年5月8日。

③ 《国阵八原任部长19副部长落马》，https：//www.zaobao.com/news/story20180511-857964，2018年5月11日。

④ 《董总针对第13届全国大选结果发表文告》，http：//www.djz.edu.my/，2013年5月7日。

⑤ 《马来西亚国家概况》，http：//www.fmprc.gov.cn/，2013年12月20日。

出版华文报刊最多的国家之一。目前出版的华文报有十多种，这些华文报刊以华文为载体，报道华人社会以及马来西亚的各种新闻和信息，并迎合不同阶层读者的需求，兼顾工商、学术、体育、文艺及娱乐等各个领域的信息，内容丰富多彩，不少还设有文学副刊或地方专辑，定期彩印，还有电子报刊，十分吸引人，读者人数与日俱增，在马来西亚乃至世界华人世界都有很大的影响。马来西亚华文教育尤其突出，马来西亚是中国境外建立了较完整的华文教育体系的少数国家之一。马来西亚的华文教育，包括华文小学，华文独立中学，以及华社创办的大专院校。马来西亚现有华文小学近3 000所、华文独立中学60多所、高等院校5所，不仅在马来西亚华文教育中，而且在马来西亚教育发展中，均占有不容忽视的地位。尽管各级华文学校在华文教学媒介或华文课程设置上存有差别，但均表现出浓郁的华族文化氛围，华语也成为学校的主要行政用语和交际用语，中华文化在各级华文学校中广为传播。华文学校培养了数以千万计的华文人才，还使华语成为马来西亚大小城镇华人的流行语言，华文报刊、华族风俗的发展也因有了坚实的基础，显得特别生气勃勃、多姿多彩，中华文化在马来西亚各地的影响都更为广泛。

三、发展趋势

2018年5月，马来西亚发生政权交替后，因为希望联盟政府检讨和叫停了一些中马合作的基础设施项目，中马关系的发展令人关注。笔者认为，尽管如此，但综合各种因素分析，两国关系的发展还是令人看好的。

促进中马关系发展的因素很多。如大选后就任马来西亚总理的马哈蒂尔，也是马来西亚的前总理，历任教育部部长、副总理兼教育部部长、副总理兼贸工部部长，1981年至2003年任马来西亚第四任总理期间，曾大力推进中马关系的迅速发展，他对中马关系重要性的认识，比很多马来西亚领导人都深刻。因此，马来西亚新政府高度重视对华关系，促进中马关系的积极发展，依然是新政府发展对外关系重要内容之一。

事实上，马哈蒂尔重新出任马来西亚总理之初，再次提出的“向东学习”理念，其中就包括向中国学习。他也一再向媒体表示，新政府全力支持中国政府提出的“一带一路”倡议。对于叫停部分双边合作项目，马哈蒂尔对媒体解释说，这并非针对中国，而是新政府要检讨前任政府参与的所有项目，其中也包括新加坡参与的吉隆坡到新加坡的高铁项目，以及新马两国的供水协议、公积金及丹戎巴葛火车站土地权等问题。[①] 中资参与的其他一些合作项目，如马来西亚阿里巴巴发展项目，也继续得到希望联盟新政府的支持。马哈蒂尔再度上任后，曾希望尽快与中国领导人会面，但因中国国家主席习近平7月的行程已满，他只好将访华行程挪到8月。

2018年8月17日至21日，马哈蒂尔应我国国务院总理李克强邀请，对中国进行正式访问。访问期间，中国国家主席习近平会见马哈蒂尔总理，李克强总理同马哈蒂尔总理举行会谈，全国人大常委会委员长栗战书会见马哈蒂尔总理。两国领导人在诚挚友好的气氛中，回顾中马友好交往历史，规划两国关系未来发展，并就共同关心的地区和国际问题深入交换看法。双方表示将持续扩大两国政府部门、政党、立法机构、军队、地方、民间交

---

① 范晓琪等：《马哈迪：将检讨前朝中资铁路等所有项目》，https：//www. zaobao. com/news/20180511 – 857960，2018年5月11日。

流合作，汇聚社会各界力量，推动中马关系全方位多层次发展。马方欢迎、支持并将继续积极参与“一带一路”合作。双方将加快落实两国政府《关于通过中方“丝绸之路经济带”和“21 世纪海上丝绸之路”倡议推动双方经济发展的谅解备忘录》，探讨制定相关规划纲要，并共同编制两国《经贸合作五年规划（2018—2022）》。双方将努力扩大贸易规模，继续加强基础设施、产能、农渔业等领域合作，积极拓展电子商务、互联网经济以及科技、创新等领域合作，加强和促进两国人文交流。访问期间，中马续签了《中国人民银行与马来西亚国家银行双边本币互换协议》等协议和备忘录。双方一致认为，中马传统友谊深厚，两国既是全面战略伙伴，也是务实合作伙伴。当前两国都站在各自国家发展新的历史起点上，双方对两国关系发展前景充满信心，将从战略大局和长远出发，在相互尊重、平等互利基础上，进一步增进政治互信，深化务实合作，推动中马全面战略伙伴关系持续稳步发展。①

因此，尽管 2018 年 5 月马来西亚出现了首次政权轮替，但基于中马两国的传统友谊以及合作基础，基于两国政府与人民对两国友好关系的珍惜与呵护，基于两国关系发展符合两国和两国人民的共同利益等原因，中马关系的发展还是令人乐观的。在推行“一带一路”建设的新时代，中马两国友好关系将继续向前发展。中马两国政治上将继续加强高层交往，深化互信。双边贸易的规模将进一步扩大和多元化，在中马双边贸易中使用人民币做结算货币的数额将逐年增加。双边投资将持续增加，更多的中国企业进入马来西亚的加工制造、能源资源、基础设施、金融服务等领域，双边投资不平衡的局面将进一步改善。随着两国在金融领域合作的发展，更多的中国资金将进入马来西亚股市，更多的中国企业将在马来西亚上市。双边教育合作将继续发展，两国在其他如科学技术、信息通信、医学卫生、国防合作、司法协助等各个领域合作都将有更大的发展。

拥有各种资源的马来西亚华人，在中马关系的历史发展中，一直发挥着积极的作用，在未来的中马关系发展中，特别是在响应“一带一路”倡议，建设 21 世纪海上丝绸之路上，马来西亚华人也将继续发挥积极的作用，促进中马两国在“一带一路”建设的合作，促进中马经贸关系、人文交流，以及中马两国在各个领域的进一步合作。

其中，特别需要指出的是，虽然马来西亚出现政权交替，在野的希望联盟取代国民阵线上台执政，华社政治生态随之发生重大变化，原来的华人反对党——民主行动党成了执政党，原来的华人执政党——马华公会、民政党等则成了反对党。但华人参政的格局基本没有改变，马来西亚依然有华人执政党和华人反对党，有多位华人部长，有众多的华人众议员和州议员，以及华人地方官员，华人政党也依然在槟城掌政。华人政党的地位和影响力丝毫没有受影响，反而更为提高和增强，华人政党依然在马来西亚政治发展中，扮演着重要的角色。随着中马关系的发展，随着彼此的不断适应与沟通，相信担任马来西亚各级官员的华人政要，也将利用自己的职能与族群优势，通过出谋献策，搭桥牵线，随同访华，以及直接处理相关外交事宜等，在马来西亚政府体制内为推进中马关系的发展，继续发挥各种积极作用，成为促进中马“一带一路”合作的重要力量。

（廖小健）

---

① 《中华人民共和国政府和马来西亚政府联合声明》，https：//www. fmprc. gov. cn/web/gjhdq_676201/gj_676203/yz_676205/1206_676716/1207_676728/t1586776. shtml.

菲律宾侨情

2018 年以来，菲律宾经济态势良好，但与前几年相比，经济发展势头有所放缓。不过，菲律宾杜特尔特政府的“大建特建”计划为菲律宾近几年的经济发展提供了持续的动力。2018 年，中菲关系持续发展，双边围绕“一带一路”倡议开展了一系列合作，但是，菲律宾反对派的鼓噪为中菲关系的发展蒙下阴影。2018 年，菲律宾政府加强对非法务工、非法博彩业人员的清理和打击，由于大量中国公民在菲律宾从事零售业、非法博彩业，非法务工的人员也不在少数，因此中国公民一再沦为菲律宾各政府部门执法的对象。

一、菲律宾政治经济形势

（一）人口与社会

根据美国中央情报局（Central Intelligence Agency，CIA）的数据，截至 2018 年 7 月，菲律宾人口近 1.06 亿（105 893 381），人口增长速度较快，为世界第 13 大人口大国。在人口结构方面，0 ~ 14 岁人口占 33.07%，15 ~ 24 岁人口占 19.17%，25 ~ 54 岁人口占 37.11%。[①]

根据美国和平基金会（The Fund for Peace）发布的 2018 年脆弱国家指数（Fragile States Index），菲律宾的得分为 85.5 分，处于第四等级（Very High Warning），排第 47 位，比 2016 年和 2017 年高出 7 位，显示菲律宾的整体情况在过去一年呈现恶化的趋势。该指数以零分为满分，对社会及经济指数，例如不平衡发展、人才外流和贫穷，以及公共服务、人权、派别精英和安全等因素进行综合评估。[②]

另据美国组织 Social Progress Imperative 发布的 2018 年社会发展指数（Social Progress Index），菲律宾接受高等教育的机会、包容性、健康以及个人安全等领域的表现尤其糟糕，其中包容性指标包括对少数群体的歧视和暴力、按照性别和社会经济地位区分的政治权力平等要素，而个人安全则包括财产犯罪率、政治谋杀和酷刑、被发现的犯罪、交通死亡等。[③]

---

① CIA world factbook，https：//www. cia. gov/library/publications/the - world - factbook/geos/rp. html，2019 - 03 - 01.

② 参见 Fund for Peace 网站，https：//fundforpeace. org/2018/04/24/fragile - states - index - 2018 - annual - report/，2018 年 4 月 24 日。

③ 参见 Social Progress Imperative 网站，https：//www. socialprogress. org/？ tab = 2&code = PHL，2019 年 3 月 25 日。

（二）经济形势与中菲经贸关系

2018 年菲律宾 GDP 增长率为6.2%，低于2017 年的6.7%和2016 年的6.9%。[①] 在旅游业方面，菲律宾旅游业持续增长，尤其是随着中菲关系的改善，来自中国的游客增长最为迅速，2018 年比2017 年的中国游客数增长了近30%，并且超过日本和美国居第二位。随着菲律宾基础设施的持续改善，以及更多中国和菲律宾直接航线的开通，中国游客可望持续增长。[②]（见表1）

表1　2017—2018 年菲律宾主要游客来源地

排名	国家（地区）	2018 年访菲游客人数	占比（%）	2017 年访菲游客人数	占比（%）	增长（%）
1	韩国	1 587 959	22.28	1 607 821	24.28	-1.24
2	中国大陆	1 255 258	17.61	968 447	14.63	29.62
3	美国	1 034 396	14.51	957 813	14.47	8.00
4	日本	631 801	8.86	584 180	8.82	8.15
5	澳大利亚	279 821	3.93	259 433	3.92	7.86
6	中国台湾	240 842	3.38	236 777	3.58	1.72
7	加拿大	226 429	3.18	200 640	3.03	12.85
8	英国	201 039	2.82	182 708	2.76	10.03
9	新加坡	171 795	2.41	168 637	2.55	1.87
10	马来西亚	145 242	2.04	143 566	2.17	1.17
11	印度	121 124	1.70	107 278	1.62	12.91
12	中国香港	117 984	1.66	111 135	1.68	6.16

资料来源：Department of tourism，Philippine。

据菲律宾统计署统计，中菲两国贸易持续增长。2018 年1 月至11 月，中国大陆、日本、美国、韩国、中国香港仍是菲律宾前五大贸易伙伴。中国是菲律宾第一大贸易伙伴、第一大进口来源地、第四大出口目的地。中菲双边贸易额276.66 亿美元，占比16.9%，同比增长19.6%；菲自中国进口195.25 亿美元，同比增长24.1%；菲向中国出口81.42 亿美元，同比增长10.2%。[③]

在对外投资方面，菲律宾贸工部官方数据显示，2018 年1 月至12 月，外国直接投资净额从去年同期的103 亿美元微降至98 亿美元，降幅为4%。这些投资主要集中于制造业，总额为11 亿美元，比2017 年12 亿美元的水平低9%，其次是金融和保险活动投资（3.3 亿美元），房地产活动投资（2.964 亿美元），电力、天然气、蒸汽和空调供应投资

① 参见菲律宾统计署网站，https：//psa.gov.ph/content/q4-2018-gdp-revised-upward-63-percent，2019 年4 月4 日。

② 参见菲律宾旅游部数据，http：//www.tourism.gov.ph/industry_performance_dec_2018.aspx，2019 年2 月2 日。

③ 《11 月菲中贸易增长19.6%》，新丝路网，http：//silkroad.news.cn/2019/0115/127854.shtml，2019 年1 月15 日。

（1.928 亿美元），艺术和娱乐投资（1.884 亿美元）。[①] 菲律宾贸工部部长兼投资委员会主席拉蒙·洛佩斯（Ramon Lopez）表示，2018 年中国大陆对菲各项投资达 487 亿比索（约合 9.3 亿美元），为 2018 年菲律宾最大的外国投资来源国。[②]

（三）中菲关系

自杜特尔特就任总统以来，双边关系发展迅速。双方对于影响两国关系的重要阻碍——南海争端的处理也日渐理性，合作态势不断增强，且已取得不少共识成果，如双方已开始在南海地区油气资源开发上进行合作。2018 年，杜特尔特总统应邀来华出席会议并与习近平主席举行双边会见，习近平主席则在 2018 年 11 月访问菲律宾，中菲两国建立全面战略合作关系。

随着中菲经济关系的不断改善，双边经济合作日益增多，菲律宾公司对人民币的需求正在不断增加。在此背景下，2018 年 10 月 30 日，由中国银行马尼拉分行发起、菲律宾 13 家当地主要银行为初始会员组成的菲律宾人民币交易商协会在马尼拉签约成立。协会将在菲律宾中央银行的指导监督下，推动建设两国货币的直接交易市场，实现人民币与菲律宾比索的直接交易兑换。[③]

不论是具体合作机构如亚投行的建立，还是对人民币不断增长的需求，都表明“一带一路”倡议下中菲经济关系的日益密切以及资金融通程度的不断提升。在未来的合作中，中菲合作水平和融通程度必然会不断提高。

旅游人数是衡量两国民心相通的又一重要指标。2013—2018 年，中国赴菲律宾的游客整体呈增长趋势。2018 年旅菲中国游客比 2017 年增长了 29.62%，占菲律宾旅游市场的第二位，仅次于韩国。[④]（见图 1）

---

① Net Foreign Direct Investments（FDI），Department of Trade and Investment，https：//www.dti.gov.ph/resources/statistics/net－foreign－direct－investments－fdim，2019.

② 《2018 年中国跃升为菲律宾第一大外资来源国》，http：//www.chinagoabroad.com/zh/market_review/china－becomes－philippines－biggest－supplier－of－imports－in－january，2019 年 3 月 14 日。不过投资承诺与实际落地投资往往存在一定的出入。

③ 《菲律宾人民币交易商协会正式成立》，中央广电总台国际在线，http：//news.cri.cn/20181031/692c637c－e288－aa7e－f50a－cf47adf669ff.html，2018 年 10 月 31 日。

④ Philippines records“all-time high”7.1M tourist arrivals in 2018，https：//news.abs－cbn.com/news/01/24/19/philippines－records－all－time－high－71m－tourist－arrivals－in－2018，2019－01－24.

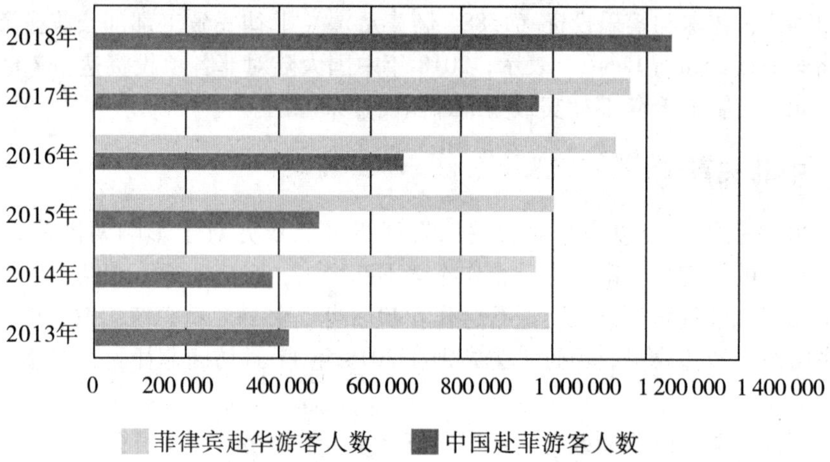

图 1 2013—2018 年期间中菲两国赴对方国家游客人数

资料来源：中国赴菲游客数据源自菲律宾统计年鉴，菲律宾赴华游客数据源自中国国家统计局。

一方面，菲律宾民众对中国的观感有所上升，但菲律宾社会对中国仍然存在根深蒂固的不信任感。这与媒体铺天盖地的涉华负面报道有关，自 2018 年以来，这些报道主要涉及中国公民在菲律宾从事非法网络博彩、非法零售、非法用工等问题。往往一个小小的孤立事件，却在媒体的鼓动和传播下被放大。这其实更多反映了菲律宾社会对中国的一种不信任感，而这种不信任感又源自阿基诺三世时期中菲两国的南海争端。另一方面，菲律宾民众对很多涉华的事件了解非常有限，他们往往会受到媒体报道的鼓动和误导，甚至将菲律宾自身在决策过程中的错误归咎于中国。此外，菲律宾反对派出于政治目的，对一些涉华事情进行无底线的抹黑、污蔑以及恶意解读，也在一定程度上误导了菲律宾民众。① 据 2018 年 9 月菲律宾社会气象站（Social Weather Station）的最新民调，尽管杜特尔特政府努力拉近与中国的关系，但菲律宾人民仍然信任长期盟友美国。

目前中国企业如华为、中兴、烽火科技等，在菲律宾通信市场占据相当大的份额。尤其是 2018 年 11 月，菲律宾国家电信委员会宣布中国电信和菲律宾本地 Udenna 公司以及 Chelsea 公司组建的 Mislatel 财团，成为菲律宾第三家电信营运牌照唯一合格的竞标者。另外，受近期世界范围内对以华为为代表的中国高新技术产业的"安全调查"的影响，菲律宾方面也对中国电信公司在菲律宾的项目表现出类似的担忧。"平安菲律宾"项目是菲律宾政府与中国政府之间的一个合作项目，是中国国家主席习近平访问菲律宾期间签署的 29 项协议中的一个。该协议金额 200 亿比索，由华为公司在马尼拉大都会和达沃市公共区域安装首批共 1.2 万台闭路电视监控摄像头，但在 2018 年 12 月 14 日，菲律宾两名参议员担心该协议会侵犯菲律宾宪法保障的公民隐私权和国家安全，称该项目或遭参议院否决。② 此外，中国政府援助菲律宾在帕西格（Pasig）河修建一座连接华人区和王城的大桥，尽管该项目已经在 2018 年 7 月动工，但该大桥的建设也受到了菲律宾一些相关利益者的强

① 代帆：《菲律宾民间真的"厌华"吗?》，《环球时报》，2019 年 2 月 15 日。

② 《华为在菲遭质疑，参院将调查中国 200 亿比索项目》，菲信网，http://www.feixinph.com/local/10735.html，2018 年 12 月 17 日。

烈反对，他们认为这座大桥的修建将严重破坏王城区受保护的历史建筑和遗址，目前该项目进展缓慢，基本处于停滞状态。①

二、菲律宾华人经济及其与主流社会的关系

（一）华人经济与社会

根据《福布斯》（*Forbes*）杂志2018年菲律宾50位最富有人士的排名，菲律宾最大的企业集团之一SM投资集团的华人零售大亨施至成连续11年保持菲律宾首富的地位。在前十大富豪中，除第二和第四、第五位之外，其他七位富豪都是华人。②（见表2）

表2　2018年《福布斯》菲律宾富豪榜

排名	姓名	净资产（亿美元）
1	施至成/Henry Sy	183
2	曼努尔·比利亚尔/Manuel Villar	55
3	吴奕辉及其家族/John Gokongwei，Jr.	44
4	海梅·佐伯尔·阿亚拉/Jaime Zobel de Ayala	40
5	小恩里克·雷颂/Enrique Razon，Jr.	39
6	陈觉中/Tony Tan Caktiong	38.5
7	陈永栽/Lucio Tan	38
8	蔡启文/Ramon Ang	28.5
9	郑少坚/George Ty	27.5
10	吴聪满/Andrew Tan	26

资料来源：2018年《福布斯》富豪榜。

（二）菲律宾华人与主流社会的关系

在东南亚地区，菲律宾华人与主流社会的相互信任度在整个东南亚地区可以说最高。尽管如此，在菲律宾民间社会，仍然时不时冒出一些反华的杂音。2018年11月，菲律宾专栏作家、著名经济学家索利沓·蒙索（Solita Collas-Monsod）公开发表文章《为何菲律宾人不信任中国》，在文中大肆批评中国，并因此连带批评菲律宾华裔，质疑华裔对菲政治效忠。蒙索认为，一个菲律宾华人永远不会明确地说他（她）首先是个菲律宾人，其次才是华人。菲律宾华人在文化上似乎不愿意娶菲律宾女性为妻，这些华人亿万富翁也是非

---

① China-funded Pasig River bridges hit snags；big railway projects to start，https：//business. inquirer. net/263391/china-funded-pasig-river-bridges-hit-snags-big-railway-projects-to-start，2019－01－11.

② 参见《福布斯》网站，https：//www. forbes. com/sites/gracechung/2018/09/05/philippines-richest-2018-real-estate-tycoons-post-gains-amid-losses-for-most-others/#7ccc3a8d26ad，2018年9月5日。

律宾国家中最让人讨厌的雇主。[①]

蒙索的文章在社交媒体被疯狂转载，不少菲律宾读者纷纷在网上留言辱骂攻击中国和菲律宾华人，许多华裔学者和网民担心会引发排华浪潮。著名华裔学者、菲律宾华裔青年联合会创会会长洪玉华撰文反驳，她表示，"菲律宾是我们的国家，我们生于斯，终于斯。在对受争议岛屿的主张中，大部分华裔都认为发动战争不是解决问题的方法"[②]。中东裔的菲律宾专栏作家理查德·海达里安对蒙索的观点也予以反驳，他认为，"通过煽动偏见的火焰，将菲律宾华人东方化，成为一个有别于所谓'真正的菲律宾人'的少数族群，这损害了我们的国家、我们的历史和我们的民族英雄，包括有部分华裔血统的扶西·黎刹"[③]。

三、菲律宾的中国新移民与中国劳工问题

菲律宾的中国新移民并非一个新的话题，有关中国新移民的报道在菲律宾媒体上并不鲜见，比如唐人街的假冒商品和走私、中国工人非法务工等，但是自2018年以来，菲律宾社会和媒体对中国移民的关注确实前所未有，引起菲律宾主流社会和政府的高度关注，包括菲律宾总统在内的很多政府部门如劳工部和参议院先后表达对中国移民和劳工问题的担忧。2018年8月，在菲律宾众议院拨款委员会进行关于司法部2019年预算提案的简介会上，众议员米亚顺及麦达洛党团组织众议员阿雷哈诺表示对中国公民涌入菲律宾工作及居住的情况"越来越关注"，米亚顺更将中国游客与中国务工人员混为一谈："这是一件越来越令人担忧的事，自2016年起，超过300万中国人来到菲律宾。"被监禁的参议员黎利马则提出一项决议，要求国会调查中国公民涌入菲律宾的情况，因为"存在房地产市场定价使菲律宾人失去家园的危险可能性，尤其是在大量雇用中国公民的企业附近地区，如赌场和度假村"。[④] 同年9月，由于参议员狄伦透露有40万名外侨在菲工作，自由工人联盟主席桑尼·马杜拉对此表示震惊，认为过多的外国工人会对菲律宾人的生命安全造成威胁。[⑤]

2018年，菲律宾政府相关部门采取了多次针对中国移民的执法活动，这在过去历年都是较为罕见的，在媒体上也引起了一定的反响。个别菲律宾学者在媒体上撰文，批评中国人抢了菲律宾人的饭碗，甚至连带质疑菲律宾华人对菲律宾的忠诚。

如2018年8月14日，菲律宾移民局突击中国城168、999等商场，抓捕了74位中国移民，包括有合法手续的29位中国移民、1位未成年人和2位老年人，42位因为没有合法手续被收押处理。[⑥] 9月，菲律宾移民局又连续两天前往168商场调查并拘捕涉嫌无手续的中国人，总共逮捕8名中国人。[⑦] 9月初，34名中国建筑工人因没有工作许可证在大

① Solita Collas-Monsod, Why Filipinos distrust China, *Philippine Daily Inquirer*, November 24, 2018.

② 《洪玉华：华裔植根菲律宾土地》，《菲律宾商报》，2018年12月3日。

③ Richard Heydarian, On China, and Filipino Orientalism, *Philippine Daily Inquirer*, December 4, 2018.

④ 《众议员对来菲工作中国人激增表担忧》，菲龙网，2018年8月7日。

⑤ 《工会对中国工人涌入菲报导感震惊》，菲龙网，2018年9月27日。

⑥ 《菲律宾世界日报》，2018年8月16日。

⑦ 《菲律宾移民局接连两天在168商场共抓捕8名华人》，菲信网，2018年9月22日。

马尼拉地区被捕。截至2018年9月，菲移民局共逮捕了300多名非法外国劳工，其中大多数是中国公民。这些非法劳工被认为与菲律宾人争夺工作岗位，不仅是对菲律宾国家安全的威胁，也是对菲律宾人民生计的威胁。[①] 11月，菲律宾移民局在武六干省逮捕了从事非法采矿活动的6名中国人。[②] 12月，移民局和克拉克发展公司的官员逮捕了在菲律宾无证工作的45名中国人及24名韩国人。[③]

在菲律宾从事非法博彩业的中国人也成为菲律宾政府执法的对象。2018年10月，移民局逃犯搜查组和中国国际刑警分别在马加智、文珍俞巴和巴西市逮捕了51名中国公民，其中30名涉嫌各种网络诈骗活动，16名中国人被发现从事非法博彩活动。[④] 11月22日，在大马尼拉市一次打击非法在线赌博的行动中，93名中国公民和11名菲律宾人被捕。[⑤] 11月22日，菲律宾国家调查局在马尼拉和安赫莱斯市（Angeles City）分别行动，逮捕了15名参与非法网络赌博的中国公民，这些中国公民被控违反《反非法赌博法》和《网络犯罪预防法》。[⑥]

（一）菲律宾的中国移民及劳工群体

菲律宾移民局的记录显示，从2016年至2018年，三年内被驱逐出境的外国人中，以中国人为最多，总共有1 510名中国人被遣送回国，其中2016年有40人，2017年有1 248人，2018年1月至10月有222人。其次为韩国人，共有216人被遣送回国。[⑦] 以上只是被遣返的中国公民，实际上菲律宾的中国移民和劳工数量庞大，人数可能在40万以上。

此外，被禁止入境的中国人也为数较多。菲律宾移民局表示，在2018年的前10个月，在被禁止入境的3 528名外国公民中，其中1 508人是中国人。[⑧]

目前有大量中国人在菲律宾工作和经商，这些人主要分为如下几个类别：

第一，在菲律宾中国城（唐人街）或其他大型批发市场，从事小商品批发和零售的中国商人，以福建籍为主。这一群体估计有20多万人，主要分布在大马尼拉区域，比如马尼拉的中国城（China Town）、青山（Green Hills）以及奎松市（Quezon）的新中国城等。此外，在南部的宿务和达沃等地，也有为数众多的中国新移民。

第二，聚集在大马尼拉地区的Paranaque、Makati和Malabon等区从事博彩业的中国员工。菲律宾离岸博彩运营商自2016年末以来，陆续雇用了约20万名劳工，其中多数是中国人。中国公民数量的快速增长，也衍生出相应的商业活动。比如在华人较为密集的地方，出现大量中国餐馆，还有主要服务中国人的超市、理发店、中药店甚至KTV等娱乐设施。

第三，其他中资企业如建筑公司、矿业公司聘用的中国工人。这一人口的数量其实并不多，但也成为菲律宾媒体关注的焦点。

---

① （菲律宾）《世界日报》，2018年9月28日。
② 《菲律宾移民局逮捕6中国人》，菲信网，2018年11月8日。
③ 《菲律宾移民局逮捕45中国人24韩国人》，菲信网，2018年12月14日。
④ 《菲中联手逮捕51涉网络诈骗中国人》，菲信网，2018年10月18日。
⑤ 《涉非法经营线上博彩93名中国人被捕》，菲龙网，2018年11月23日。
⑥ 《再有15名中国人在菲务工被捕》，（菲律宾）《世界日报》，2018年11月28日。
⑦ 《菲移民局：被遣返外国人，中国人数量居首》，（菲律宾）《世界日报》，2018年12月1日。
⑧ 《菲律宾移民局前天说1 508中国人被禁入境》，菲信网，2019年1月2日。

第四，中资企业比如华为、中兴、烽火科技等公司的外派员工，其中不少人在任期满之后可能会选择留在当地继续工作，或者创建自己的公司。此外，在首都马尼拉以外的区域，还有不少中国公民在长滩岛这样的旅游景点从事旅行社、潜水店等行业，不少中国留学生在学成后也留在菲律宾工作。①

此外，由于菲律宾投资移民和退休移民的门槛较低，因此不少中国公民通过这些方式移民到菲律宾。按照菲律宾法律的要求，持投资移民和退休移民签证是不可以在菲律宾工作的，除非拿到正式的工作签证，但是仍有不少持此类签证的中国公民在菲律宾从事商业活动。

菲律宾劳工部表示，2015 年至 2017 年期间，该机构共发放 115 652 份长期工作许可证，其中有 51 980 份或 45% 发给了中国人。同样在此期间，菲律宾移民局发放了 119 814 份临时工签，其中 78 185 份或 65% 发给了中国人。以此类推，非法务工的中国人数量在菲律宾可能也居外国公民之首。移民局的数据也显示，在 2018 年 1—9 月，共有 304 名中国公民被捕，比 2017 年的 37 人高出许多。②

（二）中国移民及劳工所造成的问题

目前中国移民和中国劳工所造成的问题主要表现在以下几个方面，并且集中于前三类群体。

第一，身份不合法。不少中国公民持旅游签证进入菲律宾，在签证到期后非法滞留。不过，由于菲律宾投资移民和退休移民的门槛较低，很多之前持旅游签证的中国公民，都已陆续办理了合法的居住手续。

第二，非法工作。一方面，福建籍中国移民在菲律宾主要从事小商品零售或批发，但是菲律宾法律对外国人在本国从事零售业设置了非常高的门槛，因此大多数福建籍中国移民在菲律宾从事的零售业在本质上并不合法。另一方面，菲律宾法律对聘请外劳有严格的限制，由于办理工作准许证过程漫长，一些心急的中国公司会让中国籍工人一边工作一边办理签证。另外，中国建筑工人更能吃苦、技术更成熟、工程进展更快，因此一些中国建筑企业更愿意聘用中国工人。但是，在菲律宾从事建筑业的中国工人数量并不多，对菲律宾劳工市场的冲击非常有限。

第三，博彩业。博彩业在菲律宾可以合法进行，前提是获得菲律宾政府的相关执照。目前引发菲律宾政府和社会不满的主要有两个问题：其一，不少博彩业为非法运作，即没有取得菲律宾政府的营业执照；其二，大量博彩业从业人员没有取得工作签证而在当地工作。目前在菲律宾从事博彩业的中国公民数量巨大，一种说法是人数在 20 万以上，其中很多人持有旅游签证。

第四，参与贩毒。在菲律宾媒体上，有关来自海峡两岸及香港的中国公民在菲律宾参与制毒贩毒的新闻时有报道，菲律宾民间一种广为流传的看法是，菲律宾大部分毒品都来自中国大陆。部分菲律宾人因此对中方形成较为负面的观感，认为中国应该为菲律宾的毒品泛滥负责。

---

① 代帆：《改革开放以来菲律宾的中国移民：社会关系与现实挑战》，（澳门）《社会经济发展研究》2018 年第 1 期。

② 《本地工程承包商举报越来越多中国建筑工人在菲非法工作》，菲龙网，2018 年 11 月 24 日。

由于上述问题的存在，中国移民和劳工群体成为菲律宾政府随意执法的对象。不过，抓捕外国非法移民实际上也是菲律宾移民局“创收”的一种方式，尤其是在每年圣诞节前夕，即使在阿罗约总统时期中菲较为友好的时候也是如此。

（三）菲律宾政府的政策

菲律宾社会对中国移民和劳工最大的不满来自两个方面：第一，不少菲律宾人认为中国应该对菲律宾的毒品泛滥负责；第二，菲律宾人普遍认为外国劳工尤其是中国人的大量涌入剥夺了原本属于菲律宾人的工作机会，在一些别有用心的政客或者不谙事情真相的菲律宾专栏作家的推波助澜之下，事情最终被越描越黑。

实际上，菲律宾人对中国移民和劳工的认识非常片面，而且过于情绪化，未能真正认清事情的真相。

第一，华人博彩公司问题。其一，坦率而言，菲律宾博彩公司的主要客户依然是中国人或者华人，这些博彩公司，尤其是网络离岸博彩公司对菲律宾社会的负面影响非常有限；其二，博彩公司聘用的员工大多必须懂中文，因此除了大量来自中国大陆的工作人员，博彩公司还聘用了不少来自马来西亚和越南等东南亚其他国家的华人。这些工作都是本地菲律宾人甚至不谙中文的菲律宾华人无法胜任的。

第二，中国移民非法从事零售业的问题。菲律宾的福建籍移民大多从事零售和批发业，因为他们构成了本地菲律宾华人商业网络的一部分，同时又了解菲律宾市场和中国市场，这是菲律宾人根本无法掌握的优势。而且中国移民在当地的零售或批发活动，在很大程度上填补了菲律宾商业流通环节的空白，让菲律宾唐人街成为整个菲律宾商品批发和零售的中心，因此中国移民和本土菲律宾人之间实际上是合作互利而非竞争的关系。

第三，非法雇用中国工人。菲律宾劳工部以及菲律宾劳联经常拿中资企业尤其是建筑公司非法雇用中国工人说事，认为中国工人抢了菲律宾人的饭碗。其实中国建筑公司雇用的中国工人并不多，笔者采访的一些中资建筑公司除了管理人员是中国公民外，基层的员工都是菲律宾人。只不过媒体的反复报道和曝光，误导了菲律宾民众和政府。此外，在菲律宾的中国人也是菲律宾不法活动的受害者。根据菲国警反绑架大队的数据，2018 年菲律宾共有 69 人遭遇绑架，与 2017 年相比增加 2.98%，其中 27 名是外国人，42 名是菲律宾人。在被绑的外国人中，中国人占了 17 人，与 2017 年相比增加了 112.5%。菲警方指出，大部分被绑架的中国人是赌场放高利贷团伙的受害者。[①]

也有菲律宾人认识到中国移民和中国劳工对菲律宾的贡献，但是这种认识还较为零散且不够深入。在注意中国移民和劳工给菲律宾社会带来问题的同时，也必须充分认识这一群体对菲律宾社会的贡献。

第一，促进菲律宾的就业。无论是从事零售业、博彩业还是其他行业的中国移民，他们在当地的生活和生产，以及由此衍生的配套服务如餐馆和超市等，为本地社会创造了大量就业机会。至少有数十万菲律宾人及他们的家庭从中获益。

第二，繁荣当地商业市场，为菲律宾民众的生活创造了极大的便利。中国新移民在菲律宾的零售、批发和进出口贸易，为菲律宾社会带来大量物美价廉的商品。在主要由中国

---

① （菲律宾）《世界日报》，2019 年 2 月 18 日。

新移民经营的购物中心，无论是平时还是节假日都人满为患，广受普通菲律宾人的喜爱。

第三，参与慈善事业，回馈本地社会。不少事业有成的中国移民商人，会积极参与对菲律宾社会的慈善活动，比如参与赈灾救灾、救助失学儿童等。即便是饱受诟病的博彩业从业人员，少数人也会在周末组织针对本地社会的慈善与捐赠活动。遗憾的是，除了华文报纸，菲律宾主流的英文媒体根本不会关注中国移民对本地社会的贡献，很多人甚至无法分辨中国公民和菲律宾华人。

第四，促进经济繁荣。不少中国新移民选择在菲律宾长期发展甚至终身定居，他们凭借辛勤的工作和出色的商业头脑，促进了菲律宾社会的进步与繁荣，少数中国人的非法活动不能掩盖这一群体对菲律宾社会的贡献。

（四）政策建议

总体而言，菲律宾的中国移民和中国劳工并没有如菲律宾媒体所报道的那样，大量地抢走菲律宾人的工作机会，相反，他们对本地社会的贡献远大于他们所造成的问题。

为了消除菲律宾政府和社会对中国移民及劳工群体的误解与偏见，让这一群体不至于成为中菲关系的负资产，同时也为了更好地保护中国公民的海外权益，我们提出如下政策建议：

第一，与菲律宾学界、智库或者政府研究部门联合举行研讨会或政策促进会，把握话语权，引导菲律宾主流社会、媒体和智库客观公正地看待在菲中国移民和劳工群体。

第二，在菲律宾的英文媒体上传播中国移民对菲律宾本土社会的贡献。比如驻外使领馆可以邀请一些对华友好的菲律宾学者，在菲律宾主流媒体撰文介绍中国移民对菲律宾社会的贡献，进行舆论引导。

第三，关于中国人在菲律宾涉毒问题。我国政府应加强和菲律宾政府的合作以及情报共享，加大力度打击中国人在菲律宾的涉毒案件及毒品传播网络，并适时适当地把中菲合作打击毒品犯罪的进展与成效释放给菲律宾媒体。

第四，与海外华社合作，引导在菲中国人办理合法证件，遵纪守法。不少中国移民因为语言障碍、工作繁忙、缺乏对政策的了解，或者因为其他种种原因，而没有办理当地的合法证件，我驻外使领馆可以考虑加强与海外华人社团以及菲律宾华助中心的合作与互动，建立定期互动机制，敦促和帮助在菲中国公民办理在当地的合法证件。

第五，建立驻外使领馆相关部门与大型中资公司的定期见面机制，通报有关中国劳工和中国移民的问题，敦促中资企业遵守当地法律，为中资公司员工办理合法的工作手续。

第六，积极面对境外博彩业从业人员。一方面博彩业在中国大陆境内无论是在法律上还是在道德上，都是一个禁忌而又敏感的话题，由此导致我驻外使领馆在境外面对博彩公司和博彩业中国员工时，采取回避态度。另一方面，大多数博彩业从业人员都来自中国社会底层，他们来菲律宾工作也在一定程度上解决了中国的就业问题。在我驻外使领馆不宜直接与他们打交道的背景下，可考虑通过本地华人社团建立与他们的关系，敦促他们建立行业协会，规范从业人员的行为，保护员工正当合理的权益。

（代　帆）

泰国侨情[①]

泰国是中国“一带一路”建设合作中的重要国家，往南可连接海上丝绸之路，往北可连接陆上丝绸之路。东南亚国家中，泰国是华侨华人人数最多的国家之一，华人社团历史悠久，非常活跃。泰国华侨华人社会地位较高，对居住国认同感较强，与居住国其他族群融合程度较深，彼此关系较和谐。中泰两国非常重视进一步发展中泰关系，“中泰一家亲”的观念已深入人心，政治互信更加浓厚，两国贸易平稳发展。泰国政府推出的“东部经济走廊”（Eastern Economic Corridor，EEC）发展规划为正在响应“一带一路”倡议的泰国华侨华人和中国企业提供了良好的合作机遇，将成为中泰合作的新亮点。

一、泰国基本国情

（一）国家概况

泰国位于中南半岛中南部，西部与缅甸接壤，濒临安达曼海，属于印度洋；东北部与老挝接壤，东南部与柬埔寨接壤，南部濒临泰国湾，属于太平洋，伸向最南边的狭长半岛与马来西亚接壤。独特的地缘特征使泰国自古以来就是海陆交通的要道。人口近6 900万，全国30多个民族，泰族为主要民族，占人口总数的40%，其余为老挝族、华族、马来族、高棉族，以及苗、瑶、桂、汶、克伦、掸、塞芒、沙盖等山地民族。泰语为官方语言，90%以上的民众信仰佛教，马来族信奉伊斯兰教，还有少数民众信仰基督教、天主教、印度教和锡克教。

泰国实行君主立宪制，国家立法议会负责制定法律，行使国会和上、下两院职权。2016年10月13日，泰国九世王普密蓬·阿杜德去世，弱哈·哇集拉隆功（Maha Vajirlongkorn Bodindradebayavarangkun）国王即位。2017年11月巴育政府改组内阁。现任内阁成员包括总理巴育·詹欧差（Gen. Prayut Chan-O-Cha）上将，副总理兼国防部部长巴威·翁素万（Gen. Prawit Wongsuwan）上将，副总理兼司法部部长巴金·詹东（Aen. Prawit Juntong）空军上将，副总理颂奇·乍都西披塔（Mr. Somkjd Jatusritak），副总理威沙努·科岩（Mr. Wissanu Krea-Ngam），副总理察猜·沙里甘亚（Gen. Chatchai Sarikalya）上将等5位副总理以及外交、商业、交通等各部部长、副部长共36人。哇集拉隆功国王，即拉玛王朝十世王，1952年7月28日生于曼谷，1972年12月受封为王储，2016年10月即位。其早年在英国和澳大利亚皇家预备学校学习，后赴澳大利亚堪培拉皇家军事学院学习，获文学学士学位，曾在泰国御林军任职，为陆、海、空三军上将。巴育·詹欧差总理，1954

① 本文为2016年度教育部人文社会科学重点研究基地重大项目“国家边疆安全视野下的沿边地区侨情调研”（项目批准号：16JJD810008）阶段性成果。

年3月21日生于泰国呵叻府，曾就读于泰国军官预备学校、陆军指挥参谋学院、国防学院，历任泰国陆军参谋长、副司令等职，2010年任陆军司令，2014年9月底退役。2014年5月22日，泰国军方以"国家维稳团"名义接管政权，巴育任"国家维稳团"主席；8月21日，国家立法议会选举巴育担任总理，巴育于24日就任。（见表1）

表1　泰国概况

国家全名	泰王国
首都	曼谷
政体	君主立宪制
人口数量	68 615 858①（2018年7月）
GDP/人均GDP	4 554亿美元/17 900美元②（2017年）
地理位置	中南半岛中南部
领土面积	513 115平方千米
官方语言	泰语
主要民族	泰族、老挝族、华族、马来族、高棉族
执政党及主要反对党	军政府
国家元首/政府首脑	哇集拉隆功国王/巴育·詹欧差上将
华侨华人人口数量	1 000万
华侨华人占总人口比例	14.6%
CPI	0.73%③（2019年）
失业率	1.2 %④（2018年）

泰国奉行独立自主的外交政策，重视周边外交，积极发展睦邻友好关系，维持大国平衡。主要体现在以下三个方面：一是重视区域合作，2012年至2015年担任中国—东盟关系协调国，积极推进东盟一体化和中国—东盟自贸区建设，支持东盟与中日韩合作。二是重视经济外交，推动贸易自由化。泰国发起并推动亚洲合作对话（ACD）机制，并于2016年主办了ACD第二次领导人会议。另外，泰国积极参加亚太经济合作组织（APEC）、亚欧会议（ASEM）、世界贸易组织（WTO）、东盟地区论坛（ARF）、博鳌亚洲论坛（BFA）、澜沧江—湄公河合作、大湄公河次区域经济合作等多边合作机制，并于2018年6月主办"伊洛瓦底江—湄南河—湄公河三河流域经济合作战略"（ACMECS）第八届峰会。三是积极发展与伊斯兰国家关系，谋求在国际维和、气候变化、粮食安全、能源安全及禁毒合作等地区和国际事务中发挥积极作用。2016年，泰国担任77国集团主席国，2019年担任东盟轮值主席国。

---

① The World Factbook，https：//www.cia.gov/library/publications/the-world-factbook/geos/th.html。

② The World Factbook，https：//www.cia.gov/library/publications/the-world-factbook/geos/th.html。

③《泰国：居民消费价格指数CPI》，Trading economics，https：//zh.tradingeconomics.com/thailand/consumer-price-index-cpi。

④《泰官员：吸引中国科技软实力助力泰国4.0战略实现》，中华人民共和国驻泰王国大使馆经济商务参赞处，http：//th.mofcom.gov.cn/article/ddgk/zwdili/201806/20180602759170.shtml，2018年4月8日。

（二）泰国4.0战略及“东部经济走廊”规划

泰国经济发展经历了1.0—3.0的转变，到泰国3.0时，国家进入了“中等收入国家陷阱”“收入差距悬殊陷阱”中，经济发展受到严重影响。2016年，泰国总理巴育提出，泰国拟在未来20年将经济发展提升到一个基于高附加值的发展阶段，被称为“泰国4.0”阶段。泰国希望通过推进4.0战略，将传统的农业种植模式升级为智能化农业，将传统的中小企业升级为智能型中小企业，将传统的服务业升级为具有高附加值的服务业。泰国4.0战略旨在改革经济结构，利用创新和科技发展经济，提升经济实力。泰国未来将重点发展十大目标产业：5个为加持新技术的泰国已有优势产业，包括现代汽车制造业、智能电子产业、高端旅游及保健旅游业、农业和生物技术、食品加工业；5个为提供投资新机会的未来产业，包括机器人制造业、航空业、生物燃料和生物化学、数字经济、全方位医疗产业。4.0战略下的泰国将基本按照方位将全国划为六大片区，其中，囊括北柳、春武里和罗勇三府经济区的东部经济走廊自成一个片区，是“泰国4.0”战略下的重点发展区域，目标是打造泰国最先进的经济发展中心。在实现泰国4.0国家战略计划的前进道路上，尤其在科技进步方面，中国将是泰国必须依赖的一股不可忽视的力量。泰国科技部部长素威透露称，今后将会加强与中国科技部门间的紧密合作，尤其是在中国擅长的轨道技术方面的深度合作。①

“东部经济走廊”是指泰国在东部沿海的北柳、春武里（芭堤雅）和罗勇（乌塔堡机场）三府设立经济特区，通过大力发展基础设施及实行一系列优惠政策吸引新产业，将泰国东部打造为一个集海陆空三维交通系统为一体的国际交通要塞。北柳府、春武里府、罗勇府三府，位于泰国东部工业基地，总面积13 266平方千米，人口达到288万。泰国“东部经济走廊”计划与中国的“一带一路”倡议高度契合，将给中国企业带来新的投资机遇。目前，中国企业在“东部经济走廊”的投资总额已达到600亿泰铢（1泰铢约合0.21元人民币）。中国国务院副总理韩正表示EEC将为泰国未来发展创造无限机遇，不仅能帮助政府实现打造东盟经济文化交通枢纽中心的愿景，还能很好地与习近平主席“一带一路”倡议东南亚发展战略实现互补，造福两国人民。②

泰国政府内阁于2016年10月通过《东部经济特区法》，为东部经济走廊的建立提供法律依据。总理巴育动用《泰国2014年临时宪法》第44条赋予的特权，以国家维持和平秩序委员会主席令这一最高等级的法令方式批准东部经济走廊，为东部经济走廊提供了司法依据，使东部经济走廊能够打破原有法律和行政管理模式的限制，实现统筹管理、合理分配资源。同时，为企业入驻提供超越当前标准的政府支持和优惠条件。作为泰国的旗舰项目，EEC在2018年初迎来了重大的突破。《东部经济走廊发展法案》（EEC Bill）草案在2018年2月正式获得泰国国会通过，其将大幅放宽外资对该地区投资的限制，投资特定行业的企业在一定的条件下还将获得土地所有权。草案旨在大规模吸引外资，以加快EEC各个项目的建设。

---

① 中华人民共和国驻泰王国大使馆经济商务参赞处，http://th.mofcom.gov.cn/article/jmxw/201804/20180402729076.shtml，2018年4月8日。

② 《韩正中南海会颂奇，赞EEC政策远识》，泰国中华网，http://thaizhonghua.com/2018/11/07/70365.html，2018年11月7日。

泰国东部经济走廊位于大湄公河经济走廊和21世纪海上丝绸之路之间，地处泰国湾东岸，陆上与柬埔寨、老挝、越南连接，海上则位于印度洋与西太平洋的海上航线中点位置，是泰国传统的工业基地、海运物流中心，具有特殊的地缘优势和发展空间。① 东部经济走廊拥有泰国最重要的两大深水港，林查班港口和马达普港口，以及正在开发中的萨达西港口。林查班港口是泰国最大的国际深水港，2016年集装箱吞吐量达到706万个标准集装箱，泰国98%的出口车辆经由林查班港口运输。同时，东部经济走廊还拥有泰国3号和7号两条国道，能够连接曼谷和东部地区各重要的工业区、码头和城市。乌塔堡机场距离泰国首都曼谷约150公里，距旅游胜地芭堤雅仅30分钟车程。东部经济走廊也是泰国著名的旅游目的地，包括芭堤雅、西昌岛、象岛等国际旅游景区，其中，芭堤雅年平均接待游客数量达到1 000万人次。

数字经济是泰国大力发展的领域之一，在EEC计划中，泰国还特别圈地规划了数字园区，建设基础设施，提供优惠政策，以吸引科技企业进驻。泰国副总理颂奇表示，在数字经济领域，泰国与中国是很好的合作伙伴，目前，很多中国企业已与泰国展开了这一领域的合作项目。"未来，我相信在政府及公共部门之间也会有更多合作机会。"② 在数字经济产业，阿里巴巴和华为已陆续增加在泰国的投资。阿里巴巴将在EEC区域内投资建设一座智能数字物流中心，利用高新技术处理物流数据，提高中泰两国间的物流效率，并将泰国打造成为一个物流基地，通过其交通网络为附近的柬埔寨、老挝、缅甸和越南等国提供物流服务。该中心预计于2019年正式运营。继去年在曼谷开设第一个数字中心后，华为还希望继续在EEC开设第二个，以作为其在泰国的技术研发中心。根据泰国第十二个国家经济与社会发展规划，到2021年"东部经济走廊"年平均新增就业人数将达10万人，政府十分注重对相关技术人员的培训。"泰国劳工部建立了高校、职业技术学院、职业技术培训中心多方合作模式，不仅增加更先进的技术内容，培训人员数量也大量增加。"③

二、中泰关系

1975年7月1日建交以来，中泰关系保持健康稳定发展。两国互设大使馆，中国在清迈、宋卡、孔敬设有总领馆，在普吉设有领事办公室。泰国在广州、昆明、上海、香港、成都、厦门、西安、南宁、青岛设有总领馆。④ 中国是泰国最大贸易伙伴，泰国是中国在东盟国家中第三大贸易伙伴。2017年，双边贸易额802. 9亿美元，同比增长6%，其中中国出口387. 1亿美元，同比增长4. 1%；进口415. 8亿美元，同比增长7. 9%。2018年1—10月，双边贸易额734. 1亿美元，同比增长12. 2%，其中中国出口355. 1亿美元，同比增

① 常翔、张锡镇：《泰国东部经济走廊发展规划》，《东南亚纵横》2017年第4期。

② 《泰国放宽东部经济走廊投资限制　加码数字经济》，21经济网，http：//www. 21jingji. com/2018/5 – 5/wN-MDEzNzlfMTQzMDYwNQ. html，2018年5月5日。

③ 《泰国"东部经济走廊"促进产业升级》，人民网，http：//world. people. com. cn/n1/2019/0125/c1002 – 30589952. html，2019年1月25日。

④ 《中国同泰国的关系》，中国外交部网站，https：//www. fmprc. gov. cn/web/gjhdq_676201/gj_676203/yz_676205/1206_676932/sbgx_676936/，2019年1月。

长13.2%；进口379亿美元，同比增长11.3%。2017年，中国对泰新增非金融类直接投资额5亿美元，同比下降55%。中国企业在泰新签承包工程合同额37.3亿美元，下降3.1%；完成营业额33.8亿美元，增长15.3%。2018年1—5月，中国对泰新增非金融类直接投资额2.49亿美元，同比增长190.1%。泰国对华新增非金融类直接投资额0.31亿美元，同比增长97.1%。1985年两国成立部长级经贸联委会。2003年6月升格为副总理级，迄今已举行六次会议。2004年7月，吴仪副总理与差瓦利副总理在北京共同主持联委会首次会议。2016年12月，中国国务委员王勇同泰国副总理颂奇在北京共同主持联委会第五次会议。2018年8月，国务委员王勇同泰国副总理颂奇在曼谷共同主持联委会第六次会议。中泰两国在科技、教育、文化、卫生、司法、军事等领域的交流与合作稳步发展。双方签署了《科技合作协定》（1978年）、《旅游合作协定》（1993年）、《引渡条约》（1993年）、《民商事司法协助和仲裁合作协定》（1994年）、《文化合作协定》（2001年）、《刑事司法协助条约》（2003年）、《关于相互承认高等教育学历和学位的协定》（2007年）、《教育合作协议》（2009年）等。两国国防部建立年度防务安全磋商机制。2017年中国游客赴泰逾980万人次，同比增长11.97%。2017年9月，中泰签署《中华人民共和国政府和泰王国政府关于共同推进“一带一路”建设谅解备忘录》。2001年，中泰双方成立了泰中友好协会（1976年）、中泰友好协会（1987年），两国已缔结33组友好城市和省府。

三、泰国侨情

（一）华人社团

泰国中华总商会创立于清宣统二年（1910），迄今已有一百余年历史，是泰华社会最有影响力的社团之一，被推崇为泰华社团中最高领导机构。一个世纪以来，作为泰华社会中最为重要的一个社团组织，泰国中华总商会除经营商务外，还兼办社会福利事业，对繁荣泰国经济、发展社会公益福利事业、团结华侨华人、促进泰中友好，作出了积极的贡献。① 1975年泰国与中华人民共和国建立外交关系，在取消泰国华人双重国籍问题上达成一致，加快了泰国华人加入泰籍获得公民权利的进程。在此背景下，泰国中华总商会作为当地重要的侨团组织，随着20世纪70年代泰华社会的转变，其性质也发生了重大转变，即从“华侨社团”转变为“华人社团”。虽然1975年中泰建交以来，泰国中华总商会的性质发生了一些变化，但是其在泰国华社的地位始终没有改变，一如既往地保持其在华侨、华人群体之间的社团领袖地位。身份的转变，使得泰国中华总商会的影响力不仅限于单向，即只对泰国或是中国单方具有影响力，而且对中泰两国之间关系的互动也有着深远的影响。近三十多年来，泰国中华总商会无论是在中泰事务，地区性事务，还是在当地社会的公共事务等方面都发挥了重要的作用。② 泰国中华总商会现任主席陈振治，1941年出生，祖籍广东省普宁市。陈振治现任振和兴大金行有限公司董事长、万利有限公司董事

① 《泰中商会会长致辞》，泰国中华总商会，https：//www.thaicc.org。
② 李慧芬：《试析泰国中华总商会的演变》，《八桂侨刊》2014年第3期。

长、曼谷黄金企业有限公司董事长、志提期金有限公司董事长、京华中原日报董事长等，经营范围包括大金行、证券、房地产、媒体等业务，主要社会职务包括中华全国归国华侨联合会顾问、泰国中华总商会主席、泰国潮州会馆名誉主席、泰中友好协会副会长、泰国金商工会理事长、泰华报人公益基金会名誉主席、泰国陈氏宗亲总会永远荣誉会长、泰京天华慈善医院永远名誉董事长兼参议等。

泰国潮州会馆正式成立于1938年，迄今已有81年悠久历史，无论是会员乡亲人数，还是馆厦宏伟规模，堪称世界各社团之冠。泰国潮州会馆是全体旅泰潮人心目中的最高组织，由于潮州人在泰国人数众多，潮州会馆在泰华九属会馆被尊为龙头。按地域分别成立的其他会馆还有客家总会、广肇会馆、福建会馆、海南会馆、江浙会馆、台湾会馆、云南会馆、广西总会。泰华九属会馆首长聚餐会，每逢单月第二个或第三个周末，在泰国潮州会馆或各会馆大礼堂召开，由各会馆轮流值月做东，各会正副首长齐聚一堂，共策九属联合事务兴革发展事宜。泰国潮州会馆为旅泰潮人最高组织，其成员包括泰国潮安同乡会、泰国潮阳同乡会、暹罗揭阳会馆、旅暹普宁同乡会，泰国澄海同乡会、泰国大埔会馆、泰国丰顺会馆、泰国饶平同乡会、泰国惠来同乡会及宋卡潮州会馆、合艾潮州会馆、普吉潮州会馆、泰国董里潮州公所、素力潮州会馆、江东潮州公所、勿洞潮州会馆、泰国仁廊潮州联益公会、洛坤潮州会馆、宋艾歌乐潮州会馆、清迈潮州会馆、罗勇分会、春蓬分会、呵叻分会、坤敬分会等。泰国潮州会馆现任主席黄迨光，是泰国一位纸商实业家，他的家族在泰国经营着三家大型造纸厂和纸箱厂，发展已有40多年。黄迨光多年来致力于推进泰国的华文教育事业，作为泰国西部17所华文民校联谊会主席，他不仅开创了一系列华文教育创新举措，还收购了《亚洲日报》，意在为泰国华文老师与学生们提供一个投稿的平台。促进文化交流，加强海外新生代的华文教育，被黄迨光视为当前比较迫切的任务。

泰国华人青年商会是2007年7月1日成立的泰国华人社团，是泰国第一个青年华人组织，是新华侨、新移民的代表性团体。商会成员主要为二十多年来移民泰国的中国各省、市、自治区及港澳台地区的同胞和泰国华裔青年，会员从事行业遍及制造、加工、贸易、金融、建筑、房地产、珠宝、医疗、保险、电子、文化艺术、科技资讯、旅游、餐饮服务等。许多会员已是取得成就的企业家、经济师、工程师、会计师、医师、教师、作家、艺术家、新闻工作者等，是年轻的精英和企业经营的决策者。商会成立以来，积极从事促进泰中两国、泰国与世界各国民间的经济、贸易、文化、科技的合作与交流，继承、弘扬中华民族传统文化，热心社会福利与慈善事业，努力提高和强化会员的社会地位与经济实力，为泰华新移民引路，协助会员更好地融入侨居国社会，帮助会员对外发展商贸合作关系，培养新一代的华侨接班人，向各社团输送青年人才，维护会员在泰的权益。现任会长李桂雄，1963年出生，祖籍广东潮阳，改革开放后，李桂雄赴泰，从事珠宝贸易。李桂雄家族掌控的环球集团已发展成为具有集团性规模、跨多行业的泰国知名企业，有泰国环球集团、泰国环球贸易行、泰国环球珠宝首饰股份有限公司、泰国环球置业有限公司、泰国环球再循环资源有限公司、深圳鹏城康辉传媒有限公司、深圳高科德通讯数码广场等，业务覆盖珠宝、化工、文具、文化传媒等，属下永泰珠宝行、永恒珠宝行客户遍天下，成为珠宝行业中的佼佼者。生产、供销一条龙的熊猫牌文具产品，畅销全泰国，受到曼谷及内地各府中小学生的喜爱，营业额逐年上升，创下稳固可观的利润。

泰国江浙沪总商会成立于2008年9月17日。目前来自中国江苏省、浙江省和上海市的华人估计超过10 000人，主要从事工程承包、投资设厂，以及进口中国江浙沪地区和其他地区机电产品在泰国市场的销售，厂商大多在20世纪90年代初期移居泰国。泰国江浙沪总商会的成员大多来自有近百年历史的泰国江浙沪理事会的成员。现任主席钱湘麟，1992年赴泰，祖籍浙江省绍兴市上虞，兼任浙江省海外交流协会常务理事、成都市海外交流协会副会长、上海市海外交流协会理事、无锡市侨联顾问、镇江市侨办海外经济顾问。①

泰国广东商会为非营利华商团体，成立于2016年9月，是泰国历史上唯一省级驻外国经贸联络商会，目前，广东籍企业会员人数逾16 000名，其中包括团体会员、商号会员及个人会员。该商会致力于为泰国商界华侨华人企业及个人提供工商业资讯交流的机会，促进国际沟通和推广工商贸易。

（二）华商

2017年泰国5大华人富豪的净资产总额高达142亿美元。担任泰人寿保险有限公司董事长的侯业顺，其辖下旗舰性企业荣获泰皇钦赐金翅鸟皇徽。正大集团的谢氏家族总资产近百亿美元，其集团是一家以农牧食品、商业零售、电信三大事业为核心，同时涉足金融、地产、制药、机械加工等10多个行业领域的多元化跨国集团公司，业务遍及100多个国家和地区，员工超过35万人。作为中国改革开放后第一家在华投资的外商企业，40年来，正大集团秉承“利国、利民、利企业”的经营宗旨，积极投身中国改革开放事业，并不断加大在华投资力度。截至目前，正大集团在中国设立企业超过400家，下属企业遍及除西藏以外的所有省份，员工超8万人，总投资超过1 200亿元，年销售额近1 200亿元。拥有正大饲料、正大食品、正大鸡蛋、正大种子、卜蜂莲花、大阳摩托、正大广场、正大制药、《正大综艺》等具有广泛知名度的企业、品牌和产品。正大集团已成为在华投资规模最大、投资项目最多的外商投资企业之一。② 泰国大城银行董事长李智正，幼年随父母从汕头移居泰国，曾在英国留学，20世纪70年代中期回泰国后，便在银行任职，1982年便出任总裁。运输大亨黄创山的BTS集团控股在2012年上市，并成为2012年亚洲规模最大的公开募股。苏旭明旗下的泰国酿酒（ThaiBev）是泰国最大的酿酒商，同时也是东南亚最大的酿酒商之一。苏旭明是2018年《福布斯》全球富豪榜泰国首富，旗下企业300多家，除了主要酒业外，还包含酒店、保险、金融、制造、房地产、农业、旅游业、媒体、物流、零售业等，产业遍布中国、新加坡、越南、法国、澳大利亚等地。③ 盘古银行是泰国第一大银行，以及东南亚第七大银行，总行位于首都曼谷，在泰国设有850间分行，海外分行19间，分布于中国、印度尼西亚、老挝、马来西亚、缅甸、菲律宾、新加坡、英国、美国、越南等国家，职员超过30 000人，泰国华侨陈弼臣为其创办人之一。郑心平旗下的中央零售（Central Pattana）是泰国零售业的巨头，其家族业务包括泰国购物中心开发商 Central Pattana Pcl 以及 Central Hotel Plaza Pcl 等。郑心平于1924年从海南文昌移居泰国，1941年在曼谷郊区开办了一家小杂货店，起名“诚生利”，9年之后，长子郑有华就实现了父亲开百货商店的愿望，在中国城开了泰国第一家百货商店。郑心平

① 《泰国江浙沪总商会简介》，泰国江浙沪总商会，http：//www. jzhthai. com/index. php？option = com_content&view = article&id = 10&Itemid = 30。

② 正大集团，http：//www. cpgroup. cn/Default. aspx，2018年7月1日。

③ 泰国酿酒，http：//www. thaibev. com/en08/home. aspx，2018年7月1日。

有26个子女，郑有华继承了他的事业，建立了中央零售集团，开办了泰国第一家购物中心，又在清迈开办了第一家中央百货公司，实现了省际扩张。到他1992年辞世的时候，中央零售集团已经成为泰国最大的集团公司之一。郑有华在泰国创造了多个"第一"：第一个引进国际化妆品牌、第一个提供完善的客户服务、第一个开展创新营销交流。如今，中央零售集团归郑心平的次子Vanchai领导，但是集团核心零售业务仍在长子郑有华之子郑昌的掌控之中。[①]（见表2、表3）

表2　2017年《福布斯》华人富豪榜中泰国华商

排名	姓名	净资产（亿美元）	财富来源	居住地	国籍
1	侯业顺/Vanich Chaiyawan	39	保险、饮料	泰国	泰国
2	谢正民/Jaran Chiaravanont	33	多元化经营	泰国	泰国
3	谢大民/Montri Jiaravanont	33	多元化经营	泰国	泰国
4	李智正/Krit Ratanarak	23	媒体、房地产	泰国	泰国
5	黄创山/Keeree Kanjanapas	14	运输	泰国	泰国

资料来源：《福布斯》中文网，http://www.forbeschina.com/list/more/2373。

表3　2017年《亚洲周刊》"全球华商1 000"中泰国华商

	公司名称	市值（百万美元）	营业额（百万美元）	增长率（%）	纯利（百万美元）	增长率（%）	总资产（百万美元）
1	CP All Public Company Limited	17 968.9	12 802.8	11.3	472.4	21.9	9 979.3
2	Thai Beverage Public Company Limited	16 616.9	5 402.2	36.3	977.6	82.4	5 502.6
3	开泰银行	14 845.8	4 345.7	4.0	1 138.1	1.8	80 619.5
4	盘古银行	10 668.2	2 998.8	3.0	901.3	-6.9	83 405.9
5	Central Pattana Public Company Limited	10 490.4	828.9	13.1	261.9	17.3	2 961.1

① 《从杂货店起家到泰国沃尔玛，如今资产730亿》，搜狐网，http://www.sohu.com/a/29882634_189130，2015年8月30日。

（续上表）

	公司名称	市值（百万美元）	营业额（百万美元）	增长率（%）	纯利（百万美元）	增长率（%）	总资产（百万美元）
6	大城银行大众有限公司	8 321.2	2 591.7	10.5	606.3	14.9	53 348.1
7	卜蜂食品企业大众有限公司	6 902.9	13 319.3	8.3	416.5	33.0	16 492.3
8	True Corporation Public Co. Ltd.	6 099.7	3 533.1	5.0	−79.7	−163.8	12 718.4
9	泰达电子大众股份有限公司	3 261.4	1 349.9	−0.7	156.3	−17.8	1 312.2
10	京都水泥大众有限公司	2 518.3	988.6	11.3	110.9	−14.5	1 749.1

资料来源：《亚洲周刊》，http：//www. yzzk. com/htm/events/2017_1000/content. cfm？Heading＝14。

（三）华文教育

1907 年孙中山到泰国组织同盟会，成立泰国中华会馆，后创办华盖学堂，是泰国华社创办的早期华校。汉语在泰国的华人社区占有很大的使用比例，不少华侨华人以及华裔在日常生活中都使用汉语，有些人还把汉语作为家庭语言。近年来，随着中国综合国力的增强和国际地位的提升，世界各地纷纷兴起了一股“中国热”。作为中国友好邻邦的泰国也掀起了“华文热”。不仅华人社团为了让当地华裔和华侨子女接受母语教育、传承中国语言文化，大力兴办了华文教育，泰国政府认识到汉语的重要性，也将汉语教学列入国民教育体系，进入泰国公办和私立的大学、中学、小学乃至幼儿园，大有“全民汉语热”的势头。泰国华文教育的办学方式主要分为两种：一种是华人及华人社团筹办的私立民校，比如语言学校或语言中心、补习班、培训班、讲座班等；另一种是泰国政府组建的公办学校，其具体类型包括华文小学、华文中学、一般中学、专科学校、大学等。经过这些年的发展，后者大有取代前者的趋势，而成为泰国华文教育的主流办学方式。

泰国目前有大约 150 所华文民校，分布在曼谷及各府，其中曼谷占 1/5。泰国北榄培华学校是一所典型的泰国华文民校，学校创办于 1950 年，位于泰国曼谷附近的北榄府直辖县，是北榄公立培华学校慈善机构下辖的文化单位。现有学生两千余名，其中幼儿园六百余名，小学部一千两百余名，中学部两百七十余名。学校现拥有教师一百余名，其中中文教师 31 名，是国务院侨办全球首批 58 所“华文教育示范学校”之一。

1924 年，慈善家徐锦荣在现今合艾宪法路与第四街交界处，捐献一块地皮给当地华侨作为从事教育的场所。为此，当地华侨特别成立一个管理委员会，并兴建了一所学校，命名为“中华益群学校”。1925 年，学校正式招生办学。10 年后学校因故停办。后经谢枢泗先生同委员会共同努力，学校始得复办。1938 年，泰国全国的华校被当时政府勒令停办。1945 年，日本以“东亚共荣圈”为名发动的侵略战争刚刚结束，合艾华文课授以“中华夜校班"之名义出现。战后不久，合艾五属（潮、闽、琼、广、客）有关人士合向当局申请兴办日班的"中华学校"，获得成功，引起合艾及邻近府治民众的瞩目。随着就读学生人数的不断增加，原有的教室已不敷使用。徐锦荣先生再捐献出一块位于今宪法路的地皮（即今国光学校校址所在），提供给五属人士策划建新校之用，学校更名为"合艾国光学校"。合艾国光学校现已向泰国政府申请注册为"合艾国光学校教育慈善会"。该慈善会仍由五属会馆、合艾国光校友会等六单位组成董事会，董事长为方志雄，乃庆·素旺纳翁为学校课授准可证注册人。学校现有学生2 800多名，教师136名，工作人员45名，以及幼儿园1座，3层楼图书馆1座，标准足球场1个，灯光篮球场和室内篮球场各1个，室内排球场2个。[①] 现今在校生，绝大多数是泰族及部分在当地出生的第三、四代华裔。他们所面临的情况已和先辈们不一样，生活的大环境是泰国，社交中使用的语言是泰语，在校学习所有课程也是用泰语授课。即使华人的后代，在家中也极少使用汉语。所以学生在校外和家庭没有汉语语言环境，仅仅在中文课堂上学习和使用汉语。

（四）华文媒体

泰国《星暹日报》创立于1950年6月23日，最初以传统繁体中文编印，2013年11月5日在曼谷签约，与中国南方报业传媒集团联合主办。2010年后，改以在中国较为流行的简体中文编印，现任董事长为郑芷荪，社长郑鹏飞。《星暹日报》运用大量的新闻、专栏、专版、图片等方式报道中国政治、经济、社会、人文等优秀和正面的信息，大篇幅介绍中华优秀的传统文化，为泰国人开辟了一个了解中华文明和寻找经济契机的门户。《星暹日报》作为一华文报刊，在促进侨团联系和发展方面做出努力，每期报纸有专门版面报道侨社新闻。全球华侨华人促进中国和平统一大会在曼谷召开期间，《星暹日报》积极参与，进行大篇幅报道。《星暹日报》还致力于推动"一带一路"倡议，对"一带一路"有持续关注和报道。

泰国《世界日报》是一家位于泰国曼谷的中文报刊媒体，是由著名的泰国盘古银行总裁陈弼臣先生于1955年在曼谷创立，注册发行人是世界报业有限公司。泰国《世界日报》是泰国发行量最大、范围最广的中文报刊。除了报纸之外，该报社每年出版《泰缅企业名录》，以及庆祝中华人民共和国成立的《今日中国》特刊。[②] 2018年7月26日，适逢《世界日报》63周年报庆，时任泰国总理巴育上将发来贺词，盛赞《世界日报》作为中间桥梁，"为中—泰企业家、商人、投资者、游客，包括泰国华商，以及进入泰国工作生活的华人提供商业资讯"，肯定了该报作为发行量最大、工商新闻最多、外籍华人读者最多的华媒地位。其现任董事长为王必成，发行人黄根和，社长邱光盛，总编辑姚文鑫，业务总经理毛国文。

泰国中华网（http：//thaizhonghua. com）是泰国中华资讯有限公司（大众）旗下的新媒体，也是泰国《中华日报》的官方网络媒体。泰国中华网致力于为全世界华人网友提供最新、最快、最权威、最有趣的泰国及全球资讯，内容涵盖中国新闻、国际新闻、泰中友

① 中国华文教育基金会，http：//www. chinaqw. com/node2/node2796/node2797/node2809/node3125/node3129/userobject6ai89502. html。

② 泰国世界日报维基百科，https：//zh. wikipedia. org/wiki/泰国世界日报。

好交流资讯、泰国财经新闻、泰国政治及社会新闻、泰国娱乐（泰国明星、影视剧等）、泰国旅游及汉泰双语教育等，努力将网站打造成为泰国资讯第一中文发布平台。目前中国大使馆经商参处、泰国开泰研究中心以及各华文网络媒体大量引用该网每日及时更新的财经新闻。该网站的泰国娱乐新闻获得中国青年读者的喜爱，成为中国人了解泰国的最重要窗口。

四、发展趋势

邓小平同志曾指出，“中泰关系是不同社会制度国家之间友好合作的典范”①，这一精辟论述至今仍为中泰两国各界人士交相称道。泰国 4.0 计划、“东部经济走廊计划”可以与“一带一路”倡议实现全面有效的战略对接，这符合中泰两国之间的战略利益。我们需要发挥泰国华侨华人作为“桥梁”的作用，扩大“朋友圈”，为“一带一路”建设“架桥探路”。长期以来，华侨华人为中国的经济发展作出了重要贡献，而成为最了解国外情况的专家，他们对中国实施的政策是一种重要参考。利用好在泰华侨华人在经济、政治上的影响力，有利于中国对泰政策的开展与实施，充分发挥泰国华侨华人的“桥梁”作用，扩大中泰之间的经济、人文交流，为“一带一路”建设奠定坚实的民意基础。

（吉伟伟）

① 余定邦、陈树森：《中泰关系史》，中华书局，2009 年。

新加坡侨情

新加坡在“一带一路”建设过程中的地位非常重要，随着“一带一路”倡议的推进，中国与新加坡的联系也更加紧密。作为中国之外唯一一个以华族为主体民族的国家，新加坡的华族与其他民族的关系比较和谐。由于新加坡是一个城市国家，所处的自然地理环境和地缘政治环境比较特殊，“冷战”期间新加坡政府对于与华人祖籍国中国的政治外交关系特别慎重。中国改革开放以后特别是中新建交以来，两国关系全面发展。在这一背景下，中国大陆赴新加坡的新移民以年均万人的速度快速增长。大量的中国大陆新移民给新加坡华侨华人社会注入了新的活力，但同时触发了一系列的矛盾和冲突。不过，笔者认为这些矛盾和冲突不是对抗性的，只要新加坡保持政治稳定和经济持续发展，中新关系没有大的起伏，经过两国政府和新加坡华侨华人社会的共同努力，这些矛盾和冲突会逐步得到缓和与解决。

一、新加坡基本国情

新加坡是东南亚的一个岛国，也是一个城市国家。19 世纪初，新加坡作为英国的殖民地，其港口贸易得到了很大的发展。1965 年新加坡脱离马来西亚独立建国，在稳定政局之后，经济获得了快速的发展，成为亚洲“四小龙”之一。现在，新加坡是亚洲人均 GDP 最高的国家之一，高科技产业和金融业成为新加坡经济发展的新引擎。新加坡社会治理情况良好，三大主要民族华族、马来族和印度族和谐共处，社会秩序井然。在外交方面，新加坡与东盟国家和世界主要大国都保持着良好的关系，常常在地区和国际事务中发挥着超出其国家实力的独特的作用。新加坡概况如表 1 所示：

表 1　新加坡概况

国家全名	新加坡共和国
首都	新加坡
政体	议会共和制
居民数量	396.6 万
GDP/人均 GDP	4 871 亿新元/80 517 新元
地理位置	东南亚
领土面积	719.9 平方千米
官方语言	马来语、英语、汉语、泰米尔语
主要民族	华族、马来族、印度族
执政党/主要反对党	人民行动党/工人党、民主党

（续上表）

现任总统/总理	陈庆炎/李显龙
华侨华人人口数量	290.0万
华侨华人所占比率	74.32%
CPI	－0.4%
失业率	2.1%

资料来源：表中的领土面积、居民数量等是2018年公布的数据，主要来自《新加坡统计年鉴2018》英文版（*Yearbook of Statistics Singapore 18*）。GDP/人均GDP、CPI、失业率等来自《新加坡经济观察2018》。

需要说明的是，新加坡的官方语言为英语和各主要民族语言，而国语则确定为马来语，行政用语是英语。1984年，英语被确定为第一教学语言。事实上，英语是新加坡的通用语言，而汉语在二十世纪七八十年代一度式微，90年代以后，随着中国经济的发展和新移民的不断增加，才出现蓬勃发展的态势。

二、新加坡与“一带一路”

新加坡所在的东南亚地区是“一带一路”沿线的重要地区，其中新加坡的地位特别重要。新加坡是较早支持中国“一带一路”倡议的国家，并一直积极投入到“一带一路”的建设中。商务部数据显示，截至2016年，中国对“一带一路”沿线国家的投资当中有近三分之一都是先流到新加坡，而新加坡对中国的投资也占“一带一路”沿线国家对华投资总额的85%。①

根据北京大学“一带一路”“五通”课题组的研究，2017年度东南亚地区“五通”发展整体情况持续蝉联各大区域之首，而新加坡属于“一带一路”畅通型国家。2017年，新加坡“一带一路”“五通”指数接近80分，在东南亚国家中排名第一，在整个沿线国家中排名第二。其中，在贸易畅通、资金融通与民心相通等方面新加坡都名列前茅。②

新加坡扼守马六甲海峡要冲，新加坡港是世界第二大港，“一带一路”使新加坡港的作用更加突出。2017年，新加坡港集装箱吞吐量达到3 400万标准箱，其中90%的货物都是通过新加坡港进行周转的。新加坡国际港务集团东北亚区总裁陈家财表示，为适应“一带一路”的发展需要，新加坡国际港务集团也逐渐改变了角色，从原来的港口运营商逐步转向世界港口投资者，现在新加坡港务集团已投资了40多个码头，大部分都设在“一带一路”沿线国家。③

随着“一带一路”建设的不断推进，虽然中国有越来越多的企业“走出去”，但如何“走出去”，仍是困扰许多中国企业的难题。新加坡作为海外唯一以华人为主体的国家，与

① 《新加坡副总理：新加坡正发挥“一带一路”建设重要支点作用　与中国合力打造三大平台》，https：//www. yidaiyilu. gov. cn/ghsl/hwksl/17297. htm。

② 陈艺元：《2017年东南亚国家“一带一路”五通指数解读》，《东南亚研究》2019年第1期。

③ 《新加坡：联接沿线国家全力支持“一带一路”》，http：//mini. eastday. com/a/18091617。

中国有着深厚的文化联系。中国改革开放以来特别是 1990 年中新建交以后，新加坡成为中国政府部门和企业高层管理人员学习和借鉴的样板。近年来，新加坡成为中国企业"走出去"的重要平台，越来越多的中国企业在新加坡设立东南亚地区总部甚至国际总部，与当地企业联合走出去，开展在"一带一路"沿线国家和地区的投资合作。

三、新加坡基本侨情

（一）新加坡华侨华人简史

中国人旅居新加坡最早可上溯至 10 世纪左右，19 世纪初，英国开始对新加坡进行殖民开发，大量中国人作为劳工来到新加坡。1830 年，新加坡华人便成为新加坡的第一大民族。[①] 1867 年，"新加坡的华侨人口已达 55 000 人，占当时新加坡总人口的 65%"[②]。现在所谓的"新加坡本地华人"大多是 19 世纪初至 20 世纪初来自中国南方移民的后裔，其中福建人、潮州人和广府人约占 3/4，其余则由中国大陆 19 个方言群组成。

随着中国改革开放政策的实施，中国大陆各地居民以各种形式走出国门。1990 年中新建交后，新加坡政府也逐步向中国大陆留学生、投资移民、新加坡急需的专业人才以及劳工等敞开了大门，后来也不可避免地出现了相当数量的非法移民。尽管他们出国的目的和方式不同，到新加坡后的境遇各异，但从最广义的角度来看，他们都可以称作新加坡的中国大陆新移民。

（二）新加坡华侨华人与其他民族关系

华族是新加坡最大的民族，其人口长期保持在总人口的 3/4 左右。新加坡习惯上把国内民族分为华族、马来族、印度族、外来种族，至 2012 年，其民族构成比例大致为 74∶15∶9∶3。为了保持新加坡的社会稳定，新加坡政府将维持这样一种人口结构作为一项长期的基本国策。新加坡华侨华人与当地民族的关系在东南亚国家中比较特殊。也就是说，新加坡华族作为人数最多的民族，没有其他东南亚国家所存在的被当地民族承认或被强制同化等问题，就华族整体而言，自然也不存在大多数东南亚国家华族都存在的作为少数和外来族群争取政治、经济、社会和文化等权利的问题。

但是，由于新加坡地处印度尼西亚和马来西亚的夹缝之中，这两个国家华族与其他民族的关系以及国际大环境对新加坡的民族关系都有着深刻的影响。"冷战"时期，东南亚国家普遍对华人存在着防范心理，李光耀率领下的接受英式教育的华人领导集团在中华人民共和国成立之后的很长时间害怕与中国走近，也不敢大胆支持华商网络的发展。新加坡建国以后，新加坡政府一方面实行多元种族主义和多元文化主义，在政府部门职位和公共服务等方面更多地考虑少数民族的需要，尽量避免各民族之间的矛盾；另一方面，新加坡领导人从新加坡国情出发，大胆借用西方民族国家理论，加强"国族打造"，通过强化英

---

① 《新加坡华侨华人概况》，中国侨网，http：//www. chinaqw. com/news/2006/0630/68/34590. shtml，2013 年 11 月 20 日。

② C. W. Turnbll, *A Short History of Singapore 1819－1975*, Oxford , 1977, p. 14，转引自王黎晨：《1990 年以来新加坡的中国新移民》，厦门大学硕士学位论文，2008 年，第 8 页。

语教育、实行组屋制度等措施，加强各民族之间的交流，逐步塑造“新加坡人”的意识。[①]

（三）新加坡华侨华人社会的变化

与大多数东南亚国家一样，早期新加坡华侨华人社会是移民社会。从国籍上来看，大多数人属于华侨，他们到新加坡是为了谋生、致富，商业意识浓厚，很少有居留地意识。从来源地来看，他们来自中国大陆不同的地区，说着不同的方言，遵循着不同的社会风俗，各地的宗乡会馆成为他们主要的求助机构和精神依托。而从整个华侨华人社会来看，是处在各自为政甚至相互倾轧的分裂状态。

随着时间的推移，新加坡华侨华人有了第二代、第三代，情况发生了变化。但是，在“二战”前，新加坡长期属于英国的殖民地，没有“新加坡公民”的概念，除了少部分华侨加入英国国籍成为英国臣民外，大多数华侨包括他们的后代被当作外来人，华侨社会没有向华人社会转化。1955 年，新加坡试行自治，1957 年《新加坡公民权法》颁布，新加坡华侨大多数取得新加坡籍，华侨社会向华人社会转化。1965 年，新马分家，新加坡被迫独立建国，新加坡华侨华人对新加坡的认同问题变得突出了。

新加坡建国后，以李光耀为首的留学英美的华人精英集团通过各种措施，积极推行“新加坡化”的过程，大力提倡“新加坡人意识”。经过几十年的不懈努力，一方面，新加坡政治相对稳定，国际地位不断提升，经济社会不断发展，民族关系日益和谐；另一方面，中国主张海外华侨华人落地生根，而在“冷战”背景下，新加坡华侨华人社会与祖（籍）国的关系也变得疏远。在各种因素的影响下，新加坡华侨华人对新加坡的认同意识不断增强，新加坡华侨华人社会不但在“公民身份”意义上，而且在“公民意识”层次上不断向华人社会转化。

1990 年中新建交以后，中国与新加坡的关系获得了全面的快速发展。与之相应，以留学、人才交流、投资经商、劳务以及其他各种途径进入新加坡的中国新移民人数剧增。庞大数量的中国大陆新移民给新加坡华侨华人社会带来了新鲜血液和巨大活力，与此同时也给新加坡原居民社会造成了很大的冲击。

四、建交以来中新关系的发展及对新加坡华侨华人社会的影响

（一）建交以来中新关系的发展

与中国建交以前，出于地缘政治和族群政治的考量，新加坡政府对于处理与中国的关系特别慎重。新加坡与中国建交以后，两国关系迅速发展。

第一，两国政治关系发展顺利，高层交往频繁。例如，新加坡现任总理李显龙 2004 年任职以来，先后于 2005 年、2006 年、2008 年、2009 年、2010 年、2012 年、2013 年、2017 年 8 次访华，新加坡总统陈庆炎于 2015 年访华，而作为新中关系开路人之一的李光

---

① 梁永佳、阿嘎佐诗：《在种族和国族之间：新加坡多元种族主义政策》，http：//blog. ifeng. com/article/18731437. html，2013 年 11 月 22 日。

耀自 1991 年任内阁资政后，有 30 多次访华或出席有关会议。中方主要领导人也大多访问过新加坡。中国率先提出与东盟建立自由贸易区的设想，并作为域外大国第一个加入《东南亚友好合作条约》以及支持东盟在东亚合作中发挥主导作用等行为都大大加强了中国与新加坡的政治互信，为中新关系的发展奠定了坚实的政治基础。

第二，两国经贸关系发展迅速。建交以后，中新两国先后签署了《经济合作和促进贸易与投资的谅解备忘录》《促进和保护投资协定》《避免双重征税和防止漏税协定》《海运协定》《邮电和电信合作协议》《成立中新双方投资促进委员会协议》等多项经济合作协议。2008 年 10 月两国又签署了《自由贸易协定》，根据该协定，新加坡自 2009 年 1 月 1 日起取消全部自中国进口产品的关税，中方则于 2010 年 1 月 1 日起取消自新加坡进口的 97.1% 的产品的关税。据新加坡国际企业发展局统计，2017 年中国大陆与新加坡双边贸易进出口额为 994.3 亿美元，比 2016 年增长 19.5%。无论是进口还是出口，中国大陆都是新加坡最大的贸易伙伴，并且是最大贸易顺差来源地。① 据中国驻新加坡大使馆经济商务参赞处的消息，2018 年中国与新加坡经贸合作继续呈现良好发展势头，中国大陆仍然是新加坡第一大贸易伙伴、第一大出口地和第一大进口来源地。从投资来看，新加坡对华投资项目有 998 个，增长 41.4%；实际投资额达 52.1 亿美元，增长 9.4%，新加坡继续成为中国第一大新增外资来源国。②

作为中新两国政府间经济合作项目，苏州工业园区和天津生态城为人所共知。中新两国建交以来，新加坡还与山东、四川、浙江、辽宁、天津、江苏、广东等省市分别建有合作机制，孕育了中新广州知识城、川新创新科技园、新加坡—大连长兴岛临港产业示范城、新加坡—南京生态科技岛等多个双边合作项目。

第三，在文化教育和人员交流方面，新加坡与中国开展了卓有成效的合作。新加坡与大多数西方国家实行的民主政治不同，其实行的是精英政治，非常重视各类专家在国际管理中的作用，以人才立国作为国家的基本政策。由于新加坡华人人口占大多数，新加坡政府非常重视从马来西亚和中国引进各类专业人才。1989 年，新加坡政府提供 25 000 个配额给中国香港专业人士及其家属，1990 年新加坡开始吸收接受欧美教育的中国大陆研究人员，此后逐步扩大到中国大陆的文化艺术界、体育界人士以及留学生和技术进修人员，另外还有不少投资移民，其中许多人定居下来，成为新加坡的“中国新移民”。

在人才培训领域，两国合作十分活跃。主要项目有中国赴新加坡经济管理和公共管理硕士班、中央党校中青年干部培训班赴新考察、两国外交部互惠培训项目等。2001 年起，新方定期派中高级官员团访华。2004 年 5 月，双方决定成立“新加坡—中国基金”，支持两国年轻官员的培训与交流。2007 年 7 月，双方签署《关于借鉴运用新加坡园区管理经验开展中西部开发区人才培训合作的谅解备忘录》。2009 年 11 月，双方签署《关于新中两国中、高级官员交流培训项目的框架协议》（2010 年至 2014 年）。2010 年 4 月，第二届新中领导力论坛在新加坡举行，主题为“和谐社会与领导力建设”。

在旅游方面，无论是中国对于新加坡，还是新加坡对于中国都具有重要的地位。中新

① 《2017 年中国与新加坡双边贸易概况：进出口额为 994.3 亿美元，增长 19.5%》，http://www.askci.com/news/finance/20180226/1147，2018 年 2 月 26 日。

② 《中国和新加坡经贸合作发展势头良好》，http://finance.stockstar.com/JC2019021200000065.shtml，2019 年 2 月 12 日。

建交以后，中国因商务、观光等到新加坡的人数不断增多，2004 年中国大陆成为新加坡第二大游客来源地，2006 年中国大陆赴新加坡游客突破 100 万人次大关，2011 年更高达 157 万人次，占新加坡外来游客总量的 1/9 以上，是新加坡最大的游客来源地。[①] 新加坡旅游局数据显示，2017 年新加坡入境游客人次从 2016 年的 1 640 万增至 1 740 万，增幅达 6.2%。中国游客在 2017 年首次冲破 300 万人次，达 322.7 万人次，比 2015 年增加 13%，位居榜首；印尼旅客则微增 2%，至 295.4 万人次，退居第二。[②]

与此同时，新加坡到中国大陆的游客也不断增加，2012 年新加坡到中国大陆的游客也突破了 100 万人次大关，达 102.77 万人次，在东南亚国家中仅次于马来西亚而排名第二，在世界排名第六。[③] 考虑到新加坡总人口数量，这些数据是非常惊人的。

（二）中新关系的发展对新加坡华侨华人社会的影响

建交以后中新关系的顺利发展对新加坡华侨华人社会产生了巨大的影响，这种影响包括多个方面，如新加坡华侨华人对中国大陆的了解加深，与中国大陆各个领域的互动增加，对中国大陆的投资增多，新加坡华侨华人商业网络得到扩展等。其中尤为重要的是人员的交流与流动，特别是建交以后，形成了第三次中国大陆向新加坡的移民潮，给新加坡华侨华人社会注入了新的血液，但同时也带来了一些需要重视的问题。如前所述，在新加坡来自中国大陆的新移民现在是 40 万以上甚至超过 45 万，这一数据仅少于美国和俄国，可能与日本相当。1990 年中新建交至今中国大陆平均每年向新加坡的新移民高达 1 万人，这对于一个城市国家来说需要很大的魄力。由此，我们也可以想见中国大陆新移民与新加坡原居民的关系在很多地方存在矛盾与冲突，需要一个审慎和磨合的过程。

人口迁移存在着多种理论解释，但是最早也是影响最大的人口迁移理论是美国伊沃里特·S. 李的推力—拉力理论。人口迁移的推力—拉力理论能够在一定程度上解释新加坡中国大陆新移民剧增的情况，如中国改革开放政策的实施使人们大胆走出国门，追求更好的发展机会和享受更好生活的愿望成为新移民的推力因素；新加坡政治稳定、经济发展、教育水平高、社会和人文环境好，这些则是新加坡对中国大陆新移民的拉力因素。但仅用这些因素来解释中国大陆新移民剧增的现象还远远不够。

与中国大陆向欧美等发达国家的移民情况相比，新加坡的引进人才政策，面对国内华侨华人生育率降低新加坡采取的欢迎和鼓励中国大陆新移民政策，主体民族为华族中国大陆新移民融入新加坡社会相对比较容易等，都是新加坡大陆新移民剧增的比较特殊的原因。但是，无论什么原因，都离不开这样一个基础，即中新建交以后，中国和新加坡政治和经济关系顺利发展、文化和人员交流非常频密，两国政府和人民相互了解和信任的程度比较高。

---

① 新加坡统计局：《新加坡统计年鉴 2012》英文版，2012 年，第 193 页。

② 《新加坡公布 2017 旅游数据　中国成最大客源国》，网易，http：//news.163.com/18/0213/10/DAH593MK00018AOR.html，2018 年 2 月 13 日。

③ 《2012 年 1—12 月入境旅游外国人人数（按目的地分）》，http：//www.cnta.gov.cn/html/2013－1/2013－1－17－17－13－54943.html，2013 年 11 月 29 日。

五、中国大陆新移民及其与新加坡原居民的矛盾、冲突和解决途径

(一) 中国大陆新移民的数量估计与分类

根据《新加坡统计年鉴 2018》的统计，2017 年新加坡总人口为 561.2 万人，其中新加坡居民为 396.6 万人（新加坡公民为 343.9 万人，新加坡永久居民为 52.66 万人），非居民为 164.6 万人。与 1990 年相比，新加坡总人口增加约 256.5 万人，非居民增加 133.5 万多人，在 1990—2016 年新加坡总人口的增加部分中，非居民增加了近 4 倍。2016 年新加坡居民增长率为 0.8%，非居民增长率为 2.1%，可能由于受到新加坡国内反移民倾向的影响，近年新加坡非居民增长率有较大幅度的下降。[①] 在新加坡非居民增长部分，中国大陆新移民占了很大比重。现在中国大陆新移民究竟有多少，缺乏官方的统计数据，但根据新加坡和中国大陆学者的调查以及合理的推算，现在新加坡的中国大陆新移民人数应该超过 40 万，甚至在 45 万以上。[②] 也就是说，中国大陆新移民占新加坡非居民的 1/3 左右，大约占新加坡总人口的 8%。当然，这还不包括少数取得新加坡公民或永久居民身份的新移民，也不包括可能没有统计到的非法移民。

中新建交以后，进入新加坡的中国大陆新移民的主要类型有：①留学移民。各种类型的留学生是新加坡中国大陆移民的重要组成部分，2005 年前后每年有 4 000 ~5 000 名留学生到新加坡留学，其中很大一部分毕业后继续在新加坡深造或在新加坡就职，其中在新加坡就职的约占毕业生的 1/3。2006 年中国在东盟各国的各类留学生总数超过 6 万，其中新加坡为 3.45 万人，约占新加坡留学生总数的一半。[③] ②投资移民。2005 年前后每年都有千名左右的中国人申请新加坡投资移民，申请成功率在九成左右，新加坡成为中国投资移民在亚洲的首选地。但是，中国投资移民对新加坡的房地产以及其他市场价格造成了比较大的冲击。2010 年新加坡将投资移民金额从原来的 150 万新元提高到 250 万新元，尽管如此，2012 年春节前仍有上千中国投资移民被新加坡政府拒绝，被拒者约占申请人数八成。[④] ③技术移民。技术移民包括教师、科研工作人员、管理人员、艺术人才和体育人才等。技术移民都被新加坡政府视为人才，新加坡政府采取了很多措施吸引技术移民。④劳工移民。中新建交以后，不少中国公民通过各种途径前往新加坡打工，而这些劳工主要集中在建筑、加工和制造业等劳动密集型产业。这些劳工大部分与新加坡公司有正式的劳动

---

① *Yearbook of Statistics Singapore 2016*, Department of Statistics, Ministry of Trade & Industry, Republic of Singapore, "POPULATION".

② 刘宏在 2003 年出版的《战后新加坡华人社会的嬗变：本土情怀·区域网络·全球视野》一书中认为，20 世纪 90 年代中期，新加坡中国大陆新移民约为 20 万，占中国大陆新移民的 10%；吴前进在《1990 年以来中国—新加坡民间关系的发展》(《社会科学》2006 年第 10 期) 一文中认为，新加坡的中国大陆新移民（不包括非法移民和短期合同工）已达 30 万；刘宏在《当代华人新移民的跨国实践与人才环流》(《中山大学学报》2009 年第 6 期) 中估计新加坡的中国大陆华人新移民已达 35 万。2010—2012 年新加坡非居民人口增长率分别为 4.1%、6.9%、7.2%，如果忽略其他因素而以 2009 年中国大陆新移民 35 万为基数，2012 年这一数字已经接近 42 万。

③ 《2012 年中国留学发展分析研究报告》，http://www.chinairn.com/news/20120918/610607.html，2013 年 12 月 28 日。

④ 《超千名中国人申请被拒，新加坡收紧投资移民政策》，网易，http://money.163.com/12/0208/09/7PNTF2LR00254O2B.html，2013 年 12 月 28 日。

合同，一般工作一两年后回国，也有一部分被黑中介或“蛇头”介绍到新加坡后靠自己在市场上找工作，受到多方面的盘剥，而且处于半非法状态。估计中新建交以来赴新加坡的劳工移民数以十万计。⑤非法移民。非法移民主要是指以合法身份进入新加坡但逾期滞留者，具体数字无法统计，没有纳入到新移民数据里，但估计人数应该不少。

（二）中国大陆新移民与新加坡原居民的矛盾、冲突和解决途径

中国大陆新移民短期内大量涌入新加坡，在给新加坡带来机遇与繁荣的同时，也不可避免地与新加坡原居民产生各种矛盾和冲突，对新加坡华侨华人社会产生一些不良的影响。正视这些矛盾和冲突，加强沟通与交流，从国家、群体、个体等多个层面采取一些必要的措施，才能够较好地处理中国大陆新移民与原居民的关系，使新加坡华侨华人社会健康地发展。

从有关媒体的报道和学者们的分析来看，中国大陆新移民与原居民的矛盾与冲突主要体现在工作竞争、思想观念与行为方式以及新加坡国家认同等方面，对这些方面有所了解，并找出解决矛盾与冲突的路径，有助于维护新加坡华侨华人社会的和谐，推进中国大陆新移民融入新加坡的进程。

第一，工作方面的竞争与冲突。这一点应该是最主要的，但并非唯一。在工作方面，有些中国大陆新移民在工资待遇以及其他方面的要求比原居民低，在就业率高的时候，这一矛盾还不怎么突出，但在经济不景气、就业率降低的时候，这一矛盾就会凸显出来。例如，在1997年亚洲金融危机期间，新加坡失业率居高不下，许多新加坡原居民就将失业的原因归结于新移民的到来。新加坡新移民中，有许多留学生成绩优秀，毕业后能够找到比较好的岗位，有的还加入了新加坡国籍或是取得了永久居留资格，这些也会招致原居民的不满。甚至一些演艺人士、新加坡政府引进的体育人才，他们虽然在工作上与原居民不存在竞争关系，且为新加坡作出了贡献，但也不会得到新加坡原居民太多的欣赏，因为他们是新移民的代表。

近几年，新加坡经济稳定发展，失业率很低，新移民在工作方面对原居民并没有造成太大的威胁，但是新加坡原居民反对政府移民政策的声音似乎越来越强烈。虽然近几年新加坡原居民对政府新移民政策的反对不只是针对中国大陆新移民，但是由于中国大陆新移民数量巨大，而与马来西亚华人移民相比，中国大陆新移民与新加坡原居民的关系更加复杂。因此，可以说中国大陆新移民未来会更多地受到新加坡某些政党、社会团体和个人的批评甚至是无端指责，对此国家和中国大陆新移民团体应该引起足够的重视，采取积极的措施应对。

第二，在思想观念和行为方式方面的矛盾与冲突。新加坡华族原居民与中国大陆新移民虽同为华人，有着共同的文化积淀，但因为各自所处地理环境的差异、经济发展水平的差异、教育的差异、两国近代以来走过历史道路的不同，形成了很多不同的思想观念和行为方式，存在着较多的矛盾和冲突。

随着中国经济实力的增强，一些新移民又被批评为傲慢、炫富，新土豪的形象再次令中国大陆新移民的整体形象受损。而在中国大陆新移民看来，新加坡原居民市侩、吝啬、重物质而轻感情、保守怕输、鼠目寸光。正是因为有这样的相互的负面认知，新加坡才产生了各种形式的排斥中国大陆新移民的现象，中国大陆新移民对新加坡的认同也受到一定程

度的影响，甚至产生过一些恶性事件。20 世纪 90 年代，"小龙女""陪读妈妈"等对中国大陆女性新移民以偏概全式的"污名化"形象令中国大陆女性新移民受到沉重的心理创伤。2006 年新加坡政府还专门作出规定，禁止中国大陆陪读妈妈从事按摩业工作，似乎新加坡的中国大陆陪读妈妈都不务正业。

不过，从新加坡华侨华人的历史来看，中国大陆新移民与以华族为主体的新加坡原居民之间的这些差异也并非没有前例可循，更不是什么不可调和的矛盾或不同文明之间的冲突。100 多年前，东南亚新客华人与土生华人之间也存在类似的矛盾，即使是新加坡原居民的世代之间，也会存在诸如此类的价值观和行为方式的不同。可喜的是，新加坡政府对此有一个正确的认识，已经通过各种方式如"华族文化节""讲华语运动"等引导双方加强沟通，正确处理和化解这些矛盾。在 2012 年 3 月召开的新加坡国会审议财政预算案时，新加坡副总理兼内政部部长黄根成强调，政府非常认真地看待新移民融入新加坡社会的问题，并意识到要在这方面做得更多。[①] 与此同时，新加坡原居民社会和新移民团体对这个问题也非常重视。新加坡有众多的华人宗乡会馆，"从文化层面上发挥了凝聚新移民与本地公民的功能，一定程度上有助于消除彼此间的隔阂"。[②] 目前在新加坡最有影响力的新移民团体是 2001 年成立的华源会，华源会打破了传统宗乡会馆以地缘和血缘为纽带的格局，吸引了大批高学历的会员参加，自成立以来在帮助新移民融入当地社会方面可以说是不遗余力。

应该说，中国大陆新移民与新加坡原居民在思想观念和行为方式等方面的矛盾和冲突与欧美国家和其他外民族占主体的国家相比还是有质的不同，经过新加坡政府和新加坡华侨华人社会的共同努力，这些矛盾和冲突会逐步得到解决。但是，我们也不能低估这些问题的严重性，建议中国政府在新移民出国前，在这方面进行有实际意义的培训。

第三，国家认同问题上的差异。这一点是比较深层次的观念问题，理论上应该是针对加入了新加坡国籍或至少取得永久居留资格的新移民而言的，但现实中可能会延伸到所有的新移民。值得注意的是，这也是被东南亚诸多国家多年来用来拷问华族甚至借以迫害华族民众的一个问题。在新加坡，关于国家认同的问题可能没有印度尼西亚、马来西亚、越南等国那么严峻，原因就在于华族是新加坡的主体民族，新加坡建国以后华族对新加坡的认同也有一个过程，而这一过程至今也没有完结。李光耀甚至将实现"新加坡人"这一目标所需的时间由一代人改为几代人，由几十年改为几百年。[③] 客观地说，国家认同问题是一个长期的过程，不可能一蹴而就，不同的世代、不同的群体、不同的国际国内环境都会对国家认同问题产生影响。新加坡原居民有许多人因工作及其他的需要移民海外，不能因此否认大多数原居民对新加坡有着基本的认同，同样也不能因为中国大陆新移民对是否定居新加坡举棋不定，或因为有少数以新加坡作为跳板的新移民而普遍怀疑中国大陆新移民对新加坡的忠诚问题。

在国家认同问题上，新加坡原居民对中国大陆新移民的质疑，在笔者看来，类似于"五十步笑一百步"的问题，就整体而言，新加坡原居民对新加坡的真正认同还差五十步，

---

① 《新加坡移民如何融入新加坡社会　成为新加坡政府的新课题》，新加坡留学网，http：//www. liuxue86. com/a/20120527/468698. html，2013 年 12 月 5 日。

② 王玉娟：《沟通与融合：新加坡华人宗乡会馆与中国新移民》，《东南亚研究》2013 年第 5 期。

③ 薛君度、曹云华主编：《战后东南亚华侨华人社会变迁》，中国华侨出版社，1999 年，第 151 页。

中国大陆新移民可能还差一百步，二者没有本质的差别，只是程度的差别，或者是时间的差别。今天的新加坡原居民可能是昨天的侨民，今天的中国大陆新移民可能是明天的新加坡公民，后天变为原居民。新加坡建国以后，由于新加坡政府在许多国际和国内问题上实行了比较切合实际的战略和决策，其发展可以说是顺风顺水，新加坡原居民的国家认同问题没有得到大风大浪的考验，同样有理由相信只要中国坚定地实行单重国籍政策，中新两国关系长期友好互利发展，中国大陆新移民对新加坡的国家认同问题就不会成为新加坡华侨华人社会和谐稳定的障碍。近年，新加坡加快了新移民入籍的步伐，这对于解决中国大陆新移民的新加坡国家认同问题是有帮助的。

在全球化的时代，人口流动加快，人口流动的路径也越来越复杂，而国家认同问题也发生了很大的变化。过去的三十多年里，数百万华人离开原来的所在地，散居于世界各个角落，新加坡作为华人在东南亚地区最主要的移居目的地，同时也承载着华人跨国流动和构建更广泛的商业网络的重任。在这种情况下，简单考虑中国大陆新移民对新加坡的认同和忠诚，不允许他们有自己的选择和审慎的时间，实际上是把新加坡开放的港口城市的性格封闭起来，这对新加坡长远的发展是不利的。无论是物流还是人流，流动是新加坡的活力所在，这样也才能使人们更加热爱新加坡，在更高的层次上实现对新加坡的认同与忠诚。

（邓仕超）

老挝侨情

东南亚国家中，老挝是华侨华人数量较少的国家，同时也是中国新侨（新移民）增长较快的国家。作为中老关系的“桥梁”，老挝华侨华人在稳定和推进双边关系发展中发挥着越来越积极的作用。来自中国湖南的商人，在老挝华社所占的比例较大、增长较快，不仅带动了湖南省与老挝之间更加密切的联系，也丰富了中国与老挝关系的内涵。老挝华人同祖籍国的联系较为密切。老挝的华侨华人大多从事商业与手工业，生活水准高于当地其他族群；华人从政者较少，但与政府关系融洽。老挝华人社团以万象中华理事会为主，以新侨为主的华商社团（如商会）发展迅速，影响力迅速扩大，在老挝同中国的经济合作和双边交往中发挥着越来越大的作用。老挝的华文教育发展迅速，并有望继续扩大发展，如老挝湖南商会计划设立的学校。中老两国地缘上相邻，又同为社会主义国家，2016 年初老挝党换届后，老挝政局继续保持稳定，经济发展较快，客观上有助于老挝华侨华人在老（挝）兴业与生活。老挝和中国两国高层保持频密互动的态势，有利于稳定和推动两国关系，且有助于老挝华侨华人的融入与发展。

一、老挝国情与华社概况

老挝位于亚洲中南半岛北部，是东南亚地区唯一的内陆国。老挝有五个邻国，北面与中国云南省接壤，西边与缅甸为邻，南邻泰国和柬埔寨，东邻越南。地缘与交通方面，老挝与泰国的联系最为便利；此外，在族群、宗教和文化方面，老挝与泰国的关联最为密切。不过，老挝与泰国的政治关系并不融洽。长久以来，老泰两国在经济、文化方面的密切联系，同两国在政治领域的相对疏远形成鲜明的对比。2008 年 11 月，老挝第六届国会审议确定：老挝只有一个民族——老挝族，老挝族之下又有 49 个少数民族。历史上和现实中，老挝同泰国之间的族群关联度均高于老挝同越南之间的联系；老挝华社同泰国华社之间的联系也比老挝华社同越南华社之间的联系更多、更为密切。在政治和安全领域，老挝同越南的关系最为密切，尽管两国的经济联系并不密切，文化、宗教乃至族群差异均明显大于老挝同泰国之间的联系。近些年来，老挝同中国的经济联系越来越密切，包括高层在内的各个层级同中国的互动越来越频密，拉近了老挝同中国之间的联系。老挝是目前少有的社会主义国家之一，由老挝人民革命党执政。老挝政权的性质，决定了老挝同越南与中国之间的政治关系，优于老挝同其他邻国之间的关系。比较而言，缅甸虽然是老挝的邻国，但两国之间的来往非常少。老挝概况如表 1 所示：

表1　老挝概况

国家全名	老挝人民民主共和国
地理位置	中南半岛北部
气候	热带、亚热带季风气候
领土面积	23.68 万平方千米
执政党	人民革命党
现任总理	通伦
官方语言	老挝语
首都	万象（永珍）
国际机场	瓦岱机场
人口数量	691 万多
华侨华人数量	30 多万
华人所占比例	不到 4%
主要民族	老挝族
经济增长率	7.5%
通货膨胀率	1.33%
GDP	117 亿美元
人均 GDP	1 800 美元

出生在老挝并入籍老挝的华人，与近些年到老挝工作和生活的中国籍新侨，共同构成了老挝华社。老挝华社既包括华人社区、社群与社团以及与此相关的社情，也包括华侨社区、社群与社团。探讨老挝华社，就是要探究华社的社区、社团与社群，并在老挝国情和中老关系的背景下解读华社社情。

因地缘之便，中国云南的边民很早就开始移居如今叫作老挝的这块土地，这也是两地族群之间密切互动的结果之一。如今老挝的华社，则是近代中国移民的结果。清朝中后期，来自广东、福建等地的民众经越南、泰国、柬埔寨等地移居老挝。20 世纪 70 年代后半期，老挝政局变化，当地华侨华人生活深受影响，不少人离开了老挝。目前在澳大利亚、北美、中国香港等地的一些华人社团就是由当时离开老挝的华侨华人建立的，如老挝华侨华人香港联谊会、大洋洲越南柬埔寨老挝华人团体联谊会等。随着老挝与中国关系迅速发展，到老挝工作和生活的中国人越来越多，如湖南邵东县的商人，他们构成了在老挝的中国新移民群体（侨民）。

关于老挝华侨华人的数量，至今仍没有一个较为确切且一致认可的数据，更没有来自官方的确切统计数据。关于对老挝华侨华人数量的判断，从中国外交部网站上公布的“3 万左右”到老挝侨领所说的“30 万左右”，存在较大差别。据老挝中华总商会会长姚滨提供的数据：老挝华社有 30 万人左右。这一数据应该既包括出生在老挝且入籍老挝的华人，也包括了近些年到老挝工作、经商的中国人（华侨或新移民）。30 万可能仅是一个比较保守的估算数据。毕竟早在 2009 年，老挝华社的人数已被估计为不低于 30 万。十年后的

2018年，老挝华社的人数至少有30万。

（一）华人：他们生在老挝，已入籍老挝

中国外交部网站提供的数据显示，目前在老挝的华侨华人有3万余人。这可能是较为陈旧和保守的数据。这一数据与老挝华社万象中华理事会提供的数据基本一致，主要指的是出生在老挝且已入籍的华人。不过，台湾侨务部门的相关统计数据与上述数据差异较大，据其2005年的数据：在老挝的华人有185 765人（2004年有181 571人），华人人口增长率为2.31%；占老挝人口总数的0.4%。上述差异可能是由统计的对象、时间等不一致所造成的。

在老挝首都万象，华人集中居住在湄公河沿岸的繁华商业区。万象的传统华社规模并不大，社区范围也不大。目前万象的游客、美食与商业主要集中于传统的华社社区范围里。万象华社与泰国北部的华社之间联系密切，互动较为频繁。

历史上老挝华侨华人的数量也缺乏准确统一的数据，仅有大致的数据。1927年，法国殖民政府的统计显示，在老挝的华社有2 000人，可能主要是华侨，当时入籍老挝的很少。对比在老挝的越南人，华社规模要小很多，琅勃拉邦之外的大多数城镇地区，越南人的数量和比例均大幅超过老挝人，更是大大多过华社人口。1954年7月在日内瓦会议期间，老挝外长告诉中国国务院总理：老挝有中国人1万多；到了1959年，老挝华社有4万人。当地华人曾告诉西方学者：老挝华侨华人最高峰大概有10万人。但西方的相关统计更多地采用了"4万多"这一数据，学者们也多采信"4万"这一数据；国内的相关研究中也有采用"4万多"这一数据的。台湾1988年出版的《寮国华侨概况》称老挝有华侨华人15万之多，这是根据老挝各个主要市镇的华人人口推算出来的。据估计，20世纪90年代中期时，在老挝的华侨华人有1万多人，其中首都万象有华人8 000余人。

老挝华人主要集中在中南部，以首都万象与沙湾拿吉、巴色、琅勃拉邦等省会城市最为集中。华人多以经商为主，生活水平略高于其他族群，从事的行业包括餐饮、旅馆、服装贸易、食品加工、日用百货。1954年7月，老挝外长在日内瓦参加印度支那和平会议时还告诉中国国务院总理：在老挝的中国人主要从事经济活动，很少介入政治。这一态势延续至今，华人在政治领域的表现逊色于经济领域，其参与政治活动者较少。

上述数据均未包括最近十几年来到老挝务工和经商的中国人（华侨或新移民）。

（二）华侨（新移民）

老挝年长的华人仍习惯自称"华侨"，社团的负责人也会被冠以"侨领"的名号，不过，他们已不是法律意义上的华侨，而是已入籍老挝的华人。此处所说的华侨指的是在老挝工作和生活的中国人——侨居在老挝，他们也被称为"新移民"——尽管事实上大多数尚不是法律意义上的移民。

中国是在老挝的侨民中增长最快的国家之一。近些年，到老挝创业兴业的中国人越来越多，他们构成了侨居老挝的中国"新侨"群体：出生在中国，持有中国护照。随着中资企业在老挝的项目建设而进入老挝的务工人员，在老挝的居留时间也较长，事实上也可以算作新的侨民。不过，这方面的数据较为缺乏，尽管这一领域的数据应该是最容易统计出确切结果的。在老挝北部临近中国云南的边境地区，来自云南的商务人士和务工者较多。

在首都万象，来自湖南邵东县的商人占有较大比例，他们基本是在近十多年到老挝的。据老挝湖南商会提供的数据，超过10万湖南籍乡亲在老挝工作和生活，居中国各省之首。在万象的华侨华人约有20万人，其中湖南人占一半以上。

在老挝长期经商、务工、居住的湖南人15万左右，近7成来自邵阳市，主要来自邵东、邵阳两县。多数人自20世纪90年代初来老挝创业，分布于老挝各省、市、县、村，主要从事摩托农机、机电、地产、家用电子电器、建材五金、百货服装、食品加工、医药、养殖、宾馆、餐饮服务等行业。据当地官方统计，在老挝每年的摩托车销售额中，湖南商人占了90%的份额；同时，老挝手机生意的60%、服装和箱包50%以上的市场份额均为湖南邵东商人所占有。

近些年，老挝党、国家和政府领导人访华期间，通常都会访问湖南。2013年9月和2018年5月，两任老挝总书记和国家主席分别访问湖南；2016年11月老挝政府总理通伦·西苏里访问湖南并在长沙接见了多名在老挝投资的湖南企业家。

湖南省和老挝的交流合作也越加频繁和深化，2015年8月万象至长沙国际定期航线开通，老挝琅勃拉邦至长沙的航线正计划开通。此外，湖南省分别与老挝万象市和乌多姆塞省于2016年5月和2017年2月签署缔结友好关系意向协议；2017年，老挝还在长沙增设了总领事馆。

上述这些官方行动和事件，都是湖南邵东人在老挝的活动越来越多、影响越来越大的结果。

2016年2月《美国之音》的报道称："大约20年前，中国人开始大批迁徙进入老挝，他们主要来自湖南、广西和云南，集中定居在老挝北部的琅南塔、琅勃拉邦、乌多姆塞、丰沙里、川圹等几个省份。这些移民最初大多从事为支援老挝公路建设的中国筑路公司提供服务的工作，后来逐渐发展到矿业开采、木材采伐以及运输、烟草种植等领域。渐渐地，老挝北部的华人新移民越聚越多，挂着中文招牌的有旅馆、餐厅、砖瓦厂、建筑器材厂、诊所甚至快递公司等。"

这些新到老挝的中国商务人士，流动性较大，在老挝时间不一，也较难统计具体数量。目前关于中国在老挝新侨群体的研究还较少，仅有零星的新闻报道。《环球时报》在老挝得到的数据是："在老挝从事小商品销售的中国人就有6万人左右。"《南方周末》称："在仅有85万人口的万象，就有大约12万华人。""30万"甚至更多的中国劳工和商人在老挝，这是西方媒体乃至关于老挝的专著给出的数据。

随着中国的援助与投资在老挝的份额逐渐增长，关于中国经济与中国人对老挝造成负面影响的猜测与报道也不断出现。在老挝的湖南商人的安全问题越来越突出。2018年8月，老挝湖南商会会长在万象家中被袭击身亡。此前，当年5月，湖南省警察曾赴老挝，不仅调研湖南商人的安全问题，还力图推动同万象市执法部门之间的务实合作，"打击针对在老湖南籍商人的犯罪活动"，"进一步维护好在老湖南商人的合法权益和经商环境"。湖南警方赴老挝之前，在老挝的湖南商人的安全问题可能已比较突出。遇害的湖南商会会长生前不仅曾在老挝接待湖南警方，还曾代表商会回访湖南邵东警方。

2016年2月9日自由亚洲电台报道：来自中国的香蕉种植园主在老挝北部持枪胁迫农民工作，引起当地村寨头人的投诉。报道引用了那位不愿透露姓名的族长的话："种植园主害怕老挝工人不听从他的指挥，所以就使用了武器。"他表示："在老挝，持枪是违法的，因为只有军人和警察被允许持枪。”据自由亚洲电台报道，中国香蕉园主让工人使用大量的除草剂等化学产品，却并未向工人提供制服、面具等保护措施，使得工人们担心患上皮肤病。2015 年 11 月，《日经亚洲评论》一篇针对中国人在老挝北部商业行为的文章，不仅提到了类似的农药致病案例，还报道了中国公司在老挝行贿官员、强制征地引发当地百姓抗议的事件。

二、社团：中华理事会及其他

社团是连接华侨华人的主要纽带之一。老挝华社的社团主要包括历史悠久的中华理事会与中华总商会和中国总商会。

（一）中华理事会

万象的中华理事会（Vientiane Chinese Association）是老挝最大且历史久远的华人社团；其前身为万象华侨公所，成立于 1934 年。1948 年 9 月 28 日，中国政府要求法国殖民政府取消公所名称，代之以“永珍中华理事会”。1959 年，老挝政府要求取消中华理事会，代之以“中华会馆”，受台湾当局驻万象的“领事机构”指导。

中国驻老挝大使馆同中华理事会互动较多。在农历新年期间，中国使馆同老挝华人社团共贺新年，并表示会拜访永珍善堂并捐赠物品与钱款。永珍善堂是中华理事会管理下的华人慈善机构，成立于 1966 年，每年在盂兰盆节等节日举办慈善捐助活动，还收养孤寡老人——目前共赡养 11 位孤寡老人。善堂还为贫困人士办理丧葬事宜，其善行赢得老挝各界赞誉。永珍善堂成立的老挝海外华侨华人互助中心，是中国政府推动的“海外惠侨工程”重点之一，也是全球首批“华助中心”之一。

理事会下属机构还包括万象寮都公学、福德庙、伏波庙、寮都教育基金会、寮都修校委员会、中华妇女会、中华少狮团、寮都校友总会。理事会“拥有会员 1 000 多人，多数为粤籍潮汕地区的乡亲”。中华理事会的委员会通过选举由 15 人组成，现任理事长为李燕金女士。

（二）中华总商会和中国总商会

中华理事会是老挝华社传统的社团，而新成立的商会成为老挝华社的新生力量，并且越来越活跃，影响力也越来越大，可谓后起之秀。新生的华社社团包括中华总商会、中国总商会以及老挝湖南商会。老挝中华总商会是由老挝的华侨华人企业（家）组成的社团；老挝中国总商会则是由在老挝的中资企业组成的社团；老挝湖南商会主要是由活跃于老挝商界的湖南籍企业（家）组成的社团。

老挝中华总商会（Lao Chinese Chamber of Commerce）是目前在老挝较为活跃的华社社团，成立于 2015 年 7 月，是老挝首个全国性的华侨社团，是在各地中华理事会的基础上成立的。中华总商会同其他华社社团之间有着密切的联系，会长姚宾曾是万象中华理事会的副会长，也是老挝湖南商会的会长。2018 年 8 月底，老挝中华总商会会长参加了在北京举行的中国“第十次全国归侨侨眷代表大会”，还被聘为中国侨联顾问委员。“中国侨联是由全国归侨、侨眷组成的全国性人民团体，是党和政府联系广大归侨、侨眷和海外侨胞的桥梁和纽带。中国侨联是全国性的一级人民团体，是全国政协的组成单位”，能被侨联聘为顾问的一般都是各地侨社中的翘楚和中坚力量。由此，进一步显示中国官方对于中华总商会及其会长的认可，尽管作为老挝国民的会长已不是严格意义上的中国侨民。

此外，2018 年 7 月，老挝南部阿速坡省的大坝溃堤之后，中华总商会积极组织力量救助受灾群众。2018 年 1 月，老挝中华总商会承办中国侨联“亲情中华”艺术团在万象的演出，是中国侨联“亲情中华”艺术团 2018 年赴东南亚慰侨巡演的第一站。中国侨联“亲情中华”艺术团海外巡演自 2008 年开始，截至 2018 年初，先后组织了 213 个艺术团赴世界近 80 个国家和地区 230 余座城市进行了近千场演出。老挝中华总商会会长姚宾表示，“亲情中华”已经成为一个知名品牌活动，为远离家乡的华侨华人送来了问候和温暖。其间，“亲情中华”艺术团全体成员拜访了老挝中华总商会。

成立于 2005 年的中国商会，后改名为老挝中国总商会，有多个分会。其中，分会之一的老挝湖南商会不仅规模较大，且是最早成立的分会，在推动老挝与中国贸易尤其老挝与中国湖南的交往方面发挥较大作用。截至 2018 年，老挝湖南商会会员发展到了 2 533 户，形成了遍布老挝全境的网络。该商会是在老挝依法注册的中国湖南籍公司（工厂、办事处）和商户代表自愿参加的集体组织，是具有独立经济核算、自律性、非营利性的组织机构。2008 年 4 月，该商会在老挝首都万象筹备组建；同年 10 月在广西南宁“第五届中国—东盟博览会国际会展中心”举行授牌仪式。2008 年 12 月在老挝万象，经老挝外交部、老挝国家工商总会批准，依法注册成立老挝湖南商会，在湖南省商务厅、省外办、省侨联、省工商联、中国驻老挝大使馆经济商务参赞处指导下开展工作。

三、华社代表

老挝华侨华人的代表主要包括华社的领导与活跃的企业家和商人，包括中华理事会的理事长、中华总商会会长和中国总商会会长等，具体来说，是指像姚宾、张贵龙这样的华社代表。中华理事会的会长及副会长通常被称为“侨领”，尽管他们已不再是“侨(民)”。像中国总商会和老挝湖南商会会长（包括副会长）等，更符合严格意义上的“侨领”，因为他们本身就是法律意义上的“侨民”。不过，为表述方便，仍沿袭“侨领”这一概念，既可以称呼中华理事会理事长以及姚宾等老挝华人为侨领，也可把类似于老挝湖南商会会长等人称为“侨领”。

2018 年 8 月底 9 月初，姚宾作为老挝中华总商会会长参加了在北京举行的“第十次全国归侨侨眷代表大会”，并被中国侨联聘为海外委员会委员。2018 年 7 月，中华总商会在老挝阿速坡省大坝灾后救助中积极作为，不仅凸显了中华总商会作为华社社团的价值，也彰显了姚宾作为主要组织者的积极作用。姚宾是老挝吉达蓬集团董事长，在中国广东出生，20 世纪 90 年代从泰国辗转到老挝经商，并加入老挝国籍。其企业涉足房地产开发、建筑、政府采购贸易、木材加工、酒店旅游等行业。他“在担任万象中华理事会副理事长期间，每年坚持拿出约 8 万美元捐赠给福德庙、永珍善堂等华侨华人文化和慈善机构”。姚宾还资助文化与体育事业，赞助过参加广州亚运会的老挝体育代表团、老挝乒乓球队以及老挝贫困地区的学校。媒体称他“每年约有一半时间是在陪同老挝政府各级领导前往中国访问，甚至有许多老挝高官在访华时点名要姚宾随行”。2015 年，姚宾组织成立老挝中华总商会。同年 9 月，时任老挝中华总商会常务副会长的姚宾作为老挝侨领代表之一，受国务院侨办邀请到北京参加抗战胜利暨世界反法西斯战争胜利 70 周年纪念大会，并在活动结束后接受新华社记者电话专访。此外，他当时还是万象中华理事会常务副会长以及中国侨联海外委员会委员，经常陪同老挝高层官员访华。2016 年 4 月，他陪同老挝人民革命党中央总书记、国家主席本扬访问中国。

张贵龙是老挝中国和平统一促进会会长。在 2016 年举行的老挝中国和平统一促进会换届选举中，张贵龙出任第三届会长。作为华人企业家，他被不少媒体称为老挝华人首富。作为“中国海外交流协会第四届理事会理事”，也是该协会仅有的两位来自老挝的华人之一，张贵龙积极投身于公益事业，担任数个民间社团的职务，如老挝中国和平统一促进会会长、崇德学校名誉董事长、万象寮都公学副董事长、万象中华理事会监事、老挝潮州乡亲会会长等。

2018 年去世的李朝鹏，生前曾是老挝湖南商会的会长。他来自湖南邵东，后入籍老挝。李朝鹏曾致力于推动湖南商人在老挝的创业与发展，并推动湖南与老挝的联系。

四、华文教育与中华文化

老挝华文教育以本土的华文学校为主，此外还有大学里设置的中文系与孔子学院。“在老挝经商的华人企业家透露，若职员懂中文，其工资将比同等学力的职员高出约五成，高薪亦促使不少老挝青年开始热衷于学中文。”

（一）华文学校

在老挝的孔子学院/中国文化中心成立之前，当地的华文学校是教授汉语和传播中华文化的主要力量。老挝的华文教育办学条件较好，师资力量较强，教学水平较高，不仅华人子女到华文学校就读，家庭条件较好的其他族裔也会把子女送到华文学校。由当地华社创办的华文学校遍布老挝各地，主要有以下几所。

（1）寮都公学是中华理事会所属的主要的华文学校之一，1937 年创办，是老挝规模最大、学生最多、师资力量最强的华文学校。该校是中国国务院侨办确定的老挝三所华文教育示范学校之一。开设幼儿园至高中课程，以中老双语教学，在校生 2 800 余人。寮都公学每年都有毕业生到中国高校接受高等教育，包括暨南大学和华侨大学。中国驻老挝大使每年都会访问寮都公学，并为寮都公学提供支持和帮助。2016 年 9 月，中国国务院总理李克强访问老挝期间，曾访问寮都公学，这在该校历史上也是空前的盛举。

（2）拥有 85 年历史的巴色华侨公学是老挝南部最著名的华文学校，是当地华社创办管理的学校，也是“汉语桥”在老挝的协办单位。

（3）其他还有寮东公学、崇德学校与琅勃拉邦新华公学。寮东公学是甘蒙省他曲中华理事会创办的华文学校。崇德学校建于 1931 年，位于沙湾拿吉省，被中国国务院侨办、中国海外交流协会评为“华文教育示范学校”。中华理事会派专人负责华校工作，筹集办学经费，争取政府对华校的支持，解决师资、教材等方面的困难，改进教学方法，提高教学质量等。琅勃拉邦新华公学也是老挝知名的华文学校，是老挝前副总理宋沙瓦的母校。

（4）在老湘商筹办学校的努力。老挝湖南商会、中国湖南邵东创新学校曾计划在万象设立一所汉语国际学校。该校计划设置包括从幼儿园、小学、初中到高中的课程，并根据中国教育部基础教育的教学大纲，结合老挝教育部的监管要求设置课程，方便在校学生到中国后能跟得上国内同级教学进度。

（二）其他

在老挝教授汉语及传播中国文化的机构还有：

（1）老挝国立大学中文系。成立于2003年。由中国汉办委派教师，使用从中国进口的教材。

（2）孔子学院。成立于2010年3月的老挝国立大学孔子学院，是老挝第一所孔子学院。2018年7月，老挝第二所孔子学院在琅勃拉邦省苏发努冯大学成立。

（3）琅勃拉邦的中文培训中心。由中国昆明理工大学与老挝苏发努冯大学合作设立。

（4）短期培训班。这是老挝华文教育的另一种方式，分政府创办和私人创办两种。私人创办的华文培训班在规模和收费方面都很灵活。近些年随着老挝与中国在经贸和文化等方面往来与互动更加频密，对华文人才的需求量空前扩大。本文作者之一的林英才是老挝华人，华文流利，假期回到老挝，经常被邀请去做翻译。2018年7月，林英才陪同中国中央电视台记者到阿速坡灾区采访，正是其华文能力的体现之一。林英才在华文方面的才能及其受欢迎的程度，反映了老挝对华文人才的需求量之大，也在一定程度上折射出老挝华文短期培训班的必要性及其合理性。

五、华文媒体

2018年初，老挝再度迎来本土编辑出版的华文报纸——《中华时报》。2月2日，《中华时报》在万象举行的首届“一带一路”老—中合作论坛开幕式上，宣布正式启动创刊，这结束了老挝没有华文报纸的历史。新华通讯社社长蔡名照宣布《中华时报》作为首届“一带一路”老中合作论坛的主要成果。《中华时报》致力于为老挝政府与在老华侨华人搭建沟通桥梁，使在老华侨华人更好地投身于老挝的经济社会建设。5月，老挝中华总商会携《中华时报》参加在杭州举办的第三届海外华文新媒体高峰论坛。7月，老挝《中华时报》和中国《人民日报》签约合作。

之前，老挝曾创办过华文报纸，但存在时间短、销量小的问题。1959年创办的第一份华文报纸《寮华日报》因销量有限而停办，随后创办的《自然报》和《虎报》也都时间不长。1965年创办的《华侨新闻》和1967年创办的《永珍日报》发行量都不超过1 000份。20世纪70年代创办的《老华日报》于1978年被查封。

随着网络的发展，老挝的华文新媒体发展较快，包括社会网络平台与微信公众号，如“新华老挝要闻”。再如名为“老挝通”的微信公众号，及时发布关于老挝的信息，传播范围较广。网络媒体成本较低，运行便捷，传播范围广，影响力持续上升，尤其是在纸质华文媒体发展较为有限的背景下，新媒体的发展更值得关注。

六、2017—2018 年老挝局势与中老关系

2016 年初老挝党以及随后的政府换届之后，老挝政局继续保持稳定，经济较快发展。2016 年 1 月，老挝人民革命党召开第十次代表大会，听取和审议政府报告，制定《老挝 2016—2020 年度经济社会发展规划》《社会经济发展"八五"规划》《至 2025 年国家发展规划》《至 2030 年国家发展远景规划》，审议和修订党章，并选举新一届中央领导机构——本扬·沃拉吉担任老挝人民革命党中央总书记。之后，老挝政府换届，通伦出任政府总理。

2017—2018 年老挝同中国关系也在原有良好基础上稳定发展，客观上有助于老挝华社（华侨与华人）的生活与创业。高层互访是稳定和巩固两党两国关系的主要因素。2017 年两党总书记、两国国家主席实现互访。

2017 年 5 月 14 日至 15 日，老挝人民革命党中央总书记、国家主席本扬应邀出席"一带一路"国际合作高峰论坛并访华；在同习近平总书记、国家主席会谈过程中，本扬总书记、国家主席表示要以共建"一带一路"为契机，深化互利合作，实现共赢发展，共创中老关系美好未来。会谈后，两国元首共同出席了"一带一路"建设、经济技术、教育、电力等领域合作文件的换文仪式。

11 月 13 日至 14 日，中共中央总书记、国家主席习近平访问老挝，这是中国党和国家最高领导人 11 年来再次访问老挝——中国国家主席上次访问老挝是在 2006 年，中国国家元首第一次访问老挝是在 2000 年。同时，这也是中共十九大胜利闭幕后，习近平同志作为中共中央和全党领导核心的首次出访。访问期间，习近平总书记、国家主席同本扬总书记、国家主席举行会谈并共同见证两国 17 份合作文件签署，双方发表了《中老联合声明》。此访进一步巩固了中老传统友好，推动长期稳定的中老全面战略合作伙伴关系迈上了新台阶。

2018 年 9 月 23 日至 26 日，中共中央政治局常委、中央纪委书记赵乐际访问老挝，分别会见老挝人民革命党中央总书记、国家主席本扬，政府总理通伦，中央书记处常务书记、国家副主席潘坎，并与中央政治局委员、中央纪委书记本通举行会谈。访问期间，赵乐际还和本通一同看望慰问了中老铁路项目工作人员，共同出席中老铁路廉洁建设汇报会。

2017—2018 年，中老铁路项目建设进展顺利。中老铁路北起中老边境磨憨—磨丁口岸，南抵万象，是中老两国领导人共同推动的互联互通项目，铁路全长 414 千米，设计时速 160 千米，桥梁和隧道占比约 64%。老挝总理 2014 年 4 月访问中国时，同中国达成了修建中老铁路的协议。2015 年 12 月，中共中央政治局常委、中国人大委员长张德江访问老挝，同老挝人民革命党总书记、国家主席朱马里一道出席中老铁路开工奠基仪式。2016 年 6 月 22 日，连接中国与老挝两国的友谊隧道正式开工建设。2016 年 12 月 25 日，中老铁路项目全线开工仪式在老挝琅勃拉邦举行。截至 2018 年 5 月 31 日，中老铁路已完成总工程量的 33.8%。2018 年 7 月，中老铁路跨湄公河的两座特大桥主桥基础施工全部完成。琅勃拉邦湄公河特大桥为中老铁路重点工程，中老铁路的隧道、桥梁和路基等建设进展顺利，预计 2021 年 12 月建成通车。

老挝是内陆国家，开工修建的铁路对于改善老挝的交通状况、连接老挝同外部的联系意义重大。建成后，中老铁路是亚洲区域铁路网的一部分。该铁路通过老挝、泰国、马来西亚将新加坡和中国云南省连接起来。老挝《万象时报》2018 年 6 月 13 日报道，老挝总理通伦·西苏里在日本名为“亚洲未来”的区域会议上发言称，中老铁路是中国“一带一路”倡议中的组成部分，建成后将有助于加快老挝的工业化和现代化进程，极大地促进老挝经济和社会全面发展，帮助老挝从“陆锁国”变为“陆联国”，并尽早走出“世界最不发达国家”的行列。老挝《人民报》2016 年 12 月 27 日报道称：老挝人民期待已久的高铁即将在 60 个月后竣工，届时，老挝交通运输和人员往来的成本将会降低，而且便捷安全，同时将促进旅游、贸易和投资实现成倍增长，为老挝带来长期收益，使老挝各族群众得到巨大实惠。

中老铁路仅是两国越来越密切的经济关系的一部分，中国在老挝投资的快速发展与两国经贸合作的全面开展，更能反映两国密切经济关系的全貌。据老挝计划投资部副部长坎连·奔舍那介绍，中国投资者目前在老投资有约 764 个项目，涵盖领域广泛，包括矿产、农业、电力、手工艺品、旅游业等多个行业，其中 552 个项目为 100% 中国独资，212 个项目为中老合资，中国已成为老挝最大外资来源国。

（张明亮　林英才）

缅甸侨情

2017—2018 年，缅甸侨情的主要变化就是成立了第一个纺织制衣行业协会，注册成立了缅甸中国企业商会，汉语补习教育的范围和影响进一步扩大，中缅政治经济合作进一步加强，缅甸政府出台了吸引中国游客的一系列相关措施。这些都有利于缅甸华侨华人的生存和生活环境的进一步改善。

一、缅甸国情、侨情简介

（一）缅甸国情

缅甸国情如表 1 所示：

表 1 缅甸国情简况①

国家全名	缅甸联邦共和国
地理位置	地处北纬 9°58′~28°31′之间和东经 92°20′~101°11′之间
气候	缅甸属于热带季风气候，国土的大部分在北回归线以南，为热带，小部分在北回归线以北，处于亚热带。受季风的影响，缅甸全年可分为热季（3 月至 5 月中旬）、雨季（5 月中旬至 10 月）、凉季（11 月至次年 2 月）。缅甸全年气温变化不大，最冷月（1 月）的平均气温为 20℃~25℃；最热月（4、5 月间）的平均气温为 25℃~30℃
领土面积	67.66 万平方千米
政体	联邦制
执政党及现任总统	执政党：全国民主联盟 总统：吴廷觉（2016 年 3 月至 2018 年 3 月） 总统：温敏（2018 年 3 月至 2021 年 3 月）
官方语言	缅语
首都	内比都

① 关于缅甸的基本数据除特别注明外均摘引自中国驻缅甸大使馆网站，http：//mm. mofcom. gov. cn/article/ddgk/201506/20150600999521. shtml。

（续上表）

人口数量	5 338.8 万①
华人数量	约 250 万
华人所占比例	4.68%②
主要族群	缅甸族
GDP 增长率/通货膨胀率	6.8%/4.0 %
失业率	0.8%
GDP	656.071 亿美元
人均 GDP	1 228.9 美元

（二）缅甸基本侨情

1. 缅甸的华文教育

华文教育在缅甸正式的国民教育系统中尚未取得合法地位，只能在政府监管的缝隙中展开，主要以课外补习的形式存在。开展的情况在缅甸北部和南部有比较大的差异——北部较为活跃，存在比较成系统的、各层次的华文补习教育，这主要是因为北部靠近中国，与中国的贸易和经济交往比较多，用中文进行交往的需求比较大。

在华文教育的开展中，也有一些华人教育机构打缅甸政府控制政策的擦边球，即开办一些国际学校。在国际学校，华文不仅仅是一种外语，华文教育也不再是以补习的形式展开，而是实行全日制的华文教育，教学内容和使用的教材和中国的学校基本相同，教师也基本上从中国招聘而来。学生既包括华侨华人子弟，也包括缅甸非华裔学生。

在缅甸合法的国民教育系统中，有一种特殊的华文教育，即果敢文教育。在缅甸掸邦的果敢地区，学校授课和人们日常交流的语言是果敢文，但实际上，果敢文文字为汉字，但发音有云南口音。

此外缅甸学生也可以到中缅边境地区的“国门学校”参加系统的华文教育。中国云南省边境地区有一些“国门学校”，学校就在边界线上，作为“国门学校”学生的一部分，一部分缅甸学生可以到这些学校参加中国从小学、初中甚至高中的系统的华文教育，但目前辐射面有限。

目前缅甸华文教育培训机构使用的教材有两个系列：一种是来自中国台湾的教材，受台湾资助的学校一般称作孔教学校；一种是中国汉办编写的教材，主要用于在缅甸的孔子学院和孔子课堂。另外，一些华文补习学校为了节省成本，使用的是台湾教材的复印本。他们之所以使用台湾的教材，是因为没有更合适的教材。这些华文补习学校的学生大部分有华人血统，在家里交流会使用中文，有一定的中文基础，因此针对外国人、作为外语教

① 这里的数据摘引自东盟秘书处的相关网页，具体参见 https：//www.aseanstats.org/wp-content/uploads/2018/10/ASEAN_Statistical_Leaflet_2018.pdf。本表中的 GDP、GDP 增长率、人均 GDP、通货膨胀率、失业率等相关数据也出自东盟秘书处相关网页。

② 本文作者根据前面缅甸总人口的相关数据计算得出。

学使用的中国汉办教材就不太适用。

关于缅甸的华文教育，特别需要提出的是在国民教育系统和补习机构之外存在的一类华文教育，即为了传教的需要，宗教机构开办的高层次的华文教育，这种华文教育是合法的。根据缅甸的法律，为了传教的需要，可以开办所需的语言教育。笔者曾经走访一所缅甸基督教传道人训练学院，该学院和新加坡一所神学院合办，用华文进行课堂教学，可以授予神学学士学位和硕士学位，培养的学生主要分布到各地华人基督教教堂。

2. 缅甸的华文媒体

目前，据笔者了解，缅甸的华文纸质媒体只有一家，即《金凤凰》报。该报创刊于 2007 年 10 月 1 日。《金凤凰》除了报道缅甸新闻与国际新闻，还推出"大陆社会""台湾新闻""两岸焦点"和"港澳新闻"等版块，另外，报道缅华社团、侨社和华校组织的活动也是《金凤凰》的一大特色。目前，该报开设有自己的报纸网络版。

电子媒体除了缅甸《金凤凰》，据笔者了解，还有胞波网、缅甸中文网、缅甸华人在线、果敢在线新闻网等，具体见表 2：

表 2 缅甸电子华文媒体简表

名称与网址	主要版块
胞波网：http：//www. paukphaw. cn/	新闻与时评、缅甸指南、财经与投资、文化与交流、民间与公益、旅行与旅游、胞波服务
缅甸中文网：http：//www. md – zw. com/portal. php	缅甸新闻、商家商品、商品求购、房产土地供求、求职招聘等
缅甸华人在线：http：//www. md126. com/	缅甸新闻、缅北专线、国际在线、招聘信息、求职信息、旅游资讯、娱乐资讯、精彩图集、寻人寻物、名著推荐、小说作品、师生原创、缅华人物、缅甸历史、缅甸地理、果敢历史
果敢在线新闻网：http：//www. miandianguogan. com/	本地新闻、缅甸新闻、国际资讯、果敢周报、视频资讯、图说果敢、果敢慈善、在线留言、果敢论坛
缅甸在线：http：//www. myanmarol. com/	缅甸新闻、缅甸历史、缅甸地理、缅甸文化、缅甸故事、缅甸美女、缅甸音乐
缅甸金凤凰：http：//www. mmgpmedia. com/	热点、财经、社会、缅华、工商、环球、文化、旅游、法律、房产、招聘、图片

资料来源：笔者根据相关网站信息编制。

3. 华人社团

缅甸的华人社团众多，主要可分为两大类：一类是带有明显血缘和地方特色的宗亲社团和同乡会，如林氏宗亲的九龙堂、仰光云南会馆等；一类是带有职业特色的工商总会。第二类中最著名的是缅甸华商商会。该商会成立于 1909 年，当时的名称是中华商务总会，成立的目的是“协调当时存在的公务、私务问题以及一切涉外事宜”[①]。其于1930年在缅甸正式申请注册，注册的名字为“缅甸华商商会”，该会被当时的英治缅甸政府认可为代表华侨商界的唯一合法机构，商会会长因而被任命为缅甸的立法会议员。在二十世纪三四十年代日本入侵时，缅甸华侨四处逃亡，商会也处于瘫痪状态。1946年6月，商会正式复办。2009年，华商商会在缅甸仰光举行了成立百年华诞庆典，“共有来自美国、日本、新加坡、泰国以及中国香港和澳门地区的华商会、缅甸华人华侨800余人参加”[②]。为了进一步加强缅甸华侨华人与世界其他各地华侨华人之间的联系，华商商会在2014年申请在仰光举办第14届“世界华商大会”，该申请获得了成功。2017年9月16—18日，第14届世界华商大会在缅甸仰光会展中心（Myanmar Convention Centre）召开，本次世界华商大会既是缅甸商界华侨华人的一次盛会，也是世界商界华侨华人的一次盛会，来自世界各地的近2 000名华人商界代表参加了这次盛会。本次世界华商大会的主题是“缅甸经济大开放，开创历史新纪元”。

回顾20世纪80年代以后缅甸华侨华人团体的发展，可以发现其呈现以下两个明显的特征：“一是，以缅甸为基轴的全球缅华社团网络已经形成；二是，顺应网络时代，建立了网上联络和互动的缅华社区和平台。”[③] 近年来，随着越来越多的中国企业到缅甸投资，已经有一些地方性的企业商会陆续开始成立，如缅甸浙江商会、缅甸湖南商会、缅甸山东商会等。

二、2017—2018 年的缅甸华侨华人组织与华文教育

（一）华侨华人组织

2017—2018年缅甸华侨华人组织方面最主要的变化应当是缅甸中国纺织制衣协会的成立和缅甸中国企业商会（China Enterprises Chamber of Commerce in Myanmar）的注册成立。

2017年，缅甸中国企业商会于4月2日在仰光美丽雅酒店举办年会并成立了纺织制衣协会，这是中国企业在缅甸成立的第一个行业联合会组织，旨在规范在缅纺织制衣企业的经营活动，更好地维护自身利益。

中国驻缅甸大使洪亮出席了当天的活动并致辞，他表示，希望中国企业商会按照商会章程，不断加强组织建设、完善服务功能、提升对外交往能力，使商会成为在缅中国企业同缅甸政府、社会各界以及中国驻缅甸大使馆之间沟通的桥梁、协调的纽带、合作的平台。

仰光省目前有400余家制衣企业，其中3/4为中国投资。2017年2月23日，仰光的一家中资服装厂因劳资纠纷遭缅籍工人及外来人员打砸破坏，损失严重，服装厂的7名中方员工一度被困厂内，在中国大使馆与缅方交涉后才得以离开。纺织制衣协会的成立表明，该行业相关生产商已经意识到需要成立一个组织，相互协调，以一个集体发声，才能

① 《缅甸华商商会世纪华诞纪念特刊》，2009年，第32页。

② 范宏伟：《缅甸华侨华人史》，中国华侨出版社，2016年，第283页。

③ 范宏伟：《缅甸华侨华人史》，中国华侨出版社，2016年，第283页。

更好地维护自己的利益。成立该协会的一个主要目的就是更好地保护在缅纺织企业的利益。

纺织制衣协会筹备委员会的一名工作人员表示，希望纺织制衣协会的成立能够更好地凝聚在缅中资服装企业，促使各家规范经营活动，更好维护自身利益。[①] 2018 年 9 月缅甸中国企业商会成立以后，纺织制衣协会并入商会，成为该会的一个分会。

缅甸中国企业商会早在 2002 年 3 月 16 日就已经成立，其前身是 1996 年 10 月 12 日成立的"驻缅中资公司联谊会"（Chinese Companies' Association），但当时商会没有注册，是一个相对松散的会员联谊性组织。2017 年 11 月，缅甸中国企业商会在缅甸正式注册为合法非营利性社会组织（英文注册名：CECCM）。2018 年 9 月 28 日，中国企业商会成立大会在仰光泛太平洋酒店隆重举行。中国驻缅甸大使洪亮、缅甸商务部长吴丹敏博士、仰光省首席部长吴漂民登、缅甸工商联合会主席吴佐敏温、缅甸中国企业商会会长刘颖出席并致辞，驻缅使馆外交官、仰光省议长吴丁貌吞、仰光省政府部长吴敏当、仰光省政府部长杜尼拉觉、民盟经济委员会成员吴梭温及缅甸中国企业商会各成员单位、缅各大行业协会、缅华社团、中缅媒体代表等 300 余人参加。[②]

缅甸中国企业商会现有登记会员超过 260 家，所涉及的行业包括房地产建筑、电力能源、纺织制衣、通信、物流贸易、旅游、农业等各个领域。根据商会的章程，会员大会为商会的最高权力机构，一般每年召开一次，也可根据 2/3 会员提议召开临时大会。在大会休会期间由商会理事会负责处理日常事务，并向大会负责。

根据商会章程，商会理事会为企业商会的执行机构，并作为大会休会期间的决策机构。理事会由会长 1 名、常务副会长 1 名、秘书长 1 名和副会长若干名、理事若干名组成。理事会须有 2/3 以上理事出席方能召开，其决议须经到会理事 1/2 以上多数通过方能生效。理事会每年至少召开一次会议，特殊情况下可采用通信形式召开。在理事会休会期间，由会长办公会行使其相关职权，对理事会负责。会长办公会由会长、常务副会长、副会长和秘书长组成。会长办公会原则上每两个月召开一次，特殊情况下可以采用通信形式召开，须有 2/3 以上成员理事出席方能召开，其决议须经到会成员 1/2 以上多数通过方能生效。秘书处为商会的日常办公机构，设有秘书长 1 名和副秘书长若干名。秘书处受会长领导，秘书长和副秘书长由会长提名，会长办公会任命。

缅甸中国企业商会现下设一个秘书处和六个分会，这六个分会分别是纺织与服装业分会、房地产与建筑业分会、ICT 通讯分会、旅游与服务业分会、电力分会和农业分会。根据章程，分会的设立须经会长办公会批准，但分会不是独立的法人，不具有独立的财务和人事权；分会会长至少应为商会的副会长，分会的副会长至少应为商会的理事。行业分会的秘书长由商会秘书长提名，主持行业分会的秘书办工作。

商会以"自律、自主、非营利"为原则，遵循"交流沟通、约束协调、诉求维权、服务指导"十六字方针。作为一个自治的服务机构，商会的主要活动经费来源于会员缴纳的会费。根据章程规定，普通会员会费每年 500 美元，理事单位会费每年 5 000 美元，副

① 《缅甸中国企业商会成立纺织制衣协会维护中资利益》，https：//www. tnc. com. cn/info/c - 001001 - d - 3605659. html。

② 《洪亮大使出席缅甸中国企业商会成立大会》，中国驻缅甸大使馆，http：//mm. china - embassy. org/chn/sgxw/t1602116. htm。

会长会费每年 10 000 美元，会长单位会费每年 15 000 美元。商会对内为会员单位提供法律、法规、政策等信息咨询服务，并制定应急预案、协助处理突发事件；对外与缅方政府机构、协会组织、工商界及其他社会团体搭建沟通和交流的桥梁。

商会接受中国驻缅甸大使馆的领导。根据章程，会长、常务副会长、副会长由使馆经济商务参赞处确认后产生。根据 2018 年 9 月 28 日第一次会员大会选举和使馆确认，现任商会会长为中国银行的刘颖。具体会长、副会长和理事成员名单如表 3 所示：①

表 3　缅甸中国企业商会会长、副会长和理事名单简表

编号	会员类型	分会职务	公司名称	负责人姓名
1	会长单位		中国银行	刘颖
2	常务副会长	旅游与服务业分会会长	中国国际航空股份有限公司缅甸分公司	骆军
3	秘书长		YCIH 云南省建设投资控股集团（缅甸）有限公司	潘彦霓
4	副会长单位	房地产与建筑业分会会长	中国建筑缅甸有限公司	梁秋莹
5	副会长	房地产与建筑业分会常务副会长	YCIH 云南省建设投资控股集团（缅甸）有限公司	冯立
6	副会长单位	纺织与服装业分会会长	恒润制衣有限公司	王志平
7	理事单位	纺织与服装业分会常务副会长	腾马集团	施坤
8	理事单位	纺织与服装业分会常务副会长	东隆（缅甸）服装有限公司	邹玉叶
9	理事单位	纺织与服装业分会副会长	苏美达缅甸双赢服饰有限公司	施丽君
10	理事单位	纺织与服装业分会副会长	缅甸汉德实业有限公司	徐伟良
11	理事单位	纺织与服装业分会副会长	三盛皮具缅甸有限公司	邓军善
12	理事单位	纺织与服装业分会副会长	唯杰（缅甸）服装有限公司	丁运生
13	理事单位	纺织与服装业分会副会长	缅甸未来星制衣有限公司	曹海东
14	理事单位	纺织与服装业分会副会长	杰耀和鹰（缅甸）自动化设备贸易有限公司	张光耀
15	理事单位	纺织与服装业分会副会长	国泰缅甸产业园有限公司	赵凯

① 《缅甸中国企业商会成立 致力推进中缅经贸合作》，国际在线（百家号），https：//baijiahao. baidu. com/s? id = 1612995617044805548&wfr = spider&for = pc。

（续上表）

编号	会员类型	分会职务	公司名称	负责人姓名
16	理事单位	纺织与服装业分会副会长	江苏弘业（缅甸）实业有限公司	费建林
17	副秘书长	纺织与服装业分会副秘书长	缅甸万盛实业有限公司	罗穆珍
18	理事单位	房地产与建筑业分会常务副会长	金地房地产开发有限公司	赖学军
19	副会长单位	房地产与建筑业分会副会长	青建国际（缅甸）集团发展有限公司	封金果
20	副会长单位	房地产与建筑业分会副会长	中信建设国际（缅甸）责任有限公司	张明业
21	理事单位	房地产与建筑业分会副会长	中国江西国际缅甸有限公司	陈红兵
22	理事单位	房地产与建筑业分会副会长	中冶天工集团缅甸有限公司	吴晋良
23	理事单位	房地产与建筑业分会副会长	香港星耀投资有限公司	李继峰
24	理事单位	房地产与建筑业分会副会长	中铁国际集团有限公司	周彦
25	副秘书长	房地产与建筑业分会秘书长	青建国际（缅甸）集团发展有限公司	宋如琨
26	副会长单位	ICT 通讯分会会长	中国通信建设（缅甸）有限公司	尚晋
27	理事单位	ICT 通讯分会副会长	华为技术（仰光）有限公司	章李满
28	理事单位	ICT 通讯分会副会长	中国电子科技集团公司第二十二研究所天博电子信息科技有限公司	陈浩
29	理事单位	ICT 通讯分会副会长	缅甸光纤通信网络有限公司	奉成
30	理事单位	ICT 通讯分会副会长	中国电信（缅甸）有限公司	王忆
31	副秘书长	ICT 通讯分会秘书长	中国通信建设（缅甸）有限公司	段琪
32	理事单位	旅游与服务业分会常务副会长	醉美缅甸文化旅游机构	刘伟
33	理事单位	旅游与服务业分会副会长	亚洲国际旅游集团（ITA）	杨锦
34	理事单位	旅游与服务业分会副会长	德信（缅甸）律师事务所	陈戍元
35	理事单位	旅游与服务业分会副会长	中国澜湄律师事务所	于洋
36	理事单位	旅游与服务业分会副会长	CLB 中国法律事务所	程超

（续上表）

编号	会员类型	分会职务	公司名称	负责人姓名
37	副秘书长	旅游与服务业分会秘书长	缅甸奥凯商务旅游有限公司	郑必达
38	理事单位	旅游与服务业分会副会长	莱河之春国际酒店	张林洪
39	副会长单位	农业分会会长	中信建设有限责任公司	李国祯
40	理事单位	农业分会常务副会长	阿夏农业有限公司	张桂琳
41	理事单位	农业分会副会长	万宝矿产（缅甸）铜业有限公司	罗大庆
42	理事单位	农业分会副会长	天际生物科技（仰光）有限公司（云天化集团）	胡文浚
43	理事单位	农业分会副会长	凯马（KAMA）实业有限公司	刘国栋
44	理事单位	农业分会副会长	江苏丰尚智能科技有限公司	尹孔亮
45	理事单位	农业分会副会长	北京康地宝生物技术有限公司	王振平
46	理事单位	农业分会副会长	金树林有限公司	林回春
47	副秘书长	农业分会秘书长	阿夏农业有限公司	龙芳
48	副会长单位	电力分会会长	伊江上游水电有限责任公司	李建伟
49	副会长单位	电力分会常务副会长	云南能投联合外经股份有限公司	董凡
50	副会长单位	电力分会副会长	中国电力技术装备有限公司	巩静涛
51	副会长单位	电力分会副会长	中国南方电网有限责任公司	腾飞
52	理事单位	电力分会副会长	中国电建集团国际工程有限公司	杨健
53	副秘书长	电力分会秘书长	云南能投联合外经股份有限公司	刘致宏
54		电力分会副秘书长	中国葛洲坝集团股份有限公司	李香莲
55	副会长单位		中国石油东亚管道有限公司	张哲
56	副会长单位		中国北方工业公司	曾世贵
57	副会长单位		中国港湾工程有限责任公司（缅甸）	欧阳丁一
58	副会长单位		中国路桥工程有限责任公司（缅甸）	陈波
59	副会长单位		中国工商银行仰光分行	何璧清
60	副秘书长		中国建设有限责任公司	戴孟东

资料来源：缅甸中国企业商会微信公众号。

商会在注册成立以后，从其服务宗旨出发，在2018年开展了一系列活动。一是邀请中国专家学者与中国在缅甸企业负责人座谈交流。2018 年 7 月 15 日，由缅甸中国企业商会和北京大学缅甸校友会主办的“中缅合作与中国经济发展”讲座在仰光缅甸中国企业商会会议厅举行。讲座邀请北京大学南南合作与发展学院徐晋涛教授、王敏副教授及席天扬助理教授等中国高级智库专家与在缅中资企业面对面交流。缅甸中国企业商会副会长尚晋、北京大学缅甸校友会理事杨硕等近百名在缅中资企业家参加了讲座。[①] 二是与中国在缅甸企业负责人就缅甸税法举办分享会。为增强在缅投资企业合规经营、依法纳税及税务筹划意识，促进企业税务管理正规化，控制企业经营过程中的税务风险，2018 年 8 月 2 日，由缅甸中国企业商会主办、旅游与服务分会和星耀集团协办、CLB 中国法律事务所主讲的缅甸企业税务讲座在仰光坎塔亚中心（Kantharyar Centre）写字楼一楼大堂举行。缅甸中国企业商会常务副会长、旅游与服务分会会长骆军，CLB 律所合伙人昌磊、程超，星耀集团仰光坎塔亚项目营销总监袁成以及商会各会员单位代表和在缅慕名而来的各界人士共 200 多人出席了分享会。主讲律师昌磊从在缅甸经营业务各个阶段的实际场景出发，对企业容易忽视的问题、容易踩到的坑进行串联分享讲解，对于在缅甸税法和投资法等相关政策背景下企业的税务成本、合约中的税务条款、选择分包商（合作方）注意事项、投资项目租用土地、个人所得税等税务事项的内容进行了深入浅出的分享讲解。大约一个小时的讲解后，昌磊对企业代表提出的疑问进行了现场交流，并对本次的讲座内容进行了总结。他建议企业宜在项目前期多花一些时间和精力做好税务筹划，合理利用税法、投资法等优惠政策构建有利于税收优化的投资模式。同时企业要注意从全局角度处理上下游的交易关系，完善合同、票据等凭证，争取充分利用抵扣项以达到优化税务成本的目标。

纺织制衣协会的成立，特别是缅甸中国企业商会的成立以及相关活动的开展，有利于在缅中资企业的相互了解和协调，有利于中国企业更好地了解和融入缅甸，有利于更好地维护中国企业在缅甸的投资和利益，有利于随着这些企业投资移民到缅甸的华侨华人地位的改善。但据笔者的了解，缅甸中国企业商会带有更多官方主导的色彩，与这两年成立的众多地方性商会（如缅甸浙江商会、缅甸山东商会等）的关系还没有理顺。如何理顺它们之间的相互关系，更好地服务于在缅中资企业和侨民的利益，将是未来一段时间事关华侨华人利益的一个重要研究课题。

（二）华文教育方面

缅甸政府依然没有放宽对外国语教育的相关控制政策，华文教育（缅甸果敢文教育除外）依然只能作为一种外语通过补习的形式进行教和学。但是中文的补习教育也在慢慢地拓展自己的范围，从一般的政府部门到国会议员和巩发党。据中国驻缅甸大使馆提供的相关数据，从 2016 年 3 月缅甸民盟政府上台执政到 2018 年底，中国大使馆委托孔子课堂已经给缅甸建设部、商务部各开设了两期汉语培训班，给巩发党开办了四期汉语培训班，给内政部警察部队开设了一期培训班，培训学员近千人。2018 年缅甸汉语补习教育的一个小小突破，就是中文补习走进了缅甸国防学院。

2018 年 7 月 6 日，由福庆孔子课堂推荐委派，来自中国国家汉办（孔子学院）的第

① 《北大教授为在缅中资企业举行经济讲座》，缅甸金凤凰网，http：//www. mmgpmedia. com/sino - buz/27791 - 2018 - 08 - 06 - 08 - 43 - 07。

一位汉语教师志愿者乔娇老师，在福庆学校校长及孔子课堂缅方主任、副校长、校长助理陪同下，前往缅甸国防大学外语学院汉语系正式报到。福庆孔子课堂拥有50余名来自中国的汉语教师志愿者，分别任教于曼外大、大其力、东枝、腊戌、八莫、密支那、曼德勒孔教、昌华、福庆等缅北汉语教学机构，此次在缅甸国防大学设立汉语教学点尚属首次。[①] 华语教学开到被平常人视为禁地的缅甸国防大学，这可以看作是华语补习教育在2018年的一个突破。虽然缅甸政府举办各种汉语培训班是为了提高政府的执政能力，但从客观上看也有利于缅甸政府与缅甸华侨华人的沟通与交流，有利于缅甸华侨华人生存和生活环境的改善。

三、中缅两国合作进一步加强，缅甸政府出台吸引中国游客措施，有利于改善缅甸华侨华人生活环境

2017—2018年，中缅两国之间的政治经济合作进一步加强，这其中一个十分重要的表现，就是缅甸政府成立了以国务资政昂山素季为首的“一带一路”实施委员会，两国就事关中缅两国基础建设合作的皎漂港项目签署了项目合作协议书。

2018年12月7日，缅甸总统府发布通告，为响应中国的“一带一路”倡议，缅甸政府成立“一带一路”实施委员会。委员会由27名成员组成，缅甸国务资政昂山素季任委员会主席，第一副总统敏瑞为委员会副主席，秘书长为外交部常务秘书，其他成员包括内政部部长、边境事务部部长、国务资政部部长、宗教与文化部部长、政府办公室部长、内比都委员会主席。该委员会的职责：①协调各政府机构落实缅甸与中国实施的“一带一路”合作项目。②对“一带一路”合作项目给予指导。③制订有关实施方案，呈报联邦政府，获取合法确认。④将关于“一带一路”项目有需要磋商事宜及时汇报总统。⑤组织专家团队对“一带一路”项目进行研究。[②] 缅甸政府成立“一带一路”实施委员会，说明缅甸政府十分重视中国的“一带一路”倡议，十分重视通过合作加强缅甸的基础建设。这方面的一个重要例子就是皎漂港建设项目合作协议的最终签订。

皎漂港建设项目是中缅大型工程项目——中缅原油运输管道总体工程项目的一部分。根据工程设想，原油运输船从中东等地运输到皎漂港，然后从皎漂港通过管道将原油输送到中国昆明和重庆。2015年中信信托投资公司（China International Trust and Investment Corporation，CITIC）通过竞标获得皎漂深水港工程项目建设开发权，该项目计划投资73亿美元。招标结果公布之后，由于缅甸政府换届（2016年3月30日民盟政府宣誓就职）和股份分配问题，中缅双方迟迟未能签订具体的合作协议。根据最初的计划，中信信托投资公司占股85%，缅甸港务局占股5%，皎漂经济特区控股公司占股10%。民盟政府上台之后，提出希望缅甸和中国各占50%的股份，而皎漂经济特区控股公司则希望占股25%

---

① 《缅甸国防大学迎来首位孔院汉语教师志愿者任教》，缅甸金凤凰网，http：//www.mmgpmedia.com/sino-mm/27724-2018-07-26-08-57-18。

② 《缅甸成立“一带一路实施委员会”：主席为国务资政》，新浪新闻网，http：//news.sina.com.cn/w/2018-12-08/doc-ihprknvt7114655.shtml，2018年12月8日。

以上。[①] 在具体的谈判中，从帮助若开邦发展的实际需要出发，中国方面在占股比例问题上做了让步。2018 年 10 月 17 日，双方达成一致，中国同意持有 70% 的皎漂深水港工程项目股份，协议由缅甸副总统亨利范提育批准后生效。2018 年 11 月 8 日，在中国驻缅甸大使洪亮和缅甸商务部部长丹敏的见证下，由中信集团董事长常振明代表中信联合体与缅甸皎漂特别经济区管理委员会主席吴塞昂签署皎漂深水港项目框架协议。按照协议，中缅双方股权占比由原来的"85%/15%"调整为"70%/30%"。此外，缅方考虑分阶段实施该项目，预计项目第一阶段将投资 13 亿美元（约合 90 亿元人民币），第一阶段工程将建设 2 个泊位（原计划建设 10 个泊位）。这一项目协议的签署标志着中缅两国经济合作又上升到一个新的阶段和水平，也是对缅甸华侨华人的一个重要鼓舞。

在其他方面，缅甸政府推出的一些措施也十分有利于改善缅甸华侨华人的生活。为了吸引更多中国游客，刺激缅甸经济，缅甸政府决定，从 2018 年 10 月 1 日起，对中国游客实施落地签，签证费 50 美元。一些著名的旅游景点如大金塔，也开始试行统一收费制度，让外国游客享受国民待遇，不再对外国游客收取特别的门票费用，并且针对中国游客的消费偏好，考虑在旅游景点附近设置翡翠批发市场、设置更多公厕、与旅游学校合作培训更多中文导游等。虽然这些措施是针对中国游客的，但在客观上也有利于改善缅甸华侨华人的生存和生活环境。

总结以上的分析和叙述，可以看出，在 2017—2018 年，缅甸华侨华人的生存和生活环境都稳步向好。缅甸中国企业商会的成立有利于中国企业更好地了解和融入缅甸，更好地维护自己的利益，而中缅两国政治经济合作的进一步加强，以及缅甸政府为吸引中国游客所实施的一系列政策也都有利于缅甸华侨华人的生存和生活环境的改善。

（王子昌）

① MoU on Kyaukphyu SEZ likely in August，缅甸时代网，https：//www. mmtimes. com/business/27137 - mou - on - kyauk - phyu - sez - likely - in - august. html，2018 年 4 月 8 日。

柬埔寨侨情

2018 年柬埔寨政治经济形势依然保持稳定和良好的发展态势。2018 年大选后，洪森领导的人民党获得了绝对优势地位，政权进一步得到巩固。中柬经贸关系在“一带一路”的框架下发展势头迅猛，华侨华人也直接或间接地获取了一定的商业利益。新一届柬华理事总会成立后，领导层注重侨团建设，倡导兴办柬华理工大学和师资培训机构，推动华文教育向更深入和高层次目标方向发展。但与此同时，随着越来越多中资企业和各类人员的大量涌入，伴随的违法犯罪现象明显增加。尽管只是少数人的行为，但仍影响到当地民众对华人和中国形象的负面认识与关系发展，值得关注。

一、柬埔寨基本国情与政治经济形势

（一）柬埔寨基本国情

柬埔寨王国位于东南亚中南半岛南部，面积 18 万多平方千米，人口约 1 600 万；高棉族是主体民族，占总人口的 80%，华侨华人约 110 万；高棉语为官方通用语言，佛教为国教，93% 以上的居民信奉佛教。

柬埔寨实行君主立宪制。国王是国家最高元首，国会是最高权力和立法机构，政府首脑由赢得国会议席 50% +1 简单多数的政党候选人担任。现任国王诺罗敦·西哈莫尼，首相洪森，参议院主席赛冲，国会主席韩桑林。①（见表 1）

表 1　柬埔寨概况

国家全名	柬埔寨王国
地理位置	中南半岛南部
气候	热带季风气候
领土面积	181 035 平方千米
政体	君主立宪制
执政党及现任首相	人民党/洪森
官方语言	高棉语
首都	金边
人口数量	1 533 万

① 中国外交部网站，https：//www. fmprc. gov. cn/web/gjhdq_676201/gj_676203/yz_676205/1206_676572/1206x0_676574/。

（续上表）

华侨华人数量	约 110 万
华侨华人所占比例	6.5%
主要民族	高棉族
GDP 增长率/通货膨胀率	6.9%/2.8%
失业率	0.7%
GDP 增速	222 亿美元
人均 GDP	1 400 美元

资料来源：世界银行，http：//data.worldbank.org/country/cambodia；中国外交部网站，https：//www.fmprc.gov.cn/web/gjhdq_676201/gj_676203/yz_676205/1206_676572/1206x0_676574/。

柬埔寨是一个农业国家，农业是柬埔寨的第一大支柱产业，柬埔寨历届政府均高度重视农业，将农业列为优先发展的领域。虽然存在基础设施和技术落后、资金和人才匮乏等制约，但丰富的自然资源和农业资源、年轻充足的劳动力、具有潜力的市场等因素，使得柬埔寨农业的发展前景较为广阔。柬埔寨丰富的旅游资源也是一大亮点，作为世界重要文化遗产之一的著名的吴哥窟，每年都吸引了大批海外游客到访。制衣业和建筑业是柬埔寨工业的两大支柱。柬埔寨充分利用欧盟给予的普惠制，以及美国等 28 个国家给予的最惠国待遇等优惠政策，凭着廉价低成本的劳工优势，吸引了大量外资进入制衣、制鞋业，其中华人投资的企业占大多数。目前，柬埔寨华侨华人数量已超过 100 万，[①] 且以经商和从政居多。

柬埔寨是东盟国家中经济增速最快的国家，近几年政局稳定，经济连续取得了 7% 的增长，有"亚洲经济新虎"之称。柬埔寨王国政府实行开放政策，为吸引更多外商进驻，提供了许多优惠政策，如外商可以独资经营，可持有 100% 的股权。柬埔寨是目前东盟国家中对投资管制最少的国家，没有外汇管制，对外国投资者没有差别待遇，利润汇回本国不受限制。

（二）2018 年柬埔寨政治经济形势

2018 年 7 月，柬埔寨举行了第六次全国大选。与前几次大选不同，在没有以桑兰西为首的反对党参与下，本次大选选情平稳，没有像往年那样出现针对大选的一系列罢工和示威抗议活动，洪森领导的人民党最后以 76.84% 的得票率轻松取胜[②]，巩固了人民党在国会中"一党独大"的格局。大选结束后，柬埔寨政治局势更加稳定。

2018 年，柬埔寨经济增长势头依然强劲。仅 2018 年上半年，柬埔寨商品出口额同比增长 13.3%，高于上一年同期 7.7% 的增速；外国直接投资 13 亿美元；截至 7 月，外汇储备已达到 91 亿美元；国际游客人数同比增加 11.1%，其中来自中国的游客增加 72.6%。

---

① 柬埔寨国家概况，中国外交部网站，https：//www.fmprc.gov.cn/web/gjhdq_676201/gj_676203/yz_676205/1206_676572/1206x0_676574/。

② 《大选初步结果公布，人民党大赢家》，《华商日报》，http：//www.7jpz.com/article－81634－1.html，2018 年 8 月 12 日。

国际货币基金组织和亚洲开发银行等机构均预测，在出口业和旅游业推动下，柬埔寨内需不断扩大，2018 年 GDP 增速将达到 7% 以上。[①] 尽管各家机构预测的具体数据不同，但普遍认为柬埔寨在经济可持续增长方面取得了重大进展，收入增速领先同类国家，贫困率下降，经济逐步转向多元化。

柬埔寨稳定的政治环境和社会秩序，较为合理的经济政策，以及来自中国的支持，是人们看好柬埔寨发展前景的主要原因，也为广大华侨华人在柬埔寨投资经商创造了良好条件。

二、2017—2018 年柬埔寨侨情概况

（一）华人社团建设及其主要活动

柬埔寨华人理事总会（简称“柬华理事总会”）是柬埔寨华人的最高领导机构，自 1990 年成立以来，一直致力于促进华人社会的团结和积极融入当地社会，大力传承并弘扬中华文化传统、发展华文教育，同时配合中柬两国在经贸、教育、文化等领域的交流与合作。

2017 年 1 月，自柬华理事总会成立以来就担任会长的杨启秋先生因身体原因卸任后，加华集团董事长方侨生被推举为新会长，并着手组建了第五届柬华理事总会领导班子。方侨生还捐赠了 3 000 平方米的土地，用于建设柬华理事总会新会址大楼，大楼已于 2018 年 10 月建成完工。[②] 两年来，在会长方侨生的带领下，本着“服务百万华人华侨，繁荣华社”的理念，柬华理事总会在促进华社团结、积极拓展华文教育并筹资兴办大学、加强海内外各华人社团之间的联系、推动华社与柬政府之间的密切联系与沟通，以及推动当地社会公益和慈善事业等方面开展了一系列卓有成效的工作。

2018 年 3 月，柬华理事总会前会长兼柬埔寨潮州会馆会长杨启秋先生去世后，参议员刘明勤先生被推举为潮州会馆新会长，他也是柬华理事总会的荣誉会长。作为柬埔寨华人中人数最多群体的代表，潮州会馆是柬华理事总会下属的重要社团组织。潮汕人一向以经商见长，他们的投资领域也非常广泛，包括钢铁厂、房地产、建筑建材、新能源、农业、食品加工、传媒、文化教育、进出口贸易等各个领域。刘明勤的接任为潮州会馆的发展带来新的动力。为了支持会馆的发展，刘明勤夫妇特意捐赠了 1.3 公顷的土地用于新会馆的建设。[③] 为继承和弘扬潮汕文化，让更多的柬埔寨潮州人后代有机会学习了解潮乐，柬埔寨潮州会馆还重新建立了潮乐社，让潮汕文化在柬埔寨发扬光大。随着越来越多的潮商看好柬埔寨的发展潜力，为了更好地联络乡情、整合资源，2017 年，柬埔寨潮汕商会在金边成立，并于 2018 年 9 月举办首届理事会就职庆典。2018 年 9 月 9 日，在广东省潮州市侨联和柬埔寨潮州人海外联谊会的共同推动下，柬埔寨海外潮人联谊会在金边挂牌成立了

① 《柬埔寨经济增长前景被看好》，《华商日报》，http：//www.7jpz.com/article－83786－1.html，2018 年 10 月 14 日。

② 《柬华理事总会新会址大楼建成》，《柬华日报》，http：//jianhuadaily.com/20181005/31008，2018 年 10 月 12 日。

③ 《刘明勤杨丹葡伉俪捐地一万多平方米赠潮州会馆》，《柬华日报》，http：//jianhuadaily.com/20180316/13256，2018 年 10 月 24 日。

"潮文化海外交流中心"，目的是促进广东潮州与柬埔寨等"一带一路"沿线地区的文化交流，为推动各项合作奠定感情基础和社会基础。

随着大量的中资企业和个人来到柬埔寨经商工作，2018 年 9 月，柬华理事总会探讨了招收新会员的议题，计划将会员扩大到企业及个人，会员被分为个人会员、企业会员和社团会员，入会均有在柬经营、工作和生活的一定年限等条件和要求，此举也是为了应对柬华社会的不断扩大与发展及其管理的需要，意图通过扩大柬华理事总会的服务范围，提升服务水平，形成有利于总会长远发展的格局。

近年来，柬华理事总会十分重视对年青一代华裔的培养，积极鼓励年青一代参加柬华社团工作，并为此专门成立了青年团，如今，青年团已达 100 人。2017 年 1 月第五届柬华理事总会领导班子确立后，非常重视青年团的工作，除利用春节、中秋等大型节日组织柬华理事总会青年团友谊聚餐活动，促进团员间的交流，商讨未来发展事宜，还通过多种方式鼓励青年团成员积极参加总会的各项事务，参与国际性商务和经济交流活动、各类社会公益和社会联谊活动。会长方侨生名下的加华银行计划投入 2 000 万美元设立"青年创业帮扶基金"，用以支持柬埔寨华裔青年创业，鼓励他们为华社发展贡献力量。[①] 同时还安排专业人士为青年团举办有关工商管理、财务规划、人力资源等的研讨会，还成立了柬华青年非政府组织（NGO），鼓励他们积极参与社会公益和慈善活动，培养奉献精神。

柬华理事总会一直与世界各地的华社团体保持着密切的联系与合作。2017 年 10 月 19 日，柬华理事总会主办了"世界柬埔寨华人联谊会"，目的是联系海外柬华同胞，探讨交流合作事宜，共谋长期发展，包括世界越柬寮华人团体联合会主席和名誉主席、法国印支华人会馆会长、世界各地柬华联谊会代表等在内的上千人出席了联谊会。会议决定在柬华理事总会设立联谊会秘书处，每两年在金边举办一次聚会。提出设立非政府机构，以利用民间力量协助柬埔寨扶贫及带动农村的发展等建议。2017 年 10 月，以副会长杨宗勋勋爵为团长的柬埔寨潮州会馆代表团一行，赴印度尼西亚参加第十九届国际潮团联谊会。国际潮团联谊会于 1981 年创办，每隔两年举办一次，年会宗旨是"敦睦乡谊、弘扬文化、促进工商、服务社会"。2017 年 10 月 27—29 日，柬埔寨钟氏家族的代表参加了在新加坡举行的第十七届世界钟氏恳亲大会。2017 年 11 月，柬埔寨陇西李氏宗亲会派代表参加了全球李氏恳亲大会。还有柬埔寨江夏黄氏宗亲会、柯蔡宗亲会、吴氏宗亲会均分别派代表参加了各自宗亲组织的世界性恳亲大会。2018 年 5 月，柬华理事总会还派出以副会长方灿成为团长的代表团，出席了第九届东南亚华人 + 中国各姓氏宗亲联谊大会的筹备会议。这种以宗亲血缘关系为纽带的国际性大会，不仅有利于促进华人在国际的友好往来，也有利于华人所在国之间的经济、文化交流与合作，因此，一直受到华人及会议举办地政府的重视和支持。

柬埔寨华人社团有着乐善好施的传统，长期以来一直注重对当地民众的慈善救济工作。2017 年 10 月，柬埔寨福建总商会慈善基金会出资，为特尔特蒙省的安贝达博乡和新森芷乡打井取水，为当地民众解决了困扰几十年的饮水问题，赢得了赞誉和好评。柬埔寨昆特帕花儿童医院成立于 1993 年，为贫困儿童提供免费治疗，日均接诊 3 000 名儿童，医院的资金大部分来自社会热心人士和机构的捐助，华人的贡献尤其突出。2018 年 4 月，为

---

① 《柬华青年团代表拜访方侨生会长》，《柬华日报》，http：//jianhuadaily. com/20171002/731，2018 年 8 月 2 日。

保证医院的稳定运作，柬政府正式成立“昆特帕花基金会”，得到柬华理事总会及其下属机构和华社各界人士的鼎力支持。截至2018年7月，在柬华理事总会号召下，26家企业、协会以及3万多名热心人士共计捐助50多万美元和2亿多柬币。[①] 此外，柬埔寨中国港澳侨商总会和柬埔寨香港商会自成立以来，一直热心参与柬埔寨侨社事务，2018年3月对柬埔寨“消除白内障致盲行动”工作提供了大力支持，捐赠了两辆设备齐全的大型流动医疗卡车和一辆巴士，并从香港派出医护人员参与手术治疗工作。此外，柬华领导层还十分重视华社与柬埔寨政府及当地民众良好关系的建立。2017—2018年，柬华理事总会利用柬埔寨新年举办了两次与总理洪森的“团结饭”活动，约有6 000人出席，目的是进一步加强华侨华人与政府领导人之间的交流。2018年还举办了与当地民间商贩的“友谊饭”活动，共邀请了2 000位市场商贩共进晚餐，目的是了解商户的需求和困扰，协调与商户之间的关系。会长方侨生曾经19次来到其担任董事长的海外柬华投资公司投资兴建的水净华“繁华城”，对当地203户乔迁安置户进行慰问，[②] 拉近了企业与当地拆迁户之间的关系，也有利于消除他们对华人企业的误解。2018年5月，柬华理事总会还捐助桔井省8万美元，用于50口水井的挖掘经费，以解决当地民众饮用水的问题，同时缓解因个别企业非法采矿导致的河水污染所引发的矛盾。

（二）华文教育的新发展

柬华理事总会第五届领导班子成立以来，进行了大量的改革工作，把发展华文教育作为首要任务来抓。在会长方侨生的带领下，侨领们出钱出力，积极参与兴教办学事业，资助各地华校的建设工作。2017年以来，柬华理事总会领导下的华文教育基金处，组织华教访问团走访了50多所华校，对华文教育环境进行调研，解决了大量实际困难。方侨生会长还每月出资35 000美元补贴42所华校共340位教师的薪资，累计一年出资超过50万美元。[③] 由方侨生担任主席的方炳祯基金会，每年还对有困难的华校和赴中国留学的学生提供资金支持。

长期以来，华文教师师资不足的问题一直制约着柬埔寨华校的发展，尽管中国国务院侨办和汉办每年都派出200多位支教教师，可以基本解决师资问题，但终究不是长远之计。目前，柬埔寨全国华校教师缺口约300人。为了全面缓解柬埔寨华文教育本地师资短缺的问题，壮大华校师资队伍，提升华校教师的华文教育水平，增强教师岗位对年轻人的吸引力，柬华理事总会决定成立“柬华师资培训中心”，专门培养本土华文师资力量。2018年5月12日举行开班仪式，目前已有61名华校学员接受培训，[④] 结束了柬埔寨没有本土中文师范教育机构的历史。柬华理事总会还与柬埔寨福建总商会、福建闽江师范高等专科学校合作，于2018年8月成立了“中柬华文师资培训中心”，共同培养在职柬籍华文

---

① 《逾3万名热心人士善款支持坤塔宝花》，《柬华日报》，http：//jianhuadaily. com/20180704/22510，2018年10月17日。

② 《方侨生第19次亲临“繁华城”为乔迁户送温暖》，《柬华日报》，http：//jianhuadaily. com/20180408/15336，2018年10月24日。

③ 《方侨生会长鼓励嘉奖柬华校师范毕业生》，《柬华日报》，http：//jianhuadaily. com/category/page/41，2018年10月24日。

④ 《柬华理事总会师资培训中心隆重举行开班仪式》，《柬华日报》，http：//jianhuadaily. com/category/page/24，2018年10月24日。

教师，为柬埔寨华文教育输送更多本土教师人才。此外，柬华理事总会还意识到柬埔寨对本土理工技术人才有着极大的需求，因此一直在探索创办柬埔寨理工高等院校的可行性问题。2018 年，与中国天津工业大学达成合作意向，创立"柬华理工大学"，计划开设金融、管理、电脑、应用科技等学科。大学项目造价 1 395 万美元，占地面积约 5 公顷，[①] 所用土地由柬华理事总会会长方侨生捐赠。建成后的"柬华理工大学"将作为柬埔寨国家项目的一部分，面向全柬招生，教授来自中国，办学设备也准备从中国引进。

另外，柬埔寨潮州会馆也计划开办高级中学和中文大学，为柬埔寨华校学生在柬国内接受高等教育提供便利，同时也为柬埔寨培养高端人才。学校建设用地由潮州会馆会长刘明勤和夫人捐赠。刘明勤认为，当今社会已进入全新发展时期，华文教育也应与时俱进，要改革和创新，寻求更好的发展模式。未来，潮州会馆在力求改善学校的教学环境、壮大教师队伍建设之外，还将研究、制订出一套更佳方案，提高教师待遇。方侨生也提出，希望华文教师的工资也能随着国家的发展而不断上调，使之成为一个有吸引力的职业。

柬埔寨华文教育的迅猛发展也与中国政府对柬埔寨华文教育的重视与支持分不开，中国派到海外教书的 1 000 位志愿者，派往柬埔寨的有 200 位。2017 年 2 月，中国驻柬大使馆向柬华理事总会和 13 所"华文教育示范学校"、7 所困难华校分别赠送 10 万元人民币的华文教育资金，支持柬华理事总会和有关华校开展华文教育。[②] 2009 年创办的柬埔寨孔子学院已成为柬埔寨汉语教育的知名品牌，设有 3 个孔子课堂、27 个教学点，覆盖柬埔寨 12 个省市，累计派遣教师 1 000 多人次。2017 年，中国国家汉办再次向柬埔寨派出 238 位志愿者。[③] 柬埔寨孔子学院已被中国国家汉办列入"全球孔子学院"建设行列。此外，为了方便柬埔寨民众学习汉语，柬埔寨王家研究院孔子学院与中柬友谊国际电台合作开通了汉语学习节目。

目前，柬埔寨 50 多所华校已培养出大批兼通中国和柬埔寨文化的人才，他们是柬埔寨参与中国"一带一路"建设的独特资源优势。柬埔寨华文教育的发展，对弘扬中华传统文化、巩固中柬传统友谊、促进中柬在各个领域的合作具有重要意义。

（三）华人传媒动态

随着柬埔寨华文教育的兴盛，作为华社"三宝"之一的柬埔寨华文报刊也得到迅速发展。目前较有影响力的主要有《柬华日报》《华商日报》《柬埔寨星洲日报》《高棉日报》等。这几家报纸均设有中文网站，《柬华日报》还开通了微信平台。近年新创办的《吴哥时报》等华文媒体也主要以微信平台的形式展现。此外，还有中文社区网站、柬单网等也给柬埔寨华人传媒和华人社会带来新的气象，吸引了不少华人新移民。

在柬埔寨众多华文报刊中，《柬华日报》的规模和影响力是比较大的，该报创立于 2000 年 8 月，是柬华理事总会主办的中文报纸，成立近 20 年来，不仅为在柬华人提供了

---

① 《天下潮商经济年会本月底登陆柬埔寨　柬华总会召开会议商讨相关事宜》，《柬华日报》，http：//jianhuadaily. com/20180805/25547，2018 年 10 月 13 日。

② 《2016 年全柬华校"大使奖"现场作文比赛颁奖仪式举行》，《高棉日报》，http：//cn. thekhmerdaily. com/article/18453，2018 年 8 月 1 日。

③ 《2017—2018 年赴柬汉语教师志愿者岗中培训隆重开幕》，《柬华日报》，http：//jianhuadaily. com/20171102/1894，2018 年 10 月 23 日。

大量的新闻资讯，也成为华社对外宣传的重要窗口。2018 年 6 月，由中国新闻社与中国传媒大学新闻学院联合开展的海外华文传媒新媒体评测项目发布的 2018 年《海外华文传媒新媒体影响力榜》《海外华文传媒社交媒体影响力榜》中，《柬华日报》分别排在第 53 和第 38 位。①

柬埔寨华文媒体十分注重与国外华文媒体尤其是中国媒体的交流与合作，以促进自身的提升与发展。2017 年 11 月，由《柬埔寨星洲日报》承办的世界中文报业协会第五十届年会在柬埔寨举行，16 国近百家中文报纸的主要负责人参加了年会，会议讨论了"一带一路"下的新形势和中文报业的新发展和新机遇，促进了各国华文媒体间的交流合作。2018 年 9 月，《柬华日报》与中国的《广西日报》签署了新闻作品版权合作协议，《广西日报》还计划在柬埔寨建立首个国际传播联络站，与《柬华日报》一起开展媒体间的国际交流合作。双方并以此为契机，计划在版权、新媒体、媒体服务等领域展开深度合作。

三、2018 年中柬关系与华侨华人

作为中国"21 世纪海上丝绸之路"沿线的重要国家，柬埔寨具有重要的经济和战略地位。柬埔寨始终支持"一带一路"倡议，并率先与中国在"一带一路"框架下开展各项合作，取得了较为丰硕的成果。

2018 年是中柬建交 60 周年，双方高层互动频繁。2018 年 1 月，中国总理李克强访问柬埔寨，双方发表了联合公报，签署了涉及经贸、投资、基础设施建设、医疗卫生、林业、农业等领域的 19 项合作协议。一年来，中柬两国合作共建"一带一路"呈现出良好的发展势头。中国对柬投资增长迅速，2017 年中国在柬投资总额突破 17 亿美元，两国间的贸易额年均已超过 50 亿美元，预计 2020 年将达到 60 亿美元。② 在"一带一路"倡议下，越来越多的中国企业到柬埔寨投资经商，不仅助推柬埔寨经济建设，也创造了数以万计的就业岗位。目前，中国企业在柬埔寨已经和正在修建的道路有 20 多条，超过 3 000 千米，极大地改善了柬埔寨的交通网络；已经建成 7 座大桥，第 8 座大桥也已开工；中资企业积极参与柬埔寨电力建设，已建成了 8 座电站，解决了柬埔寨经济发展和城乡居民生活的 80% 以上的电力供应需求。③

与此同时，两国间的人文交流也在不断扩大。近年来，中柬在教育领域里的交流与合作日益密切，如柬埔寨金边皇家大学与中国许多大学保持着长期、稳定和良好的合作关系。皇家大学与中国大理大学共同建立了"DHY 汉语中心"，2010 年正式成立了中文系，如今已培养了 4 批共 175 名中文系本科毕业生，在推动中柬文化交流方面发挥了重要的作用。中国政府奖学金项目已累计接收柬埔寨学生超过 2 000 人。中国驻柬埔寨大使馆、国务院侨办、中国国家汉办等机构，也在教材、设备、资金、师资培训等方面对柬埔寨华文教育给予大力支持。中国驻柬埔寨大使馆于 2015 年启动"大使图书角"项目以来，已向

① 《方侨生会长高度评价柬华日报，吁再接再厉》，《柬华日报》，http：//jianhuadaily. com/20180628/22035，2018 年 10 月 17 日。

② 《柬中友好协会艾森沃专访》，《柬华日报》，http：//jianhuadaily. com/20180614/20874，2018 年 10 月 18 日。

③ 《中国大使馆召开媒体吹风会》，《柬华日报》，http：//jianhuadaily. com/20180207/10338，2018 年 10 月 24 日。

部分柬埔寨高校和华文学校捐赠了1万多册、价值数十万元人民币的中文图书，[①] 更开展了捐助教育办公物资、电子图书和音像资料、华文教育基金等一系列活动。使馆还长期与柬埔寨新闻部、旅游部、文化艺术部等部门沟通与合作，组织开展了如“吴哥的微笑”“吴哥王朝”剧场、中柬优秀电影节等活动，从旅游和文化产业等方面入手，增进两国人员的往来和人文交流。

另外，作为中国援助东南亚国家减贫示范合作项目的一个组成部分，2017年12月，中国正式启动了对柬埔寨的减贫合作项目，包括基础设施建设、公共服务与环境改善、农户生计改善、能力建设和技术援助5个方面，目标是通过合作，引入中国精准扶贫的成功经验，因地制宜，因贫施策，为柬埔寨减贫和改善民生提供示范。

“一带一路”建设，无疑为柬埔寨华人提供了越来越多的发展机遇。从公路建设到大型发电厂、炼油厂、港口等建设，都有中资企业的身影。华人在其中起到了联结和桥梁作用，他们在为中资企业提供服务的过程中创造了商业价值，也推动了柬埔寨经济的进一步发展。大量中资企业进入柬埔寨，直接带动了对华文人才需求的上升，尤其是旅游业的发展，吸引了大量中国游客的到来，为从事服务业的华人提供了商业利益，也推动了柬埔寨华文教育的兴盛与发展。正如柬华理事总会会长方侨生所说：中柬关系一直是柬埔寨华人在柬生活、发展的重要保障。中柬关系好，柬埔寨华人方能安居乐业，生活幸福，事业兴旺。“柬中关系发生重大问题的时候，柬埔寨华人也会面临着各种灾难。因此，柬埔寨华人华侨，包括海外柬埔寨华人都会一致地拥护柬中友好关系的发展，尤其是一带一路倡议的推行，将给我们带来更大的发展机遇。”[②] 他认为，柬埔寨的发展离不开中国的影响，包括中国的经验、人才和资金，这些也是维持柬埔寨经济发展的重要因素之一。

的确，中柬关系的发展，尤其是“一带一路”的推进，一方面给中资企业和华侨华人在柬投资经商创造了前所未有的条件与机遇。目前，在柬中资企业已超过一千家，涉及各个领域，许多中资企业已成为柬埔寨经济建设的一支重要力量，也是柬埔寨税收的最大贡献者之一。但另一方面，随着越来越多的中国企业和中国公民来到柬埔寨，所面临的问题也越来越多，给当地环境带来不利影响，如有些人从事非法赌博、电信诈骗等犯罪活动。柬埔寨是世界上开设赌场数量最多的国家之一，并且大多数赌场都是中国人开设的，因为柬埔寨法律上规定本国人参与赌博是非法的，但对外国人不禁赌，因此有越来越多的中国人到柬埔寨，既有开设合法赌场的，也有相当多的人从事非法的网络博彩业，网络诈骗、绑架、枪杀等案件也随之增加。近两年，由于不懂当地法律，不少中国人到柬埔寨进行非法采矿，并引发了事故。在桔井省就发生了将采矿用的有毒化学药剂排入河中导致13人死亡、280人需要就医的事件，在当地造成了极其恶劣的影响。[③] 还有人不顾自身形象，醉酒闹事、扰乱治安，这些不良行为引起柬埔寨各界的关注，甚至引发了一些柬埔寨人因对中国人不满而产生的冲突。这些问题在有着“柬埔寨深圳”之称的西港（西哈努克港）表现尤为突出。随着西港的发展，大量中国人涌入带来的负面问题主要有：涉嫌各种犯罪

---

① 《中国驻柬埔寨大使馆隆重举行“大使图书角”捐赠仪式》，《柬华日报》，http：//jianhuadaily. com/20171106/2040，2018年10月24日。

② 《世界柬埔寨华人联谊会隆重举行》，《柬华日报》，http：//jianhuadaily. com/20171019/1473，2018年10月22日。

③ 《中国人在柬埔寨开矿有多惨？求求大家别再上当了！》，《华商日报》，http：//www. 7jpz. com/article－79089－1. html，2018年6月7日。

行为，包括绑架中国投资者；在建筑工地打工的部分中国人没有护照和劳工证，非法务工的现象不少；还有一些酒驾、酒后闹事等问题，经营商店和餐饮业的中国人与当地居民发生冲突的报道也时有出现；由于中国人太多，酒店价格不断飙升，不少中国人到柬埔寨投资炒房，致使房价不断走高等问题，均不同程度地引发了当地居民的抱怨和不满。甚至有传言说黑帮势力也参与其中，致使问题更加复杂。2018 年 2 月，柬埔寨政府曾召集了 12 个政府部门，针对西港中国人的问题开会研讨解决方案。中国驻柬大使馆也专门召集了 17 家柬埔寨媒体举办吹风会进行说明，可见影响之大。虽然是少数人的行为，不具有普遍性，但已影响了中国的形象，无疑也会波及华人。

中国—东盟商务理事会的许宁宁就呼吁，到柬投资的中资企业“一定要按照柬埔寨市场的经营方式和柬埔寨人民的生活方式来经营，不能照搬国内的管理方式，必须入乡随俗，要顾及柬埔寨文化和民众感受”①。中国商会也采取了一定的措施，如定期不定期地与柬埔寨政府部门、律师事务所、会计师事务所合作举办专题讲座，引导在柬中资企业守法经营。但仅有这些措施还远远不够。这些问题不仅需要中国政府引起重视，采取措施对中国公民进行行为约束，也需要使领馆以及中国商会和柬华理事总会等当地华社机构合作，与柬埔寨政府相关部门密切配合，共同制定政策与应对方案。

（许　梅）

① 《中资企业在柬投资需入乡随俗》，《华商传媒》，https：//mp. weixin. qq. com/s/7AwLN775rqb0Dj2Jtd7r_g，2018 年 11 月 29 日。

吉尔吉斯斯坦侨情

吉尔吉斯斯坦是中国西北最重要的中亚邻国之一，也是“丝绸之路经济带”倡议中最重要的国家之一，中国为吉尔吉斯斯坦第一大贸易伙伴国（占吉尔吉斯斯坦外贸总额的25.5%）和第一大进口来源国（占吉进口总额的33.5%）。据吉尔吉斯斯坦海关统计，2017年，中吉贸易额15.976亿美元，同比增长3.2%。其中吉尔吉斯斯坦向中国出口9 750万美元，同比增长21.7%；从中国进口15.001亿美元，同比增长2.2%。贸易逆差14.026亿美元。① 吉尔吉斯斯坦基本国情如表1所示：

表1 吉尔吉斯斯坦基本国情

正式国名	吉尔吉斯斯坦共和国
首都	比什凯克
政体	民主共和制
人口数量	636.2万（截至2018年10月）
GDP/人均GDP	4 236.355亿索姆（约合102亿美元）/66 588索姆（约合932美元）
地理位置	地处中亚，与中国接壤
领土面积	19.99万平方千米
国语/官方语言	吉尔吉斯语/俄语
主要民族	吉尔吉斯族
执政党及主要反对党	执政联盟由社民党、共和国—故乡党、吉尔吉斯斯坦党、共同党四党组成；社会民主党、尊严党、祖国党为议会反对党
现任总统	索隆拜·沙里波维奇·热恩别科夫
华侨华人人口数量	约15万
华侨华人占总人口比例	约2.36%
通货膨胀率	0.5%
失业率	2.2%

资料来源：吉尔吉斯斯坦国家概况（更新时间为2019年1月），中国外交部网站，https://www.fmprc.gov.cn/web/gjhdq_676201/gj_676203/yz_676205/1206_676548/1206x0_676550/；吉尔吉斯斯坦2017年第1季度社会经济发展概况（2017年5月10日），中国商务部网站，http://www.mofcom.gov.cn/article/i/dxfw/ae/201602/20160201252969.shtml。

① 吉尔吉斯斯坦2017年全年对外贸易简况，中国商务部网站转引中国驻吉尔吉斯共和国大使馆经济商务参赞处，http://www.mofcom.gov.cn/article/i/dxfw/ae/201802/20180202715057.shtml，2018年2月26日。《中吉政府间委员会第十三次会议》（4月4日），中国驻吉尔吉斯斯坦共和国大使馆经济商务参赞处网站，http://kg.mofcom.gov.cn/article/zxhz/201804/20180402728247.shtml。

一、中吉两国发展现状与人员交流

吉尔吉斯斯坦系中国的友好邻邦，两国有着1 000多千米的共同边界。中吉双边政治关系紧密，高层互访频繁，2013年9月，习近平主席访问吉尔吉斯斯坦，将中吉关系提升为战略伙伴关系。2018年4月吉尔吉斯斯坦第一副总理阿·沙季耶夫在京参加中吉政府间委员会第十三次会议，会议结束后，双方签署了纪要。在纪要框架下，双方商定在一系列领域拓展两国间合作。譬如，在交通领域，双方商定，为两国间货运、客运司机往来创造良好的条件。① 2018年6月，吉总统热恩别科夫访问中国并出席上合组织成员国元首理事会第十八次会议期间，双方将中吉关系提升为全面战略伙伴关系。②

在经济领域，中国是吉尔吉斯斯坦第一大贸易伙伴和第一大投资来源国。2017年，中吉双边贸易额54.48亿美元，同比下降4%。其中中方出口额53.61亿美元，同比下降4.4%，中方进口额0.87亿美元，同比增长22.2%。2018年1—11月，中吉贸易额51.54亿美元，同比增长2.5%。其中中方出口额51.03亿美元，同比增长3.1%，进口额0.51亿美元，同比下降36%。据吉尔吉斯斯坦财政部数据，截至2017年2月底，吉尔吉斯斯坦独立后向中方银行借贷金额20.86亿美元，其中用于道路建设的项目为11.03亿美元，电力基础设施项目9.83亿美元。中国进出口银行已连续多年为吉尔吉斯斯坦最大债权方。③ 此外在食品和农产品贸易合作领域，2017年5月22日，吉政府总理热恩别科夫批准吉国家动植物安全检验局与中华人民共和国国家质检总局关于在动植物检验检疫领域合作的谅解备忘录。谅解备忘录中强调指出，为加强中吉双方在动植物检验检疫领域合作，促进双方食品和农产品贸易便利化，防止动植物病虫害产生和传播，双方商洽并签署了上述备忘录。④ 吉尔吉斯斯坦农业、食品和土壤改良部副部长扎内别克·克里马利耶夫在2018年7月9日新闻发布会上称，吉14家农户签署了向中国出口车厘子的合同。⑤

中吉两国人文交流与合作频繁，不仅有民间自发的人文交流活动，还有政府牵线的官方合作。2017年12月15日，位于吉尔吉斯斯坦首都比什凯克的中原文化交流中心暨云书网O2O地面店开业，这是中原出版传媒集团公司积极响应“一带一路”倡议、践行中华文化“走出去”战略的有益尝试，是对外文化战略的第一家支撑基地，也是河南省新华书店“云书网”海外文化消费服务的第一家地面店，⑥ 此举有利于推动吉国民众对中华文化的了解。2017年12月17日在“一带一路”高校联盟框架下，西北师范大学与吉尔吉斯

① 吉尔吉斯斯坦2017年全年对外贸易简况，中国商务部网站转引中国驻吉尔吉斯共和国大使馆经济商务参赞处，http://www.mofcom.gov.cn/article/i/dxfw/ae/201802/20180202715057.shtml，2018年2月26日。

② 马毅明：《对外投资合作国别（地区）指南：吉尔吉斯斯坦（2018年版）》，商务部对外投资和经济合作司，http://kg.mofcom.gov.cn/article/ztdy/201802/20180202715057.shtml，2019年1月。

③ 《中方对吉贷款主要集中在交通和电力基础设施建设项目》，中国驻吉尔吉斯斯坦共和国大使馆经济商务参赞处网站，http://kg.mofcom.gov.cn/article/zxhz/201704/20170402557163.shtml，2017年4月13日。

④ 《吉政府批准了与中国在动植物检验检疫领域的合作备忘录》，中国驻吉尔吉斯斯坦共和国大使馆经济商务参赞处网站，http://kg.mofcom.gov.cn/article/zxhz/201706/20170602585873.shtml，2017年6月2日。

⑤ 《吉尔吉斯斯坦农民开始向中国出口车厘子》，中国驻吉尔吉斯斯坦共和国大使馆经济商务参赞处网站，http://kg.mofcom.gov.cn/article/zxhz/201807/20180702764348.shtml，2018年7月10日。

⑥ 《中亚首家中原文化交流中心开业：搭建中吉文化交流新平台》，中国传媒网，http://www.cbbr.com.cn/article/117674.html，2017年12月15日。

斯坦教育科学部、吉尔吉斯国立民族大学在比什凯克市联合主办"'一带一路'下的中国与中亚：人文交流与合作"学术研讨会，来自中国和吉尔吉斯斯坦的50余位专家学者参加会议，与会专家围绕"一带一路"倡议内涵与意义、"一带一路"倡议在中亚国家的进展、中亚历史人文、丝绸之路文物保护、中国与中亚语言文化交流、中国与中亚国家跨境旅游合作等问题进行深入研讨。其间，西北师大副校长田澍与吉尔吉斯国立民族大学卡纳特校长共同签署了《西北师范大学与吉尔吉斯国立民族大学合作协议》，未来双方将在师生交流、科研合作、学术交流互访、合作翻译、资料交换等方面加强全面交流与合作，共同促进两校间的联盟关系，提升中吉人文交流与合作水平，共同助推"一带一路"建设迈上新台阶。同时，双方就在吉尔吉斯国立民族大学设立汉语普通话培训与测试中心达成一致。[①] 2018年5月7日"吉尔吉斯斯坦—中国智库专家对话"论坛在吉尔吉斯斯坦首都比什凯克举行。来自中吉两国的20余位专家学者围绕"新形势下吉尔吉斯斯坦与中国的关系"这一主题，进行了学术交流。[②]

中吉近年来在历史文化保护上常有合作，2017年9月，中国敦煌研究院与吉尔吉斯斯坦历史文化遗迹保护调查局签订合作备忘录。根据协议内容，今后5年，双方将就考古调查、学术交流、人才培养等多方面展开合作，共同推进两国文化遗产事业持续健康发展。这也标志着中吉两国人文交流的新形式——考古合作将全面推进。[③]

在医学卫生领域，中吉也开展了合作，2018年12月6日，吉尔吉斯斯坦卫生部下属的米尔拉希莫夫国家心脏病学和治疗中心当天与河北医科大学签署了合作备忘录。该中心主任阿依纳古丽·朱马古洛娃表示，先天性心脏病研究中心的成立将为以后把现代先天性心脏病的诊断和治疗方法广泛引入吉尔吉斯斯坦的临床实践奠定基础，也将有助于培养吉尔吉斯斯坦在该医学领域的高素质专家。[④]

随着近年来中吉两国关系的不断发展及合作领域的拓宽，中国赴吉尔吉斯的人数不断攀升，吉尔吉斯斯坦国家移民局外国公民工作处负责人库代别尔季耶夫9月14日宣布，工流产吉尔吉斯斯坦79%的外国移民为中国公民。他表示，获得就业许可的中国公民总数为8 679人。[⑤] 据介绍，吉尔吉斯斯坦的华侨华人有14万~15万人。其中维吾尔族华侨华人，依据2015年吉尔吉斯斯坦有关方面的统计，有5.2万多人，但吉尔吉斯斯坦维吾尔学者和维吾尔协会的调查报告所显示数量则更大，这可能与各自统计口径不一致有关。吉尔吉斯斯坦维吾尔族华侨华人主要分布在首都比什凯克（Bishkek）、黑湖（Karakol）、奥什（Osh）、卡拉巴勒塔（Karabalta）、卡热克（Karak）、乌兹甘（Uzgen）和托克马克

① 《西北师范大学：中吉人文交流再添新成果》，中国社会科学网，http://www.cssn.cn/zx/shwx/shhnew/201712/t20171218_3784125.shtml，2017年12月18日。

② 《中吉智库学者比什凯克对话》，中国社会科学网，http://www.cssn.cn/hqxx/yw/201805/t20180509_4243186.shtml，2018年5月9日。

③ 《中吉两国合作考古挖掘古城 探秘丝绸之路文化》，中国社会科学网，http://www.cssn.cn/kgx/kgdt/201803/t20180314_3876266.shtml，2018年3月14日。

④ 《中国高校与吉尔吉斯斯坦成立先心病研究中心》，新华网，http://www.xinhuanet.com/2018-12/07/c_1123821364.htm，2018年12月7日。

⑤ 《吉尔吉斯斯坦外国人口中八成来自中国》，中国驻吉尔吉斯斯坦共和国大使馆经济商务参赞处网站，http://kg.mofcom.gov.cn/article/ztdy/201809/20180902788191.shtml，2018年9月18日。

（Tokmak）等城镇。这些地方约有 60 个维吾尔族华侨华人为主的村镇。①

在吉的华侨华人主要由如下几部分组成：东干（回族）人、维吾尔人和中国其他地区的移民。东干（回族）人、维吾尔人已成为吉尔吉斯斯坦民族的重要组成部分。依据 2015 年吉尔吉斯斯坦有关方面的统计，东干（回族）人有 7 万人，也有说法是 6 万多人，但依据一名东干学者的观点其人数可能有 20 万左右。东干族人口主要分布在楚河州和首都比什凯克市，伊塞克湖州、奥什州和纳伦州也有分布。亚历山大诺夫卡乡是吉国最大的东干（回族）人聚居点之一，这里共生活着 1.6 万人，其中 1.3 万人是东干（回族）人。托克马克是吉尔吉斯斯坦第三大城市，位于楚河州北部，这里也是东干（回族）人聚居区之一。②

二、吉国华商经济的发展与社团建设的成就

小到生活用品，大到工程设施建设，华商为吉国提供的商品非常走俏，不仅使得华商自身得到发展，也提高了吉国经济发展水平和改善了当地民众生活质量。在吉国的华人通过民间交流交往促进了中吉两国在经贸和文化上的合作。③ 据了解，吉尔吉斯斯坦很早便成为中国商品辐射中亚的贸易集散地，南部城市奥什市有大唐中国商品分拨中心、卡拉苏市场，北部城市比什凯克有多伦多依市场、大唐市场。中国商品先运到一些大型批发市场，也就是当地人俗称的“巴扎”，再转销至吉尔吉斯斯坦各地以及中亚乃至欧亚地区的其他国家。多伦多依市场是吉尔吉斯斯坦首都比什凯克最大的小商品批发市场，它自 20 世纪 90 年代初开始至今，每天人流量约 5 万人，全年经营，仅 1 月 1 日放假一天。这里 4 000多个摊位中几乎九成都是中国商品，20 多年的经营过程中，商户们对“中国制造”给予积极的评价。比什凯克多伦多依市场可以说是中国商品批零的集散地，包括服饰、家居用品、玩具、饰品以及食品等。多伦多依市场不仅提供了大量的销售岗位，而且在这里从事的搬运工达到 2 000 人。④

2006 年上合组织上海峰会上，特变电工与塔吉克斯坦签订 220 千伏~500 千伏南北输变电线路及变电站成套项目总承包合同。这项工程采用绿色科技、节能环保、信息化无人值守的新型输变电技术，实现塔吉克斯坦国家南北电网互通及电力调度，每年节省 1.8 亿度电能，荣获了中国境外工程“鲁班奖”。2016 年底竣工的塔吉克斯坦杜尚别首都热电厂以每年 22 亿千瓦时的年总发电量，保障杜尚别地区 70 万居民冬季大部分电力供应和取暖需求。仅用 18 个月完成的二期工程已让杜尚别区市民享受到科技带来的温暖。⑤

---

①《中国华侨华人研究所副所长张秀明一行赴吉尔吉斯斯坦进行侨情调研》，中国侨联，http：//www.chinaql.org/n1/2018/0815/c419644-30229901.html，2018 年 8 月 15 日。

②《中国华侨华人研究所副所长张秀明一行赴吉尔吉斯斯坦进行侨情调研》，中国侨联，http：//www.chinaql.org/n1/2018/0815/c419644-30229901.html，2018 年 8 月 15 日。

③《吉国华商借新疆“喀交会”搭建中吉合作桥梁》，中国新闻网，http：//www.chinanews.com/hr/2016/06-29/7921696.shtml，2016 年 6 月 29 日。

④《走进吉尔吉斯斯坦多伦多依市场见证“中国制造”》，丝路观察网，http：//2016cn.siluxgc.com/html/C1413/201609/1348515155661.shtml，2016 年 9 月 28 日。

⑤《新疆特变电工助力吉尔吉斯斯坦实现电力自主供应》，丝路观察网，http：//web.siluxgc.com/jejsst/kgStar/20170315/1007.html，2017 年 3 月 15 日。

2011年11月，贵友集团在吉尔吉斯斯坦首都比什凯克以东60千米的楚河谷地投资开发，建立了"亚洲之星"农业产业合作区，发展种植、养殖、屠宰加工、食品深加工等产业，并为更多企业提供境外集群式发展平台。目前合作区占地8 500亩，拥有可耕地3 700多亩、厂房21万多平方米，已有8家中国企业入驻合作区，完成了畜禽养殖、屠宰、加工、销售等一期项目建设。据了解，"眼下，在吉尔吉斯斯坦，居民餐桌上每消费两只鸡，就有一只来自'亚洲之星'合作区"①。

由陕西建工集团承建的奥什医院项目，位于吉尔吉斯斯坦的奥什市，是中国政府在吉实施的最大援助项目，投用后将极大改善该国南部地区医疗基础薄弱、设施落后的局面。②

随着在吉中国人数量的增加，相关的华侨华人社团、华商商会也逐渐成立，目前较大的几家社团组织有吉尔吉斯华商（民族）联合商会、吉尔吉斯华人华侨联合会、吉尔吉斯斯坦中亚华侨华人友好协会、中海市场中商商会等。华文媒体主要有《丝路新观察》《中亚侨报》等。它们在传播中国文化、维护侨胞权益、促进中吉友好等方面发挥着独特作用。③ 吉尔吉斯斯坦中亚华侨华人友好协会于2004年在吉尔吉斯国家司法部正式注册成立，至今已经有十多个年头了，现有会员近百人，包括汉、回、维吾尔、俄罗斯、哈萨克、乌兹别克等民族的华侨华人。会长（虎玉梅，回族华侨）1人，副会长6人，正副秘书长2人（均为华侨华人身份）。④ 吉尔吉斯斯坦比什凯克华助中心编制了第2版《华侨华人生活指南》，旨在为新侨或中国投资者进行引导，帮助他们尽快适应融入当地生活和工作。目前，《华侨华人生活指南》已进入印刷阶段。此外，吉尔吉斯斯坦比什凯克华助中心还开通了热线求助电话：0700-118000。⑤ 吉尔吉斯斯坦回族华侨办有《回民报》，成立有东干族协会和回民协会等社会团体。其他中国移民，主要由改革开放后移居吉尔吉斯斯坦的来自中国新疆等地区的少数民族和因经商等原因来自中国其他省份的汉族移民及其子女以及中资企业员工组成，依据吉国移民局的数字，应有2万多人。⑥

三、华文教育

近年来，随着中吉两国在政治、经济、人文等领域的交流与合作日益密切，吉尔吉斯斯坦的"汉语热"悄然兴起。2008年和2009年在吉首都比什凯克成立了比什凯克人文大学孔子学院和国立民族大学孔子学院，2013年又成立了奥什国立大学孔子学院，该孔子学院是独联体地区第一所也是唯一一所颁发本科文凭的孔子学院。由吉尔吉斯斯坦贾拉拉巴

① 《闪耀在比什凯克的"亚洲之星"》，丝路观察网，http://web.siluxgc.com/jejsst/kgStar/20170509/2348.html，2017年5月9日。

② 《陕西企业借"一带一路"出海"扎根"沿线国促协同发展》，中国侨网，http://www.chinaqw.com/qx/2019/01-15/213208.shtml，2019年1月15日。

③ 《中国华侨华人研究所副所长张秀明一行赴吉尔吉斯斯坦进行侨情调研》，中国侨联，http://www.chinaql.org/n1/2018/0815/c419644-30229901.html，2018年8月15日。

④ 《吉尔吉斯斯坦中亚华侨华人友好协会》，中国侨网，http://www.chinaqw.com/kong/2017/06-19/148331.shtml，2017年6月19日。

⑤ 《海外华侨华人的"温暖之家"——访吉尔吉斯斯坦比什凯克华助中心》，丝路观察网，http://web.siluxgc.com/jejsst/kgChinesePeople/20170628/3595.html，2017年6月28日。

⑥ 《中国华侨华人研究所副所长张秀明一行赴吉尔吉斯斯坦进行侨情调研》，中国侨联，http://www.chinaql.org/n1/2018/0815/c419644-30229901.html，2018年8月15日。

德国立大学与中国新疆大学合作创办的贾拉拉巴德国立大学孔子学院于 2016 年 12 月 26 日在吉南部贾拉拉巴德市正式揭牌，成为吉尔吉斯斯坦全国成立的第四所孔子学院。① 目前在吉尔吉斯斯坦有 4 家孔子学院，21 个孔子课堂。② 以汉语作为第二外语教学的高校共有 16 所。其中，比什凯克人文大学还设立了中国语言系，开设了基于学历教育的汉语言专业。比什凯克市第二中学等，设立了中国语言文化中心，开设了非学历的汉语选修课程，以此推动汉语普及教育。随着吉国高校汉语专业的设立，开展汉语教学研究的高校逐渐增多，据不完全统计，至少有 11 所高校设立了汉语教学研究机构。吉国汉语教学研究方兴未艾，进一步促进了吉国汉语教育的发展。其中吉国汉语教育教学资源来源的变化就是重要标志。过去，吉国汉语教材等教学资料仅能依靠中方孔子学院总部分派、中国驻吉大使馆赠送和合作高校购进等渠道输入，现在，吉国已经开始使用本土化的汉语教学资料，在一些高校和汉语教学机构，甚至还编制了吉国本土化的汉语教材，试验和创新了具有吉国特色的汉语教法。据介绍，中国教育部实施在吉尔吉斯共和国（孔子学院）建立中国文化扩展和汉语研究中心的计划，目前正在制定相关汉语教学计划的活动信息。为扩大文化和教育领域的互动，中吉双方为对方专家提供使用图书馆、博物馆和档案馆以进行科学研究和文化教育工作的机会。③

2018 年 9 月 7 日，北京师范大学教授于丹受邀参加吉尔吉斯民族大学孔子学院第六届“名人讲坛”系列活动，以“论语”为主题，为吉尔吉斯斯坦教育界人士、孔子学院师生及中资企业代表带来了一场文化盛宴。④

许多家长也愿意让孩子更早地开始学习汉语。因此，在吉国的一些城市，逐步出现了从小学甚至幼儿园开始的汉语教育。据不完全统计，在吉国初等和中等教育机构中，学习汉语的各级各类学生总数已经达到 4 万人。⑤

显而易见的是，仅依靠区区数所中方与吉方共同举办的孔子学院的汉语教学承载量，远不能满足吉国汉语人才的需要。在吉国各大中城市，都有汉语培训机构的影子，吉国各种非官办的汉语教育机构如雨后春笋般开办。其中，不仅有由新疆进入吉国的通晓吉语和汉语的柯尔克孜族人士主办的汉语培训机构，亦包括完全由吉籍通晓汉语的人士开办的、带有应试性质的吉国本土 HSK 辅导班。⑥

四、应注意的问题

首先，在吉国经商的社会和法制环境的障碍需要关注。吉尔吉斯斯坦国内整体局势稳

① 《吉尔吉斯斯坦第四所孔子学院正式揭牌》，新华网，http://www.xinhuanet.com//world/2016-12/27/c_129420911.htm，2018 年 12 月 27 日。

② 此信息来源于汉办官网 http://www.hanban.org/。

③ 《“汉语热”走俏丝路沿线　学者倡“一带一路”教育合作》，中国新闻网，http://www.chinanews.com/hr/2018/07-04/8556719.shtml，2018 年 7 月 4 日。

④ 《于丹做客吉尔吉斯民族大学孔子学院第六届“名人讲坛”》，http://www.hanban.org/article/2018-09/21/content_744721.htm，2018 年 9 月 21 日。

⑤ 塔斯马马托娃·玛依拉姆：《吉尔吉斯斯坦的汉语教育：问题思考与中方支持》，《长春教育学院学报》2018 年第 34 卷第 6 期，第 6-9、13 页。

⑥ 塔斯马马托娃·玛依拉姆：《吉尔吉斯斯坦的汉语教育：问题思考与中方支持》，《长春教育学院学报》2018 年第 34 卷第 6 期，第 6-9、13 页。

定，但社会治安仍较差，频繁的被抢案件、恐怖袭击案件和入室抢劫案件等，造成人员财产损失。因此海外侨胞应当增强安全防范意识，提高自我防护能力，妥善保存贵重物品，注意人身财产安全。另外，在吉尔吉斯斯坦从事投资和生产等经营活动，必须严格遵守当地的相关法律，规范在当地的投资经营活动。这就要求获得合法的身份，缴纳税费，并加强与所在地政府部门、执法机关的沟通，还要融入当地社会，建立平等互利的合作伙伴关系。

其次，吉尔吉斯斯坦每年均会发生数起针对中资企业和个体商户的刑事案件，最多一年曾有22名中国人被害。从2016年8月中国驻吉尔吉斯斯坦使馆遭汽车炸弹恐怖袭击事件、2018年4月中吉合资企业遭纵火以及2019年1月18日“反华游行”来看，吉国民众对中国缺乏了解，尤其是在吉尔吉斯斯坦媒体的偏激报道下，吉尔吉斯斯坦居民对中国人的抵触情绪日益加深。要关注吉国与我国的民心相通问题，吉国侨胞应当充当两国交往的桥梁，入乡随俗，尊重当地人的风俗习惯和宗教信仰。

最后，在吉国华文教育方面，吉国华文教育及研究能有今天的发展，离不开中方的鼎力相助。未来吉国华文教育及研究事业能否继续保持高速成长，关键在于能否培养一支本土化的华文国际教学和研究队伍。而从现实来看，吉国难以全凭自身力量培养出这支队伍。这支队伍的培养和建设，在很大程度上仍有赖于中方的继续支持，要支持吉籍汉语师资本土化建设，支持吉国推进华文教学法改革。建议中吉双方共同建立现代教育技术支持下的远程华文教育课堂，开展国际华文教育的“空中培养”，突破华文教学人数增长的时空限制，有效开展面授和网络教育联合课程，充分利用线上网络资源引导学员进行学习。

（张小欣　尹业丽）

蒙古侨情

蒙古是我国的一个重要邻邦，也是“一带一路”北线重要节点国家。由于受历史与现实环境下国际局势与中蒙关系变迁的影响，蒙古华侨经历了诸多波折。在蒙华侨较难统计。相关资料显示，截至2006年，居住在蒙古的华侨有4 300余人①，与其他国家在蒙的侨民相比，华侨数量可谓相当之少。近年来，随着中蒙两国关系稳步发展，两国各领域的合作交流不断深化，蒙古华侨的生活也有了一定的改善与提高。蒙古华侨人数虽少，但是在中蒙双边政治、经贸、军事、文教等领域的交流中发挥着重要作用，他们是中蒙两国睦邻友好的重要使者。

一、蒙古基本国情

蒙古国地处东北亚，是世界第二大内陆国家，北面与俄罗斯相邻，东、南、西三面与中国接壤。蒙古地广人稀，人口密度约为每平方千米2人，是全球人口密度最低的国家之一。蒙古全国总人口约为318万人，其中近半数人口集中在首都乌兰巴托。蒙古的国土面积为156.65万平方千米，境内多沙漠戈壁，自然环境恶劣。西部、北部和中部多为山地，东部为丘陵平原，南部是戈壁沙漠。山地间多河流、湖泊，主要河流为色楞格河及其支流鄂尔浑河。经济主要以畜牧业和采矿业为主。

蒙古国原称“外蒙古”或“喀尔喀蒙古”。1911年12月蒙古王公在沙俄支持下宣布“自治”。1919年放弃“自治”。1921年蒙古人民党领导的人民革命胜利，同年7月建立君主立宪政府。1924年11月26日废除君主立宪，成立蒙古人民共和国。1945年2月，苏、美、英三国首脑签订雅尔塔协定，规定“外蒙古（蒙古人民共和国）的现状须予维持”，并以此作为苏联参加对日作战的条件之一。1946年1月5日，当时的中国政府承认外蒙古独立。1961年加入联合国。1992年爆发民主革命，改国名为“蒙古国”，并颁布实行多党制的新宪法，开始向市场经济过渡。1997年加入世界贸易组织。

表1　蒙古概况

国家全名	蒙古国
地理位置	东北亚
气候	热带沙漠、高原和热带雨林气候
领土面积	156.65万平方千米

① 蒙古华侨华人概况，中国侨网，http：//www.chinaqw.com/hqhr/ggqq/200612/06/54008.shtml。

（续上表）

执政党及现任总统/总理	执政党：民主党 总统：哈勒特马·巴特图勒嘎/总理：乌赫那·呼日勒苏赫
政体	议会制共和制
官方语言	蒙古语
首都	乌兰巴托
人口华人数量	318 万
华侨华人数量	超过 4 300
华侨所占比例	0.014%
主要族群	蒙古族、哈萨克族、杜尔伯族
GDP 增长率/通货膨胀率	5.1%/14.6%
失业率	6.3%（城镇）
GDP	111.49 亿美元（2017 年）
人均 GDP	3 507 美元（2017 年）

二、蒙古与中国的关系

中蒙两国是友好邻邦。多年来，中国政府坚定不移地对蒙古奉行睦邻友好政策，尊重蒙古的独立与主权，尊重蒙古人民自己选择的发展道路。蒙古国家大呼拉尔 1994 年通过的《蒙古国对外政策构想》规定，蒙古奉行开放、不结盟的外交政策，强调“同俄罗斯和中国建立友好关系是蒙古对外政策的首要任务”，主张同中俄“均衡交往，发展广泛的睦邻合作”。多年来，蒙古强调对外政策的统一性和连续性。在此基础之上，中蒙关系稳步发展，双方高层互访频繁，经贸务实合作不断扩大，人文交流日益活跃。

蒙古作为陆上丝绸之路经济带沿线的重要国家，近年来中蒙双方已就加快对接“一带一路”倡议和蒙古“发展之路”战略达成重要共识。“一带一路”与“发展之路”理念相符、内容契合、利益趋同，对接后将增强两国政治互信，促进双边互利共赢合作进一步深入。

（一）外交关系不断发展

中蒙建交 60 多年来，两国关系虽然经历过一些曲折，但睦邻友好始终是主流。尤其是近些年来，两国关系发展迅速，成果显著。中蒙两国于 1949 年 10 月 16 日建立外交关系。20 世纪 60 年代中后期，两国关系走入低谷。70 年代，两国恢复互派大使。80 年代，两国关系开始逐步改善。1989 年，两国关系实现正常化。1994 年两国修订《中蒙友好互助条约》，并在此基础上签订《中蒙友好合作关系条约》。双方确认，两国在和平共处五项原则基础上加强和发展友好合作关系。此后两国高层互访频繁，政治互信和各领域合作不断深化。

2014 年以来中蒙关系稳步发展。2014 年 8 月，中国国家主席习近平对蒙古进行国事访问，同时任蒙古总统的额勒贝格道尔吉举行大小范围会谈，分别会见蒙古国家大呼拉尔主席恩赫包勒德、总理阿勒坦呼雅格。双方发表联合宣言，将中蒙关系由战略伙伴关系提升为全面战略伙伴关系，① 开辟了中蒙关系发展的新阶段。2015 年 7 月 9 日，习近平在俄罗斯乌法同蒙古总统额勒贝格道尔吉、俄罗斯总统普京进行中俄蒙三国元首第二次会晤。三国元首就将中方丝绸之路经济带倡议、蒙方“草原之路”倡议、俄方跨欧亚运输大通道倡议进行对接达成重要共识。2015 年 11 月 9 日至 11 日，时任蒙古总统的额勒贝格道尔吉对中国进行国事访问。双方发表了《中华人民共和国和蒙古国关于深化发展全面战略伙伴关系的联合声明》，并签署了多项重要合作文件。2016 年 6 月 23 日，习近平再次在塔什干会见额勒贝格道尔吉。2016 年 7 月 13 日，中国国务院总理李克强对蒙古国进行正式访问，并出席在乌兰巴托举行的第十一届亚欧首脑会议。2017 年 5 月 12 日至 15 日，蒙古总理额尔登巴特赴华出席“一带一路”国际合作高峰论坛。双方就进一步深化中蒙全面战略伙伴关系达成重要共识，并签署启动双边自贸协定联合科研的备忘录，一致同意加快两国发展战略对接。此后，中国外交部部长助理孔铉佑访蒙并同蒙古对外关系部国务秘书达瓦苏伦进行中蒙外交部门第三次战略对话、蒙古各大政党领导人赴华出席中国共产党与世界政党高层对话会、蒙古副总理恩赫图布辛赴华出席第四届世界互联网大会等两国领导人出访交流活动，都推动了中蒙关系的发展，密切了双边合作，为中蒙关系的发展指明了方向。② 2018 年 2 月 6 日，中国全国人大与蒙古国家大呼拉尔交流机制第二次会议在北京举行。中国全国人大常委会副委员长向巴平措与蒙古国家大呼拉尔副主席鲁·恩赫阿木格楞共同主持会议并作主旨发言。2018 年 6 月和 9 月，习近平分别在青岛和符拉迪沃斯托克会见蒙古总统巴特图勒嘎。双方高层频繁互访，各领域交流有序开展，可见中蒙关系发展势头良好。目前，蒙古已将发展对华关系作为其外交政策的首要方针，我国亦积极推动中蒙关系不断向前发展。2018 年 8 月，中国国务委员兼外长王毅对蒙古进行访问，进一步推动两国关系和双边各领域务实合作走向深入。

（二）经贸合作日益密切

中国是蒙古第一大贸易合作伙伴国、最大出口市场和最大进口市场。据蒙方统计，2013—2017 年蒙古对外贸易总额 488.8 亿美元，中蒙贸易总额 290 亿美元，占比高达 59.3%。③ 此外，中国还是仅次于荷兰的蒙古国第二大投资国，在蒙注册的中资企业数量约 6 500 家，占在蒙外资企业总数近半。

近年来，中蒙双方不断推动经济合作。2014 年 6 月 24 日，中国外交部部长王毅在乌兰巴托同蒙古国外交部部长包勒德会谈后表示，中蒙互利合作要形成“万马奔腾”的局面。④ 2015 年初，中蒙成立专门研究建设中蒙跨境经济合作区的工作组。2015 年 6 月，蒙

① 《中蒙关于建立和发展全面战略伙伴关系的联合宣言》，中国国务院新闻办公室，http：//www.scio.gov.cn/zhzc/3/2/Document/1378518/1378518.htm。

② 蒙古相关新闻，中国外交部网站，http：//www.fmprc.gov.cn/web/gjhdq_676201/gj_676203/yz_676205/1206_676740/xgxw_676746/default.shtml。

③ 《坚定多边贸易、深化中蒙合作》，中国外交部网站，https：//www.fmprc.gov.cn/web/gjhdq_676201/gj_676203/yz_676205/1206_676740/1206x2_676760/t1585383.shtml。

④ 《王毅：中蒙合作要形成“万马奔腾”的局面》，中国外交部网站，http：//www.fmprc.gov.cn/web/gjhdq_676201/gj_676203/yz_676205/1206_676740/xgxw_676746/t1168410.shtml。

古作为初始成员国签署《亚投行协定》。2015 年 11 月，时任蒙古总统额勒贝格道尔吉赴华进行国事访问期间，中蒙双方签署多项涉及中蒙重点经贸合作项目的文件，内容涵盖经济技术、食品安全、基础设施建设、航空、能源、金融等多个领域。2016 年，习近平主席提出要在经济领域加快推进丝绸之路经济带同"草原之路"倡议对接。[①] 2016 年 6 月，《中蒙俄经济走廊规划纲要》签署，"一带一路"倡议下的首个区域经济走廊正式启动。2017 年 5 月，中蒙共同宣布启动双边自贸协定联合科研，加快两国发展战略对接。2018 年 5 月 14 日，中国驻蒙古大使邢海明会见蒙古国家大呼拉尔委员尼亚木巴特尔，双方就两国议会交流和经贸务实合作交换意见。中蒙双方经济合作将向更深层次、更高水平发展。

蒙古地大物博，自然生态资源丰富，尤其是矿产最为丰富。但是，蒙古资源开发尚处于起步阶段，国内供水、供电、道路等基础设施较为落后，目前尚有部分矿藏仍处于转让、勘探、建设阶段，中蒙双方在基建、投资等领域的经贸合作仍有进一步深入的较大空间。截至 2017 年底，中国对蒙直接投资超过 40 亿美元，约占蒙吸收外资总额的 30%。中国企业在蒙完成的承包工程业务约 90 亿美元，实施了一批桥梁、道路、市政、工厂、矿山等大型项目。其中，阿木古朗供热站、蒙欣巴音嘎拉水泥厂、巴格诺尔电站等中蒙合作重大项目成功落地。中国企业在蒙直接投资或承包工程已累计为当地创造近 10 万个就业岗位，缴纳各类税费近 20 亿美元。目前，中蒙博览会已成为两国间最重要的经贸合作平台。继 2015 年首届中蒙博览会在内蒙古举办，2017 年 9 月 26 日至 30 日，第二届中蒙博览会在呼和浩特市成功举办。双方的金融合作也取得重大突破。2017 年 7 月 6 日，中国人民银行与蒙古银行续签中蒙双边本币互换协议，规模保持为 150 亿元人民币，有效期三年。2017 年 9 月 5 日，中国工商银行蒙古代表处在乌兰巴托正式揭牌成立。金融领域合作的加强，为双边经贸合作搭建了资金桥梁。

"一带一路"倡议提出以来，中国大幅增加了对蒙古优惠出口买方信贷的力度，以支持蒙古在道路、能源、农牧业、教育、通信、边检等各领域的发展。目前，中蒙双方正积极开展工作，利用相关贷款在蒙实施了一批有助于当地社会经济发展的重要项目。2017 年，中方使用优惠出口买方信贷资金，支持巴彦洪格尔省 129.4 千米公路、扎布汗省 114 千米和 67 千米公路等多条蒙古西部省际公路启动实施。项目建成后，将极大提升蒙古西部地区交通状况，为当地经济社会发展创造有力保障。使用中方优买贷款建设的乌兰巴托至曼德勒戈壁的输变电项目，也于 2017 年 6 月 21 日开工。该项目是蒙古首条 330 千伏跨区域高压输变电线路，可打通乌兰巴托至蒙南部戈壁矿区电力供应线路，对蒙南部地区经济建设和民生发展具有十分重要的意义。2018 年 11 月，使用中方优买贷款，由中铁二十局承建的蒙古国首座互通式立交桥——乌兰巴托市雅尔玛格立交桥成功通车，成为中蒙务实合作的生动例证。

长期以来，中国政府一直致力于通过无偿援助方式促进蒙古经济社会尤其是民生领域的发展。2017 年以来，中方继续落实对蒙援助承诺，一批援助项目顺利推进。其中，援蒙残疾儿童发展中心项目施工进展顺利，已完成主体封顶；援蒙学校和幼儿园项目、棚户区

---

① 《习近平会见蒙古国总统额勒贝格道尔吉》，中国外交部网站，http://www.fmprc.gov.cn/web/gjhdq_676201/gj_676203/yz_676205/1206_676740/xgxw_676746/t1374699.shtml。

改造项目、口岸基础设施建设项目稳步推进；一批援助物资移交蒙方使用。中蒙友好关系的发展给蒙古人民带来实在的利益。2017 年，在中华人民共和国成立 68 周年之际，蒙古总统巴特图勒嘎向习近平主席致国庆贺电。巴特图勒嘎总统在贺电中表示，近年来，蒙中两国各领域合作在全面战略伙伴关系的框架内不断发展扩大。感谢中国政府向蒙方提供的无偿援助、优惠贷款，为蒙古国家发展和建设提供了实质性的帮助和支持。期待双方在相互尊重彼此核心利益的原则基础上，推动中蒙全面战略伙伴关系不断发展。2018 年 2 月 9 日，中国政府无偿援助蒙古国口岸基础设施建设项目可行性考察会谈纪要在蒙古财政部顺利签署。中国对蒙援助项目稳步推进。

（三）军事联系不断加强

近年来，中蒙两国在军事领域的交流与合作不断深化。2015 年 6 月 25 日至 30 日，内蒙古军区司令员车华松率团访蒙，与蒙古边防军司令扎哈钦扎布准将进行会谈。双方签署《边境地区突发事件处置协议》，为共同打击有组织跨境犯罪、妥善处置边境地区突发事件、维护边境地区安全稳定奠定了基础。应中方邀请，2015 年 8 月 16 日至 9 月 5 日，蒙古武装力量总参谋部抽组 80 名官兵，赴华参加“9·3”阅兵活动。2015 年 10 月，中国国务委员兼国防部长常万全上将访蒙后，中蒙两军在蒙武装力量总参谋部综合训练中心组织了联合反恐演习，对建立中蒙两军联合反恐机制进行有益尝试。2016 年 8 月，中国中央军委联合参谋部副参谋长孙建国上将访蒙并出席中蒙防务安全磋商。之后蒙古武装力量总参谋长达瓦少将访华并出席香山论坛。继 2015 年中国人民解放军首次派实兵参加在蒙古举行的“可汗探索—2015”多国维和演习后，2016 年、2017 年、2018 年中国人民解放军都派实兵赴蒙参加维和联合军演，与蒙古及其他国家的官兵交流维和经验和战术技术。①如此密切的军事交流与合作，有力地增进了中蒙两军的互信，促进了两军的关系发展。

此外，中蒙两国还开展了其他形式的军事交流。2015 年 6 月 26 日至 7 月 5 日，由中国 106 名顶级艺术家组成的解放军艺术代表团首次赴蒙访问演出。另自 2015 年以来，根据中蒙两军年度交往计划，蒙军每年派百余名军人赴华军事院校参加培训；中国人民解放军也派军事留学生赴蒙古国防大学学习。这些交流对深化两军关系、促进两军友谊发挥了积极作用。2015 年 11 月至 12 月，蒙古国防大学组织师生开展以“中蒙关系发展”为主题的论文征集活动，就中蒙关系发展问题展开相应的研讨。2016 年 9 月至 12 月，中国驻蒙古大使馆与蒙古国防大学成功组织了“中蒙共同面临的恐怖威胁和未来可能的联合行动”主题研讨，并汇编优秀论文出版《中蒙反恐合作》一书。总之，无论是反恐合作还是文艺交流，中蒙双方的军事合作已达到一个新的高度，这将有力增进两国在军事上的了解与互信。

（四）人文、科教交流不断深化

中蒙两国于 1951 年开始建立文化联系。近年来，中蒙两国开展了多渠道、多层次、多形式的文化交流与合作。例如，2008 年 5 月，蒙古国立大学孔子学院揭牌。2010 年 6

---

① 中蒙军事合作相关新闻，中国驻蒙古国大使馆网站，http：//mn. china - embassy. org/chn/zmgx/sbgx/t1326657. htm。

月，乌兰巴托中国文化中心揭牌。多年来，乌兰巴托中国文化中心和孔子学院共同举办众多丰富多彩的中国文化活动。2014 年 8 月，中国文化周在蒙举办，双方签署《中蒙2014—2017 年文化交流执行计划》。2015 年，蒙文版的《中国文化史》正式出版发行。①2017 年 3 月 30 日，邢海明大使代表中国驻蒙古大使馆向蒙古国立大学赠送蒙文版《大藏经》。在使馆支持下，《西游记》《水浒传》《红楼梦》等中国古典文学名著蒙古文译作先后问世，通过蒙古各大主流报刊、网络、广播等开设的"中国文学角""空中书场"等同蒙古民众见面，深受欢迎。2017 年 7 月 8 日，中国国际广播电台和蒙古国家公共广播电视台共同举办"中国剧场"合作协议签订仪式。中国电视剧《生活启示录》蒙古观众见面会暨中蒙电视剧交流会等活动在乌兰巴托成功举办。2017 年 8 月，由中国驻蒙古大使馆、乌兰巴托中国文化中心、中国海南省文化厅、蒙古后杭爱省政府共同举办的"2017 中国文化节"在蒙古后杭爱省成功举行。随着双方人文交流的不断深入，2018 年 1 月 25 日，中蒙人文交流共同委员会第一次会议在北京举行。会议回顾了中蒙人文交流开展情况，就2018 年两国人文领域交流合作规划进行了深入沟通。

在科技交流方面，1987 年中蒙双方签署了《1987—1988 年度科技合作计划》，中断20 多年的科技交流得到恢复。2014 年 8 月，双方签署《中蒙关于推进科技人员交流的协议》和《中蒙关于共建中蒙生物高分子应用联合实验室的谅解备忘录》。2015 年，中蒙双方的科技交流持续深入。首届中蒙博览会中特设以"弘扬丝路精神，传承友谊，深化合作，协同创新，共同发展"为主题的科学技术交流展和技术转移暨创新合作大会。2017 年 4 月 30 日，应蒙古科学院邀请，中国科学院院长白春礼访蒙。双方就进一步提升两国科技合作水平、共同开展有关科研项目研究、加强中方对蒙方科研人员培训等达成了许多共识，签署了《中国科学院与蒙古科学院合作谅解备忘录》。双方通力合作，共同推进相关科技交流的深入进行。

中蒙两国教育交流始于 1952 年。多年来，两国在教育领域的交流与合作发展顺利。双方先后签署了《中蒙教育交流与合作计划（1996—2000）》《中蒙教育交流与合作计划（2005—2010）》和《中蒙教育交流与合作执行计划（2011—2016）》以及其他协议，如《中蒙相互承认学位学历的协定》《中蒙相互承认学历、学位证书的协定修订备忘录》《利用中国无偿援助款项培养蒙古留学生项目执行计划》《关于组织国际汉语教师中国志愿者赴蒙古国任教的协议书》等。在此之下，中国驻蒙古大使馆积极开展中国政府奖学金招生工作，并多次向蒙古国教育机构提供支持和帮助。此外，自 2014 年成立以来，中蒙文化教育暨社会发展基金会也每年通过考试向蒙古的大、中、小学生发放助学金。迄今参加考试的人数已超过 2 500 人，400 余名蒙古学生获得了资助。② 2018 年 10 月 12 日，由中蒙文化教育暨社会发展基金会发起，中国驻蒙古大使馆、中国银行乌兰巴托代表处、蒙古国立大学孔子学院及部分中资企业支持的 2018 年度秋季学期"希望之星"奖学金、"雏鹰计划"助学金项目、2018 年大学生"卓越计划"奖学金、"栋梁计划"助学金项目发放仪式在中国银行代表处隆重举行。除奖学金外，中方援蒙古学校项目对改善蒙古教育基础设施

① 《蒙古国出版〈中华文化史〉一书》，新华网，http://news.xinhuanet.com/world/2015-01/09/c_1113934977.htm。

② 《中蒙文化教育基金会成功举办 2017 年度蒙古国秋季学期大中小学生奖学金、助学金发放仪式》，中蒙文化教育暨社会发展基金会，http://chn-mng-fdn.org/newsitem/278051563。

也有较大意义。援蒙古学校项目共包括7所学校和1所幼儿园，分三期建设。三期项目已于2018年全部开工。① 项目建成后有近7 000名学生和儿童入校，可极大改善蒙古中小学生及学前儿童的就学条件。

随着双边关系的深入和“一带一路”建设的助力，中蒙科教人员合作不断加强。2013—2017年，中国对蒙人力资源培训人数大幅增长，在2016年即完成习近平主席2014年访蒙期间宣布的5年对蒙1 000人的培训目标。当前，中国对蒙短期培训人数涵盖蒙古各部门、各领域，在蒙古形成一定的影响力。2017年，在援外资金项目的资助下，中方安排蒙古学员赴华参加短期培训和学历学位教育人数就接近900。科教人员合作往来促进了中蒙人文教育领域的交流合作，为推动中蒙友好和各领域务实合作发挥了积极作用。

三、蒙古华侨华人概况

蒙古在1945年的雅尔塔会议后才从中国版图分离出去，因此，在华人问题上，区别于其他国家，较难有确切的认定与分别。截至2006年，蒙古华侨人口有4 300余人，仅占蒙古国总人口0.014%。② 华侨人数较少，且集中于蒙古首都乌兰巴托市内，多从事商业活动。此外，蒙古国内有一万多名中国务工人员，主要集中于建筑业、矿产行业及其他专业技术领域。蒙古国是我国的重要邻国，与我国共享四千多千米的国境线，拥有得天独厚的地缘与亲缘优势，却仅有如此之少的华侨，这与历史及蒙古国情等特殊情况是密切相关的。

旅蒙华侨史大致分为四个阶段，由四代华侨组成。中华人民共和国成立前，在蒙古独立的一系列动荡事件中，有两批国人莫名被迫成为华侨。第一批华侨是1924年前从山西、河北等地到外蒙古来做皮毛等生意的商人，因为蒙古独立而定居下来；第二批华侨是1945年8月抗战胜利，蒙苏联军从中国撤军时，因战乱等原因滞留于蒙古。他们中的多数人来自内蒙古和东北，在蒙古以做建筑工、开饭馆、做小买卖为生。受历史变迁和地缘变化的影响，中华人民共和国成立前后，旅居蒙古的华侨约为1万人，多从事各种手工业、农业种植业及采矿业方面的工作。当时蒙古为一个以畜牧业为主的国家，全国人口仅100余万，华侨占蒙古总人口的1%左右。

中华人民共和国成立的消息传到蒙古后，大批华侨要求回国，其中以第二批华侨为甚。华侨强烈的归国要求，除因被迫为侨、长期与国内亲人音信隔绝外，更主要的是因为蒙古政府的防范政策，使华侨在这一时期较难融入蒙古当地社会。这些政策包括华侨不加入蒙籍就不准入中学、大学读书，也不准学习专门的技术；华侨购买物品与蒙古人有所差别，在蒙古物资困难的情况下，华侨连许多生活必需品都较难买到，有时一盒火柴也需要数天才能买到。在如此的差别对待与生活窘境的情况下，华侨纷纷要求回国。蒙古当局对华侨回国一事表示否定。究其原因在于蒙古地广人稀，劳动力本就不足，再加上华侨多为手工、种植等行业的专业技术人才及矿区工人等缺乏人才，华侨回国势必会影响到蒙古本

① 《中国政府无偿援助蒙古国学校项目开工仪式在乌兰巴托举行》，人民网，http：//world. people. com. cn/n1/2018/0924/c1002－30310159. html。

② 蒙古华侨华人概况，中国侨网，http：//www. chinaqw. com/hqhr/ggqq/200612/06/54008. shtml。

国的生产。在综合考虑华侨境况与诉求及蒙古方面的实际情况后，周恩来专门就此问题给予指示，表示中方愿意动员一批工人赴蒙，以替换要求回国的华侨。这一方案虽然当时并未立即付诸实施，但也成为此后中国大规模派遣工人赴蒙援建的缘起。在此次蒙古华侨的返国浪潮中，中方采取了区别对待和说服教育的方针，即凡属年老病弱或国内有亲属需要返国者，经征求蒙方意见后可办理返国签证；对于在蒙古国营企业工作的青壮年或技术工人以及已毕业或尚未毕业的内蒙古留学生，则尽量说服教育，并特别加强对一般青壮年的说服教育工作，以动员这些"建设生力军"留在蒙古。通过上述方法，到 1953 年 7 月时，在蒙华侨剩余 7 000 余人，其中多数为建筑工人。

人员援助是冷战时期中国发展与其他社会主义国家关系的重要内容。据统计，1949 年至 1973 年，在蒙古的要求下，中国政府累计派遣 26 000 多名工人赴蒙援建，其中 1955 年 7 451 人、1957 年 1 000 人、1958 年 2 370 人、1959 年 6 575 人、1960 年 639 人、1961 年 3 796人、1964 年 3 700 余人。[①] 连同家属的话，则这一时期赴蒙的国人有 3 万余人。这一时期中国赴蒙援建工人的命运，始终受到中苏关系变化的影响。在中苏矛盾和分歧公开化的过程中，夹在中苏之间的蒙古地位渐趋重要，一度成为中苏争取的对象。后因泽登巴尔的全面掌权，蒙古日趋倒向苏联，中蒙关系不断恶化，从而不可避免地导致中国工人最终撤离蒙古。在这个过程中，留在蒙古当地的援建工人，则成为蒙古的第三代华侨。

同赴蒙援建的工人一样，这一时期蒙古华侨的命运也受到中苏关系恶化的影响，而遭遇了较为严重的蒙古排华事件。1983 年，全面依附苏联的蒙古当局要求乌兰巴托的蒙古华侨迁往外省偏远荒凉的牧区居住。这个无理要求遭到华侨拒绝后，蒙古遂要求华侨限期返回中国，最后导致了大批蒙古华侨限期 72 小时出境的排华事件。针对蒙古当局有意刁难华侨的行为，我国外交部门很快就做出了反应，在 14 次交涉未果后，近 2/3 的蒙古华侨被迫返回祖国，主要分散安置在河北、山西、内蒙古等省份，我国相关侨务部门对这批蒙古难侨进行了较好的接待与安排，保证了他们正常的工作与生活。[②] 除这批受排华影响而回国的难侨外，这一时期还有部分蒙古华侨因思念家乡、部分蒙古侨生因升学而回国定居，致使这一时期的蒙古华侨数量大大减少。至 1991 年，蒙古华侨华人只剩2 250人。[③]

20 世纪 90 年代初，伴随着苏联解体及中蒙关系的恢复，蒙古迎来了很多中国移民，即第四代蒙古华侨。蒙古开始采取民主政策后，华侨纷纷与国内亲友联系，并开拓商机。尤其是蒙古归侨，利用自身与蒙古国的广泛联系，开始与蒙古华侨合作，从发展边贸开始，为中蒙贸易、中资企业在蒙设厂及蒙古吸引中国投资，做出了积极的贡献，成为中蒙之间不可忽视的一股重要力量。蒙古华侨的生活也慢慢稳定下来，并逐渐获得改善与提高。另外，这一时期有来自中国的非法移民 1 万余人，其中部分在 20 世纪 90 年代以蒙古国作为跳板进入俄罗斯。[④]

目前蒙古华侨约 90% 居住在乌兰巴托市，其他则分散居住在达尔汗、额尔登特等地。

---

① 谷继坤：《中国工人"赴蒙援建"问题的历史考察（1949—1973）》，《中共党史研究》2015 年第 4 期。

② 高伟浓、张应进：《蒙古归侨的社会适应初探——以山西省为例的分析》，《华侨华人历史研究》2015 年第 1 期。

③ 蒙古华侨华人概述，汇威百科，http：//www. hgzz. net/baike/82589. html。

④ 蒙古国华人，维基百科，https：//zh. wikipedia. org/wiki/% E8% 92% 99% E5% 8F% A4% E5% 9C% 8B% E8% 8F% AF% E4% BA% BA#CITEREFBedeski1999。

蒙古华侨中，汉族占90%以上，蒙古族约占5%。其余为维吾尔族、哈萨克族、达干斡族、回族、藏族等，数量极少；华人中大多数为蒙古族，汉人不多。[①] 蒙古华侨多从事商业。在蒙古首都乌兰巴托市，有多家中餐馆，这些中餐馆大多是由华侨经营，生意较为火爆。乌兰巴托新建的大量楼房，许多是新侨建筑企业承建的。近年来新侨创办了数百家建筑建材公司，其中新侨投资的砖厂就有一百多家。相比蒙古国民，华侨的收入较为稳定，生活较为富足。因为追求安稳的生活，华侨很少涉足蒙古政治，也较少有人在政府部门任职。蒙古华侨较为重视子女对汉语和中国文化的学习。蒙古政府承认华校的学历，并规定就读华校的学生可以进入蒙古国内的大学深造之后，越来越多华侨选择送自己的子女到华校读书。华校的开销多数需要华侨自己承担，中国驻蒙古大使馆也会提供相应的津贴，以保证蒙古华文学校的正常运作。

四、蒙古华侨华人社团

旅居海外的华侨向来有建立社团以联络相谊、互助互利的传统，蒙古华侨也不例外。蒙古华侨人数不多，加上受历史原因与国际形势影响，几经波折。目前蒙古华侨的主要社团为旅蒙华侨协会（The Mongolian Overseas Chinese Society）。旅蒙华侨协会成立于1952年，自成立以来受到了旅蒙华侨、中国政府、中国驻蒙古大使馆及社会各界的关心与支持。蒙古华侨人数较少，多沾亲带故，旅蒙华侨协会与会员的关系较为紧密，至今已成为联系蒙古华侨、关怀华侨民生、组织侨众活动、见证蒙侨发展的重要社团组织。

作为蒙古侨界最重要的社会力量及最有利的活动组织者，旅蒙华侨协会见证了蒙古华侨的奋斗史、爱国史及中蒙关系的发展史。每每在相应的驻蒙使馆新春招待会[②]及各类外事侨务活动中，都会见到旅蒙华侨协会的身影。每逢中国重大节日，协会都会定期举办如国庆庆祝联欢会[③]、庆祝农历新年等活动，邀请使馆工作人员、在蒙华侨华人、中资企业、孔子学院及留学生等社会各界代表参加庆贺，成为我国传统文化及亲情乡谊的联络者与推动者。如2018年9月26日，华侨协会就在乌兰巴托旅蒙华侨蒙中友谊学校礼堂举行庆祝中华人民共和国成立69周年国庆招待会。[④] 侨协的身影深入侨界，常常代表侨界发声，支持祖国的决议，表达蒙古侨胞的心声。[⑤] 2013年2月28日，旅蒙华侨协会主办的“追忆历史，珍惜现在，展望未来”首届华侨图片展在旅蒙华侨学校文体中心开幕。图片展共展出图片380余幅，分为中蒙两国领导人与华侨华人合影、旅蒙华侨协会发展历史、旅蒙华

---

① 蒙古华侨华人概述，汇威百科，http：//www. hgzz. net/baike/82589. html。

② 《驻蒙古使馆临时代办王福康举行旅蒙华侨和在蒙中资企业代表春节招待会》，中国外交部网站，http：//www. fmprc. gov. cn/web/gjhdq_676201/gj_676203/yz_676205/1206_676740/1206x2_676760/t790467. shtml。

③ 《旅居蒙古华侨协会举办国庆62周年联欢会》，中国外交部网站，http：//www. fmprc. gov. cn/web/gjhdq_676201/gj_676203/yz_676205/1206_676740/1206x2_676760/t864616. shtml；《驻蒙古大使王小龙出席旅蒙华侨协会举办的庆龙年活动》，中国外交部网站，http：//www. fmprc. gov. cn/web/gjhdq_676201/gj_676203/yz_ 676205/1206_676740/1206x2_676760/t904191. shtml；《驻蒙古大使邢海明出席华侨协会2015年国庆招待会》，中国外交部网站，http：//www. fmprc. gov. cn/web/gjhdq_676201/gj_676203/yz_676205/1206_676740/1206x2_676760/t1302622. shtml。

④ 《旅蒙古国华侨协会69周年国庆招待会在乌兰巴托举行》，海外网，http：//news. haiwainet. cn/n/2018/0927/c3543855－31404965. html。

⑤ 《旅蒙古国华侨协会发表声明》，人民网。

侨学校发展历史等八部分。① 这些珍贵的图片见证了蒙古华侨史最珍贵的记忆。除了举办的活动外，协会还致力于在日常生活中服务侨众。旅蒙华侨协会会长白双占表示："当前华侨的文化素质和生活质量大大提升。原来华侨大多聚居在蒙古首都市中心区名为'一百户'的地方，现在大都搬到博格达小区，分散到不同的楼房中，要发挥'抱团精神'，我们华侨协会的担子更重了。"② 对此，华侨协会每月印发专门的免费报刊，发送到乌兰巴托30多个华人单位、中国餐馆及华人旅社，并开展与蒙古华侨华人的定期交流，在具体事项中为他们服务，以更好地彼此守望、互相照应。此外，华侨协会重视华资企业在中蒙经贸中的重要作用，将与在蒙投资的华资企业建立广泛联系，加强新老华侨的沟通交流作为协会的重要工作。

除了传统性的侨团外，近年来蒙古华侨新建了很多地缘性的商会组织，成为蒙古侨界中另一股重要的新兴力量。这些商会组织主要有蒙古国中华总商会、蒙古国福建总商会、浙蒙经贸促进会、蒙古国内蒙古商会等。蒙古国中华总商会是中国在蒙古国最大、最具有影响力和代表性的华人企业联合会。总商会自2002年成立以来，在中国大使馆的支持和帮助下不断发展壮大，已成为拥有114个会员企业的大商会。多年来，总商会积极进取、主动服务，为在蒙中资企业搭建了信息交流、帮扶互助、对外交流、经济活动四大平台，先后举办了中资企业同蒙古总理见面会、蒙古法律法规论坛等重要活动，有力地促进了中国企业在蒙发展，扩展了企业的业务范围。地方性的商会，如蒙古国福建总商会亦初具一定的规模。该商会成立七年来，已拥有50多个成员单位，在蒙投资涉及矿产、房地产、服务、餐饮等多个行业，为促进中蒙经贸合作做出了积极贡献。在蒙古商会的突出贡献下，2016年12月20日，蒙古国蒙中经贸文化促进会荣获2016第二届全球华人影响力盛典"全球华人影响力人物社团"。

历任中国驻蒙古大使都十分重视商会的发展及商会在中蒙经贸中的重要作用，先后接见商会成员，了解商会情况，听取商会汇报。③ 2011年12月14日，中国驻蒙古大使馆王福康临时代办在使馆召开中资企业商会会长座谈会，④ 邀请蒙古国中华总商会会长张春山、蒙古国福建总商会会长连东升、蒙古国内蒙古商会会长刘巴特、浙蒙经贸促进会会长薛化栋等出席会议，并广泛讨论各商会的特点、优势和困难等问题，以寄希望于商会这一平台，为在蒙中资企业提供更多、更好的服务，为发展中蒙经贸合作关系做出新的贡献。2017年8月28日，由蒙古国投资者权益保护委员会、中国驻蒙古大使馆、蒙古国中华总商会共同主办的蒙古国投资政策及投资者权益保护交流会在蒙古国对外关系部会议厅成功举办。2018年1月31日，邢海明大使会见蒙古国中华总商会常务会长阿木古楞一行，双

---

① 《驻蒙古大使王小龙参加首届旅蒙华侨图片展》，中国外交部网站，http://www.fmprc.gov.cn/web/gjhdq_676201/gj_676203/yz_676205/1206_676740/1206x2_676760/t1017697.shtml。

② 《旅蒙华侨协会会长：蒙古华侨用团队精神拥抱成功》，中国新闻网，http://www.chinanews.com/hr/2012/05-23/3908985.shtml。

③ 《驻蒙古大使王小龙会见蒙古国中华总商会理事》，中国外交部网站，http://www.fmprc.gov.cn/web/gjhdq_676201/gj_676203/yz_676205/1206_676740/1206x2_676760/t811999.shtml；《驻蒙古大使邢海明会见蒙古国中华总商会理事会成员》，中国外交部网站，http://www.fmprc.gov.cn/web/gjhdq_676201/gj_676203/yz_676205/1206_676740/1206x2_676760/t1320296.shtml。

④ 《驻蒙古使馆临时代办王福康召开在蒙商会座谈会》，中国外交部网站，http://www.fmprc.gov.cn/web/gjhdq_676201/gj_676203/yz_676205/1206_676740/1206x2_676760/t887418.shtml。

方进行工作交流。邢海明大使表示，中国大使馆将一如既往地为总商会开展各项活动提供支持和帮助。

新形势下，商会的作用益发凸显。2015 年 12 月 11 日，中国驻蒙古大使馆和蒙古国中华总商会在乌兰巴托共同主办在蒙中资企业“一带一路”建设高峰论坛，在蒙中资企业主要负责人和商会代表共 200 多人出席。[①] 2015 年 12 月 29 日，由蒙古国中华总商会、浙蒙经贸促进会与蒙古国雇主联盟共同举办的首届中蒙企业家友好合作新年联谊会在乌兰巴托成功举行。[②] 2017 年 11 月，蒙古国华侨华人中国和平统一促进会举办“学习十九大，共圆中国梦”座谈活动，蒙古国福建总商会、蒙古国浙江商会等四十余名华侨华人代表出席了座谈会。相信今后，商会必将会继续紧密团结，为加强中蒙互利合作、推动中蒙经贸务实合作做出新的努力。

五、蒙古华校与华教

（一）旅蒙华侨友谊学校

旅蒙华侨友谊学校是蒙古国目前唯一一所华文学校，学校属于私立性质，在蒙古开展汉语教育方面有一定的影响力，被国务院侨办评为海外华文教育示范学校。其历史可溯及 1956 年 9 月在乌兰巴托成立的培才学校。培才学校是中国政府为解决当时赴蒙援建工人子女教育问题而设立的，由周恩来总理亲自命名。培才学校同时招收华侨学生，由于中蒙两国关系的交恶，培才学校规模逐渐缩小。为解决当地华侨子弟的教育问题，时任旅蒙华侨协会会长的赵廷源先生于 1964 年 9 月在培才学校的基础上创建了华侨子弟学校。随着 1989 年中蒙关系正常化，特别是自 90 年代中期开始，蒙古对汉语人才的需求日渐升温，应蒙古学生家长的要求，华侨子弟学校自 1993 年开始招收蒙古本地学生。为了顺应时代发展的要求，经有关方面研究批准，华侨子弟学校于 1999 年 9 月 29 日更名为旅蒙华侨友谊学校。2001 年在国侨办、中国驻蒙古大使馆、香港浸信会联会、旅蒙华侨协会等单位的大力协助下，学校建成了 1 440 平方米的新校舍，拥有 14 间教室，1 个电脑室，1 个体育馆，学校办学规模进一步扩大，教学质量也进一步提高。学校目前共有 600 余名学生，其中 94% 为蒙古学生，教职工 40 余人，现设有小学至高中和全日制班 21 个。[③] 学校秉承“友谊、求实、奋进、创新”的教训，多年来培养了一大批蒙古优秀青年，为中蒙两国友谊做出了积极贡献。

旅蒙华侨友谊学校的发展得到了社会各界的支持与帮助。2015 年 11 月 13 日，中国驻蒙古大使邢海明等出席旅蒙华侨友谊学校举办的年度教学成绩庆功会；12 月 28 日，他代表大使馆向该校捐赠了 20 万元人民币和 1 000 万图格里克，用于资助优秀学生和贫困家庭学生就学。2017 年 6 月 1 日，中国驻蒙古大使馆举办“六一”儿童开放日活动。邢海明

---

① 《驻蒙古大使馆成功举办在蒙中资企业“一带一路”建设高峰论坛》，中国外交部网站，http：//www. fmprc. gov. cn/web/gjhdq_676201/gj_676203/yz_676205/1206_676740/1206x2_676760/t1323671. shtml。

② 《首届中蒙企业家友好合作新年联谊会在蒙成功举行》，中国外交部网站，http：//www. fmprc. gov. cn/web/gjhdq_676201/gj_676203/yz_676205/1206_676740/1206x2_676760/t1328909. shtml。

③ 扎娜：《蒙古国旅蒙华侨友谊学校高年级汉语课教学现状调查》，东北师范大学硕士学位论文，2014 年。

大使夫妇邀请旅蒙华侨友谊学校、苏赫巴托二中等学校的师生们到大使馆做客，共庆"六一"国际儿童节和蒙古的重要节日——母婴节。此外，中蒙教育文化基金和在蒙中资企业代表也向该校进行了捐赠。旅蒙华侨友谊学校的发展，为推动中蒙人文交流和友好关系发展做出了贡献。

（二）蒙古华教发展

蒙古华文教育发展的原因包括以下几个方面。首先是蒙古当局实行民族政策以来，对华校教育持肯定和支持的态度。蒙古政府承认华侨的学历，允许就读华侨学校的学生毕业后可进入蒙古国内的大学深造。华校的课程参照中国国内的标准，以华文为主要语言媒介，并注重传授蒙古文，方便学生日后到蒙古的大学深造。这就解除了许多华侨及当地民众的后顾之忧，更多人愿意选择送子女到华校读书，这样既不耽误升学，又可以学习华文、感受中华文化。其次是持续升温的中蒙关系及中国在蒙社会经济生活中越发重要的地位，使华文教育日益受到重视，越来越多的蒙古人开始主动学习华文。在新形势的影响下，蒙古于 2007 年颁布的新课程改革"2006—2015 年蒙古国教育发展主要规划"里提出，高中阶段将汉语列为选修第二外语之一。这体现了蒙古政府对汉语教学的重视，也直接促进了华教的发展。近年来，蒙古国汉语教学发展迅猛。据不完全统计，蒙古全国现有 30 多所大学及 30 余所中小学开设汉语课，其中绝大多数学校采用汉语授课，还有部分学校是专门的华文学校。目前，在蒙古国的外语教学中，使用汉语教学的学校数量和规模仅次于英语，位居第二，汉语也成为仅次于英语的蒙古国第二大外语。

近些年，中蒙两国文化人文交流不断加强。2008 年 5 月，蒙古国立大学孔子学院挂牌成立。2010 年 6 月，乌兰巴托中国文化中心揭牌设立。这些既是中国热、华文热的写照，也是蒙古华文教育发展的重要动力。汉语教师是推动华文教育发展的重要力量。2014 年 10 月 21 日，中蒙两国签署《中国孔子学院总部/国家汉办与蒙古国教育科学部关于组织汉语教师志愿者赴蒙古国任教的协议》。[①] 根据相关协议，2014—2015 学年，中方派出 174 名汉语教师志愿者到蒙古国 51 所学校任教。该协议对汉语教师志愿者赴蒙古国任教的机构、期限、数量、管理和教学工作及有关各方的职责做出了明确规定，自双方签字之日起生效，为期 5 年。2016 年 1 月 24 日，百余名在蒙汉语志愿者教师举行迎新春、共欢乐活动，驻蒙古大使邢海明等出席并同志愿者教师联欢。[②] 这些汉语教学的志愿者担负起了发展蒙古华文教育的重任，为蒙古持续升温的"汉语学习热"贡献了自己的力量。

六、结论与思考

蒙古华侨的生活状况及社会境遇与蒙古国情及中蒙关系的发展有着直接的关系。一方面，不管中蒙两国国家关系如何，汉蒙两族之间都有着数千年的融合、依存及割舍不断的兄弟情谊。中蒙文化相通、习俗相近，蒙古华侨与蒙古国民有着天然的联系。另一方面，

---

① 《中蒙续签汉语教师志愿者赴蒙任教协议》，环球网，http：//china. huanqiu. com/News/fmprc/2014 - 10/5175736. html。

② 《在蒙汉语志愿者教师欢度新年》，中国驻蒙古国大使馆，http：//mn. china - embassy. org/chn/sghd/t1334478. htm。

由于历史及现实的一些原因，蒙古华侨在蒙古处于较尴尬的状态。直到近年中蒙两国关系改善，中国投资大幅提升后，华侨处境才获得明显的改善。尽管如此，蒙古华侨内心仍有焦虑与担心，也因此始终保有低调谦谨的作风。受蒙古国情及经济发展状况制约，我国在蒙古务工经商人数较多，但移民人口较少。在蒙华侨在数量上没有较大提升，更是有不少人仍心向祖国。再加上《蒙外国公民法律地位法》规定，各国外国公民在蒙因私居住人员不得超过蒙总人口3%，一个国家在蒙因私居住人员不得超过蒙总人口1%。按蒙古现有人口约320万计算，即一国因私在蒙的人口不得超过3.2万。无论从主观还是客观上看，在蒙华侨及务工人员的数量和现今相比，都不可能有较大的提升。华侨如何在蒙自处、如何较好地融入和归化当地，始终是蒙古华侨所要面对的重要问题。

蒙古持续升温的中国热及中蒙两国全面战略伙伴关系的发展，为蒙古华侨更好地生存和发展提供了坚实基础。蒙古华侨华人在推动新时期中蒙经贸，发展蒙古中餐馆、建筑建材业、其他专业技术领域及促进中蒙人文交流及邻邦友好中发挥着重要的作用；在蒙中资机构工作人员是中蒙务实合作的主力军，是丝绸之路经济带与“草原之路”倡议对接的践行者和中蒙共同发展的推动者、见证者；汉语教学教师志愿者是中华文化的传播者和中蒙友谊的重要使者。他们共同担负着促进新时期中蒙友好、中蒙互利、中蒙共荣的重任。

但在旅蒙华侨华人利用自身独特优势，为蒙古社会、经济及中蒙友谊做贡献的同时，如何保证华侨华人在蒙古当地的人身财产安全也是我们所要关注的问题。近年来，随着赴蒙古国从事商务活动、旅游和学习的外国人数量不断增加，蒙古境内针对外国人盗窃、抢劫、诈骗的活动数量也随之攀升。当地诸如“蓝色蒙古”“泛蒙古运动”等排华、反华组织，经常针对华侨和中资企业进行盗窃和抢劫活动。据蒙古国警察部门统计，2010—2013年共有365名外国公民遭到违法行为侵害，其中中国公民155人。① 在蒙中国劳务人员酒后同蒙古公民发生争执、在蒙中资企业员工在公共场所遭到蒙方人员滋扰等事件也有所发生。个别蒙古国政客和媒体为捞取政治资本或赚取关注度而炒作“中国威胁论”，部分蒙古国民众抱怨中国“抢走”当地的就业机会，少数中国人炫富、商业欺诈和破坏环境等不良行为的曝光炒作及部分中蒙民众在历史问题上的不同认知，都造成了中蒙关系稳步发展大局下的偶发冲突。

当前相关问题已得到了中国驻蒙古大使馆等相关机构的重视。使馆坚持执政为民，加强领事保护和相关侨务工作。近年来，使馆积极践行“以人为本，外交为民”的方针，建立领事保护联络员机制，妥善处理领事保护案件，坚决维护中国公民和企业在蒙合法权益，关心旅蒙华侨生活。2018年3月，使馆发布《关于做好在蒙中资企业及人员安全工作的通知》。2018年端午将至时，邢海明大使专门走访了乌兰巴托市部分援助和优买贷款在建项目工地，考察项目进展情况并慰问工人。2018年8月28日，邢海明大使与蒙古政府办公厅主任蒙赫巴特共同召开中国在蒙投资企业权益保护交流会，就中资企业在蒙的主要安全问题与蒙政府相关部门负责人进行充分交流。其他相关机构和华侨社团也致力于保障和改善华侨的生活。2017年12月16日，由中蒙文化教育暨社会发展基金会和旅蒙华侨协会发起的“暖冬计划”物资发放仪式在乌兰巴托举行，该计划旨在为华侨华人和蒙古国贫困居民提供最基本生活资助。

---

① 蒙古国投资指南，中国商务部网站，http：//images. mofcom. gov. cn/mn/201512/2015 1210155815172. pdf。

在中蒙关系日益密切的今天，在蒙古华侨华人地位及生活状况逐步改善并担负起重要使命的情况下，如何正确引导、利用华侨华人力量，调动华侨社团及华人商会参与新时期中蒙经济建设及和平友好事业，鼓励华校及汉语教学志愿者传播中华文化，努力发展侨教以提高我国的软实力，保障华侨华人的合法权益及人身财产安全，已经成为新时代我们在认识和处理相关侨务问题时所需要首先关注和思考之所在。

（张应进）

印度侨情

印度和中国作为亚洲两个大国，各自凭借其古老的文明遗产、人口、文化、经济和国际政治影响力的优势，开启了21世纪全球化旅程。在这个过程中，华侨华人作为软实力资源发挥了重要作用，且有可能在未来发挥更大的作用。

在全球范围的地缘政治中，21世纪被视为“亚洲崛起”时期。印度和中国是亚洲崛起中的两个主要参与者，两国具有高速发展的经济和地区实力，并且占据世界人口总量的三分之一。两国是文明古国，也是有着悠久共同历史和文化交流的邻国。

一、印度和中国关系

印度和中国交流的历史可以追溯到过去的两千年。来自双边的商人和旅人在重要的贸易中心和城市都十分活跃。中印早期的接触发端于佛教，始于阿育王的孔雀王朝，阿育王将他的儿女作为宗教使者送到东南亚及中国。此后，大群高僧去中国游历并推广佛教。近几十年来，文化已经成为中印开展合作的重点领域。文化可以超越国家关系的束缚，更强调民众之间的关系。文化和民众在双边关系政策议程当中扮演着重要角色，华侨华人作用尤其突出。因此，两国一直在努力重新审视、重温和再次强调两国共有的文化经历，以推进两国的文化联结。

正因中国和欧洲国家开始茶叶贸易，印度和中国之间的海上贸易也繁荣起来。新兴港口孟买和广州分别变成印度和中国的原棉贸易中心和鸦片贸易中心。印度商人、西方国家的商人以及英国东印度公司都是直接贸易中的主要贸易者。

1947年8月15日，印度从英国的殖民统治下独立出来，而后在1949年10月1日，中华人民共和国成立，两国在1950年建立起外交关系。印度第一任总理贾瓦哈拉尔·尼赫鲁和中华人民共和国主席毛泽东对中印友谊持以积极态度。如今，两国在很多领域都有着越来越频繁的互动。20世纪50年代中期，和平共处五项基本原则同时也被称为建立起和平关系的“潘查希拉”①，进一步推进了中印双边外交。这为1954年《中印关于中国西藏地方和印度之间的通商和交通协定》的签订铺平了道路。此后，从20世纪50年代起，两国稳定的外交、教育、科学技术和文化交流一直延续。

在2000年之前，两国的总贸易量仍一直在低于3亿美元的水平。然而，这个数字在21世纪的第一个十年猛增，到2010年，两国的总贸易量超过60亿美元。因此，到2010年，中国成了印度最大的贸易伙伴，印度也成为中国第七大出口市场。许多印度公司携带大量投资进入中国，他们在中国建立的企业涵盖的部门有软件、IT解决方案、药品和工业

① 1954年4月，中印两国签订了《中印关于中国西藏地方和印度之间的通商和交通协定》，这一协定简称“西藏协定”或“潘查希拉”协定，因为协定的序言中确立了和平共处五项原则，五项原则被印度称为“潘查希拉”。

产品等。还有一些比较突出的品牌如 Reliance、TCS、Infosys、Wipro、Dr. Reddy's、Mahindra & Mahindra 等。而且，至少有 10 家印度银行在中国建立了它们的分行。同样地，中国的企业也走向印度，包括华为科技、中兴、海尔、中钢集团、中国水利水电集团、宝山钢铁有限公司等。

两国经济合作关系的不断加深，促使民间互访人数不断增多，在对方国家居住和工作的人数也大大增长。超过两万印度人目前居住在中国内地，并且这个数字还在不断增长。这些人主要是学生（超过 8 000 人）、商人和专家。在过去的十年里，成千上万的中国人到印度游玩，前往印度的佛教圣地。而且，越来越多的中国人作为软件人才、注册会计师和企业家在印度工作。

中印文化交流出现了重要的提升。2010 年开启的文化交流计划已经启动，包括作家、考古学家、案卷保管人、青年代表团、运动员、媒体、舞者、歌手、音乐家的互访交流等。此外，电影节和其他文化节日也在开展，学者间关于各知识分支的学术交流逐渐增加，还有其他通过民众和媒体开展的文化交流等。许多文化因素的热度不断提升，如印度瑜伽、食物、时尚和电影在中国风靡，而且，中国食物、中文语言课程、武术和中药在印度也受到了广泛欢迎。

此外，在 21 世纪，印度和中国在地区和全球论坛中有着越来越多的合作。2005 年，两国不局限于双边关系视野，从更广阔的全球战略视野，建立起面向和平和繁荣的战略合作伙伴关系。“一带一路”倡议是中国提出来的、对地区发展有着巨大影响潜力的倡议，中印可以借此达成更多的合作与协调。中国和印度不断增长的经济实力，提升了两国对国际事务和全球利益更强的责任感。

二、印度的华侨华人历史

从历史上看，中印之间的人口流动主要是以探险家、旅行者、宗教僧侣和贸易者等身份进行的。古老的丝绸之路是货物、民众和文化流通的一条重要路径，其中一部分货物、民众和文化在不同的贸易中心沉淀下来，被当地吸收同化。两国不断发展的陆上和海上贸易促成两国间的商人到彼此国家定居下来。

在英国殖民期间，印度与中国的沿海贸易复兴，大量印度商人到达并定居在中国沿海。最初，这批人主要是来自孟买的帕尔斯和巴格达迪犹太人、穆斯林波哈拉派人以及古吉拉特邦的伊斯梅利商人。鸦片战争后，香港成为一个重要的通商口岸，大量印度人在这里暂时或长期居住。从进出口贸易到制造业、房地产、银行业和股票经纪业的商业利益各有不同。在 20 世纪，马尔瓦尔和信德人团体也到达中国香港和其他港口城市。另一群来自旁遮普的警察和看守人，最初大多数定居在香港、上海、广州、天津，也有少量分散到小城镇中。

早期移居的中国人在加尔各答的保巴沙和塔坝地区建立起了中国人聚居地。他们擅长传统职业，还有木工手艺业和制船业，随后也有部分在皮革厂工作。他们其中一些人在印度的阿萨姆邦的东北省份从事茶叶种植业，以及茶叶的培育和加工，促进了印度茶工业的发展。此后，在加尔各答出现了长期居住的中国人。他们中部分人尝试把家人带来印度家庭团聚。由于当地华人妇女较少，这些中国人就和当地的尼泊尔人、阿萨姆邦人或者“来自山上”的部落妇女通婚。他们大多更喜爱具有蒙古人种特征的当地妇女。虽然客家人试图维持“血统纯正”，但一些广东木匠往往会娶混血女孩。即使在今天，也有很多加尔各答的客家人去中国的广东梅县找寻合适的新娘。在印度的中国移民早期大都以男性旅居者居多，现在发展为以家庭为中心的社团。

三、行业人口空间分布情况

最初，加尔各答的华侨华人主要从事木工、制鞋、制革和牙科这四个行业。到 20 世纪中叶，随着人数的不断增长，他们开始涉足新的行业，如开设洗衣店、餐馆、美容院等。在印度的广东人、客家人和湖北人往往各有所长。当时在印度，制革、制鞋等职业被视为社会阶层较低的人才从事的工作。大多数情况下，华侨华人从事基于手艺的工作，这些工作往往延续数代。

印度的华侨华人主要是由客家人、广东人和湖北人三个华人群体组成，每个群体都保留着自己的方言，从事不同的职业。客家人擅长制鞋制革；广东人从事木工和造船业；湖北人主要职业是牙医。迄今为止，客家人发展成最大的一个社群。自 1910 年以来，大多数客家人定居在加尔各答东部边缘的一个沼泽地区——坦格拉（也被称为塔坝）。皮革业是被高级种姓的印度教徒看作不洁的、完全由“不可接触者”或穆斯林经营的一种行业，但其利润相当可观，因此，一开始皮革业还只是制鞋的衍生业务，但到后来发展成了客家华侨华人的主要业务。由于大量客家人从事皮革业，加尔各答成了印度皮革业的三大中心之一。20 世纪 80 年代中期，加尔各答大约有 300 家华侨华人制革厂，后来由于严格的环境法规，数量有所减少。因此，许多人转向餐饮业，坦格拉以其受欢迎的中餐馆而闻名，现在的坦格拉已经成为一个具有独特魅力的“唐人街”，吸引着印度本地和来自其他地方的游客。成为成功的商人或移居国外是大多数北孟加拉华人青年的理想。因此，印度华侨华人已经意识到教育对其子女社会流动的重要性。他们的首选机构是用英语授课的修道会学校，主要由基督教传教会运营。因此，为了更容易获得入学许可，许多人报以功利的目的皈依基督教。

自英国统治时期起，孟买就与中国有着历史渊源。帕西商人在与中国进行棉花和鸦片贸易发家致富的同时，也促使印度人民对中国的瓷器、家具、丝绸和绘画艺术产生了浓厚的兴趣。第一次鸦片战争（1840—1842 年）中断了两国的贸易关系，但印度人民对中国商品的热爱并未消退。印度华人社区借此机会，迎合并满足了当地这种需求。孟买的两个里程碑——一个是位于 Antop Hill（安托普山）和卡马提普拉的华人墓地，一个是位于 Mazagaon（马扎冈）的华人庙宇，这个庙宇供奉了于 1953 年被圣化的传说中的中国武圣——关公。马扎冈被称为旧唐人街，而卡马提普拉在 20 世纪初被指定为新唐人街。

孟买最古老的两家中餐馆分别是位于卡马提普拉 Shuklaji 街的 Lok Jun（1895 年）和开业于 19 世纪末的南京中餐馆，南京中餐馆位于华人家庭聚居区克拉巴。他们将广东菜的微妙之处引荐给了印度人，并创造了新的菜肴。华人牙医大多是来自湖北，今天他们已是符合行医资格的专业人士，许多华人牙科诊所仍位于福克兰路。如今，孟买与中国的商业关系已经全面展开，尤其是塔塔集团，它曾在中国沿海港口（如上海）设有办事处，如今，塔塔咨询服务公司在中国的业务不断增长。

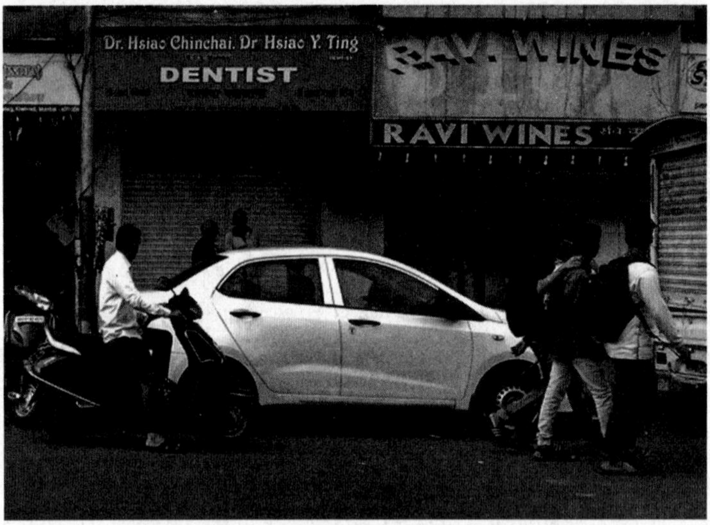

图 1　位于孟买的华人牙科诊所
资料来源：https://www.gatewayhouse.in。

四、华侨华人宗教认同

19 世纪，华侨华人在加尔各答建造了几座中国寺庙，这些寺庙供奉着天后、财神、观音和菩萨，这是中国传统信仰体系延续的典型例子。① 这些寺庙除了作为宗教圣地，还作为华侨华人聚会的场所。其中大部分宗教活动都对维护华侨华人的身份认同起到了至关重要的作用。尽管如此，各种印度元素也渗透进来，使社区宗教活动具有鲜明的特点。华人崇敬传说中"首位"定居印度的华侨杨大钊（Atchew）、在太寿宫（客家语：Tai Sau Koung）开展占卜活动，还崇拜印度教女神迦梨。这些独特的信仰和宗教活动，体现了加尔各答华侨华人独特的兼备中国及印度元素的多元化身份特征及文化认同。

杨大钊（粤语：Yong Tai Chow）或阿钊是 18 世纪首位到达印度并在加尔各答定居的华人。1783 年杨大钊去世后，他定居的地方依据他的名字被称为阿钊坡（Achipu）。无论是居住在加尔各答还是印度其他地方的华侨华人都因此而崇敬他。对阿钊的崇敬有着重大意义，因为他被视为印度华侨的始祖及印度华人社区的创始人。几个世纪以来，祭拜始祖阿钊一直是印度华侨华人的传统做法，这一方面表明了中国传统的祭祖方式在印度华人社区中的延续，另一方面又与印度华人的起源密不可分。

① Xing, Zhang, Creating a New Cultural Identity: India-related Religious Practices Among the Chinese *Community* in Kolkata, *China Report*, 2009, 45 (1), pp. 53 - 63.

图 2　位于印度西孟加拉邦阿钊坡的阿钊墓

资料来源：http：//bawalifarmhouse. com。

图 3　印度西孟加拉加尔各答的华人迦梨女神庙

资料来源：https：//www. heatheronhertravels. com。

太寿宫位于加尔各答的坦格拉。它是为了供奉通灵夫人黄谢寿所建，这一祭祀活动是从中国广东传入印度的。此外，太寿宫还供奉客家妇人廖李秋夫人的照片，正是她在移民到加尔各答后推广了这种祭祀活动，所以她逝世后，人们也开始崇敬她。太寿宫的祭祀活动表明了华人移民的地方民间信仰在印度华侨华人群体内部的渗透和融合。对于生活在加尔各答的华人来说，这一信仰的产生，对他们在中国民间文化和实际居住地文化间起到了很好的连接作用，为其文化认同增添了新的范畴。

一个有趣的文化适应案例是印度华人社区对印度教女神迦梨的崇拜。20 世纪 40 年代至 50 年代，加尔各答的华人家庭常去迦梨戈特的迦梨女神（生育女神）庙祭拜。这些人中绝大多数为妇女。20 世纪 70 年代，加尔各答的华侨华人在坦格拉修建了一座华人自己的迦梨女神庙。加尔各答华侨华人对迦梨女神的信仰与祭拜表明了印度宗教在华人群体中的渗入与影响。事实上，这也许是印度华人群体完全接受一种印度信仰的唯一例证。这为那些大体上还保留着中国传统信仰体系的华人增添了印度特征。华人迦梨女神庙让当地华人与印度人以共同信仰的名义聚在了一起。

祭祖、占卜等中国式信仰模式在阿钊坡、太寿宫以及迦梨女神庙的宗教信仰活动中得以继承。从某种程度上说，这与在加尔各答的华人居民保持其种族身份的方式密切相关。这一做法是加尔各答华人社区所独有的，与其历史和经历有关。在阿钊坡的祭拜直接与华侨在印度的起源相关联，太寿宫纪念了一位普通印度华侨及其在引入新的信仰方式上做出的贡献，迦梨女神亲拜则表明加尔各答华人群体接受印度文化并将其传统纳入自己的宗教系统的意愿。在海外华人更广泛的历史背景下，这一融汇中国传承和住地创新的宗教信仰赋予当地华人群体独特的文化认同特征，不过，这也许仅是他们在加尔各答200多年间所形成的众多认同模式中的一种罢了。关于加尔各答华人社区中的宗教信仰，还有一些其他重要方面可以探讨。

21世纪以来，为了抓住印度经济发展特别是信息技术和高科技制造业发展带来的机遇，出现了一波新的移民潮。这些移民都是受过良好教育的年轻人、企业家和会讲英语的人，这与18世纪第一代中国移民形成了鲜明对比。目前中国移民纷纷涌入卡纳塔克邦的班加罗尔，哈里亚纳邦的古尔冈，安得拉邦的斯里兰卡市，泰米尔纳德邦的金奈，古吉拉特邦的艾哈迈达巴德以及马哈拉施特拉邦的孟买、浦那。在印度的各个大学和机构，如奥斯马尼亚大学、韦洛尔理工大学、尼赫鲁大学、印度企业发展学院、德里大学等，也有少部分新移民是为了来印度学习英语、IT和印地语。这些流动人口有5 000多人。这些入境者通过工作签证、商务签证和学生签证进入印度。少数印度华侨华人与当地人结婚，获得了允许他们长期居留的"X"签证。①

六、侨务发展历程

印度和中国都是21世纪亚洲的新兴大国。世界上三分之一的人口居住在这两个国家，两国的海外移民分布在全球各地；中印都是增长最快的大型经济体，拥有制造业和服务业方面的专长，以及巨大的市场；都有着悠久的历史、丰富的文化文明遗产以及持续不断的文化互动和联系。印度和中国仍然是世界关注的中心，然而有趣的是，两国在与侨民的接触方式上却大不相同。

印度侨民和中国侨民在性质、历史及起源方面是截然不同的。印度侨民的全球迁移始于殖民时期，主要由契约劳工和自由移民组成，与该时期多由商人构成的中国侨民相比，这两个移民群体的发展轨迹不同。后殖民时代，二者开始呈现相似性，即迁移的目的都是寻求更好的发展机会。然而，由于新移民更依赖现有社会网络和资本，这两个群体的发展轨迹仍有所不同。

20世纪90年代，印度政府对其海外侨民的态度较为冷淡，直到21世纪，印度政府才

① Puri, Nikita, Do You Know 5000 Chinese Live in India?, https://www.rediff.com/news/special/do-you-know-5000-chinese-live-in-india/20190107.htm.

开始采取积极的侨务政策。自 2003 年以来，印度政府根据海外印度人高级委员会报告的建议，采取了一系列措施加强与印度侨民的联系，如设立并庆祝“海外印度人日”（Pravasi Bharatiya Divas）、颁发印裔卡等。此外，印度政府在经济、政治和社会方面出台了多项鼓励措施，并成立海外印度事务部与印度外交部共同处理侨务工作。尽管如此，仍有许多人认为，印度的侨务政策依然存在着各种各样的瓶颈，这使得侨务政策显得更为被动（《印度教徒报》2015 年版）。

相比之下，自 20 世纪 70 年代以来，中国政府在对待海外侨民方面采取了积极的政策。中国政府具有完善的侨务政策制定机制。外交部及其他部委联合五个国家机构共同制定并实施侨务政策。这一制度建设发挥了重要作用，成为跨国发展和日益增长的海外华侨华人全球影响力的基础。

尽管印度政府和中国政府对海外侨民的重视程度和接触方式有所不同，但双方都认识到海外侨民对经济、社会发展的重要性，并将他们视为全球舞台上的经济、政治和文化大使。海外侨民总是对祖国有着强烈的依恋感、亲近感和认同感，这种认同感超越了民族国家的边界。

印度侨民与中国侨民不仅对其母国的经济发展做出了积极的贡献，还促进了母国与东道国之间的关系。母国的经济发展战略及政治、历史和文化决定了海外侨民在母国的发展和对外关系中所扮演的角色。[①] 此外，海外侨民对这种关系的影响力由母国与东道国的双边关系状况决定。

中印两国关系的深化，增强了各层次的互动，也推动了新移民在两国的互动。新移民开辟了新的交往方式和迁移地，反过来又丰富了两国的交往。然而，由于印度华侨华人数量少、经济和政治地位不高，他们在历史上一直被中国忽视，但他们拥有重要的文化地位和独特的文化身份。这一点在 2019 年印度大选前夕的加尔各答竞选活动中体现得尤为明显，政党一直在争取华裔选民，个别选区用中文进行竞选活动。

图 4　印度大选期间，草根国大党绘制的中文标语

印度华侨华人虽然人数不多，却有强烈的存在感和独特的文化身份。印度华侨华人既

① Zhu, Zhiqun, Two Diasporas: Overseas Chinese and Non-resident Indians in Their Homelands' Political Economy, *Journal of Chinese Political Science*, 2007, 12 (3), pp. 281 – 296.

创造了物质文化遗产，也创造了非物质文化遗产。这印证了 Avtar Brah 所提出的类比概念，即在印度的华侨华人可能是"ajnabi"（陌生人），而不是"ghair"（外星人）。这意味着，虽然对于印度人来说，许多中国人可能是陌生人，但他们之间有产生情感和联系的可能，而不是一味地产生敌意。印度华侨华人在多年的发展中形成了鲜明的民族特色，深刻地影响着中印两国关系的发展。印度积极欢迎中国新移民，让他们在加尔各答、孟买有宾至如归的感觉。新移民可以依靠老移民来提升自己，从而开辟出更广阔的天地。印度华侨华人对未来中印两国关系的良好发展应该会起到重要作用。

（Shailendra Kumar Prabhat Kumar；翻译：张兰兰　张玉楠）

俄罗斯侨情

俄罗斯是“一带一路”沿线最重要的国家之一，也是积极支持和最早参与“一带一路”建设的重要大国。俄罗斯的参与对“一带一路”倡议在欧亚大陆的落地具有十分重要的意义。中国国家信息中心发布的《一带一路大数据报告2018》显示，俄罗斯连续三年蝉联我国与“一带一路”国家合作水平的榜首。① 俄罗斯与中国的良好政治经济合作关系，以及对“一带一路”的积极态度为俄罗斯华侨华人在“一带一路”建设中发挥作用奠定了良好的政治与经济基础。

一、俄罗斯基本国情

俄罗斯是世界上面积最大的国家，其领土横跨欧亚大陆，北邻北冰洋，东濒太平洋，西接大西洋，西北临波罗的海芬兰湾。作为世界上邻国最多的国家之一，俄罗斯西北面有挪威、芬兰，西面有爱沙尼亚、拉脱维亚、立陶宛、波兰、白俄罗斯，西南面是乌克兰，南面有格鲁吉亚、阿塞拜疆、哈萨克斯坦，东南面有中国、蒙古和朝鲜，东面与日本和美国隔海相望。俄罗斯地形以平原和低地为主，其中平原、低地和丘陵占国土的60%左右，高原和山脉各占20%。

俄罗斯人口1.44亿，由于国土广阔，俄罗斯人口密度低，且分布极不平均，人口主要集中在中央区、伏尔加河沿岸区、北高加索区和乌拉尔区。俄罗斯是世界上民族最多的国家之一，共有193个民族，其中俄罗斯族约占总人口的80%，主要少数民族有鞑靼、乌克兰、巴什基尔、楚瓦什、车臣、亚美尼亚、阿瓦尔、摩尔多瓦、哈萨克、阿塞拜疆、白俄罗斯等族。俄语是俄罗斯联邦的官方语言。俄罗斯主要宗教为东正教，其次为伊斯兰教、天主教和犹太教。根据全俄民意研究中心的调查结果，50%～53%的俄民众信奉东正教，10%信奉伊斯兰教，信奉天主教和犹太教的各为1%。

表1 俄罗斯概况

国家全名	俄罗斯联邦
首都	莫斯科
政体	总统制
现任国家元首/政府首脑	弗拉基米尔·弗拉基米罗维奇·普京/德米特里·阿纳托利耶维奇·梅德韦杰夫

① http://news.cnwest.com/content/2018-09/19/content_15979315.htm，2019年2月3日。

（续上表）

人口数量	1.44 亿（2017 年）
GDP	1.578 万亿美元（2017 年）
GDP 增长率	1.5%（2017 年）
地理位置	横跨欧亚大陆
领土面积	1 707.54 万平方千米
主要语言	俄语
主要民族	俄罗斯族
华侨华人数量	约 40 万
华侨华人占总人口比例	约 0.276%

资料来源：世界银行网站，http：//www.worldbank.org/en/country/russia；俄罗斯联邦统计局网站，http：//www.poccuu.org，2019 年 1 月 10 日。

二、中俄关系概况

苏联解体后，俄罗斯联邦成为独立的国家，中俄两国于 1991 年 12 月 27 日签署《会谈纪要》，确认俄罗斯继承苏联与中国的外交关系。二十多年来，中俄关系呈现不断上升势头。1996 年 4 月，中俄宣布建立"平等信任、面向 21 世纪的战略协作伙伴关系"，并确立国家元首和政府首脑定期会晤机制。2001 年签署《中华人民共和国和俄罗斯联邦睦邻友好合作条约》，为两国发展长期战略协作伙伴关系奠定了法律基础。2008 年，中俄签署《中俄国界东段补充叙述议定书》，解决了历史遗留的边界问题，为两国战略协作伙伴关系的深入发展奠定了坚实基础。2010 年 9 月，两国签署《中俄关于全面深化战略协作伙伴关系联合声明》。2012 年 6 月，两国签署《中华人民共和国和俄罗斯联邦关于进一步深化平等互信的中俄全面战略协作伙伴关系的联合声明》。2013 年 3 月，中国国家主席习近平对俄罗斯进行国事访问，两国元首批准了《〈中俄睦邻友好合作条约〉实施纲要（2013 年至 2016 年）》，签署了《中华人民共和国和俄罗斯联邦关于合作共赢、深化全面战略协作伙伴关系的联合声明》。2014 年 2 月 6 日，中国国家主席习近平出席了在俄罗斯索契举办的第 22 届冬季奥林匹克运动会开幕式并与普京总统会晤，这是中国国家元首首次出席在境外举行的大型国际体育赛事开幕式，习近平主席连续选择俄罗斯作为年度首访国。同年，俄罗斯总统普京也两次访问中国。2015 年，习近平主席在 5 月和 7 月两次访问俄罗斯，同时俄罗斯总统普京和总理梅德韦杰夫分别于 9 月和 12 月访问中国。5 月 8 日，中俄发表《中华人民共和国与俄罗斯联邦关于丝绸之路经济带建设和欧亚经济联盟建设对接合作的联合声明》。俄罗斯表示支持丝绸之路经济带建设，愿与中方密切合作，推动落实该倡议。中方表示支持俄方积极推进欧亚经济联盟经贸合作方面的协议谈判。此外，2015 年，中国倡议的亚洲基础设施投资银行正式成立，俄罗斯加入亚洲基础设施投资银行，体现出对中国承担更多国际责任和补充现有国际经济体系的支持。2017 年 5 月，普京总统作为主宾出席了北京举办的"一带一路"国际合作高峰论坛，重申了对"一带一路"倡议所持的积极态度，中俄两国在最高级别层面达成了关于"一带一路"与欧亚经济联盟对接的协议，双方建立了专门的联合工作组并积极运作。2017 年 7 月习近平主席访俄期间，两国元首签署并发表《中俄关于当前世界形势和重大国际问题的联合声明》。双方外交部发表《关于朝鲜半岛问题的联合声明》，阐述共同立场及主张。

2018 年，中俄关系继续升温，双方高层往来频繁。中国国家主席习近平与俄罗斯总统普京共进行了 4 次会面。两国关系在各领域取得长足进展，值得一提的是 2018 年中俄贸易额突破 1 000 亿美元，创历史新高，中国已经连续 9 年保持俄第一大贸易伙伴地位。① 除了国家层面的交往外，中俄地方层面的友好交往同样密切，2018 年两国地方政府举行了数百场互访，中国多个省市与俄罗斯地方签署了多份合作文件。两国在省州、城市等层面一共建立了 363 对友好伙伴关系。② 中俄友好具有强大的民间基础，根据俄罗斯的一项舆情调查，75% 的受调查者对中国有好感。而根据 2018 年 10 月中俄头条客户端、俄罗斯 iPanel 公司等所做的“2018 中俄关系民意调查”，中国民众对中俄关系、俄罗斯的态度更积极正面。93.6% 的中国受访者积极评价当前中俄关系，91.5% 的中国受访者对俄罗斯的外交政策持积极评价。半数的两国受访者愿意学习对方的语言，其中 59.6% 的中国人愿意学习俄语，41.4% 的俄罗斯人愿意学习汉语。尽管中俄文化差异较大，且存在一些问题，但相互认知水平、相互好感程度都有所提升。这些数字显示出中俄两国民众的相互认同感较高，这使得两国友谊的基础更为牢固。③

目前，中俄关系处于历史最好时期。两国高层交往频繁，形成了元首年度互访的惯例，同时建立了总理定期会晤、议会合作委员会以及能源、投资、人文、经贸、地方、执法安全、战略安全等完备的各级别交往与合作机制。双方政治互信不断深化，在涉及国家主权、安全、领土完整、发展等核心利益问题上相互坚定支持。积极开展两国发展战略对接和“一带一路”建设同欧亚经济联盟对接，务实合作取得新的重要成果。两国人文交流蓬勃发展，世代友好的理念深入人心，两国人民之间的了解与友谊不断加深。

三、俄罗斯基本侨情

（一）华侨华人发展历史概况

19 世纪中期以来，俄罗斯帝国与中国清王朝签订的一系列不平等条约，将中国黑龙江以北、外兴安岭以南 60 多万平方千米的领土割让给俄罗斯，这些土地上世代生活着的中国居民除部分内迁外，大部分成了俄罗斯属下的居民，形成了特定历史条件下的“割地成侨”。④ 此外，清末中国人口急剧膨胀，土地与人口的矛盾日益尖锐，许多无地、失地或无生计的平民百姓外迁以谋生活。俄罗斯远东地域辽阔，且与中国东北江水相连，成为

① http：//www.chinanews.com/cj/2019/01-10/8725734.shtml，2019 年 1 月 31 日。

② 《俄罗斯驻华大使：2018 年中俄关系在各领域取得长足进展》，http：//cn.chinagate.cn/news/2018-12/13/content_74272097.htm，2019 年 1 月 13 日。

③ http：//www.ciis.org.cn/chinese/2019-01/09/content_40638328.html，2019 年 1 月 15 日。

④ 李志学：《“割地成侨”：俄罗斯华侨华人史的特殊一页》，《学习与探索》2005 年第 5 期，第 157-160 页。

一些中国人向外迁移的目的地之一。[①] 19世纪末，随着中东铁路的开通，农民、手工业者、商人等陆续移居海参崴（符拉迪沃斯托克）、伯力等地。随着俄罗斯的开发，远东对劳动力的需求迅速增长，一些中国劳工被招募到俄罗斯从事艰险的工作。经过几十年的时间，在19世纪末，俄罗斯的华侨华人数量已经达到了一定的规模。根据1897年的俄罗斯帝国人口普查，共有57 459名中国人（47 431名男性和10 028名女性），其中42 823名（74.5%）仅在滨海边疆区居住。[②]

苏俄十月革命和国内战争期间，部分华侨离开了俄国，也有一些华工留下来参加了苏联的革命事业，其中少部分华侨最终成为苏联公民。20世纪30年代，日本占领了中国东北并成立了"伪满洲政权"，苏联以防范日本和"满洲国"为借口，在远东地区迁移和遣返了近万华侨。[③] 中华人民共和国成立后，中苏成为盟国，两国开展了全方位的往来与合作，大批的中国留学生来到苏联，"他们中的绝大多数学成回国，成为新中国国家建设的重要力量，但也有少数由于婚恋嫁娶关系留在苏联。根据苏联官方统计数字，1959年苏联境内有2.6万华人"。[④] 随着中苏关系恶化，两国几乎中断了民间人员往来，在苏联的华侨数量逐渐减少。

苏联解体后，中俄两国迅速确立了友好关系，并且解决了此前长期悬而未决的边界问题，历史遗留问题的解决为两国全面战略协作伙伴关系的深入发展奠定了基础。1992年签订的《中俄两国关于互免团体旅游签证的协定》极大方便了中俄两国人民的往来。在中俄睦邻友好关系的政治因素推动下，两国人民的友好往来有了顺利发展的政治大环境。两国政府不断出台政策促进彼此开放，例如，开放了更多的边境口岸，实行两国人员往来互免签证等措施，这些措施使得到俄罗斯旅游观光、投资经商、求学深造以及借助俄罗斯进入其他欧洲国家的中国人越来越多，掀开了中国新移民到俄罗斯的高潮。

（二）华侨华人社会概况

俄罗斯华侨华人数量是一个有争议的话题，由于进入俄罗斯的中国人流动性较大，很难精确地统计在俄罗斯的中国人数量。在俄罗斯2002年的人口普查中，有34 500名俄罗斯居民（包括俄罗斯和外国公民）自称为华裔，其中约一半在俄罗斯西部（主要是莫斯科），但许多俄罗斯人口统计学家认为，人口普查数字可能不足，俄罗斯人口统计学家认为最可靠的为20万至40万，或最多为50万。[⑤] 根据中国学者的研究，2007—2008年中国在俄罗斯的新移民数量大约有20万。[⑥] 总体上看，有数量可观的华侨华人在俄罗斯工作、学习和生活，他们主要来自中国的东北三省、山东、新疆、河北、浙江、福建等地，在俄罗斯主要聚居在莫斯科、圣彼得堡、叶卡捷琳堡、伊尔库茨克、符拉迪沃斯托克、新西伯

① 强晓云：《帝国时期俄罗斯的中国移民：人文特征与管理体制》，《当代世界社会主义问题》2006年第1期，第58－59页。

② Первая всеобщая перепись населения Российской Империи1897 г. （General Population Census of the Russian Empire in 1897），*Demoscope Weekly*，2009－01－18。

③ ［俄］阿·格·拉林著，阎国栋译：《俄罗斯华侨历史概述》，《华侨华人历史研究》2005年第2期，第12页。

④ 苏联国家统计委员会编：《苏联居民的民族构成》，莫斯科，1991年，第24－25页，转引自［俄］阿·格·拉林著，阎国栋译：《俄罗斯华侨历史概述》，《华侨华人历史研究》2005年第2期。

⑤ http：//www.demoscope.ru/weekly/2008/0347/tema01.php，2019年1月2日。

⑥ 朱秀杰、焦红：《1991年以来俄罗斯的中国移民构成分析》，《人口学刊》2010年第3期，第32页。

利亚等主要城市。

目前在俄罗斯的华侨华人主要分为三类，第一类是中国外交、商务以及新闻等机构的代表，他们人数不多，大约千人，主要工作和生活在莫斯科、圣彼得堡等大城市。第二类是到俄罗斯高校和科研机构留学的大学生和进行学术交流的访问学者等，常年保持在1万人左右。苏联时代，俄罗斯曾是中国学生扎堆留学的地方。自改革开放以来，中国留学生主要选择到欧美留学，但由于俄罗斯高校学费低，入学竞争力不大，且部分专业具有国际水准，依然吸引了一些中国留学生。近年来，随着俄罗斯发布《2013年至2020年俄罗斯联邦国家教育发展规划》，明确提出要提高俄罗斯高校的国际学生比例，出台吸引外国留学生的各种政策，加上俄罗斯成为“一带一路”倡议沿线的热门国家，中国到俄罗斯留学的人数有所增加，据俄教育部统计，2014—2015年在俄大学的中国留学生数量从16 385名增至18 269名。[①] 中国留学生一般选择技术专业及人文专业。例如，圣彼得堡国立理工大学最热门的专业是建筑、机械制造、纳米电子学和IT专业。在俄罗斯人民友谊大学，中国留学生一般选择的是语言系和经济系。新西伯利亚国立大学、阿尔泰和伊尔库斯克大学的精密科学系最受欢迎。

第三类是中国的私人企业家、个体经商户、劳工等，他们的数量最多，主要是从20世纪90年代以来进入俄罗斯。20世纪90年代，俄罗斯激进的改革措施造成社会激烈动荡和经济快速下滑，企业倒闭，通货膨胀，商品短缺。在经济结构上，俄罗斯的石油、天然气、森林等资源极其丰富，以航空航天和军事工业为代表的重工业发达，但长期以来，家电、纺织服装、农产品等与人民日常生活息息相关的轻工业、种植业和服务业落后。与此同时，中国市场经济快速发展，商品丰富、企业生产能力强大，劳动力人口充沛，中国的经济发展恰好与俄罗斯的经济情况形成互补，迅速推动中俄经济联系，很多中国企业和商人到俄罗斯“填补”市场空间，特别是20世纪90年代，一大批中国个体经商户进入俄罗斯从事商贸活动。可以说经济因素是促进华侨华人数量增长的最主要原因，中国的商业移民、生产移民和工作移民大量进入俄罗斯，成为新时期俄罗斯华侨华人的主体。此外，俄罗斯地广人稀，是世界上人口密度最小的国家之一。俄罗斯的人口出生率一直较低，据2010年俄罗斯人口普查，其人口的平均密度为每平方千米8.3人，不到世界平均人口密度的四分之一。俄罗斯联邦独立以来，人口一直呈现负增长态势，人口总数从1992年的1.48亿下降到2017年的1.44亿。除了人口总数呈现不断减少的趋势外，俄罗斯人口分布极不均衡是另一特点。莫斯科市和莫斯科州的平均人口密度是每平方千米近400人，而在600多万平方千米的远东地区，人口不到700万，其中楚克奇自治专区人口的平均密度仅为每平方千米0.01人。人口分布不均，致使人力资源的分布出现严重失衡，对俄罗斯地域经济发展极为不利。此外，俄罗斯人口危机还表现为老龄化严重、男女比例严重失调等特点。总统普京在2013年的国情咨文中重点谈到了人口问题，并提出要通过降低人口死亡率、提高人口出生率和实施有效的移民政策等措施来遏制人口减少趋势。中国作为世界上人口最多的国家之一，有着富裕的劳动力市场，这为中国人填补俄罗斯劳动力市场的空缺提供了客观条件，例如在人口稀少的西伯利亚，许多中国人在从事农业活动，在那里种植玉米、大豆、蔬菜和水果，还有一些人从事养殖业。

---

① 《留学俄罗斯升温》，《北京日报》，2016年8月24日。

(三)华侨华人经济概括

除留学生和国家公派人员外，到俄罗斯的大多数中国人的主要目的是做生意和打工挣钱。新一代华侨华人大多从事服装、鞋帽、皮货、蔬菜、粮食、木材等进出口生意，少部分从事餐饮、旅游、旅馆、酒吧等服务行业，也有部分华人在俄罗斯打工和从事农业生产。随着俄罗斯经济逐渐恢复以及社会趋势区域稳定，华人的经济水平和规模也有所提升，一些华人在经济上逐步融入俄罗斯，为当地经济和社会发展做出了更多的贡献。目前在俄罗斯的华人华企相对集中在贸易、建筑、农业和餐饮业等行业，可分成以下几个不同类型。

第一类是从 20 世纪 90 年代到俄罗斯从事商品贸易活动的中国人。20 世纪 90 年代，处于转型时期的俄罗斯经济困难，很多与居民生活息息相关的商品极为短缺。大批华人瞅准商机，将中国生产的各类商品带到俄罗斯，不仅为中国商品的销售扩大了市场范围，也丰富了俄罗斯的市场供给，解决了俄罗斯人民的生活所需。此后，尽管大批中国企业进军俄罗斯，但迄今为止，在俄罗斯市场，仍有大量的家电、服装、鞋袜等"中国制造"的商品是通过华侨华人商户的渠道进入俄罗斯市场的。经过 20 多年的奋斗，华商发展到今天已经有了一定经济实力，在国内有固定的合作伙伴，在俄罗斯接客户的订单，或者有办公室、仓库进行仓储批发销售中国的轻工产品、建筑材料或小型设备等。第二类主要是看重俄罗斯丰富的自然资源，在俄采购化工原料、木材和有色金属等从事进口贸易的华人企业。第三类是中介等服务性公司，如在当地开中餐馆，组织国际运输清关一体化服务、签证服务、旅游服务、票务服务和办报纸、做广告等。总体上看，21 世纪以来，随着中国经济的快速发展和国际地位的提升，在俄华人华企，无论是经营规模、经济实力、驾驭市场的能力，还是国际贸易水平、经验和人员素质都有了极大的提升。他们是中俄经贸关系的重要桥梁，是两国人民友好往来的纽带，在异国他乡求生存、求发展的辛勤劳动中，为中俄两国的经济发展和贸易往来做出了贡献。

(四)华人社团、华文教育及华文媒体概况

1. 华人社团

随着 20 世纪 90 年代以后华人新移民群体的形成，相对稳定的俄罗斯华人社会逐步发展起来，莫斯科、圣彼得堡、叶卡捷琳堡、新西伯利亚、伊尔库茨克、克拉斯诺亚尔斯克、乌兰乌德、符拉迪沃斯拉克等十几个城市都成立了规模不等的华人社团。比如莫斯科中俄文化交流中心（1992 年成立）、莫斯科华侨华人联合会（1993 年成立）和莫斯科中华总商会（1993 年成立）等。至今，在俄罗斯已经成立了华人、华商、企业家和同乡会等上百个华人社团。莫斯科的华人社团数量最多，其中较有影响的有旅俄华人中国和平统一促进会、莫斯科华侨华人联合会、莫斯科中华总商会、俄罗斯远东中俄工商联会总会、莫斯科华人妇女联合会等。上述社团与中国驻俄使领馆、国内侨务部门保持着经常性联系。如莫斯科华人联合总会就是一个成立较早、规模较大、与外界联系较广泛、组织活动较多、在当地华人社会较有影响力的华人社团组织，它将新老华侨华人和不同行业、不同地区的华人团结在一起，对于华商加强内部联系与团结、协调外部关系、提高整体形象发挥着积极作用。总体上看，俄罗斯华人社团有这样几个特点：①由于俄罗斯对中国移民限

制很严，旅俄华人绝大多数未获得在俄长期居住身份。因此，旅俄华人从心理上对母国有较强的依赖性。俄罗斯华人社团大多与国内和我驻俄使馆保持着较密切的联系。在政治上，他们热爱祖国、支持国家统一；在经济上，华商将经营收益大部分汇回国内，而不像北美和东南亚国家的华人就地投资、就地发展。②俄罗斯华人社团不像东南亚华人社团以血缘和地缘为主，而是以业缘为主，以地缘为特征的同乡会所占比重不大，几乎没有血缘社团。③俄罗斯华人社团的目的性很强，就是组织起来、团结互助、维护华人的合法权利。

2. 华文教育

最近10年，学习汉语的俄罗斯人数量快速增长。1997年学习汉语的俄罗斯人约为5 000人，2007年人数为1.7万，2017年学习汉语的人数已经达到5.6万。按照统计数据，39%的汉语学习者在大学学习。此外，31%的学生在中小学学习，25%的人在语言学习班学习，还有5%的人在中国的孔子学院学习。中国经济的快递发展以及中俄两国关系的不断发展和人员往来日趋频繁使得学习汉语在俄罗斯成为一种时尚。2009年启动的中俄互办“语言年”活动，成为“汉语热”在俄罗斯不断升温的催化剂，也对华文教育起到了重要的宣传与推广作用。目前，俄罗斯有中文学校十余所，俄罗斯各大高校正在增加汉语教学课程，此外，俄罗斯有20所高校已经成立了孔子学院，满足俄罗斯大学生对学习汉语的需求。俄罗斯已经计划在2019年设立国家统一考试汉语科目考试。随着把国家统一考试的汉语科目成绩纳入入学考试的高校越来越多，参加汉语考试的毕业生数量也将增长，这刺激了俄罗斯青少年学习汉语的热情。[①]

3. 华文媒体

许多华人并不精通俄语，这给他们在俄罗斯的居住、工作和经商带来许多不便，迫切需要华文媒体给华侨华人提供信息服务。俄罗斯最早出现的华文报纸是1992年创办的《中俄信息报》，后来由于资金问题在1998年停办。后来陆续出现了《路讯》《唐人街》等中文报刊。[②] 目前俄罗斯华文媒体影响较大的有《莫斯科华人报》《龙报》《华商报》《路迅》《华俄时报》《莫斯科晚报》等。这些华文媒体在宣传中俄两国有关政策方针、介绍国情、传递资讯等方面发挥着积极作用，[③] 其中代表性的华文媒体有《路迅参考》《莫斯科华人报》《莫斯科龙报》《捷通日报》《华俄时报》等。近年来，随着互联网蓬勃发展，俄罗斯华文媒体纷纷建立了自己的网站。除了路迅网、龙报在线、莫斯科华人报网等传统媒体转型而来的网站，原来一些不发行期刊和报纸的组织也纷纷建立了自己的网站，成为新闻发布、华人交流的窗口，如圣彼得堡华人协会网站、俄罗斯华人论坛等。[④]

四、俄罗斯侨情趋势及建议

当前中俄关系处于历史上最好的时期，这是俄罗斯华侨华人发展最有利的大背景。第

① 《俄媒：明年起汉语将加入俄罗斯高考》，http：//edu. hsw. cn/system/2018/1202/122078. shtml，2019年1月6日。

② 吴沛林：《俄罗斯华文媒体概括》，《华人时刊》2002年第3期，第42页。

③ 欧阳向英：《成长中的俄罗斯华文媒体》，《对外传播》2010年第4期。

④ 王忠：《俄罗斯华文主流媒体网站概述》，《新闻知识》2012年第1期。

一，面对日益复杂的国际环境，中俄政治和战略互信不断增强。《中俄睦邻友好合作条约》将世代友好、永不为敌的和平思想和不结盟、不对抗、不针对第三国的外交理念以法律文件形式固定下来。中俄最高领导人良好的工作和个人关系，以及中俄总理定期会晤机制等各类合作机制，为两国高层及时沟通奠定了基础。第二，中俄经济合作水平逐年提升，到2018年，中国已经连续9年成为俄罗斯最大的贸易伙伴国，两国关系的物质基础更加牢固。第三，中俄两国关系的民意基础亦日趋深厚，在中俄互办“国家年”“语言年”和“旅游年”的推动下，两国人文交往蓬勃发展，内容不断充实，机制日益健全。两国人民的相互了解和信任进一步加深，进一步夯实了中俄全面战略协作伙伴关系的民意基础。多年来，中俄两国权威民意调查机构的数据显示，两国民众都把对方国家视为最友好的国家之一。可以预见，在今后一个时期内，中俄关系不会发生实质性的倒退。

在中俄关系不断深入发展过程中，中国提出的“一带一路”倡议恰逢其时，优化了中俄关系已有的架构，使之在兼顾全方位发展的同时，聚焦于政策沟通、设施联通、贸易畅通、资金融通和民心相通，极大丰富了双边关系内涵，拓展了合作空间。“一带一路”倡议是中国提出的国际公共产品，它同时符合俄罗斯的利益。2015年5月，中俄两国元首共同签署了《中华人民共和国与俄罗斯联邦关于丝绸之路经济带建设和欧亚经济联盟建设对接合作的联合声明》，从战略高度和长远角度对“一带一路”框架下的中俄双边务实合作做出了新规划。2017年5月，俄罗斯总统普京赴华出席了“一带一路”国际合作高峰论坛。随着对接合作的不断深化，中俄全面战略协作伙伴关系高水平发展的新局面逐步开启。联合声明签署4年多来，双方在经贸、能源、基础设施、金融、航空航天、人文等领域的合作均取得了积极成果。首先是中俄能源互联互通驶入快车道，亚马尔液化天然气一期顺利投产，田湾核电站7、8号机组建设提上日程。其次是中俄跨境铁路桥、公路桥，“滨海1号”和“滨海2号”国际交通走廊、中蒙俄经济走廊以及中欧班列等交通基础设施大项目稳步推进。此外，中俄多个城市之间已开通直飞航班，极大方便了两国人民的友好往来，有效促进了中俄旅游合作。①

在俄罗斯经营多年的华侨华人可以利用“一带一路”建设带来的巨大机会，发挥华侨华人在中介服务、商品贸易、人文交流等方面的优势。此外，中俄两国都在努力将两国高水平的政治关系优势不断转化为更多实际合作成果。未来，“一带一路”建设同欧亚经济联盟对接合作将成为中俄政治与经济合作的重要方向，迄今为止，绝大多数俄罗斯与中国之间的重大项目都是中国的国有企业主导的，而中国的民营企业并不活跃。在两国战略性合作项目之外，包括远东开发、北极开发、数字经济、跨境电子商务等新兴领域的合作中，俄罗斯华侨华人均有机会参与，协助政府和国企将这些新领域合作的蛋糕做大做实。

另外，俄罗斯华侨华人要发挥“一带一路”文化交流使者和排头兵的作用，积极和持续地在推进中俄民间人文领域交流合作、夯实双边关系的社会和民意基础上发挥作用。近年来，中俄人文交流蓬勃发展，从政府机关到民间组织，从教育、文化到媒体、旅游，交流合作的渠道越走越宽、领域越来越广、程度越来越深，两国文化在彼此国家的影响力、亲和力和感召力显著提升，成为当今大国之间文明对话的典范。未来，中俄人文交流合作

---

① 《中国驻俄罗斯大使李辉：“一带一路”倡议开启中俄共同发展的新航程》，http：//politics. people. com. cn/n1/2018/0907/c1001－30278434. htm，2019年2月4日。

要更多面向广大民众，着力扩大受众面，不断增进合作的热度和力度，筑牢人文交流的根基。在这方面，熟悉俄罗斯社情民意的华侨华人社团、华文媒体和华人企业家大有可为。

随着中国成为世界最大的经济体之一，一些俄罗斯青年对在俄罗斯进行经济活动的华人怀有复杂的心情，华人往往会成为敲诈、勒索和腐败行为的侵害对象。近年来随着俄罗斯法律制度的完善和政府对腐败行为的打击，这些行为已经大为减少。但华侨华人在俄罗斯仍应谨言慎行，一方面应该大胆维护自己权益，另一方面应遵守法律，避免招惹麻烦。因此，华侨华人到俄罗斯从事经济活动，一定要走合法渠道进入俄罗斯，并且在当地移民和外劳管理部门备案，以便于当经济和人身受到威胁时得到法律的保护。另外，到俄罗斯务工的华侨华人要注意了解当地法律并切实遵守。由于语言问题、个人素质问题，以及其他原因，一些华侨华人不了解旅居国的法律，想当然地将国内的一些习惯带到了俄罗斯，引起不必要的纠纷。因此，到俄罗斯务工和从事商业活动的华侨华人应当避免类似的事情，了解清楚俄罗斯在相关领域的法律。在这一点上，除了务工华侨华人自身的责任外，国内有关机构应该加强相关方面的法律培训。另外，驻中国俄机构、华人社团和“老”华人也应该积极主动地向新移民介绍俄罗斯的法律。

近年来，中国政府格外重视维护华侨华人权益，俄罗斯华侨华人受到侵害的时候，应及时与我国驻俄有关部门联系，寻求有效的保护、支持与援助。国内有关部门及研究机构、我驻俄使领馆和华人社团，应加强对俄罗斯侨情的搜集和研究，及时掌握俄罗斯华侨华人最新动态，并依托信息交换机制，及时地将掌握的俄罗斯市场动态、外贸政策、法律法规通报给国内有意去俄罗斯发展的企业和个人以及已经在俄罗斯发展的华侨华人。国内相关部门也应加强对俄罗斯华侨华人的工作，定期出访、慰问老朋友，结识新朋友，广泛了解华侨华人所需、所思、所盼，帮助协调解决各种困难。俄罗斯华侨华人主要来自中国大陆，他们大多具有勤奋、坚韧、克己、不惹是生非的华人传统品性。随着中俄政治经济合作关系的加深，旅俄华侨华人的生活和发展也将具有更为美好的将来。

（程晓勇）

乌克兰侨情

乌克兰是较早顺应“一带一路”倡议的国家，2013 年 12 月签署的《中乌战略伙伴关系发展规划（2014—2018 年）》中指出乌克兰“愿参与‘丝绸之路经济带’的建设”，表明乌克兰对“一带一路”持积极的态度。当前，乌克兰从政府到民间，均热情期待借助“一带一路”倡议与中国展开合作，在这样的前景下，乌克兰华侨华人作为中国与乌克兰民间交流的重要力量，能够在中乌两国的经济与人文交流，特别是合作共建“丝绸之路经济带”中发挥独特的作用与力量。

一、乌克兰基本国情

乌克兰是欧洲领土面积第二大的国家，其国土面积为 60 多万平方千米，95% 为平原。在地理位置上，乌克兰位于欧洲东部，黑海、亚速海北岸，北邻白俄罗斯，东北接俄罗斯，西连波兰、斯洛伐克、匈牙利，南部同罗马尼亚和摩尔多瓦毗邻。

1917 年 12 月，乌克兰建立了苏维埃政权，1919 年 1 月成立乌克兰苏维埃社会主义共和国，并于 1922 年加入苏联（西部乌克兰 1939 年加入）。1990 年 7 月 16 日，乌克兰最高苏维埃通过了《乌克兰国家主权宣言》。1991 年 8 月 24 日，乌克兰宣布独立，首都设在名城基辅。

乌克兰总人口 4 000 多万，共有 130 多个民族，主要民族为乌克兰族、俄罗斯族，其中乌克兰族约占总人口的 77%，俄罗斯族约占 20%，其他为白俄罗斯、犹太、克里米亚鞑靼、摩尔多瓦、波兰、匈牙利、罗马尼亚、希腊、德意志、保加利亚等民族。乌克兰的主要宗教为东正教和天主教。

表 1　乌克兰基本概况

国家全名	乌克兰
首都	基辅
政体	总统制
现任国家元首/ 政府首脑	总统：弗拉基米尔·亚历山德罗维奇·泽连斯基（2019 年 5 月就任） 总理：冈察鲁克（2019 年 8 月就任）
人口数量	4 196 万（2019 年 10 月统计，不含克里米亚）
华侨华人数量	约 2 万
华侨华人占总人口比例	0.04%
GDP	1 540.43 亿美元（2019 年）
人均 GDP	3 670 美元（2019 年）

（续上表）

经济增长率	2.1%（2017 年）
地理位置	欧洲东部，黑海、亚速海北岸
领土面积	60.37 万平方千米
主要语言/官方语言	官方语言为乌克兰语，也通用俄语
主要民族	乌克兰族（72%）、俄罗斯族（22%）

资料来源：中国外交部网站、世界银行网站、乌克兰国家统计署网站、乌克兰驻华大使馆网站。

二、乌克兰与中国关系概况及 2019 年新发展①

乌克兰与中国在 1992 年 1 月 4 日建交，2011 年共同宣布建立战略伙伴关系。建交以来，两国在各领域友好互利合作发展迅速，两国人民传统友谊不断加深。乌克兰重视对华关系，各派政治力量均积极主张加强同中国的友好合作。2001 年 7 月，中国国家主席江泽民对乌克兰进行国事访问，两国签署了《中华人民共和国和乌克兰关于在 21 世纪加强全面友好合作关系的联合声明》等文件。2002 年 11 月，乌克兰总统库奇马第二次对中国进行国事访问，两国签署了《中华人民共和国和乌克兰联合声明》等文件。2010 年 9 月 2—4 日，新当选的乌克兰总统亚努科维奇对中国进行国事访问，中国国家主席胡锦涛、全国人大委员会委员长吴邦国、国务院总理温家宝分别与亚努科维奇总统会晤，两国签署了《中华人民共和国和乌克兰关于全面提升中乌友好合作关系水平的联合声明》。2011 年 6 月 18 日，中国国家主席胡锦涛对乌克兰进行国事访问，两国元首宣布建立战略伙伴关系，确定了两国关系新定位。2013 年 12 月 3 日，乌克兰总统亚努科维奇访问中国并会见中国领导人，习近平主席、李克强总理、张德江委员长等中方领导人同他就深化中乌战略伙伴关系、发展各领域务实合作达成重要共识，为两国关系发展注入新动力。

2017 年 1 月，习近平主席在瑞士达沃斯世界经济论坛年会期间会见乌总统波罗申科。2017 年 5 月，乌第一副总理兼经贸部部长库比夫来华出席“一带一路”国际合作高峰论坛，马凯副总理同其会见。2017 年 12 月，马凯副总理赴乌主持召开中乌政府间合作委员会第三次会议，其间分别与乌总统波罗申科、总理格罗伊斯曼、第一副总理兼经贸部部长库比夫举行会见会谈。2018 年 11 月，乌第一副总理兼经贸部部长库比夫率团来华出席首届中国国际进口博览会，刘鹤副总理在京会见库一行。2019 年 1 月，王岐山副主席在瑞士达沃斯出席世界经济论坛期间会见乌总统波罗申科。2019 年 5 月，乌第一副总理兼经贸部部长库比夫来华出席第二届“一带一路”国际合作高峰论坛。

在经贸合作领域，中乌两国经济互补性强，自建交以来，双边经贸合作稳步发展，2018 年中乌贸易额 96.67 亿美元，同比增长 31.05%，其中我出口 70.19 亿美元，同比增长 39.24%，进口 26.48 亿美元，同比增长 13.4%。2019 年 1—5 月，中乌贸易额 43.59 亿美元，同比增长 27.06%，其中我出口 27.37 亿美元，进口 16.22 亿美元。乌克兰是中国在独联体地区的第三大贸易伙伴，中国是乌克兰第四大贸易伙伴。

① 资料来源：中国同乌克兰的关系（最近更新时间：2019 年 12 月），中国外交部网站，https://www.fmprc.gov.cn/web/gjhdq_676201/gj_676203/oz_678770/1206_679786/sbgx_679790/；乌克兰驻华大使馆网站。

在双边合作机制上，2011年4月，时任国务院副总理张德江访问乌克兰，与时任乌克兰第一副总理克柳耶夫召开中乌政府间合作委员会第一次会议，正式启动委员会机制。委员会下设经贸、农业、航天、科技、文化、教育、卫生7个分委会和秘书处。

三、乌克兰华侨华人历史发展概况

乌克兰华侨华人历史在很长时间被蕴含于俄罗斯帝国和苏联历史之中。乌克兰国家历史档案馆的档案资料显示，在19世纪末，首批中国人来到乌克兰，仅从1900年12月至1901年12月，就有357名华人由此离境。在这些出入乌克兰的中国人中，其中有一些曾经旅居在乌克兰。① 1906年，因俄国二月革命，一批华人离开俄罗斯，形成一个华人出入境的小高峰，其中有100余名华人经过敖德萨入境，同时有2 000余人出境。此后至第一次世界大战爆发，经常有一定数量的华人经过敖德萨出入乌克兰。②

在第一次世界大战中，乌克兰地区劳力匮乏，地方当局考虑招募华人劳动力。作为俄罗斯帝国的一部分，乌克兰招募华工受俄罗斯政府有关政策的限制，俄国政府关于雇佣华工的政策大致可分为三个阶段，第一阶段：1912年之前，由于来俄罗斯的华人数量不多，因此俄国政府对于华人来俄问题没有引起注意，控制很松。第二阶段：1912—1916年，由于中国的局势动荡，有相当数量的华人进入俄国。据俄国官方统计，自1901—1910年，有15.2万华人来到俄国。华人来俄的问题引起了俄政府的注意，并且试图加以控制。③ 由于来俄华人所持护照仅用汉文，并且未经认证，俄帝国内务部警察署根据有关条例下令驱逐这些华人。④ 第三阶段：1916年2月以后，由于第一次世界大战中俄国尤其是乌克兰地区劳力奇缺，俄罗斯政府考虑雇佣华人以弥补劳动力欠缺。1916年2月，俄罗斯内阁召开了利用有色人种的专门会议，放宽了引进外国劳工的限制，新规定乌克兰地区在内阁、国防部和交通部的批准下使用华工，但该政策不能适应大量需要华工的形势。南俄矿业者联合会执行委员会多次函请帝国内务部批准其雇佣华工，甚至有的人试图通过与内阁成员的私人关系打通雇佣华人的路子。⑤ 在这种情况下，俄罗斯内阁不得不再次放宽政策限制，规定贝加尔以西，除了战区之外均可使用华工。⑥ 1916年9月，联合会执行委员会请工商部全权代表批准它将需要至少一万名华工用于乌克兰的矿业企业。联合会还决定成立远东局，专门负责为乌克兰招募华工，排除中间介绍人，直接或者受企业委托同中方签订合同，由远东局雇佣翻译人员护送华工抵达车里雅宾斯克，然后转车到基辅。前往乌克兰的大部分民用企业的华工都是由该联合会的远东局办理的。

---

① 《基辅乌克兰国家中央历史档案馆档案》卷宗339。转引自林军：《中国与乌克兰历史上的联系及十月革命前的旅乌华工》，《求是学刊》1995年第5期，第80－85页。

② 《基辅乌克兰国家中央历史档案馆档案》卷宗268，以下转引同上。

③ 《俄罗斯侨民与外侨》，转引自林军：《中国与乌克兰历史上的联系及十月革命前的旅乌华工》，《求是学刊》1995年第5期，第83页。

④ 《基辅乌克兰国家中央历史档案馆档案》卷宗2161。

⑤ 《基辅乌克兰国家中央历史档案馆档案·工商部致南俄矿业企业联合会会函》，转引自林军：《中国与乌克兰历史上的联系及十月革命前的旅乌华工》，《求是学刊》1995年第5期，第83页。

⑥ 《基辅乌克兰国家中央历史档案馆档案·内阁特刊》，转引自林军：《中国与乌克兰历史上的联系及十月革命前的旅乌华工》，《求是学刊》1995年第5期，第83页。

第一次世界大战中共有多少华工来乌克兰不可确估，但人数不少，仅西南战线工程建筑管理局自1917年初起至6月就共招募了16批计5 988名华工经过基辅分配到西南战线各工程建筑队。① 另外，根据1921年5月旅俄华工联合会、苏俄外交人民委员会和劳动人民委员会等组织联席会议的统计资料，在乌克兰以及高加索地区的华工有5 000人，仅次于外贝加尔地区而居第二位，② 这里面还不包括在军队服务的华工。粗略估计，第一次世界大战中在乌克兰的华工有六七千人。

在第一次世界大战及俄国十月革命后俄国政权交替的社会混乱之中，在乌克兰的华人一部分返回祖籍国，一部分继续留在当地或参加了革命。例如1917年底在乌克兰敖德萨港口的搬运工，以及在工矿企业从事采石的华工参加了红军，组织了专门的华工支队。③ 苏联成立后，一些华侨转为工人并最终成为苏联公民。中华人民共和国成立后，国家建设急需各类人才，向苏联派出了大批的留学生，其中一些留学生在乌克兰的大学深造。他们中的绝大多数都学成回国，成为建设中华人民共和国的知识人才。

乌克兰在1991年独立后，近二十多年来，来到乌克兰的华人主要以经商为主，包括中资企业派驻人员和个体工商业经营者，也有一部分中国留学生看重乌克兰一些“物美价廉”的专业技术，如音乐、美术等而来到乌克兰留学。他们共同构成了当前乌克兰华侨华人群体的主体部分。

纵观乌克兰华人历史，早期离乡背井的中国苦力、华工用自己的血汗甚至生命滋润了乌克兰大地，乌克兰独立后来到乌克兰发展的华人，以自己的聪明才智和经济头脑活跃着乌克兰的经济生活。无论是老一辈的华侨华人，还是新移民，他们都在中乌两国交往和经济、人文交流史上发挥了不可忽略的作用。

四、当代乌克兰华侨华人社会概况

（一）华侨华人经济

华侨来到乌克兰以及华人新移民到乌克兰都主要出于经济原因。乌克兰在苏联时期主要发展造船、航空等重工业，轻工业和服务业不发达，独立后，轻工业生活用品和家用电器极为短缺，这给华人带来了不少的商机。如同20世纪90年代以来，许多中国人到俄罗斯等独联体国家寻找机会一样，一些中国人也找准机会，在中乌之间从事商品进出口贸易。他们在丰富了乌克兰的商品和服务市场的同时，也取得了不小的经济收益。近年来，一些中国企业看中乌克兰土地资源丰富、人工成本低廉、市场竞争小并与欧盟签署了自贸协议的诸多有利条件，到乌克兰进行投资，很多在乌华商企业也开始转型——从单纯的商贸企业向生产加工型转变，这给华人企业在乌克兰的发展提供了更多的机遇和更大的发展空间。

在乌克兰的华商主要分为两类，一类是国家公司的代表处或者合资商业机构，他们背

① 《基辅乌克兰国家中央历史档案馆档案》卷宗720。

② 《基辅乌克兰国家中央历史档案馆档案》卷宗100。

③ 《争取苏维埃政权斗争中的中国志愿者》，转引自林军：《中国与乌克兰历史上的联系及十月革命前的旅乌华工》，《求是学刊》1995年第5期，第84页。

靠国内企业或者乌克兰有实力的企业，多从事外贸、制造业、养殖业等；另一类是华人民营企业或者个体商贩，他们大多活跃于商品流通、餐饮服务、旅游服务、简单加工制作等传统上华人擅长的领域。从地区分布看，乌克兰的华商主要集中在敖德萨、基辅和哈尔科夫这三座城市，尤其以黑海海滨城市敖德萨的中国人为多。作为一座港口城市，敖德萨是中国商人从事进出口生意的重要基地，各种来自中国的小商品从敖德萨涌入，乌克兰向中国出口的木材也经过敖德萨港口；而搞零售的主要在基辅，在这里集中了大量尚无公开统计的中国个体商人，他们主要来自浙江、江苏、东北三省和四川、重庆等省市。

（二）华人社团

乌克兰主要华人社团包括乌克兰华侨华人协会、乌克兰华人总会、乌克兰华商会、乌克兰华人华侨联谊会、乌克兰华人华侨企业家协会、乌克兰敖德萨浙江同乡会、乌克兰华人社团联合会、乌克兰华人工商联合会、乌克兰华人留学生互助会等。其中成立于2016年11月的乌克兰华侨华人协会是当前乌克兰最具影响力的华人社团，在该协会成立时，中国驻乌克兰大使杜伟和乌克兰前总统尤先科先生均受邀出席，体现了乌克兰华侨华人协会的影响力。

乌克兰华人社团主要起着联谊和互助的作用，如乌克兰华侨华人协会以"服务侨胞，受益侨胞"为宗旨，践行"合法，公平，公正，公益"的原则，为广大在乌侨胞服务，积极发挥中乌两国关系的桥梁纽带作用，促进两国经济文化交流，加强与各地侨团的团结合作。地方性华人社团以乌克兰敖德萨浙江同乡会为例，该同乡会和中国驻乌克兰使馆的关系密切。2014年2月，当基辅独立广场的运动遭遇到流血冲突时，中国大使馆曾经通过敖德萨浙江同乡会向相关的中国个体商人发出警告。逢年过节，同乡会组织各种庆祝活动，使馆都有官员到场。在日常生活中，如果和当地出现了商业纠纷，使馆也会帮忙解决。上述社团与中国驻乌克兰使领馆、国内侨务部门保持着经常性联系。

乌克兰的华人社团大多以团结互助、和谐平等、服务和帮助华人同胞们为宗旨。这些华人社团在团结华侨华人、为华人排忧解难和维护合法权益、协调各种内外部关系以及参与各种社会公益活动等方面做了大量工作。同时，乌克兰华人社团一贯热爱祖国，热心公益活动，例如，2019年9月15日乌克兰华侨华人协会在乌克兰国家歌剧芭蕾舞剧院举办庆祝中华人民共和国成立70周年音乐会。中国驻乌克兰大使杜伟、乌克兰首任总统克拉夫丘克、乌克兰前总统尤先科、乌各界友好人士、中国留学生和华侨华人代表约800人观看演出。①

（三）华文媒体与华文教育

乌克兰华文媒体尚不发达，全国仅几家正式注册的华文媒体。比较有影响力的华文媒体是《乌克兰华商报》，它是在乌克兰全境发行的华文报纸，目前，该报在乌克兰东西部各大城市发行，拥有哈尔科夫、敖德萨、顿巴斯三个专版。除服务华语读者外，还增添了部分俄语版面，在宣传中乌两国有关政策方针、介绍国情、传递资讯等方面发挥着积极作

① 《乌克兰华人华侨协会举办庆祝新中国成立70周年音乐会》，人民网，http://world.people.com.cn/n1/2019/0916/c1002-31355127.html。

用。此外，随着互联网蓬勃发展，一些华文媒体建立了自己的网站。最具有代表性的中文网站是乌克兰中文网（http：//www. cnua1. com/），这是一家在乌克兰的综合中文门户网站，面向华人介绍乌克兰的网络信息平台、乌克兰新闻、突发事件、乌克兰签证、乌克兰旅游、经贸、留学、商业投资等信息。

华文教育方面，目前乌克兰已经开设了几家中文学校，其中最知名的是在乌克兰东部的克拉马托尔斯克经济人文学院，这所学院也被当地人称为“中国大学”。克拉马托尔斯克经济人文学院的创办人是李泽皋。李泽皋原籍中国湖北，1954 年被选派到乌克兰哈尔科夫矿业学院留学，1959 年毕业后偕乌克兰籍夫人回国，曾在山西矿业学院任教近 20 年。1980 年，李泽皋与夫人重返乌克兰，来到夫人的故乡克拉马托尔斯克市。1991 年 7 月，他登记注册了“白塔”业余补习学校，补习热门的外语、电脑、市场经济知识。由于补习学校大受欢迎，1992 年 8 月，56 岁的李泽皋与三位志同道合的乌克兰人合伙出资一万美元，创办了克拉马托尔斯克经济人文学院，并获得乌克兰教育部颁发的办学许可证。李泽皋出任董事长兼院长，成为乌克兰唯一外籍大学校长。学院下辖大学本部、一个分校、一个中学部、三个职业培训中心、一个业余补习学校。① 另外一所知名的华文教育机构是 2018 年 7 月成立的乌克兰基辅华文教育学校，该校校址位于基辅国家图书馆内。校长郝同财是九十年初由南开大学派驻乌克兰的访问学者，退休前是乌克兰基辅国际大学副校长。二十多年来，郝校长一直秉持着让外国人了解中国汉字，让中国人以中华文化为荣的理念，在乌克兰这片土地深耕奉献，传扬中华文化。

五、乌克兰侨情发展

自独立以来，乌克兰国内政治纷争不断，过去十几年里已经爆发了两次大的危机，一次是 2004 年的“橙色革命”，另一次是 2013 年至今的乌克兰危机，尤其是后一次的乌克兰危机持续多年，对乌克兰经济造成了重大影响。根据世界银行数据，2013 年底爆发危机以来，乌克兰经济各项数据呈现断崖式下滑。2013 年乌克兰国内生产总值为 1 833 亿美元，2014 年锐减为 1 335 亿美元，2018 年跌至 1308 亿美元，人均国内生产总值在欧洲“垫底”。2019 年才止跌回升到 1 540. 43 亿美元，但仍然没有恢复到危机前的水平。经济快速下行导致债务和失业激增，据乌克兰自然人存款保证基金统计资料，2012 年至 2017 年乌克兰 96 家银行被宣布倒闭，其中 85 家已被清算。乌克兰政策分析与管理研究所所长博特尼克 · 鲁斯兰说，“根据估算，乌克兰在过去五年中损失了 5% 至 7% 的领土，流失了 15% 至 20% 的人口。乌民众生活水平下降，货币贬值严重，全国超过一半的人口处于贫困线以下”②。

乌克兰经济陷入困难和社会局势紧张对华侨华人的生活与发展产生不利影响。虽然乌克兰与俄罗斯之间的紧张局势对华侨华人的人身安全影响不大，但乌克兰动荡的局势持续下去，会对在这里经商的华人和开展业务的中资企业业务带来不小的负面影响。自 2014 年以来，一些华商为躲避社会动荡与战乱的影响而撤离了乌克兰。动荡也影响了在乌克兰

① 黄晓东：《中国人在乌克兰办大学》，《环球时报》，2004 年 10 月 29 日。

② 《经济断崖式下滑“颜色革命”后遗症让乌克兰陷困局》，《参考消息》，2019 年 10 月 24 日。

的中国留学生的学业，在俄乌冲突最严重的时刻，一些学校停课，造成部分中国留学生为此回国躲避乱局。

尽管直到 2019 年，乌克兰经济仍没有走出谷底，与俄罗斯的关系也没有好转，但乌克兰总统泽连斯基上任后，乌克兰新政府已经有意与俄罗斯缓和关系，12 月 9 日，俄罗斯总统普京与乌克兰总统泽连斯基在巴黎实现首次会面，双方同意东乌克兰地区年底实现全面停火与交换战俘。与俄罗斯改善关系有利于乌克兰稳定社会局势，并最终有利于乌克兰经济。

长期来看，乌克兰仍然是中资企业走出国内，积极参与"一带一路"对外经济合作的良好目的地。乌克兰除了重工业较为发达外，轻工业较弱，这与中国恰恰形成互补。此外，乌克兰土地肥沃，优质农业原材料丰富，但由于人口稀少，缺乏资金和技术，造成农业集中化程度低，农业生产的潜力没有充分释放，这为中乌两国开展农业经济合作带来了巨大的潜力。另外，乌克兰位于欧亚大陆桥必经之路，通过乌克兰这个平台可以很好地扩展东欧市场。随着乌克兰"坚定决心"加入欧盟，在乌克兰进行商贸活动还可能获得更为广阔的市场。考虑到进入乌克兰的市场准入门槛相对较低，经济活动成本也较低，竞争相对平缓，华侨华人在乌克兰从事经济发展大有可为。

乌克兰从政府到民间，都热情期待借助中国"一带一路"倡议与中国展开合作，当地很多企业主动拜访中国驻乌克兰使馆和敖德萨州领事馆，并联系华商总会，希望能实现与中国企业的项目对接，寻找"中国机会"，这不仅仅是中资企业的重要商机，也为生活和工作在乌克兰的华侨华人提供了很多的机会。华商企业与长期耕耘在乌克兰的华侨华人可以在中乌"一带一路"合作的背景下，积极利用乌克兰吸引中国投资和合作的政策优惠，为中国企业与乌克兰的合作"牵线搭桥"。① 乌克兰华侨华人作为中国与乌克兰民间交流的重要力量，能够在中乌合作共建"丝绸之路经济带"中发挥自己独特的作用与力量。

（程晓勇）

① 《访乌克兰敖德萨华商总会秘书长王庆斌》，搜狐网，http：//www. sohu. com/a/149594273_782837，2019 年 2 月 7 日。

匈牙利侨情

中匈两国自1949年10月6日建交以来，友好关系全面发展，领导人互访等各种形式的往来密切，各领域合作不断加强，两国人民的友谊进一步加深，双方在国际事务中相互支持，密切配合。自中国提出“一带一路”倡议以来，匈牙利一直积极响应。作为第一个与中国签署“一带一路”相关备忘录的欧洲国家，匈牙利在基建、产能、经贸等合作领域都有意愿深度参与“一带一路”倡议。匈牙利是中国在中东欧地区的最大投资目的国，中国也成为匈牙利在欧盟以外的最大贸易伙伴。

一、基本国情

匈牙利是欧洲中部喀尔巴阡盆地一个人口较少的内陆国家，它具有悠久的历史，旅游资源丰富，人民生活富裕。2018年，匈牙利人口达到969万，位居世界第89位。与欧盟其他国家一样，匈牙利人口面临缓慢萎缩的态势，是欧盟国家中人口负增长率位居第二的国家。其首都布达佩斯是欧盟中人口最多、最美丽的城市之一，目前约有174万人，而围绕布达佩斯的大城市圈约有330万人口，拥有世界最大的温泉资源。每年超过440万人到布达佩斯旅游，使其成为欧洲排行前列的热门旅游城市。

匈牙利的经济近年来一直呈现显著增长的态势。据匈牙利国家统计局数据，2018年第三季度全国投资额同比增长22.1%，前三个季度投资同比增长16.9%。第三季度投资显著增长主要是由于企业的产能扩大投资增加，2018年前三个季度总投资额达到了53 214亿福林。制造业投资小幅增长1.2%，物流业投资增长27.6%，房地产投资增长13.8%。匈牙利官方认为，匈牙利是世界上第七大最受欢迎的投资目的地，也是高附加值外国投资的领跑者之一，占第16位。投资增长得益于其经济环境的吸引力：匈牙利拥有欧洲最低的个人所得税税率、最低的公司税，社会缴费水平也在不断下降。匈牙利2018年8—10月三个月平均失业人数约为17.29万人，比上年同期减少约1.06万人，失业率同比下降0.3百分点，至3.7%；同期平均就业人数为45.021万人，比上年同期相比增加约5.7万人，增长1.3%。总体就业率为60.6%，略高于上一时期的60.4%，高于上年同期的59.7%。

匈牙利国内生产总值2018年第三季度同比增长4.9%，统计局是从初始数据4.8%上调至此。统计局调高增长率主要是由于以市场为基础的服务业表现好于预期以及高附加值行业的强劲增长。根据季节和日历年度效应进行调整并熨平的数据，第三季度匈牙利国内生产总值同比增长5.2%。与上一季度相比，经调整后国内生产总值增长1.3%。统计局称，2018年前三个季度，匈牙利整体国内生产总值增长未经调整同比为4.8%。①

① 中华人民共和国驻匈牙利大使馆经济商务参赞处，http：//hu. mofcom. gov. cn/。

据中国驻匈牙利大使馆经济商务参赞处的信息，匈牙利最近更新的"融合计划"预计今年国内生产总值增长 4.3%，2019 年增长 4.1%，2020 年增长 4.0%。政府未来几年的目标包括进一步削减国家债务比率和工资税税率，以及将雇主税负减少至维谢格拉德集团四国的平均水平。

除了经济上持续良好的发展，匈牙利也是目前欧盟国家中政治、社会稳定，文化繁荣的国家之一。

二、双边关系

近年来，中匈两国往来密切，友好关系进一步发展，各领域合作不断加强，匈塞铁路项目、北京至布达佩斯直航航线的开通等都是中匈关系平稳发展和匈方怀有强烈合作意愿的例证。匈牙利在"一带一路"倡议中正发挥着促进贸易畅通、设施联通、政策沟通、资金融通和民心相通五大方面的作用。[①] 近两年来两国的双边关系又获得了更深入的发展，主要表现在如下几个方面：

第一，两国高层互访突显了中匈领导人对两国关系的高度重视。中国国家主席习近平分别于 2017 年 5 月和 2018 年 11 月在北京和上海会见匈牙利总理欧尔班。2017 年 11 月，在对匈牙利进行正式访问并出席第六次中国—中东欧国家领导人会晤前夕，中国国务院总理李克强在《匈牙利时报》发表题为"推动'16 +1 合作'和中匈关系迈上新台阶"的署名文章。2018 年 7 月李克强又在索菲亚会见欧尔班时指出，中方愿同匈方继续积极推动包括匈塞铁路在内的大项目合作。中国与中东欧 16 国发展水平相似，有关合作是开放、包容、透明的，这不仅有利于中国和中东欧 16 国，也有利于欧洲一体化进程。欧尔班表示，中匈两国间有着高度的相互信任，匈方愿以 2019 年两国建交 70 周年为契机，同中方共同制定长远规划，将两国互利合作提升到新水平。"16 +1 合作"不仅有利于中东欧国家，也有利于欧洲整体发展，将加强而不是削弱欧盟。匈方愿同中方进一步携手推进"16 +1 合作"。[②]

第二，中国与匈牙利在经贸、旅游、科技教育文化合作方面获得可喜进展。首先是双边经济贸易显著增长。2017 年，中匈双边贸易额达 101.4 亿美元，同比增长 14.1%，双边贸易额创历史新高，并首次突破 100 亿美元大关，匈牙利继续保持中国在中东欧地区第三大贸易合作伙伴地位，中国也是匈牙利在欧盟外第一大贸易合作伙伴。其中，中国自匈牙利进口 40.9 亿美元，同比增长 18.0%，匈牙利仍是中东欧地区向中国出口最多的国家；中国对匈牙利出口 60.5 亿美元，同比增长 11.5%。中匈双边贸易以附加值较高的机电和高新技术产品为主，其中，电机、电气设备及零部件，锅炉、机械器具及零部件，车辆及零部件，光学、照相、医疗设备及零部件等四大领域在双边贸易额中的占比超过 80%。2018 年第一季度，中匈双边贸易额达 26.2 亿美元，同比增长 16.4%，创历史同期新高。其中，中国对匈牙利出口 15.2 亿美元，同比增长 18.1%；中国自匈牙利进口 11 亿美元，

① 马骏驰：《匈牙利：在"一带一路"中将大有作为》，光明日报网，http：//theory. gmw. cn/2017 -05/24/content_24585851. htm。

② 新华社：《李克强会见匈牙利总理欧尔班》，http：//news. cnr. cn/native/gd/20180707/t20180707_524293822. shtml。

同比增长14.1%。中匈双边贸易仍以高附加值的机电产品为主，例如电机、电器及音像设备，锅炉及机械器具，车辆及零部件，光学照相及医疗设备四大类机电产品占双边贸易额的比例达80%。

首先是中国部分省市积极与匈牙利沟通合作。2017中国武汉—匈牙利投资贸易推介洽谈会在布达佩斯举行。武汉市市长万勇与中国驻匈牙利大使段洁龙、匈牙利前总理迈杰希·彼得、匈国会议员欧拉·劳约什等嘉宾出席并为武汉市人民政府驻匈牙利友城工作站揭牌。① 同年，匈牙利国家贸易署也主动在中国广东设置经贸办事处。办事处的设立对匈牙利粤籍侨胞来说具有重大意义。随着项目的落实，相信两地经贸、文化、旅游、教育等领域合作将有更好的发展。匈牙利广东商会正积极主动地团结匈牙利、广东两边的会员单位，支持匈牙利国家贸易署驻广东经贸办事处的设立。②

其次是中国赴匈牙利旅游人数增长较快。欧洲旅游委员会（ETC）对中国航空旅客趋势的监测显示了中国旅客在欧洲的增长幅度很大，到匈牙利的旅客数量尤其强劲。根据ETC和旅行分析专家Forward Keys的数据，与去年同期相比，2018年前四个月中国抵达欧洲的旅客人数增长了9.5%。就增长比例而言，匈牙利表现特别好，中国游客入境人数增长了15.2%。③ 据中国日报网的消息，2017年全年到匈牙利旅游的中国游客达到22.7万人，比上一年增长了34%。而2018年上半年中国游客达到14万人，同比增长11%。布达佩斯和巴拉顿湖区是中国游客的主要旅游热点区域，那里也是葡萄酒区和温泉浴旅游区。匈牙利外交事务与贸易部长Peter Szijjarto认为，旅游业已经成为匈牙利GDP的主要来源，而中国游客也已成为匈牙利国外游客的主要来源。④

最后是中匈之间科技、教育与文化交流增多。主要表现在这两个方面：一是中国的中药与中医获得匈牙利官方的认可。2016年10月匈牙利中医立法细则正式生效，使中医药行医合法化。在立法前，官方认可的民意调查中，25%的匈牙利民众都了解和接受过中医药产品和疗法，为中医药疗法奠定了很好的民意基础。⑤ 2018年，第十五届世界中医药大会暨"一带一路"中医药文化周在意大利罗马圆满召开，匈牙利前总理迈杰希·彼得、中东欧中医药学会会长陈震博士、匈牙利中医药学会会长张庆滨、匈牙利中医药学会执行会长王伟迪、匈牙利中医药学会监事长邢启洪、匈牙利中医药学会副会长赵玉华等出席。本次大会发布了第一个关于中医药的宣言——《罗马宣言》，号召全世界中医药人，勇于担当，继承好、发展好、利用好中医药，推进中医药在国际上更高水平的发展，造福人类，共创中医药造福人类健康的新时代，并将每年10月11日定为"世界中医药日"。⑥ 二是教

① 匈牙利：《武汉—匈牙利投资贸易推介洽谈会在匈举行》，新导报网，http：//www. xindb. com/news/huabuxiaoxi/ 2017/0510/19069. html。

② 匈牙利：《匈牙利广东商会与国际禅武联盟座谈交流》，新导报网，http：//www. xindb. com/news/huabuxiaoxi/2017/0328/18814. html。

③ 中华人民共和国驻匈牙利大使馆经济商务参赞处，http：//hu. mofcom. gov. cn/article/jmxw/201805/20180502750566. shtml。

④ Hungary Eyes Attracting More Tourists，Especially from China，中国时报网，http：//www. chinadaily. com. cn/a/201809/21/WS5ba4a34ea310c4cc775e7979. html。

⑤ 宦佳：《中匈手拉手 亲人心连心（侨界关注）》，人民网，http：//paper. people. com. cn/rmrbhwb/html/2017 -02/08/content_1748336. html，2017年2月8日。

⑥ 《第十五届世界中医药大会闭幕　将进入"匈牙利时间"》，中国侨网，http：//www. chinaqw. com/zhwh/2018/11 -21/208811. shtml。

育文化交流进一步深入。2018年9月，由浙江玉环籍华侨、欧洲汉语教学协会副主席叶秋月创办的"丝路国学堂"，创新探索传统华文教育的转型发展，旨在增进海外华侨华人"新生代"对中华文化的认同感，让中国传统文化在海外落地生根。叶秋月是罗兰大学首位全日制中国籍博士，在匈牙利推广华文教育已近10年，她见证了汉语成为匈牙利中学教育的第二外语和被确立为匈牙利8门高考外语科目之一。玉环县归国华侨联合会将在"丝路国学堂"建立"榴岛书库"，定期赠送经典国学书籍和浙江地方民俗文化书籍，丰富海外华侨华人子弟的中华文化积累，增进孩童对祖（籍）地家乡的了解。① 同年10月，欧美同学会（中国留学人员联谊会）在匈牙利首都布达佩斯举办中匈人文交流主题论坛，中匈两国政府官员、专家学者、媒体人士和留学生近百人出席论坛。② 同月，在匈牙利布达佩斯举行的上海论坛2019海外预热会上，复旦大学首个海外教学点——复旦大学经济学院匈牙利布达佩斯教学点正式揭幕启用。该教学点的首个合作项目"复旦—考文纽斯硕士双学位项目"也正式开启。③

表1　2017—2018中匈官方与民间互访情况表

（单位：次）

年份	中国访问匈牙利的机构类别				匈牙利访问中国的机构类别	
	中央部委	省级部门	市县级政府	民间团体	官方	民间
2017	14	12	14	21		9
备注		以浙江省政府部门居多	以浙江省县市政府部门居多	含各级文体机构		其中有8个为匈牙利华侨华人社团、企业
2018	9	12	22	25	5	23
备注		以浙江省政府部门居多	以浙江省县市政府部门居多			近半数为匈牙利当地民间社团（非华社）

资料来源：匈牙利华文媒体《新导报》网，http：//www.xindb.com/。本表数据只反映《新导报》所报道的情况，实际的双边互访次数和层次应比此表所列的更多。

有人总结出中匈文化交流的三大招牌：一是禅武文化，以匈牙利禅武国际联盟会的成立为标志；二是中华艺术——华星艺术团；三是中医中药。

中国国务院侨务办公室在中匈文化交流方面作用巨大。2014年，国务院侨办为整合海外侨界中的艺术力量，创新提议由海外华侨华人在聚居的较大城市分期分批筹建"文化中国·华星艺术团"，打造展示优秀中华文化的平台，为其提供来华培训、交流、观摩和比赛的机会，邀请其参与或承办"文化中国"系列访演等。原匈牙利东方艺术团积极响应国侨办号召，2016年5月，由中国国务院侨务办公室在北京授牌正式成立匈牙利华星艺术

① 《浙江玉环乡贤匈牙利创办"丝路国学堂"传播中华文化》，中国侨网，http：//www.chinaqw.com/zhwh/2018/09-19/202510.shtml。

② 《中匈人文交流主题论坛在布达佩斯举行》，中国侨网，http：//www.chinaqw.com/zhwh/2018/1016/205177.shtml。

③ 《复旦大学首个海外教学点落地匈牙利》，中国侨网，http：//www.chinaqw.com/zhwh/2018/1009/204375.shtml。

团。华星艺术团是由中国国务院侨务办公室亲力打造的专业艺术社团，是“文化中国”体系中的重要组成部分，全球共有42家华星艺术团，分布在25个国家或地区，匈牙利华星艺术团成为全球第20家华星艺术团。① 2018年3月，在布达佩斯举行的年度匈牙利舞蹈比赛预赛上，匈牙利华星艺术团选送的5个节目全部获得金奖，其中两个节目更是获得各自整场比赛的特别奖。匈牙利华星艺术团及其前身匈牙利东方艺术团连续八年参加这一舞蹈比赛并连续获得金奖的佳绩。②

中国侨联等组织也为双边关系做出了较大的贡献。2017年10月，中国侨联权益保障部副部长黄晖率团访问匈牙利，并在布达佩斯与旅匈侨界举办座谈会。匈华总会执行主席、匈牙利福建商会会长刘文建，匈华妇联总会会长林胜琴，匈牙利中国和平统一促进会会长曾玉根，匈华总会副主席陈月平等50多位匈华侨领出席座谈会。黄晖表示，此次欧洲之行是对海外律师委员的工作进行巡视和调研，目标是为“一带一路”沿线国家的华侨华人和中资企业提供法律帮助和服务，以便中国游客和留学生在国外涉及法律问题时，能够顺利寻求到法律和领事保护。黄晖说，中国侨联和各地方侨联有责任为当地侨胞提供援助之手，中国侨联从1982年成立法律顾问委员会，拥有法律顾问256名，海外律师遍及14个国家，有30余人，目前体系在不断完善，将来会在维护华商、中国游客，以及留学生的合法权益时，提供专业及时的服务。刘文建代表匈华总会主席余美明向中国侨联对匈牙利回国回乡投资兴业华商所做的权益保护工作表示感谢。③

中国驻匈牙利大使馆也大力支持中匈之间的文化交流。2017年农历新年即将来临之际，中国文化部重点旗舰项目“欢乐春节”品牌活动走进匈牙利首都布达佩斯，奏响中国年的欢乐序曲。在匈牙利举办“欢乐春节”相关活动已有10年以上历史，得到了越来越多当地民众的认可，参与人数逐年增加。除以往的庙会和文艺晚会外，今年的活动更是糅合了中国武术表演、中医养生、中国旅游文化、非物质文化遗产展示等系列国粹亮点精彩纷呈。此前，为推广中国春节文化，中国驻匈牙利大使馆还在布达佩斯千禧年公园举办两次庙会活动，接待了数万民众，吃饺子、逛庙会、看晚会等，中国春节习俗成为匈牙利人争相体验的特色节目。④

三、基本侨情变化

近十年是匈牙利华侨人口迅速增加的时期。随着获得长期居留权的中国新移民的增加，匈牙利的基本侨情发生了较大的变化，主要表现在如下几个方面：

① 匈牙利：《匈牙利华星艺术团再获金奖、特别奖》，新导报网，http：//www.xindb.com/news/huabuxiaoxi/2017/0328/18816.html。

② 欧洲华通社：《匈华星艺术团参加舞蹈比赛获参赛组金奖》，新导报网，http：//www.xindb.com/news/huabuxiaoxi/2018/0320/21193.html。

③ 中新网：《中国侨联代表团访匈牙利与侨界谈权益保障工作》，http：//www.myzaker.com/article/59f68e1e1bc8e04b2800000b。

④ 欧阳燕清：《2017“欢乐春节”即将走进匈牙利》，新导报网，http：//www.xindb.com/news/huabuxiaoxi/2017/0103/18289.html。

（一）匈牙利华侨华人人口结构改变，新移民的比例增大

根据匈牙利中央统计局发布的数据，2011 年匈牙利全国非本国公民达到206 000人，而到了 2017 年却下降为 151 132 人。主要原因是匈牙利 2011 年颁布的法律允许具有匈牙利血统的罗马尼亚人成为匈牙利公民，导致这几年间罗马尼亚公民人数的减少幅度很大，从 68 000 人减少到 24 000 人。与此同时，匈牙利实施公债投资移民项目，中国移民的人数迅速从 9 000 人增长到 19 000 人，叙利亚人和日本人也有所增长。根据匈牙利移民与难民办公室的数据，从 2013 年至 2017 年底，共有 6 585 名外国人参与了此项目，他们带着 13 300 多名家眷，共约 2 万人获得了匈牙利的永久居留权，其中中国公民有15 754人，俄罗斯公民数百人，中东和非洲国家的公民数十人。① 来自中国北京的杨定一家就是通过这一项目 2015 年 4 月移民匈牙利的。他卖掉了父母留给他继承的房屋，购买了 30 万欧元的匈牙利公债从而使其全家获得了五年的居住权。除了购买公债之外，他还得向相关机构支付 5 万欧元的巨额佣金以办理移民申请手续。不过，五年期限到了之后，这 30 万欧元就会归还他们，同时他们有权继续在匈牙利居住。他说，移民匈牙利主要是为了孩子能接受好的教育，虽然欧盟有几个国家也开展了类似的移民项目，但匈牙利的费用最低，提供居留权的途径也最便捷。②

随着公债投资移民项目实施导致中国新移民的涌入，2017 年中国人成为欧盟国家之外的匈牙利房地产最大外国买家，比 2016 年购买房地产的单位数量增长了 20%。③ 中国人也是匈牙利最贵房地产的主要买家。中国人在匈牙利购买每套房屋的平均价格是4 140万福林（约合 13 万欧元），排在第二位的是法国人，每套房屋的价格是 3 310 万福林（约合 9.6 万欧元），匈牙利本国居民购买每套房屋的平均价格与法国人差不多。不过，中国买家并非最大的匈牙利房屋买家，德国买家才是。德国买家倾向于购买匈牙利的乡村房屋，而中国买家则倾向于购买城市的住宅和别墅。超过 90% 的房屋买家来自亚洲，其中中国买家为最多。④

（二）华侨华人社团、华商企业活跃，成为中匈经贸、文化交流和中华文化推介的主要力量

首先，匈牙利华侨华人社团、华商企业已经成为中匈经贸往来的桥梁。这些华社和华商企业经常接待来自中国国内的各级政府、企事业单位的访问团，2017—2018 年，接待了来自浙江、吉林、山东、陕西、青海、湖北、广东、重庆、山西、上海、福建、江西等省

---

① Blanka Zoldi，Direkt. From China to Hungary，in Hope and Fear，https：//www. occrp. org/en/goldforvisas/from-china-to-hungary-in-hope-and-fear. 有组织犯罪与腐败报道项目（Organized Crime and Corruption Reporting Project），2018 年 3 月 5 日。这一时期从美洲和非洲来的移民尽管远远少于亚洲移民，但他们的人数也是增长的。从 2007 年以来的十一年间，美洲移民匈牙利的人数翻了一番，从 3 000 人至 6 000 人，其中美国移民是加拿大移民的 2 倍。参见 Gergely Lajtai-Szabó. 40 000 Asian people in Hungary，引自《匈牙利每日新闻》，https：//dailynewshungary. com/20000-asian-people-hungary。

② Marton Dunai，Hungary Welcomes Wealthy Chinese Despite Migrant Hostility，https：//www. reuters. com/article/us-europe-migrants-china-hungary/hungary-welcomes-wealthy-chinese-despite-migrant-hostility-idUSKCN1250RN.

③ 参见 https：//dailynewshungary. com/chinese-people-purchasing-the-most-housings-in-hungary/.

④《匈牙利每日新闻》：The Most Expensive Hungarian Properties Are Bought by Chinese Buyers，https：//dailynewshungary. com/the-most-expensive-hungarian-properties-are-bought-by-chinese-buyers/.

市数十个各级政府访问团，共洽双边经贸问题。

2017年6月，2017中东欧国家华侨华人宁波峰会正式开幕。峰会紧紧围绕“一带一路”倡议，依托中国—中东欧博览会平台，助力侨胞创新创业发展，促进中东欧国家与中国、中国宁波的经贸、人文等诸领域交流。匈牙利中欧可持续发展协会受邀参与此次峰会，会长瞿磊作为匈牙利唯一主讲嘉宾，以“创二代”身份发表了精彩的演讲。瞿磊先生代表匈牙利中欧可持续发展协会参与中东欧国家侨界宁波联盟成立仪式。在宁波市委常委、统战部部长梁群的接待下，匈牙利中欧可持续发展协会、波兰华人总商会、波黑中国和平统一促进会等45家中东欧国家侨团，成为联盟创始成员。联盟第一次年会选举产生了联盟理事会和促进中心机构，授予中欧可持续发展协会创始成员单位证书。①

随着匈牙利政府为中医颁发欧盟行医许可证，匈牙利中医须在西医监护下行医的历史结束了。② 中国—中东欧中医药中心（匈牙利）、东方国药集团、岐黄中医药中心联合举办了为匈牙利老年人和离退休人员的义诊。中医药已经渐渐被匈牙利人民接受，深入当地老百姓的心目中，取得今天的成果是经过了两到三代人近30年的努力，如今中医药成为中国的一张名片。匈牙利已经成为中医药踏入欧盟的大门，为中医药走向欧盟、走向世界起到了一个标杆作用。2019年第16届世界中医药大会将在匈牙利首都布达佩斯举办，届时来自五大洲的38个国家和地区的近千名中医药代表将参与其中，此次大会将成为世界中医药发展历程上又一个里程碑。③

其次，匈牙利华社已成为中匈文化交流中不可或缺的力量。2017年以来，由匈中文化交流协会、匈牙利华星艺术团、匈牙利东方国药集团等单位连续两年联合承办的“文化中国·水立方杯”海外华人中文歌曲大赛匈牙利赛区选拔赛暨首届中欧华人歌唱大赛在匈牙利华星艺术团隆重开赛。④ 2017年，匈牙利广东商会在广东设立首个中匈文化交流合作基地，旨在弘扬岭南优秀文化传统、凝聚和团结旅匈粤籍侨胞，以促进广东与匈牙利两地的贸易合作、商业往来与文化交流，协助中匈两地的会员以及关联企业单位的发展。⑤

一些旅匈侨领扮演着“中间人”角色，在中匈科技文化交流方面发挥了重要作用。2017年5月，由著名旅匈侨领、企业家赵艳芬女士担任主任委员的中国生命关怀协会无创大健康大数据专业委员会在北京正式成立。这一专业委员会获得了全国老龄办、国家卫计委、国家食药监总局、国家中医药管理局、中国医学科学院、中国中医科学院、中国老龄科研中心、北京中医药大学附属医院、互联网医疗企业等机构的支持。留学匈牙利、后凭借物流起家并逐渐进入匈牙利精英阶层的赵艳芬身兼多职，既是匈牙利华人妇女联合会会长，也是匈牙利中国和平统一促进会副主席，还是布达佩斯喜开路（北京）医疗器械有限

---

① 《2017中国中东欧国家华侨华人宁波峰会开幕》，新导报网，http：//www. xindb. com/news/ huabuxiaoxi/2017/0621/19340. html。

② 南如卓玛：《匈牙利华侨陈震“探路”欧洲推广中医》，中国侨网转引自新导报网，http：//www. xindb. com/news/huabuxiaoxi/2017/0621/19341. html。

③ 《中医义诊活动在匈牙利举行，中医药渐被当地人接受》，中国侨网，http：//www. chinaqw. com/zhwh/ 2018/11－26/209236. shtml。

④ 杨军、金晓晓等：《2017“文化中国·水立方杯”匈牙利赛区落幕》，新导报网，http：//www. xindb. com/news/huabuxiaoxi/2017/0613/19280. html。

⑤ 欧阳燕清：《匈牙利广东商会设首个中匈文化交流合作基地》，新导报网，http：//www. xindb. com/ news/huabuxiaoxi/2017/0621/19342. html。

公司董事长。①

一些匈牙利的华侨华人精英获得了当地政府的嘉奖和表扬。最为突出的是匈牙利中欧可持续发展协会会长、创新资本总经理、英国CSG公司创始人、匈牙利迪梦电子有限公司董事长瞿磊。2012年，他在匈牙利发起并创立匈牙利中欧可持续发展协会，为旅匈华侨华人解决"经济维权，粗暴执法，双标准"等问题，一方面通过组建维权小组，开展维权工作；另一方面与十几位热爱中国文化的匈牙利企业界人士，发起了面向匈牙利特别困难家庭的节日捐赠活动，并在2017年为Szent Marton儿童急救中心捐赠三百万福林，共同完成多项公益事业。②

2017年，三名华人获得匈牙利内务部为其颁发的贡献奖，他们分别是来自匈中警务交流协会的秘书滕维娜女士、米什科尔茨Nyralto公司的陈洋德先生和翁恩来先生。内务部肯定并感谢滕维娜女士在匈中警务互访交流、反恐训练、匈中军警赛事里协助匈中警务交流协会主席团的工作，感谢陈洋德先生和翁恩来先生对米什科尔茨市警方在举办赛事过程中提供的帮助。③

（三）华侨华人积极响应祖（籍）国号召，共同维护祖国和平统一、反对邪教

2015年7月，由匈牙利中国和平统一促进会、匈华总会主办，匈牙利侨界在布达佩斯举行隆重活动，纪念中国人民抗日战争暨世界反法西斯战争胜利70周年，并在多瑙河游船上举办纪念音乐会。匈华37个社团和单位负责人、退伍军人代表等300多人出席。2015年10月，匈牙利中国和平统一促进会在布达佩斯台湾大酒楼举行台湾光复70周年座谈会。匈牙利中国统促会负责人及匈牙利华社负责人刘文建等台商代表、沈谷良等侨领和华商代表出席了座谈会。2016年9月，由匈牙利中国和平统一促进会、匈华总会主办，匈牙利福建商会等40多家侨团和单位参与协办的匈牙利华侨华人纪念孙中山150周年诞辰大会在布达佩斯举行。全国台联副会长陈杰率领的全国台联访问团一行、中国驻匈牙利大使馆领事部主任李克震及当地华侨华人共200多人出席纪念大会。2017年1月，由匈牙利中国和平统一促进会、匈华总会主办，匈牙利各界华侨华人在布达佩斯"光线"电影院举办2017年新春团拜和电影招待会，华侨华人40多个社团和机构负责人、各界人士和匈牙利友人共800多人出席了活动。团拜活动在奏唱中华人民共和国与匈牙利国歌中开始。2017年3月，匈牙利中国和平统一促进会在布达佩斯会馆举办支持中国"两会"对台方针座谈会。中国驻匈牙利大使馆领事部主任李克震、领事谈文，匈牙利中国和平统一促进会会长曾玉根、名誉会长刘文建、李震、张国治和旅匈侨团代表出席座谈会。刘文建说，中国"两会"日前闭幕，中国政府对台工作的阐述，说出了海外侨胞的心声，"我们坚决

---

① 《旅匈侨领赵艳芬担任中国生命关怀协会主任》，新导报网，http：//www.xindb.com/news/huabuxiaoxi/2017/0509/19052.html。

② 《知名温籍侨商瞿磊受聘匈森特什市高级顾问》，新导报网，http：//www.xindb.com/news/huabuxiaoxi/2017/0607/19236.html；新导报：《匈牙利主流媒体atv专访华商瞿磊》，http：//www.xindb.com/news/huabuxiaoxi/2018/0328/21350.html。

③ 杨军：《匈牙利内务部颁发贡献奖三名华人获殊荣》，新导报网，http：//www.xindb.com/news/huabuxiaoxi/2017/1212/20627.html。

拥护和支持中国政府对台方针政策”。曾玉根表示，匈牙利中国和平统一促进会将一如既往地支持中国政府的决策，维护国家的主权和领土完整。坚决反对“台湾独立”，为早日实现祖国的完全统一而努力奋斗。无论风云多变化，祖国统一不动摇，坚持一个中国原则是政治基础，两岸是骨肉同胞，血浓于水，两岸人民同根同源，一脉相承。我们要团结一心，更加紧密地凝聚台胞和海外侨胞以及所有爱国的中华儿女，充分发挥和增强侨胞的凝聚力和向心力，把侨胞的聪明与智慧置于中国发展和促统的大格局之中，与实现“21世纪海上丝绸之路”相结合，让爱国促统精神传遍全球，让全世界人都知道，台湾是中国的领土，必将完全统一。匈牙利中国和平统一促进会两年来，先后还接待全国台联、吉林省政协、福建省台办、福建省科技、清华大学等访匈代表团，举办了各种不同类型的研讨会、座谈会，并通过公共媒体进行宣传，在社会上产生了正面反响，对“反独促统”起到了积极作用。①

2018年1月，匈牙利丽水商会主要成员在丽水会馆组织学习了党的十九大精神，并进行了深入的探讨。匈牙利丽水商会秘书长余根亮主持了活动，表示：党的十九大是一个催人奋进的大会，习总书记的报告提出了许多新观点、新举措，具有强大的政治性、思想性、指导性，是一篇马克思主义的纲领性文献。身在国内的徐忠南会长也一直重视和关注着这次研讨会，他通过微信视频，全程参与了活动。他总结道：“我们要牢记习总书记的教导，不忘初心，牢记使命。身在海外，而心系祖国！为家乡的建设，为祖国的发展，略尽我们绵薄之力，展现一颗炽热的赤子之心。我们要在驻匈牙利的中国大使馆的正确领导之下，同心同德，齐心协力，团结在以习近平同志为核心的党中央周围，有一分力，发一分光。”②

同年8月，匈牙利华人华侨反邪教协会成立揭牌仪式在布达佩斯举行，知名侨领余根亮先生荣任首届会长。该协会是匈牙利华人反邪工作的首个正式的组织，意味着海外反邪教斗争又有了一面鲜明的旗子。中国官方也派出代表参加了相关活动。浙江省委防范处理邪教办宣教处处长、省反邪教协会秘书长卢林方，浙江省委防范处理邪教办督查处处长严正满，浙江省人民政府外事侨务办公室领事处处长王敏，温州市委副秘书长、市委防范处理邪教办主任陈宏鸣，丽水市委防范处理邪教办副主任叶沛华，青田县委办副主任、县委防范处理邪教办主任朱战凯出席揭牌仪式。③

四、侨情发展前景

随着匈牙利公债投资移民项目的暂时停止，中国新移民的数量增幅已从2018年起迅速趋缓。虽然2013—2017年匈牙利的中国新移民人口增长较快，但他们的生存与适应过程并非一帆风顺。一位已在布达佩斯居住了十年的38岁的中国新移民说：我遇到大多数

① 曾玉根：《匈牙利统促会2015—2017工作总结汇报》，新导报网，http://www.xindb.com/news/huabuxiaoxi/2017/0919/19845.html。

② 《匈牙利丽水商会学习党的十九大精神》，新导报网，http://www.xindb.com/news/huabuxiaoxi/2018/0130/20961.html。

③ 《匈牙利华侨华人反邪教协会举行成立揭牌仪式，知名侨领余根亮先生荣任首届会长》，新导报网，https://www.52hrtt.com/ch/n/w/info/D1535094549454。

把所有家当卖掉移民匈牙利的中国人家庭，他们当初都希望这里的压力小一些，孩子的教育好一些，但到了匈牙利之后非常失望，发现那真是不切实际的梦想。这位男士除了在布达佩斯郊区开了一家食品店之外，还为刚刚从中国来的新移民提供找房子、找学校等服务，以获得一些额外的收入。他说他帮助过三四十个中国新移民家庭，也认识了在匈牙利居住的上百个中国新移民家庭。他还说：这里的中英国际学校很少，根本满足不了中国新移民孩子的需要，他们既不会说英语，也不会说匈牙利语。另一位带着家人移民匈牙利已经两年的中国工程师说：我在这里开不了饭店和服装店，在布达佩斯中国人开的这些店到处都是，已经饱和。我在这里找不到专业对口的工作，因为我没有相关合格证书，我们只能靠自己的储蓄过生活。下一步打算开一家专门为中国人到匈牙利旅游的公司赚钱。①

华侨华人与主流社会之间良好关系的建立也并非一蹴而就，主流社会对外来新移民的偏见依然存在。一位已经移民匈牙利 18 年的张姓中国人说：如果你有一张中国人的脸，那么你就会被匈牙利人看作是中国人，尽管你的母亲、男朋友或女朋友是匈牙利人。这里的中国人与匈牙利人大多互不往来。如果与对方做生意，那也仅仅是做生意而已，两者之间没有思想交流，双方的价值观念互不影响。在过去的 25 年里，中国人社区与匈牙利人社区是平行发展的，它们之间没有交叉或互融。② 这说明华侨华人与主流社会之间仍然需要更多的交流和了解。

不过，从发展的角度看，在匈的华侨华人融入当地主流社会的步伐是一直在逐渐加快的。如前所述，华社通过积极参与当地经济文化、社会慈善活动使华侨华人与当地族群之间的交往和了解更加深入，一些华侨华人社会精英也获得了当地政府和民众的赞誉。过去匈牙利当地民众对华侨华人所存在的一些负面印象、偏见甚至仇恨情绪正在逐步消解。例如当地媒体和民众以往存在的某些观点和负面情绪，诸如"我恨中国人""华人商场普遍存在违规或非法活动""大多数中国人把匈牙利作为移民他国的一个跳板""匈牙利华侨华人社团主要是与中国建立联系的桥梁而不是融入当地社会"，③ 等等，这些观点在近十年主流媒体的报道中已较少出现，表明华侨华人与主流社会之间的关系可能比以往有较大改善。

当前，匈牙利华侨华人的生存与适应仍然面临居住国政府政策变化所带来的挑战。匈牙利政坛对外来移民的态度是多元和复杂的，虽然在引入外国富豪移民的问题上获得了国会中大多数人的支持，但整体上排外的态度却是比较明显的。执政的匈牙利总理维克多·欧尔班其实是一个公开对移民表示敌意的人，他甚至通过在边境建造铁丝网拦截成百上千从叙利亚、伊拉克和阿富汗的非法移民，但他同样也默默地为那些能够负担得起在匈生活费用的外国富豪打开移民之门。2013 年的公债投资移民项目引入了数以千计的中国移民。"这是一个成功的项目，为匈牙利带来了资金同时我们国家分毫未失"，欧尔班面对国会的

---

① Blanka Zoldi, Direkt, From China to Hungary, in Hope and Fear, https: //www.occrp.org/en/goldforvisas/from-china-to-hungary-in-hope-and-fear. 有组织犯罪与腐败报道项目（Organized Crime and Corruption Reporting Project），2018 年 3 月 5 日。

② Alessia Capasso, Viral Shah, Parallel Lives: the Chinese Community of Budapest, https: //cafebabel.com/en/article/parallel-lives-the-chinese-community-of-budapest-5ae00a5ef723b35a145e63a1/, 2015 年 10 月 13 日。

③ Anna Szalai, Chinese Keep to Themselves in Budapest, 30 April 2010 - Népszabadsǘg (Budapest), https: //voxeurop.eu/en/content/article/243221-chinese-keep-themselves-budapest.

反对声音时说道。[①] 其实，这项投资移民政策实施之后不久即在政府内部引发争议，因为作为执政党的匈牙利青年民主主义者联盟（FIDESZ）实际上也时常表现出排外的民族主义倾向，尤其是在对待外来难民的问题上。来自反对党的批评十分猛烈，2016 年，尤比克党主席沃纳·加博尔对这一移民项目抨击道："我们既不想让贫穷的移民，也不想要富豪移民定居在匈牙利！"2017 年 3 月，匈牙利当局不得不暂停了这一移民项目，但相关的法律条例并未废除。[②] 因此，匈牙利官方对新移民态度的不确定性，将对匈牙利中国新移民人口和华侨华人社团的发展产生较大的影响，需要我们给予持续的关注。[③]

图 1　2018 年 8 月，匈牙利华人华侨反邪教协会于匈牙利布达佩斯成立

图 2　2018 年匈牙利丽水商会主要成员在布达佩斯丽水会馆组织学习党的十九大精神

① Marton Dunai, Hungary Welcomes Wealthy Chinese Despite Migrant Hostility, Https: //www. reuters. com/article/ us-europe-migrants-china-hungary/hungary-welcomes-wealthy-chinese-despite-migrant-hostility-idUSKCN1250RN.

② Blanka Zoldi, Direkt, From China to Hungary, in Hope and Fear, https: //www. occrp. org/en/goldforvisas/from-china-to-hungary-in-hope-and-fear. 有组织犯罪与腐败报道项目（Organized Crime and Corruption Reporting Project），2018 年 3 月 5 日。

③ 据上述相关的非政府组织的调研，一些已经移民匈牙利的中国公民当初计划是移民加拿大的，但移民加拿大的手续比较烦琐且历时较长，他们才改为申请相关手续非常简便的匈牙利移民项目。匈牙利官方的态度和政策的摇摆可能会使这部分中国新移民降低定居和入籍匈牙利的意愿。

图3　2017年匈内务部在布达佩斯为三名华人颁发了贡献奖，他们分别是来自匈中警务交流协会的秘书滕维娜女士、米什科尔茨 Nyralto 公司的陈洋德先生（左）和翁恩来先生

（梁茂春　宋雨桐）

荷兰侨情[①]

华侨华人目前是荷兰第四大外来移民群体。估计 2018 年时荷兰华侨华人约为 19 万人，他们的来源地地域更为广泛，其中来自浙江、福建等省份的移民人数增加较快。随着当地华侨华人社会的发展，荷兰华人社团数量不断增多，已有 100 多个，不少社团也日益活跃。2018 年，荷兰华人社团仍持续积极加强与祖籍国（祖籍地）在文化、经济等多领域的联系；它们也日益重视内部的团结协作，以适应华社发展需求；它们还举办各种活动，服务华社，积极扩大自身影响。2018 年，荷兰中文学校和华文教育发展“表现不俗”。荷兰华侨华人社会也热心于中华传统文化的传承和发展，尤其是华人文化社团。2018 年也是中荷两国关系在政治、经济、文化等多领域继续深化的一年。

一、荷兰基本国情

荷兰基本国情如表 1 所示：

表 1　荷兰基本国情

国家全名	尼德兰王国或荷兰王国
地理位置	东经 3°21′~7°13′、北纬 50°45′~53°52′
气候	温带海洋性气候
领土面积	41 864 平方千米
政体	议会制君主立宪政体
执政党及现任首相	自由民主人民党，马克·吕特
官方语言	荷兰语
首都	阿姆斯特丹
人口数量	17 282 110（2018 年 11 月）[②]
华人数量	约 16 万
华人所占比例	约 1%
主要民族	荷兰人、弗里斯人
CPI	2.0%（2018 年 12 月）
失业率	3.5%（2018 年 12 月）

① 本文是 2016 年国家社科基金重大项目“海外华人社区中华文化传承研究”（16ZDA220）子项目“华人社团与中华文化传承研究”的阶段性成果。感谢曾慧仪女士（荷兰欧华文艺国际交流协会会长）提供相关宝贵资料。

② Population dynamics; month and year, https: //opendata. cbs. nl/statline/#/CBS/en/dataset/83474ENG/table.

（续上表）

GDP	826 200 282 501 美元（2017 年）
人均 GDP	48 472. 54 美元（2017 年）

资料来源：中国驻荷兰王国大使馆网站；百度百科，https：//baike. baidu. com/item/% E8% 8D% B7% E5% 85% B0/190469？fr = aladdin。

荷兰位于西欧北部，是发达的资本主义国家。该国侨情具有自身特色，近年来中荷两国关系日益密切。本文主要分析近两年荷兰侨情在人口、华人社团、华文教育、文化等多方面的发展变化，并系统分析荷兰与我国在政治、经济、文化等领域的关系。

二、荷兰华侨华人人口现状

荷兰也是人口构成日益多元化的国家，其中，约 80% 为荷兰人，外来移民人口包括印度尼西亚人、土耳其人、苏里南人、摩洛哥人等，华侨华人目前是荷兰第四大外来移民群体。

20 世纪初期，开始有大量华人进入荷兰。他们当中，一部分为印尼华裔，另一部分为浙江青田人。20 世纪 20—30 年代，有一些中国学子赴荷兰勤工俭学，其中有些人选择在荷兰定居发展。"二战"结束后，不少印尼华人、中国香港人和苏里南华人移民到荷兰。其中，因印度尼西亚、苏里南的独立和 1965 年印尼排华事件的影响，一批华侨华人辗转到宗主国荷兰定居；20 世纪 70 年代，数千名印支难民获得荷兰居留权，其中绝大部分是华人。中国实行改革开放后，很多大陆人也因为移民政策的放宽而移入荷兰。

表 2 反映了 1996—2006 年荷兰华侨人口的变化。

表 2　荷兰华侨人口统计（1996—2006 年）

年份	中国内地（大陆）			中国台湾			中国香港			中国澳门			总计
	男	女	合计	男	女	合计	男	女	合计	男	女	合计	
2006	20 993	23 720	44 713	926	1 369	2 295	9 148	8 984	18 132	59	66	125	65 265
2005	20 600	23 280	43 880	873	1 293	2 166	9 155	8 941	18 096	56	58	114	64 256
2004	19 843	21 851	41 694	840	1 203	2 043	9 084	8 881	17 965	58	59	117	61 819
2003	18 642	20 173	38 815	771	1 110	1 881	9 081	8 842	17 923	58	57	115	58 734
2002	17 317	18 374	35 691	693	944	1 637	9 004	8 785	17 789	61	58	119	55 236
2001	15 709	16 571	32 280	639	849	1 488	8 960	8 675	17 635	54	63	117	51 520
2000	14 684	15 75	29 759	606	810	1 416	8 934	8 576	17 510	44	60	104	48 789
1999	13 911	14 080	27 991	573	748	1 321	8 855	8 521	17 376	39	49	88	46 776
1998	13 121	13 070	26 191	498	657	1 155	8 835	8 469	17 304	37	44	81	44 731
1997	12 481	12 193	24 674	419	590	1 009	8 820	8 416	17 236	39	41	80	42 999
1996	12 008	11 463	23 471	364	532	896	8 800	8 347	17 147	34	41	75	41 589

资料来源：荷兰华人及中国留学生之家网站，http：//www. kina. cc/nl/kina. htm。表格略有改动，表中"总计"为本文作者所加。

从上表可以看出，荷兰华侨人口从 1996 年的 41 589 名稳步增加至 2006 年的 65 265 名。其中，1996 年时，来自中国内地（大陆）的移民有 23 471 名，其次是来自中国香港的移民，有 17 147 名，两者相差不大，来自中国台湾和澳门两个地区的移民人数居于第 3 位和第 4 位。到 2006 年，来自中国大陆的华侨有 44 713 名，来自香港的则有 18 132 名，两个数据的差距已经很明显。台湾和澳门两地区移居荷兰的人数仍居于第 3 位和第 4 位。

另根据荷兰有关政府部门公布的统计数据，2010—2018 年，来自中国的第一代移民，其数量变化参见表 3：

表 3　2010—2018 年荷兰中国第一代移民人数

年份	人数	年份	人数
2010	37 174	2015	46 001
2011	38 988	2016	47 762
2012	41 533	2017	49 321
2013	43 487	2018	51 532
2014	44 915		

资料来源：Population；sex，age，migration background and generation，1 January，https：//statline. cbs. nl/Statweb/publication/？DM = SLEN&PA = 37325ENG&D1 = 1&D2 = 0&D3 = 0&D4 = 0&D5 = 0，4，50&D6 = 14 – 22&HDR = G2，G3，G4，T&STB = G1，G5&VW = T.

表 3 显示，移居荷兰的中国第一代移民，2010 年时有 37 174 名，到了 2018 年，持续增加至 51 532 名。上述人口数字不包括华人和华裔。

而据欧洲华侨华人社团联合会统计，截至 2008 年，荷兰华侨华人总数在 16 万左右。① 2012 年，荷兰当局公布境内华人人口数为 80 198，但这个数字未包括来自大中华地区以外国家的华人。据估计，现居荷兰的华侨华人约为 19 万人。② 根据我们 2016 年底在荷兰华社调研时与当地侨领的访谈可知，荷兰华侨华人总数大体超过 16 万，其中，粤籍华侨华人有 6 万多人。近年来，来自浙江、福建等其他省份的移民人数增加较快，来源地地域更为广泛。而且，荷兰也有不少藏族、维吾尔族等少数民族华侨华人分布。

另有资料显示，据荷兰移民局统计，2012 年荷兰华侨华人总人口约为 12 万人，约占荷兰人口总数的 0. 7%。他们的来源地较为多元，其中，来自中国大陆的占 35%，来自中国香港的占 23%，来自印度尼西亚的占 20%，来自苏里南的占 6%，其他地区占 16%。③

在荷兰，大部分城市均有华侨华人居住。荷兰较大的华人社区分别在鹿特丹、阿姆斯特丹（简称“阿市”）和海牙三个城市。另据有关数据，2016 年时，在荷兰常驻居留的中国籍人士（应该指华侨）有 47 762 人。居住较多前三名的城市依次为鹿特丹（4 849 名）、

① 荷兰华侨华人概况，中国新闻网，http：//www. chinanews. com/hr/491/2014 – 10 – 31/17. shtml。
② 荷兰华侨华人概况，中国新闻网，http：//www. chinanews. com/hr/491/2014 – 10 – 31/23. shtml。
③《荷兰华侨华人情况》，http：//www. 360doc. com/content/13/0705/15/11567645_297844559. shtml。

阿市（4 157 名）、海牙（3 821 名）。①

从移民早期到20世纪80年代，中餐业一直都是荷兰华人的主要就业领域。此后，随着受教育程度较高的第二代荷兰华人移民的崛起，华人经济逐渐向多元化方向发展。现在，许多华侨华人已开始转向贸易、旅馆、房地产、文化事业等方面，越来越多的年轻华人成为律师、会计师、教师、电脑专家，在荷兰的公司企业、医院、研究院和政府机关等高层单位从事相关工作。荷兰华人在各行各业里大显身手。②

三、积极活跃的华人社团

在荷兰，随着当地华侨华人社会的发展，当地的华人社团数量不断增多，不少社团也日益活跃。目前，荷兰华人社团已有100多个。其中，旅荷华侨总会、荷兰广东总会、全荷华人社团联合会、荷兰松柏联合总会、欧洲荷比卢崇正总会、旅荷华人联谊会、欧洲荷兰广州同乡会、荷兰华人华侨妇女社团联合总会、丹华文化教育中心、欧陆文氏宗亲会、荷比卢暨大校友会等是当地比较活跃且有影响力的社团。

荷兰华人社团的主要活动和发展特点如下：

首先，2018年，荷兰华人社团仍持续积极加强与祖籍国（祖籍地）在文化、经济等多领域的联系。事实上，随着欧洲各国与我国在经贸、文化教育等诸多领域交流的不断深入，包括荷兰在内的欧洲地区华人社会与我国在经济、文化、教育、政治等多方面的联系也更为密切。

2018年3月，欧洲荷比深圳总商会暨联谊会会长张挺宏以特邀嘉宾身份获邀参加2018年深圳政协会议。他也代表总商会与“一带一路”商贸战略合作单位深圳市归侨侨眷企业家联合会签署了协议书。6月20日，以“魅力深圳·时代风采”为主题的巡欧大型演出，由深圳市海外交流协会、深圳市侨联主办，欧洲荷比深圳总商会暨联谊会及旅荷大鹏同乡会承办，此次演出在荷兰海牙成功举办。7月，欧洲荷比深圳总商会暨联谊会到粤港澳大湾区的广州、深圳、佛山等地进行考察，除拜访多个城市的统战部和外侨局等机构外，也参观了很多企业，期望能找到商机。

9月8日，一向比较活跃、在华社影响较大的荷兰广东总会热烈欢迎广东省中山市侨联主席等8人组成的代表团访问荷兰。经商谈，中山市侨联与荷兰广东总会签订了友好合作协议，同时中山市侨界青年联合会和总会签署了友好合作协议。10月11日，肇庆市市长率领的6人访问团访问荷兰，受到荷兰广东总会的热烈欢迎及接待。肇庆市访问团除了访问荷兰广东总会外，也参观了几家大型商贸公司。10月24—26日，应荷兰荷中商务文教交流协会熊国秀会长邀请，广州侨联梁瑞冰主席一行到访荷兰。10月25日，荷兰侨界代表和访问团举行座谈会，同时庆祝荷兰荷中商务文教交流协会成立20周年。荷中商务文教交流协会原名“荷中文化促进会”，1998年在荷兰商会（KVK）正式注册。协会主要工作有支持友好社团参与各种不同活动、带领华二代学生到中国参加夏令营、协助中文教

① 《荷兰哪里中国人最多？比例最高的城市居然是 Wageningen！》，http：//www. gogodutch. com/article－22175－1. html。

② 王剑光：《浅论荷兰华侨华人社会》，《侨务工作研究》2011年第1期。（按：作者王剑光为全荷华人社团联合会会长。）

育、开办中文学校、到中国边远山区助学扶贫、建立友好城市等。

12 月 11 日，云南海外联谊会代表团访问荷兰，同样受到荷兰广东总会的热情接待。负责接待这次活动的是荷兰广东总会首副主席温国钊博士、荷兰广东总会主席团成员吴志强先生和荷兰广东总会名誉会长林清池先生。参与接待活动的还有旅荷大鹏同乡会、荷兰华人华侨妇女社团联合总会、全荷华人社团联合会财政、旅荷贵州商会、欧洲客家文化协会等多家华人社团。

也是在 2018 年，全荷华人社团联合会主席季增斌和副主席胡志兴、邵建波、施昌坤每人捐款 25 万元，共计 100 万元人民币，用于中国的扶贫事业。他们的爱心善款用于为云南省麻栗坡县购置 5 辆卫生救护车，改善当地医疗卫生状况。当年 12 月 14 日，驻荷兰大使吴恳代表外交部向他们颁发荣誉证书和感谢信。

其次，荷兰华人社团日益重视内部的团结协作，适应华社发展需求。

2018 年 1 月 28 日，荷兰广东社团协商平台在代尔夫特市首次成功聚会，除联谊外，也落实数个方案和项目。① 这是荷兰华人社团加强团结协作的重要事件。当年 9 月 15 日，荷兰广东社团协商平台代表全荷兰 46 个华人社团，在莱顿举行了隆重的庆祝中华人民共和国成立 69 周年暨中秋晚会，并邀请荷兰各界和其他省籍的荷兰华人社团代表参加。这是荷兰粤籍华人社团第一次以广东社团平台的名义联合起来并组织的大型庆祝活动。②

6 月 18 日（中国传统节日端午节），荷兰新马华人第一届联谊会在代尔夫特举行庆祝活动。联谊会会长胡立智。该会邀请了诸多荷兰华人社团著名领袖参会。这些社团包括荷兰广东总会、荷兰中文教育协会、旅荷华侨总会、北部康宁会、温州同乡会、荷兰松柏联合总会、文成同乡会、永嘉同乡会等。

荷兰中国总商会成立于 2008 年，最初以荷兰华商为主，之后扩大成员范围，广泛吸收温州地区及附近与荷兰有关华商，现在发展成跨国、跨地区、跨行业的社团组织，有会员 200 余家，涉及经贸、文化、教育、人员、项目推进、美食、旅馆诸多领域。

另外，荷兰华人社团举办各种活动，服务华社，积极扩大自身影响。

2018 年 3 月 12 日，荷兰广东总会在皮尔默伦德市的长者中心举办长者餐会，总会邀请了 100 名长者参加了精心安排的餐会。应邀出席餐会的皮尔默伦德市市长感谢荷兰广东总会提供了一个很好的平台。5 月 30 日，马城雅贤妇女会举办了成立 25 周年盛大庆典，有来自德国、比利时等国以及荷兰多个城市的华人社团代表参加了庆典活动。该会现任会长郑丽雯。6 月 2 日，海牙华人长者同乐日成功举办，活动由荷兰新唐人街协会及海牙市政府主办、欧洲荷比卢崇正总会及欧洲荷比深圳总商会暨联谊会协办。7 月 1 日，欧洲华人华侨妇女联合总会第七届理事会就职暨 14 周年大型庆典在匈牙利布达佩斯成功举行。荷兰华人华侨妇女社团联合总会主席张惠芳率团参加了庆典活动。匈牙利华人华侨妇女联

① 出席此次重要聚会的华人社团包括：荷兰广东总会、欧洲荷比卢崇正总会、欧洲荷比深圳总商会暨联谊会、新唐人街协会、温州同乡会、中荷展望基金会、中荷文化推广会、荷兰中文教基金会、广州同乡会、安多芬妇女会、林堡芬卢妇女会、欧华文艺国际交流协会、北部康宁会、海尔伦妇女会、马城雅贤妇女会、乌特勒支华人妇女会、狄尔堡妇女会、鹿特丹中文学校、广东华商总会、安恒慧媛华人妇女会、大鹏同乡会、香港新界公民协会、世界素食联合会荷兰分会、日康武术协会、精武门协会、粤铃曲艺社、六合门、Samen Alle Mensen Een Nederland。

② 《荷兰广东社团平台首次联合举行庆祝国庆晚会，场面隆重热烈》，https：//mp. weixin. qq. com/s/_LWw1gxIQbO。

合会会长王少媚荣任第7届理事会主席，欧洲各国成员单位的代表也参与此次盛会。

6月25日，欧洲侨爱基金会在荷兰乌特勒支举行了第5届理事会就职典礼暨慈善捐款晚会，汤旭俊当选新一届理事会主席。欧洲侨爱基金会长期以来积极筹款捐款，热心扶贫助学，资助中国的贫困和残疾儿童。德国、比利时、卢森堡、法国、西班牙的侨领参加了当天的晚会。欧洲侨爱基金会属于慈善扶贫团体，成立于2009年，由荷兰华侨中的一群"爱心妈妈"发起组建。在历任主席的带领下，基金会团结荷兰华侨女性，支持祖国和祖籍地建设，关心贫困地区教育，积极捐赠，乐善好施，是荷兰华社的重要社团。基金会创始人包括：胡少平、胡秀珠、徐建英、杨秀容、胡美兰、黄新新、吴菊香、胡美凤。当天的慈善晚会共筹到12万多欧元的善款。

9月8日，欧洲荷比卢崇正总会第11届理事会选举成功举行。张挺宏获选会长，首席副会长郑天送，副会长张挺贤、陆汉和、郭全、萧其蔚、何宝琼、曾房胜、张天赐、陈煌来、汪紫莲、钟宏光（香港特区）。

荷兰青田同乡会于1983年成立。2018年2月13日，该会第16届理事会在鹿特丹举行就职典礼，舒延平当选会长。9月11日，荷兰青田同乡会在鹿特丹隆重举行戊戌年中秋晚会。目前它被指定为"2018—2020年浙江省侨商回归与引进工作联络处"，是荷兰华人社会中唯一获此殊荣的社团。在当天的中秋晚会上，还举行了揭匾仪式。该同乡会从第14届会长陈龙起时设立教育奖学金，不但是该会史上，也是荷兰众多侨团中的创举。① 荷兰青田同乡会获得了首批"浙江省海外示范性侨团"等荣誉称号。

我们还关注到，近两年仍然有新社团在荷兰华人社会成立。比如，2017年8月10日，欧洲荷比深圳总商会暨联谊会在海牙市宣布成立，首届会长张挺宏，执行会长欧阳庆堂。成立典礼上，举行了深圳荷比总商会暨联谊会与深圳市政府合作协议签字仪式。

四、华文教育稳步发展

荷兰华侨华人都很重视华文教育，重视传承、弘扬中国传统文化。

荷兰现有约40所华人创办的中文学校，学生数千人，该国也是欧洲开展中文教育最好的国家之一。1979年，旅荷华人联谊会会长梁鸿基先生和其他热心侨领在阿姆斯特丹建立了全荷兰第一所中文学校。经过30多年的发展，旅荷华人联谊会中文学校已成为一所学生人数最多、规模最大、海外知名的中文学校。而在1992年，鹿特丹华商会成立了被誉为荷华社会"希望工程"的"丹华奖学基金会"，并由此产生了"丹华文化教育中心"，积极推动当地华文教育。

2018年，荷兰中文学校和华文教育发展表现不俗。

2018年5月19日，安多芬（汉唐）中文学校成功举办40周年校庆庆典活动。安多芬中文学校创建于1978年，是荷兰最大的三所华人教育学校之一，位于有"欧洲硅谷"之称的荷兰南部城市安多芬。学校已经有40年中文教育历史，目前学校拥有教职员工50余名，绝大多数为拥有硕士、博士学位的第一代技术移民及各行业专业人士。大多数老师就

① 《今晚都是青田人——荷兰青田同乡会隆重举行戊戌年中秋晚会》，http：//xzbm. zgqt. zj. cn/news/text. asp？id = 697231。

职于荷兰安多芬技术大学、TNO、Philips、DSM、ASML、NXP 等荷兰著名高等院校、科研院所以及高新技术公司。学校共有幼儿、不同年级小学生、中学生以及荷兰当地成人学生等 400 余名学生。学校设有少儿部、小学部、中学部、高级普通话班、成人中文普通话班、台湾汉语班（用繁体字教学）等 30 多个中文语言教育班级。① 现任校长为田明文。

2018 年 10 月，荷兰中文教育基金会（简称“基金会”）2017—2018 年度优秀学生奖励计划项目颁奖典礼在代尔夫特举行，荷兰 11 所中文学校的 19 名优秀学生荣获奖状和奖学金，基金会理事、获奖学校师生和家长等近百人参加。11 所中文学校包括：汉道（Amersfoort）中文学校、阿珀尔多伦（Apeldoorn）温馨中文学校、阿珀尔多伦中文学校、安恒（Arnhem）中文学校、海牙旅荷华侨总会海牙区中文学校、海牙育贤中文学校、汉唐（Eindhoven）中文学校、格罗宁根（Groningen）中文学校、开元（Nijmegen）中文学校、荷兰华仁（Rotterdam）中文学校、荷兰兹沃勒（Zwolle）中华文化语言学校。

实际上，代尔夫特中文学校自身的发展也取得不少令人瞩目的成果。2018 年代尔夫特中文学校新增的中华字经班经过一年的教学，取得了显著成果。班中毫无中文识字基础的孩子，通过一年的学习，掌握了千字的汉字量，初步具备了自主阅读的能力。同时，试验启用中国国内人教版小学语文教材也取得了成功。早在 2017—2018 学年的学期初，代尔夫特中文学校高低年级组分别进行教学研讨会，就“如何提高学生中文学习兴趣”和“如何循序渐进地提高学生写作能力”“如何使用多媒体教学”等主题进行了集体探讨和交流。各班老师互相听课、学习，分享经验，汲取彼此教学方式上的精华和营养，营造出团队中和谐共进的气氛。2018 年新年伊始，全体老师加入中国教育基金会提供的华文远程培训课程，就教学过程中的重点、难点问题，向专家老师请教学习，努力朝向华文教育的专业化迈进。此外，学校非常重视中华民族文化的熏陶和传承，专为学生开设课后民族舞蹈班与围棋班。学校还组织中高年级班学生积极投稿参加第 19 届世界华人学生作文大赛，并取得特等奖 1 名、一等奖 1 名、二等奖 2 名、三等奖 1 名的骄人成绩。2018 年 6 月，经过两个月紧张备考，学校 40 多名学生在本校 HSK 考点参加了汉语水平三级至六级的考试。当年夏天，学校组织了 30 名学生参加了“中国寻根之旅”2018 年夏令营。②

荷兰华文教育组织也积极加强与我国有关部门的联系，为当地华文教育发展争取更好的外部环境。2018 年 5 月中旬，中国国务院侨办派国内名师巡讲团来到荷兰培训讲座。荷兰中文教育协会组织来自荷兰开展各地的中文学校和机构的教师参加培训。

2018 年盛夏，丹华文化教育中心 44 名师生到山西运城，参加了由国务院侨务办公室主办、山西省外事侨务办公室和运城市外事侨务办公室承办的为期 10 天的山西南线夏令营。李佩燕校长担任领队。此次夏令营活动安排紧疏有秩，涵盖了晋南地区文化领域的各项内容，给营员们留下了深刻的印象。

---

① 《安多芬中文学校 40 周年校庆庆典成功举行》，《荷兰联合时报》，https：//www.52hrtt.com/nl/n/w/info/D1526538968115，2018 年 5 月 21 日。

② 《硕果累累　鼓舞人心　砥砺前行　再创佳绩——写在代尔夫特中文学校 2018 年学期之末》，《荷兰联合时报》，https：//www.52hrtt.com/nl/n/w/info/D1530181020026，2018 年 7 月 3 日。

五、中华传统文化传承发展

荷兰华侨华人社会也热心于中华传统文化的传承和发展，尤其是华人文化社团。比如，荷兰欧华文艺国际交流协会①及其会长曾慧仪女士②就长期致力于粤剧艺术的传承。

早在 2017 年 12 月时，荷兰欧华文艺国际交流协会联合广州市海珠区鸣凤艺苑主办的“红豆芳菲四海情——亚、欧、美、加粤剧曲艺交流展演”在广州南方剧院隆重举行，此次演出活动由广州粤剧院广州粤剧团承办，加拿大温哥华雪红艺苑、顺德区文化艺术发展中心、顺德新领域曲艺团支持协办，小神鹰、关青、白雪红③任艺术指导。多位海外粤剧曲艺表演者盛情参与，他们联袂粤剧界多位名家如黄春强、李伟聪、陈骏旻、潘国荣等，为观众奉献了一场“粤剧盛宴”。④

为了更好支持祖籍地粤剧的传承和发展，2018 年 6 月，欧华文艺国际交流协会募集到来自荷兰北部康宁会、粤铃曲艺社、粤华音乐社、海牙新唐人街协会等荷兰华人社团及来自曾慧仪女士等约 40 名个人的捐款，总计 2 750 欧元和 2 000 港元，它们兑换成人民币后送交广州市振兴粤剧扶贫济困基金会。

除了经济上的积极支持，欧华文艺国际交流协会和曾慧仪女士还积极参与在中国（尤其在广东）和荷兰举办的粤剧演出活动。2018 年 9 月 3 日，由荷兰粤华音乐社和声扬曲艺社合办，风华曲艺社协办的大型粤剧演出“粤华弦乐献知音”在海牙市中心的歌剧院成功举办，为观众奉献了《新霸王别姬》《无情宝剑有情天》《帝女花之庵遇、相认》《锦江诗魂》《南唐残梦》《留取丹心照汗青》《高山流水遇知音》《血溅未央宫》《等你无尽期》《去国归降》十个粤剧折子戏曲目。欧华文艺国际交流协会、海牙新唐人街协会、欧洲荷

---

① 荷兰欧华文艺国际交流协会于 2000 年成立，为荷兰华人非营利组织，致力于在荷兰和中国国内的中华传统文化传承和发展。2005 年及 2007 年，在该会统筹协助下，云南、四川歌艺团及南京花灯歌剧团在荷兰举行公演。2008 年恰逢北京举办奥运会，该会应荷兰国家田径体育总会邀请，以“同一个天空，同一个梦想”为口号及“运动场上建友谊”为主题，成功举办相关活动，逾 3 000 人参加，积极促进了中荷两国友谊。2009 年，该协会主办荷兰华人百年纪念汇演，受邀请的表演嘉宾均属中国内地和香港、加拿大、新西兰及澳大利亚的华人演艺名家。2015 年，欧华文艺国际交流协会与广东省文化厅合作，承办了广东粤剧团（由 22 名团员组成）在荷兰的首站展演。

② 曾慧仪女士，中国香港出生，1975 年随家人移居荷兰。现任欧华文艺国际交流协会会长、荷兰北部康宁长者会执行主席等。1990—2005 年，担任荷兰北部中文学校名誉校董。2008 年，获颁授荷兰皇家骑士勋衔。2008 年四川汶川发生大地震，曾女士积极发动并联同荷兰北部侨团筹款赈灾，共筹得 23 500 欧元，全部交给驻荷中国使馆转交灾区。2009 年，受邀首次在广州平安戏院参加敬老慈善演出。之后，她先后在 2010 年、2012 年、2014 年及 2015 年在广州南方剧院为退休粤剧老艺人筹款演出。2012 年 11 月，应广州主办方之邀，曾会长又率团参加了广州羊城国际粤剧艺术节，并在广州江南剧院进行演出。2015 年，应邀参加在广州举办的“全球首届广府人恳亲大会”。2016 年，在曾会长统筹安排下，荷兰侨社成功接待广东佛山市顺德区区委宣传部代表团访荷，并进行了粤艺联谊活动。2016 年，曾会长率团参加了广州第七届羊城国际粤剧节，同年，又率团访问了顺德区文化艺术发展中心与顺德新领域曲艺团。曾会长也曾应邀参与香港第一届社区敬老戏曲节目演出活动，并探访乡村长者。

③ 白雪红的父亲是广东粤剧学校首任校长白驹荣，姐姐白雪仙是享誉粤、港、澳及东南亚、美、加等国家和地区华人社会的名伶。白雪红自幼家学渊源，从小受艺术熏陶，早年在省粤剧学校受到正规的专业训练，具有扎实的功底。白雪红凭扎实的基本功，塑造了多个舞台艺术形象。后来，她移居加拿大温哥华，在海外仍然不忘粤剧的传承发展。因此，她开设艺苑授徒，弘扬粤剧文化，用粤剧作纽带，搭建起了与当地华人艺术交流的桥梁，以解华人的乡愁。多年来，白雪红凭借对粤剧艺术的钟情，在加拿大大放异彩，赢得当地华人的肯定和赞誉。近年来，白雪红常穿梭往来于粤港两地教授、传承粤剧艺术。

④ 李耀安：《常怀赤子心，忠诚于粤剧——专访白雪红》，http：//www. sohu. com/a/210144034_779056。

比卢崇正总会是这次盛情演出的支持单位，欧华文艺国际交流协会曾慧仪会长是这次演出的统筹者，奉献良多。许多荷兰的年长华人从各地赶来观看演出，来自英国、法国、比利时的华人也有不少。为了在荷兰、在欧洲传承、推广粤剧文化，荷兰各地的粤剧爱好者几十年来一直坚持排练，每次演出都出钱出力，精心组织。①

12 月 9 日，“云裳粤韵海外情，欧华知音聚羊城”粤剧演出活动在广州南方剧院举办。演出圆满成功，座无虚席，好评如潮。此次演出活动由广州云棠艺苑主办，荷兰欧华文艺国际交流协会协办，总策划为曾慧仪、陈小云。演出剧目包括《花好月圆》《孝庄皇后之情谏》《血溅未央宫》《雪夜祭梅妃》《大断桥》《三笑姻缘之路遇庵遇》《拜月定连环》《七月七日长生殿》《潞安洲》《碎銮舆》十个粤剧曲目。演出者既有国内梅花奖获得者、国家一级演员，也有来自荷兰、法国、英国、中国香港等多个国家和地区的华人粤剧艺术家。12 月 10 日，欧华文艺国际交流协会还到“粤剧之乡”顺德拜访大良镇戏曲名苑、新领域曲艺团两个粤剧团体，受到了热烈欢迎。两个团体安排了浓情满满的曲艺交流联欢会，请来国家一级演员、梅花奖得主蒋文端、麦玉清、林家宝做嘉宾，与欧华文艺国际交流协会联袂演唱。②

粤剧艺术这些跨国互动活动，以及当前侨乡地方政府的积极推动，使粤剧的海外传播和发展更能呈现生命力和影响力。

除粤剧等中国传统曲艺，中医、中国著名菜系等也在荷兰华人的积极推动下，在当地得以传播、发展。2018 年 12 月 7 日，在中国侨联副主席齐全胜带领下，“亲情中华·中医名家海外行”代表团考察了位于阿姆斯特丹、由侨胞创办的神州中医大学，并与荷兰中医药界侨胞代表座谈，交流如何推动中医药走向世界。神州中医大学已开办近 30 年，与国内和海外中医药机构有广泛联系。神州中医大学校长兼创始人董志林也担任荷兰华人中医药学会会长。目前，有数百名华侨华人在荷兰执业中医，他们也创办了较大规模并有一定影响的中医诊疗和培训机构。③

2018 年 12 月 11 日，在中国侨联文化交流部的指导下，四川省侨联川菜推广访荷代表团在鹿特丹与荷兰侨界进行座谈。此次活动由四川省侨联主办，荷兰青田同乡会牵头，旅荷华侨总会、荷兰华人总会、荷兰瑞安教育基金会、荷兰文成同乡会、荷兰中饮公会和荷兰华人薯店总会多家华人社团联合承办。活动旨在拓宽荷兰餐饮业者的思路，促进荷兰中餐多元化发展，弘扬中华饮食文化，增进中荷文化交流。④ 而在 12 月 1 日，荷兰大型亚洲连锁超市华南行 Leidschendam 分店在荷兰购物中心正式开业，它是华南行第 5 家分店。华南行超市内设有机茶社，极具东方特色，有助于传播中华文化。

在荷兰甚至欧洲华人社会颇有影响的阿姆斯特丹佛光山荷华寺，在传承中华传统文化方面的做法更多样、更有效。2000 年正式开山的阿姆斯特丹佛光山荷华寺，是佛光山在欧洲第一座中国传统寺院建筑，也是目前欧洲地区最大、最具规模的华人佛教庙宇。荷华寺

---

① 凌穗芬（何宝琮?）:《粤华弦乐献知音—2018 年 9 月 3 日演出后记》，来自曾慧仪会长微信，2018 年 10 月 10 日。

② 感谢荷兰欧华文艺国际交流协会会长曾慧仪女士提供资料。

③ 《“亲情中华·中医名家海外行”代表团考察荷兰神州中医大学并座谈》，《荷兰联合时报》，https://www.52hrtt.com/nl/n/w/info/D1543547014021，2018 年 12 月 8 日。

④ 《四川省侨联访荷代表团与荷兰侨界举行川菜推广座谈会》，《荷兰联合时报》，https://www.52hrtt.com/nl/n/w/info/D1544517372649，2018 年 12 月 12 日。

积极推广佛教，服务当地的佛教信徒，也积极推动华裔新生代青少年的社会服务工作。该寺也积极参与当地主流社会的公益活动，促使荷兰人对佛教的兴趣与日俱增。荷华寺注重践行星云法师提出的国际化，尤其注重自身的本土化。荷华寺既是当地政府支持并加以资助的旅游景点，也是多元文化交流的场所。它成了在荷兰、在欧洲传播中华传统文化的重要基地，也成为中西文化交流的重要平台。

荷华寺在每一年末就会拟定出下一年的年度行事历，如荷华寺 2018 年度行事历上，就明确展示了从 2017 年 11 月 16 日"2018 六合门醒狮拜年"到 2018 年 11 月 22—26 日"欧洲青年生活营"的活动安排。① 可以看到，荷华寺作为佛光山在欧洲地区的重要道场，它的发展不仅局限于一般佛教寺院开展活动的定位，还延续并发扬了人间佛教经营管理的一贯特点，不单单停留在一般寺庙的层面，而是积极参与社会，为社会的和谐发展提供助力。荷华寺的发展，体现出了多元化、现代化、人性化、本土化、国际化等鲜明特色。

荷华寺的存在与发展尤其对当地华侨华人具有深刻的文化和宗教意义。荷兰华侨华人身处异乡，保持自己的文化身份对他们来说十足重要，而荷华寺是弘扬佛法的道场，不仅满足当地华侨华人的信仰认同需求，也是他们需要的精神寄托。荷华寺积极在荷兰推广汉传佛教，积极主动参与荷兰社会生活中多种多样的活动，开展字画展、摄影展，推广中国文化，既促进了中西文化之间的交流与合作，也推动了佛教文化乃至中华文化在荷兰、欧洲的传播。

六、日益深化的中荷关系

2018 年是中荷两国关系在多领域继续深化的一年。

政治方面，2014 年 3 月，习近平主席对荷兰进行国事访问，双方决定建立开放务实的全面合作伙伴关系。2015 年，威廉—亚历山大国王成功访问我国。两国元首历史性互访为中荷关系未来发展奠定了坚实战略基础。

到了 2018 年 2 月，习近平主席会见到华访问的荷兰威廉—亚历山大国王陛下，进一步引领和推动了两国关系发展。同年 4 月，吕特首相正式访华。威廉—亚历山大国王和吕特首相访华时均表示，中荷两国在"一带一路"框架下面临很多合作机遇，荷方愿发挥自身优势，加强同中方在此框架内的合作。

经济领域，中荷双方合作成果丰硕。目前，中国是荷兰在欧盟外的第二大贸易伙伴，荷兰是中国在欧盟内的第三大贸易伙伴。2017 年中荷双边贸易额达 786 亿美元，创下历史新高。现在，每年有 35 万中国游客来荷旅游。② 另据中国商务部统计，2017 年，荷兰对华直接投资 21 亿美元，相当于上年的 3.8 倍，超过德国、英国位列欧盟对华投资来源国首位。截至 2017 年底，中国对荷兰的直接投资存量为 220 亿美元，荷兰亦列欧盟各国首位。中国企业在荷兰的绿地投资项目超过 610 个，比 5 年前翻了近一番。③

为推动落实中荷两国领导人会晤所达成的系列重要成果，4 月 20 日，在中国驻荷兰使馆及荷兰外交部的大力支持下，以"中荷智能产业合作"为主题的第二届"中荷企业家投资贸易论坛"在鹿特丹市成功举办，来自中荷 130 余家企业共 200 余位企业家和各界代

---

① 《2018 行事历》，http：//ibps. nl/2018 - % e8% a1 % 8c% e4% ba% 8b% e6% 9b% 86 - agenda/。

② 《吴恳大使在庆祝建国 69 周年招待会上的致辞》，http：//nl. china - embassy. org/chn/xwdt/t1600231. htm。

③ 《践行开放共赢合作理念，推动中荷关系顺风快行——吴恳大使在第二届中荷企业家投资贸易论坛上的致辞》，http：//nl. china - embassy. org/chn/xwdt/t1552990. htm。

表参加。

2018 年 1—8 月，中荷双边贸易额 547 亿美元，同比增长 12.7%。截至 2018 年 8 月，荷兰累计对华实际投资约 190 亿美元；截至 2017 年底，中国对荷直接投资存量约 185 亿美元。当前中荷合作领域不断扩大，在现代农业、金融服务业、电子、石油、化工等领域合作成果丰硕。①

2018 年 9 月 13 日，北京银行与 ING 创新合作备忘录签约仪式举行。北京银行与 ING 的合作始于 2005 年。13 年以来，双方开展了全面、深入、务实的战略合作，成果丰硕，被誉为“中荷乃至中欧金融合作的典范”，在中国金融领域扩大开放的进程中具有鲜明的示范意义。②

2018 年 10 月 14—16 日，中国国务院总理李克强成功访问荷兰。10 月 15 日，中荷签署了《中华人民共和国商务部与荷兰外交部关于加强第三方市场合作的谅解备忘录》，决定在中荷经贸混委会框架下设立工作组，为未来双方在该领域合作搭建新平台。李克强总理访荷期间，中荷双方在经贸等领域签署了总金额近百亿美元的大单。其中包括荷兰皇家壳牌集团与中海油集团在李克强与吕特见证下签署协议，决定在中国建设三期项目，总投资数十亿美元；荷兰皇家航空与中国厦门航空签署备忘录，决定升级机务维护合作，项目金额 28 亿元人民币；荷兰国际集团与北京银行签署了在中国设立合资直销银行的合作协议，总金额 30 亿元人民币，其中荷方以 51% 的股比实现控股。公开信息显示，中荷两国领导人共同见证双方企业签署 8 项合作协议，涉及能源、金融、航空、农业科技等领域，总金额约 100 亿美元。③ 这些推动了中荷两国合作再上新台阶，也为中国经济开放、稳定发展赢得更多主动权。李克强总理此行还深化了中荷两国在金融、能源、农业等领域的合作。两国政府和企业就做大贸易合作“蛋糕”、拓展双向投资、加强“一带一路”合作、培育创新合作增长点达成一致意见。④

在“一带一路”建设方面，中荷两国领导人多次表达了合作的愿望。中荷是“一带一路”建设的天然合作伙伴，共同打造共建“一带一路”合作伙伴关系符合两国根本利益。中荷企业在共建“一带一路”方面也已取得丰硕成果。在互联互通领域，每周 90 多班客货运航班往返于阿姆斯特丹与中国七大城市之间，多趟中欧班列相继开通，成都—蒂尔堡—鹿特丹的中欧班列专线也日益成熟，中国近半数赴欧深水货运航线选择鹿特丹港作为首站停靠港，也推动荷兰成为首批受邀参加 2018 年 11 月首届中国国际进口博览会的欧洲国家，两国企业在第五代移动通信方面的合作也日益紧密。

中荷政府已联合实施三大科技创新合作计划，重点在智能航运、农业水利、航空航天、生命科学、电子信息、新材料、化学、环保等领域。中荷科技创新合作有巨大潜力，可从三个方面发力：一是积极探索将“荷兰设计”与“中国制造”有机结合。二是努力挖掘电子商务合作的巨大潜能。三是着力打造循环经济新的增长点。⑤

---

① 《中荷双方为加强第三方市场合作搭建新平台》，http：//nl. mofcom. gov. cn/article/jmxw/201810/20181002798115. shtml。

② 《吴恳大使出席北京银行与 ING 创新合作备忘录签约仪式》，http：//nl. china - embassy. org/chn/xwdt/t1595256. htm。

③ 《李克强访荷拿下“百亿美元大单”》，http：//nl. mofcom. gov. cn/article/jmxw/201810/20181002798114. shtml。

④ 《吴恳大使发表署名文章：〈中荷携手跨上“大台阶”〉》，http：//nl. china - embassy. org/chn/xwdt/t1607522. htm。

⑤ 《中荷关系在开放务实合作中稳步前进——吴恳大使接受新华社专访谈李克强总理访问荷兰》，http：//nl. china - embassy. org/chn/xwdt/t1603839. htm。

在文化、教育领域，中荷两国关系也互动密切。荷兰是我国学生出国留学的主要目的地国之一，2017 年在荷兰留学的中国学生达 1 万人，我国已经成为来荷兰留学的第二大生源国。截至 2018 年，荷兰建立了 3 所孔子学院、13 所孔子课堂，也建有海牙中国文化中心，它们积极促进了中荷两国间的民间交往、民心相通。

在两国政府和民间的积极沟通、协助下，关于中国传统文化的活动不断在荷兰上演。2018 年 2 月 21 日，荷兰乌特勒支省举办庆祝中国春节活动。4 月 21 日，荷兰一年一度的花车巡游活动如约在诺德维克市举办，中国大型主题花车"文心雕龙"参与全程巡游。除参与全程巡游外，还通过举办一系列文化活动，打造了一个名副其实的"中国文化周"。此外，荷兰当地也制作了"中国龙"和"（一带一路）沿线的中国文化"两辆大型主题花车参与巡游。5 月 28—31 日，"感知中国—西部风情"系列演出分别在荷兰莱瓦顿、阿纳姆和鹿特丹市隆重举行。此次演出活动是弗里斯兰省莱瓦顿市 2018 年"欧洲文化之都"系列活动的重要组成部分。甘肃省与弗里斯兰省在地理位置、历史文化和发展前景上有很多相似之处。当前，随着"一带一路"合作不断深化，中国西部地区在促进中国同荷兰等欧亚国家务实合作方面发挥日益重要的作用。① 11 月 29 日，首届"中国彩灯节"在荷兰欧维汉兹动物园开幕。欧维汉兹动物园是中国大熊猫"武雯""星雅"落户荷兰的新家。本次彩灯节是一次以中国为主题的重大活动，也是"2019 欢乐春节"系列活动之一。

荷兰与中国地理上虽然相距遥远，但早在 400 多年前，两国就通过海上丝绸之路开始了贸易往来和文化交流。目前，中荷关系正处于历史最好时期，进入了全方位、宽领域、多层次发展的"快车道"。②

在 2018 年，威廉—亚历山大国王和王后及吕特首相在短短两个月内相继访华，李克强总理成功实现访荷。两国高层次、高频度的交往创造了中荷关系史上的新纪录，充分说明中荷关系当前正处于历史最好时期。中荷政治高度互信，经贸合作规模大、水平高、动力强，堪称中欧合作的典范。而在"一带一路"建设中，中荷两国加强合作有很好的基础。目前，两国在文化与人文方面的交流、联系也日益增强。

表 4 中荷大事记

时间	事件
2018 年 10 月 14—16 日	中国国务院总理李克强成功访问荷兰
2018 年 1 月 28 日	荷兰广东社团协商平台在代尔夫特市首次成功聚会
2018 年 9 月 3 日	由荷兰粤华音乐社和声扬曲艺社合办、风华曲艺社协办的大型粤剧演出"粤华弦乐献知音"在海牙市中心的歌剧院成功举办
2018 年 10 月	荷兰中文教育基金会 2017—2018 年度优秀学生奖励计划项目颁奖典礼在代尔夫特举行

（石沧金）

① 《驻荷兰使馆成功举办"感知中国—西部风情"系列演出》，http：//nl. china - embassy. org/chn/xwdt/t1565003. htm。

② 《45 年成果丰硕，中荷关系处于历史最好时期》，http：//nl. china - embassy. org/chn/xwdt/t1463722. htm。

德国侨情

2018 年，德国新政府艰难组阁，政局基本稳定，受欧元区及外围影响，经济保持低速增长，国内消费及就业环境有所改善。中德关系升温，高层互访频繁，助推政治、经济、人文等全面合作进一步深化。德国新移民法案通过，将给中国留学生和华侨华人发展带来更多良机。但与此同时，移民问题尤其是难民大增等助推右翼势力增长，依旧给社会安全和政治发展带来不确定性。展望 2019 年，中德及中欧关系变数不大，华侨华人可在经贸合作、人文交流等领域发挥独特作用，发掘更多机遇。

一、德国基本概况及中德关系发展

（一）德国概况

德国基本概况如下表所示：

表 1　德国概况

国家全名	德意志联邦共和国
首都	柏林
政体	议会民主制下的总理负责制
人口数量	828 500 000 人（截至 2018 年 12 月）
GDP/人均 GDP	36 770 亿欧元/39 470 欧元
地理位置	欧洲中部
领土面积	357 376 平方千米
官方语言	德语
主要民族	德意志民族
执政党及主要反对党	执政党：联盟党（基民盟和基社盟）、自民党；反对党：社会民主党、左翼党等
现任总统/总理	弗兰克—瓦尔特·施泰因迈尔（Frank-Walter Steinmeier）/安格拉·默克尔（Angela Merkel）
华侨华人人口数量	约 20 万①

① 《默克尔成功连任　在德华人数量已超 20 万》，http：//www. juwai. com/news/247739. htm。

（续上表）

华侨华人占总人口比例	0.205%
居民消费价格指数	1.9%（2019年1月）
失业率	3.4%（2018年12月）

资料来源：表格中除华侨华人人口和比例，其余数据来自欧盟官网，http：//ec. europa. eu/eurostat/tgm/table. do? tab = table&language = en&pcode = tps00001&table Selection = 1&footnotes = yes&labeling = labels&plugin = 1。

（二）德国与中国的关系

中国与德意志联邦共和国于1972年10月11日建交，建交后各方面关系总体发展顺利。2004年5月，两国发表联合声明，宣布在中国与欧盟全面战略伙伴关系框架内建立具有全球责任的伙伴关系。2012年2月和8月，默克尔两度访华，与中国高层会面交流，就世界形势、欧债危机、中德关系发展等交换了意见，凸显了中德之间的特殊关系。2014年3月，习近平主席对德国进行国事访问，决定将两国关系提升为全方位战略伙伴关系。2006年至2016年，默克尔总理先后9次访华。此外，两国立法机构往来密切，中国全国人大已经同德国联邦议院建立交流合作机制。地方合作日益加强，2017年7月4日至8日，习近平主席对德国进行国事访问并出席在汉堡举行的二十国集团领导人第十二次峰会。2018年5月30日至31日，国务委员王毅对德国进行正式访问，会见德国总统施泰因迈尔并同德国外长马斯会谈。2018年7月8日至10日，李克强总理对德国进行正式访问期间，两国共同发表题为"为构建更美好世界做负责任伙伴"的第五轮中德政府磋商联合声明。① 近年来，中德两国往来一直非常密切，双方在政治、经贸、教育、文化、技术等各方面的合作不断加强。目前，德国有超过80个省、州、城市与中国建立了友好合作伙伴关系。

多年来，德国一直是中国在欧洲最大贸易伙伴。经中方统计，2017年双边贸易额为1 681亿美元，同比增长11.1%，其中中国对德国出口额为711.4亿美元，同比增长9%，进口额为969.6亿美元，同比增长12.6%。中方从德国主要进口汽车、汽车零部件、金属加工机床、医药品、集成电路、纺织机械及零件、医疗仪器等；主要出口自动数据处理设备及其部件、服装及衣着附件、纺织纱线及织物制品、家具及其零件、农产品、鞋类、太阳能电池、打印机、船舶等。同时，德国是欧盟对华直接投资最多的国家，截至2018年4月，中国累计批准德国企业在华投资项目9 917个，德方实际投入301.6亿美元。德国在华主要投资领域为汽车、化工、发电设备、交通、钢铁、通信等，大部分为生产性项目，技术含量高，资金到位及时。截至2018年4月，经中国商务部核准的中国累计在德国非金融类直接投资105.5亿美元。

① 《中国同德国的关系》，https：//www. fmprc. gov. cn/ce/cede/chn/zdgx/zdgxgk/。

二、德国基本侨情

中国人移居德国已有上百年的历史，早期的华人主要是来自浙江、广东的商贩和海员。1870—1897年，随着蒸气轮船的飞速发展，有数百名中国海员在欧洲轮船上工作。后来由于黄白海员（劳工）之间的矛盾激化，1898年10月30日德国国会通过法案，决定在开往澳大利亚的德国轮船上禁止雇用有色人种（中国）海员。不少中国海员被迫在欧洲港口上岸，在汉堡、不莱梅、柏林等地开设餐馆。20世纪初，开始有中国留学生留学德国。据1933年6月16日人口统计，德国境内的外国侨民共756 760人，其中中国侨民827人。“二战”期间，约600名中国人死于集中营，几百人死于劳工营。1937年时，还有3 700名中国人在德国生活，到“二战”结束时，只剩400人了，至1970年，在德华侨华人只有数百人。[①] 20世纪中叶，部分港台和大陆的人士及印支华裔再移民先后定居德国，并且多从事传统职业餐馆业（80%以上）。1994年，德国华人经营的餐馆约有2 000家，其中汉堡地区约300家，柏林地区约350家。改革开放以来，大批中国公民以亲友团聚、留学、旅游、劳务输出等形式进入德国，1990年德国华侨华人达到4万人，目前增至16万左右，籍贯也由原来的粤、浙两省扩展到闽、苏、沪等省（市），其中粤籍和浙籍各占总数40%，其他省籍（福建、江苏、上海、东北）约占20%。他们居住分散，遍布全德100多个大、中、小城镇。[②] 华人相对集中的城市有柏林、汉堡、法兰克福、慕尼黑、纽伦堡、不莱梅、杜塞尔多夫、斯图加特等。[③]

据欧洲华侨华人社团联合会统计，截至2008年，德国华侨华人社团总数为80余家。由于历史和社会原因，德国没有唐人街，华侨华人社团一般没有专门会所。华侨华人的许多活动一般都在中餐馆里进行，有的中餐馆门口甚至挂着社团的牌子，成为华侨华人社团活动的场所。

德国华人经济主要集中在三个产业——餐饮业、中医以及旅游业。其中经营餐饮业的华人比例最大，约有中餐馆和中式快餐店6 000～7 000家。中医在德国民间也十分受欢迎。德国约有5万人使用针灸作为辅助疗法，影响巨大。20世纪90年代以后，华侨华人职业朝多元化方向发展，包括：进出口贸易、杂货贸易、旅游、食品制造业、运输业、药业、教育、金融、进出口、IT、律师等行业。

华人参政方面，德国社会相对保守，既没有美国的移民传统，也不像英、法有殖民历史。德国政府强调移民融合必须遵循明确的标准，尤其以移民者“接受德国的价值”为前提，语言及社会法律知识需过关。华人要融入主流社会，尤其是参政非常艰难。近年来，这种状况正在悄悄改变。华人参政的热情逐渐高涨，不仅体现在从政人数逐年增多，也体现在参政意识的加强、参选人数的增多、选举参与热情的提高等方面。

---

① 《日益兴盛的德国中文学校》，http：//www. zhgpl. com/crn－webapp/cbspub/secDetail. jsp？bookid＝32601& secid＝32628。

② 《德国华侨华人概况》，http：//www. chinataiwan. org/zt/gjzt/diqijie/pindaoliu/huarengaikuang/200803/t20080327_614125. htm。

③ 《欧洲华人生活比较：法国华人人数和社区规模居首》，http：//news. 163. com/07/0701/14/3IASB9N5000120GU. html。

华文教育方面，1973年在汉堡诞生了由汉堡中华会馆创办的德国第一所中文学校——汉堡中华学校（也叫汉堡华侨子弟学校）。华侨华人人数的数倍增加，使华文教育问题成为德国华侨华人的迫切需求；加上中国经济持续强劲发展、中德经济关系日益加强，华文经济价值提升，促使近10年来德国中文学校迅速发展，并逐渐呈现出兴盛的局面。德国目前有各类中文学校70多所，分散于各个地区。[①] 现在，德国华文媒体有10多家，大多数发展不错，其中《华商报》《欧华导报》等比较有影响力。

三、德国政治经济形势变化对华侨华人的影响

（一）德国政局稳定，默克尔成功连任，继续推动"一带一路"，中德关系进入高水平轨道，有助于华侨华人发展

当前中德关系正处于全面发展的"快车道"，特别是2011年启动的"中德政府磋商机制"，由两国总理牵头，是统筹和推进中德合作的最重要协调机制平台，标志着中德关系有了新进展，步入高水平发展轨道。双方正积极推进"中国制造2025"同德国"工业4.0"对接，并在高级别财金对话机制下全面深化金融合作。[②] 2018年3月中旬，德国联邦议院以364票赞成、315票反对、9票弃权的票数通过投票，选举默克尔出任德国政府总理，开启其第四个总理任期。中国国家主席习近平在贺电中指出，2014年中德建立全方位战略伙伴关系以来，在双方的共同努力下，两国关系持续发展，共同利益和互利合作不断加深，在推进全球治理、促进经济全球化和多边主义等诸多方面开展了紧密合作。中方愿巩固和提升中德战略互信水平，推动两国关系更上一层楼，取得更大进步。德国波鸿鲁尔大学博士袁杰认为，默克尔本届新政府对华关系不会有大的变化，合作仍然是主流，加深战略合作伙伴关系，将成为中德合作的重要依据。[③] 中德政治关系的稳定为"一带一路"倡议在欧洲推进提供了有力保障，同时也为在德华侨华人发展带来更多机遇。不过，与此同时，默克尔上任后也面临着一系列内外挑战，其中包括德国国内极右翼势力对移民问题不断高涨的不满情绪、法国总统马克龙提出的欧盟改革计划，以及来自美国等贸易保护主义的不友好立场。2018年12月7日，在各方压力下，默克尔辞去其担任18年的基民盟党主席职务。新任主席克兰普—卡伦鲍尔有意与默克尔的政策拉开适当距离，树立自己的政治形象。但默克尔也强调政策的延续性，称"没有人能够切断与过往的联系"。

（二）内外经济环境欠佳，中德经贸合作愈显重要，华侨华人角色将更加凸显

当前，世界经济秩序进入深度复杂的调整期。对德国影响一方面是以美国为首的经济

---

① 《日益兴盛的德国中文学校》，http：//www. zhgpl. com/crn－webapp/cbspub/secDetail. jsp? bookid＝32601& secid＝32628。

② 《外交部：中德将积极推进"中国制造2025"对接"工业4.0"》，http：//world. huanqiu. com/hot/2016－06/9012496. html，2018年11月29日。

③ 《习近平致电祝贺默克尔连任德国总理》，http：//www. globalview. cn/html/zhongguo/info_23338. html。

大国不断改变已有贸易规则，致使德国及欧盟对外经贸受阻。另一方面，欧盟内部成员国多数也经济发展较慢，导致欧盟区域内贸易下滑，影响德国经济增长。德国权威经济研究机构德国经济研究所 2018 年 12 月 12 日报告将德国 2018、2019 两年的经济增长预期降至 1.5% 和 1.6%，分别下调 0.3 和 0.1 百分点。此外，德国经济智库 IFO 公布，12 月 IFO 企业景气判断指数为 101.0，为连续第四个月下滑，且是逾两年来最低。路透社调查预期为 101.8，暗示德国 12 月企业信心下滑。[①] 而最近的 2019 年 1 月 30 日，德国联邦经济部长彼得·阿尔特迈尔说，德国经济 2019 年预计将增长 1.0%，这一数字显著低于德国政府此前预计的 1.8%。[②] 调低经济增长预期主要是因为德国经济面临一些外部经贸环境恶化等不确定因素，如英国“脱欧”协议悬而未决、世界经济前景不明朗等。因此，德国新政府将会更加重视中德在“一带一路”倡议下的务实合作，德国工商企业界在此方面的态度也是非常积极的。

随着中国经济的发展与壮大，中德两国经贸合作也更加深入。德国在很多工业和科技领域都是世界一流的，中国市场规模巨大，德国先进的技术必将能在中国市场找到更为广阔的空间，而中国的企业也必然能够从德国企业身上学习先进的技术。目前德国在华企业 8 200 家，中企在德 2 000 余家，2017 年两国贸易额为 1 866 多亿欧元。中国已超过法国、美国，连续两年成为德国最大贸易伙伴。2013 年，在习近平主席提出“一带一路”倡议时，德国积极响应，是西方大国中第一个公开支持“一带一路”倡议的国家，并积极加入亚投行，出资额占所有国家出资总额的 4.7%，居亚洲以外国家之首。目前，中国重庆、武汉、乌鲁木齐、长春、临汾等城市与德国杜伊斯堡、汉堡等城市构筑了多条中欧班列路线，彰显了“一带一路”互联互通的重要意义，预计 2020 年将达到 10 万个集装箱的运载量，推动中德经济发展和贸易流通。[③] 两国企业将在“一带一路”框架内开展更多务实合作，加强在老工业基地转型改造方面经验交流，深化在科技、外空、海洋、极地、网络、航空航天、金融等领域合作。[④]

显然，无论是中国企业在德国的发展，还是德国企业赴中国发展，都可以为旅德华侨华人提供更多机会。因为他们具有熟悉两国政治、经济、文化环境的独特优势和社会网络，这些都是双方企业亟待补充的短板，可以更好地发挥“中间人”的角色优势和重要作用，在仓储物流、跨境电商、国际贸易、咨询服务等方面大有可为，大力提升在居住国的社会地位。德国福建商会会长陈云斌说道，“在当今全球经济一体化发展的大背景下，中国提出‘一带一路’倡议共商、共建、共享，这对我们海外商协会与国内商协会的合作提供了一个更高的平台，而对于海外华侨华人也是一次更好的发展机遇”。他所在的商会回到中国，已经在厦门和北京两个城市设立了办事处，以“引进来、走出去”的发展理念，整合两地资源，促进中国与欧洲的政企交流对接，在中欧经贸交流中发挥着桥梁作用。商

---

① 《外媒：德国 12 月企业信心下滑　经济面临黯淡圣诞节》，https：//baijiahao. baidu. com/s？ id = 1620189899086941172&wfr = spider&for = pc。

② 《德国政府下调 2019 年经济增长预期》，新华网（百家号），2019 年 1 月 31 日。

③ 《中德经济合作当有更大作为——在 2018 年中德经济论坛上的发言》，http：//magazine. tcl. com/article. aspx？id = 10721。

④ 《习近平同默克尔会谈　就中德关系发展提 4 点建议》，http：//www. xinhuanet. com/politics/2017 – 07/05/c_1121270475. htm。

会走访考察了德中两国的知名企业与政府部门，整合德中两国各地市、商会资源，组织了德国政府、企业、高科技人才与中国福州、厦门、龙岩三市联合主办了"走进德国"系列高新技术及工业 4.0 对接交流会，效果显著。①

当然，在中德经济关系总体向好的同时也有一些质疑的声音出现。2018 年初，时任德国外长加布里尔就曾在慕尼黑安全会议上呼吁拉拢西方国家提出对策，携手应对中国崛起。5 月 9 日，德国《莱茵邮报》报道称，该报独家获得的一份德国经济部的内部文件显示，经济部要求限制中企购买德企股份，将之前审查中企收购德国公司股权的触发线，从 25% 降低到 20% 或 15%，阿尔特迈尔本人甚至认为触发线应该定为 10%。同时德国经济部长还敦促欧盟层面立法，对外国直接投资进行更严格的审查。② 8 月，德国联邦经济事务和能源部国务秘书巴雷斯直言，不要低估中国投资者日益增加的收购行为，德国应该大力打造欧洲层面的联盟。德国外长马斯更是渲染中国"正在无情地争夺影响力及其地缘战略利益"，他呼吁与跟德国"有相同价值观的国家"进行更密切的合作。

（三）新移民法案通过，移民门槛有所调整，加大技术移民力度，有助于在德及欧洲其他国家中国留学生赴德就业，提升华侨华人群体整体素质

为应对老龄化和劳动力短缺等问题，2018 年 12 月 19 日，德国政府推出新移民法案，允许德国从国外引进具备专业技能的工作人员。德国基社盟籍内政部长霍斯特·泽霍夫表示，"我们需要来自非欧盟国家的劳工，填补（空缺的）岗位，保证我们的经济繁荣"。新法案包括：《专业劳工移民法》和《就业容忍法》。按照目前德国的法律规定，至少拥有本科文凭的外国专业人员或高校毕业生有权在德国的各个领域就职。而新的移民法则向有行业经验或职业教育背景的人打开了移民德国的大门。收入方面，据现有标准，所有非欧盟申请者的最低工资不得低于每年 52 000 欧元，对于自然科学、数学、工程、IT 领域和医生等人才短缺领域的申请者来说，这一标准可以降至每年 40 560 欧元。新移民法草案没有对最低工资作出硬性规定，取消针对非欧盟求职者的"优先审核"限制，即取消所谓的优先保障本地人口就业制度。同时，新移民法还降低技术人员来德求职门槛，有专业背景的人才或高校毕业生可以在没有得到具体就职邀请的情况下，允许其进入德国半年以寻找就业机会，但持有求职签证的人员不能申请领取社会福利，并且需具备从事其专业背景职业所必需的德语水平。此外，新的移民法还规定，那些拥有职业教育学历，但其学历还没有得到德国官方认证机构承认的申请者，"在特定的情况下"，可以先进入德国之后再"有限制"地申请从业资格认证。③

目前，中国成为德国非欧盟国家的主要人口来源国。2018 年，在德中国留学生数量为 3.46 万人，为德国高校最大的外国学生群体。德国《世界报》报道，德国近年来越来越受到外国技术移民的欢迎，目前有 160 万技术移民在德国工作。在中国移民（未入籍）中，高达 2/3 是技术移民，比例居各国之首。其中高达 67.1% 的人从事技术类工作。工作领域包括信息技术、工程、数学和自然科学等，以北威州、巴符州等最多。这一比例在所

① 《德国华人谈华侨华人与"一带一路"》，http://www.oushinet.com/qj/qjnews/20170524/263268.html。
② 《德国政府内部文件曝光：限制中国投资》，https://www.guancha.cn/global-news/2018_05_10_456376.shtml。
③ 《德国政府推新移民法案 允许引进高技能外劳》，http://www.chinanews.com/gj/2018/12-20/8707466.shtml。

有国家中最高。多数中国留学生学的都是技术专业，毕业后他们通常会在德国工作几年或者长期留在德国。同时，近年来越来越多的中国企业在德国设立公司，也大多为技术企业，所以需要大批的中国员工。而德国企业为了开拓中国市场，也越来越青睐于招聘中国技术人才。因此，近期看，德国华人技术移民将会出现较大幅度的增长。这对于提升在德华侨华人整体素质具有长远意义。

（四）极右翼政治势力上升，民调超过主流政党，未来移民政治存在不确定性，可能对华侨华人发展环境带来一定影响

默克尔政府在推进开放移民政策的同时也带来一定风险，尤其是如果实施不理想，可能进一步激起极右翼势力的高涨。有政府官员认为，这项受公司欢迎的法案将改变全球人才获取竞争的趋势，因为其他国家正在采取更严格的移民法规。然而，该法案可能会引起选民的愤怒，因为2015年以来难民的急剧增加也对本土居民就业、福利及社会安全等形成冲击，甚至引发排斥心理。德国《明镜》周刊的最新民调显示，34%的受访者认为，德国接收的难民太多，德国社会越来越“伊斯兰化”。[①] 2018年6月，14岁少女苏珊娜（Susanna）被一名伊拉克难民申请者奸杀再次引发舆论风暴，德国社会再次哗然。2018年9月进行的民意调查中，51%的受访者表示默克尔政府并不认真对待移民问题。在德国东部，这一比例已达到66%。[②] 德国《图片报》周日版9月30日发布的埃姆尼德市场和社会问题研究所所作民调结果显示，以反移民立场迅速崛起的极右翼党派德国选择党获17%支持，首次超过执政联盟成员之一社会民主党的16%，后者是德国创建时间最早的政党，数十年来多次执政。[③]

与此同时，难民危机对德国国内政局也产生深刻影响。2016年9月4日，反移民的德国选择党在梅克伦堡—前波美拉尼亚州举行的议会选举中，首次参选就超越了默克尔领导的德国基督教民主联盟。在2017年9月底的联邦议院大选中，选择党以12.6%的选票进入议院，成为议院第三大政党和联邦德国第一个进入联邦议院的右翼民粹主义政党。2018年3月中旬，基民盟与基社盟联盟（32.9%）和社民党（20.5%）组成联合政府，选择党随即成为议院中最大的反对党。选择党进入州议会与联邦议院后，将议题范围缩小到国内安全、移民问题和伊斯兰教等几个领域，还经常使这些议题与其他问题无端关联。[④]

难民的大量涌入和极右翼势力的活跃推升了德国民众的排外主义情绪，给社会环境带来一定的不安定因素。2018年11月7日，德国莱比锡大学发布的一份研究报告显示，德国民众排外情绪正在上升，对少数族裔的偏见正在增多。报告称，大约36%受访者认为外国人来德国是为了享受社会福利，36%受访者认为外国人对德国施加的影响已经“到达危险程度”。德国右翼党派选择党为持排外观点的民众提供了政治平台，该党选民中约有

---

① 《德国爆发反伊斯兰化游行　抗议政府移民政策》，http：//www.askci.com/news/2015/01/07/1358132sj2.shtml，2016年11月25日。

② 《新德国移民法总理默克尔的“大赌注”》，http：//www.wenshannet.com/guoji/2018/09/25483.html。

③ 《德国极右翼党德国选择党民调支持率首超主流大党》，http：//www.xinhuanet.com/world/2018－10/01/c_129964311.htm。

④ 《德国选择党：成为主流抑或走向衰败？》http：//ex.cssn.cn/zx/bwyc/201810/t20181011_4667741.shtml。

55% 的人持排外观点。[①] 而这些社会不稳定因素也可能波及在德华侨华人及其他中国公民的生活。2018 年 8 月 28 日，一名在德国图林根州耶拿大学留学的中国学生遇害。因此，华侨华人应该进一步加强自身安全防范，增进与德国当地社会的互动和相互了解，共同维护社会安全。

（五）华人参政融入再创新高，华人社会地位不断提升，侨胞诉求与权益维护拥有更多渠道

近年来，在积极融入当地社会的同时，德国华人参政不断取得进展。2014 年 3 月，德国著名华人人士谢盛友以第一名高票当选为德国巴伐利亚州班贝格市议会议员，成为德国华人参政的破冰者。[②] 2017 年 11 月 29 日，两位德国华人侨领——杨明先生和顾裕华女士当选为法兰克福市外国人参事会（KAV）参议员。其后杨明先生于 2018 年 1 月 8 日，在法兰克福市外国人参事会全体 37 名新当选的参议员出席的参事会议上获得 20 张选票，当选为黑森州外国人参事会（AGAH）参议员，首次有华人进入德国联邦州一级参政议政机构。根据联邦州法律，外国人参事会属于德国地方团体，代表当地外国居留者利益，负责联络州政府、议会、党团及各利益相关团体，参与外国人相关的公共政策咨询。该机构对于改善中国人在德工作、生活和学习条件以及融入当地社会等方面发挥着巨大的促进作用。外国人参事会可以通过官方的渠道，与州政府、议会、党团和各利益相关团体打交道，提出外国人的诉求，反映他们切实的需求与困难，维护侨胞的合法正当利益。据杨明先生称，鉴于黑森州与中国的关系日益密切，华人在此的华文教育事业如火如荼，希望借助当选州外国人参事会参议员的机会，将中文列为中小学义务的选修课。[③]

（六）中国文化走进总统府，华侨华人桥梁作用充分显现；公共外交彰显新力量，赴台开展和平统一之旅、商务考察之旅、台胞联谊之旅

近年来，中德人文交流与合作不断登上新台阶。这不仅是由于中国与德国在人口规模、教育与文化机构数量上存在优势，更是两国的人文交流促进了两国人民间的对话与沟通，增进了相互间的理解与信任。2018 年 9 月 7 日至 8 日，受德国总统施泰因迈尔及夫人邀请，德中文化交流基金会（GeKA）作为唯一有中国基因的公益组织以伙伴身份正式参加 2018 年德国总统府内公民节日活动。在两天的活动之中，GeKA 在创始人张彧女士的带领下在美丽的“望景宫”内向数千位嘉宾和数万名民众积极展示了博大深厚的中华文化。德中文化交流基金会于 2008 年在德国首都柏林创立，十年间已经被公认为中德艺术文化交流和社会融入的闪亮名片。

在公共外交方面，德国华侨华人一直也是有所作为的。2017 年 3 月 26 日至 30 日，德国华侨华人公共外交协会与欧洲华商会共同组织了“欧洲华商走进台湾”活动。参访团一

---

① 《研究显示德国民众排外情绪上升》，http：//www. chinesepress. com/World/191608. html。

② 《聚焦海外华人参政：欧美喜忧参半　亚洲亮点闪现》，http：//world. huanqiu. com/article/2014 - 06/5038262. html，2016 年 1 月 29 日。

③ 《德国华人参政再登新高——华人首次入选联邦州参议员》，http：//world. huanqiu. com/GT_European/2018 - 12/13808643. html。

行先后拜会了中国劳动党、中国统一联盟、中华侨联总会、新党主席郁慕明、中国国民党主席洪秀柱和百岁“老爹”——原国民党陆军总司令许历农上将；与台北市青田同乡会召集的台北市浙江同乡会、台北市丽水同乡会、台北市温州同乡会和台湾精英会等台湾同胞举办了联谊聚会活动；走访了南投县农会，参与该会组织的台湾农产品的推介座谈和展览活动。访问活动促进了欧洲华商与台湾的交流合作，更好地认识了解台湾，增进海峡两岸与欧洲的经贸往来，尤其是向台胞表达了海外华侨华人维护祖国统一、坚持“反独促统”的意志，为中国的和平统一大业做出华侨华人的贡献。① 2019 年 1 月 11 日，德国华侨华人公共外交协会在柏林举办纪念《告台湾同胞书》发表 40 周年座谈会，学习领会习近平主席在《告台湾同胞书》发表 40 周年纪念会上的讲话精神，并一致通过了关于拥护习近平重要讲话、谴责蔡英文分裂祖国行径的声明。

四、结论与趋势

总体而言，2018 年中德关系发展良好。两国政府都高度重视双边关系发展。默克尔总理任内 11 次访华，凸显中国在德国外交中的重要性。2018 年，默克尔继续连任。在中德关系友好稳定和新合作机遇的大背景下，在德中国企业及华侨华人将迎来更大发展。与此同时，华侨华人应该进一步借助自身优势，发挥作为中德关系发展桥梁纽带的独特作用，融入“一带一路”建设，为自身发展构建更大空间。

另外，在欧洲整体经济不景气的大背景下，德国经济社会发展依旧面临一定压力，存在不确定因素。2019 年德国新移民政策的推进将有助于中国留学生在德就业。但近年来外部移民问题引发的后遗症导致极右翼势力的兴起，对华侨华人未来的发展环境仍然可能带来潜在的负面影响。因此，加强团结，增进交流，加深了解，回馈社会，始终是在德华侨华人与当地社会和谐相处的持久之道。

（文　峰）

① 《德国华侨华人公共外交协会与欧洲华商会组团访台　展开和平统一之旅、商务考察之旅、台胞联谊之旅》，《德国华商报》，2017 年 4 月 20 日。